漢語

特征研究

Research on the
Characteristics
of the Chinese Language

李如龙 著

厦门大学出版社 国家一级出版社
XIAMEN UNIVERSITY PRESS 全国百佳图书出版单位

图书在版编目(CIP)数据

汉语特征研究/李如龙著. —厦门:厦门大学出版社,2018.12
ISBN 978-7-5615-6399-1

Ⅰ.①汉… Ⅱ.①李… Ⅲ.①汉语-文集 Ⅳ.①H1-53

中国版本图书馆 CIP 数据核字(2016)第 323742 号

出 版 人	郑文礼
责任编辑	牛跃天
封面设计	夏　林
技术编辑	朱　楷

出版发行　厦门大学出版社

社　　址	厦门市软件园二期望海路 39 号
邮政编码	361008
总 编 办	0592-2182177　0592-2181406(传真)
营销中心	0592-2184458　0592-2181365
网　　址	http://www.xmupress.com
邮　　箱	xmup@xmupress.com
印　　刷	厦门市金凯龙印刷有限公司

开本	720 mm×1 000 mm　1/16
印张	27.25
插页	2
字数	367 千字
印数	1～1 500 册
版次	2018 年 12 月第 1 版
印次	2018 年 12 月第 1 次印刷
定价	100.00 元

本书如有印装质量问题请直接寄承印厂调换

厦门大学出版社
微信二维码

厦门大学出版社
微博二维码

序

　　如龙先生又有一批论文要结集出版,我替他做了一些编辑工作,他就要我写几句读后感。我推不过,只能从命。

　　这些论文的主题是研究汉语的特征。我们是研究汉语的,不知道汉语有什么特征,就无法进行深入的研究,对此如龙先生非常清醒。

　　我举我的朋友朱晓农大兄为例子。他当初在国内学的是中国传统的学科音韵学(当然已经叫高本汉多少给西化了),到国外则学了出自西方的语音实验。据他自己说(看他的《音法演化——发声活动》的"韵尾",即后记),在拿到洋博士学位之后小十年的时间里,虽然一直在做汉语方言调查,但心中有茫然无措之感;直到一朝"看破",明白西方的学问带有西方特色,不能迷信,而中国的语言材料有自己的特点,必须用 universal(普适性,晓农译成"有你我式")来找到中西学问的契合点,从而找到适合于研究中国语言的方法。譬如说,西方的语音分析不重视发声态,是由于西方语言中发声态起的作用不大,而发声态在东方语言中的地位显要(例如声调、气声/弛声、内爆音、嘎裂声、假声,等等),要是不知道我们调查的语言中的这些特征,只用西方人的观念来分析,就算拿再先进的设备,也抓不到真正有用的东西。

　　音韵学是中国的传统学问中最接近科学的学科。像等韵图,给汉语分析声母、韵母、声调,看上去没古代印度人和现代西方人分析元音、辅音那么精细,却最合于汉语的音节特征(据学者考证,等韵图正是拿了古印度的悉昙章,按照汉语的特征改造而成的,可见中国古代学者的"拿来主义"风度)。晓农大兄常说,别看赵元任老先生是音

1

汉语特征研究

位学大师,到他分析汉语的时候,照样是讲声韵调,而不是元辅音的音位,因为他知道什么对汉语最合适。在这本文集里,如龙先生处处强调这一点;他还多次指出,用西方学理来研究汉语的高本汉老先生,其实是非常重视汉语不同于印欧语言的特色的。近些年来,西方学界也发现,印欧语的音节也并非 C-V-C 的线性排列,而是更像汉语"声母[韵腹-韵尾]"模式的 C[V-C]多层级结构。他们的"后知后觉",也跟他们语言的特征有关。

不过,话说回来,并不是说我们就能够晒视西方的学问;西方学问中值得我们学习的东西很多,尤其是在对方法和理论的敏感程度上。前些年有些学者鼓吹搞"中国特色的语言学",引起了争论。本来,说汉语有特色(等于说汉语有自己的特征),当然没问题,说中国语言学应该有自己的特色,也没问题,问题是有一些先生实际上不是在讲"汉语有特征",而是在讲"汉语特殊/中国语言学特殊",且隐隐主张中国学术不要跟西方学术有瓜葛,要搞跟西方不同的一套。这好比说,西方人踢他们的足球,我们就自己踢中国特色的"蹴鞠"好了。这却是不能苟同的。要真那样,就不啻是提倡学术上的闭关锁国。至于极少数人在讨论学术问题时诉诸民族情绪,那就不必说了。

我在中山大学工作时的一位挺谈得来的朋友、研究史学的陈春声教授——厦门大学的博士、如龙先生的校友——说过很有道理的话:要想研究中国的事情,就需要了解中国以外的事情。的确,你不知道别的国家是怎么样的,又怎么知道中国的特色/特点/特征在哪里呢?个性总是在跟共性比较时才能看出来的。

毋庸置疑,研究汉语要抓住汉语的特征,研究印欧语要抓住印欧语的特征,研究非洲语言要抓住非洲语言的特征,研究印第安人的语言也要抓住其特征……而在这同时,不同语言的研究者都需要对其他语言的特征以及人类语言的共性有相当的了解,还需要就研究方法和理论互相交流。这样,国际语言学界就会有一天能用"有你我式"来解析人类语言的总体,同时也掌握不同语言的类型特征。在这当中,中国的语言学家应该有巨大而独特的贡献。前几年我写过一篇文章叫《立足汉语,面向世界》,说的就是这个意思。

如龙先生以研究汉语方言成名,这本论文集中也有许多讨论方言特征的内容。汉语各个方言都有自己的特征,包括语音特征、特征词(这个研究领域是如龙先生开辟的)、有特征的句法和其他语法现象,从各方言的特征,又可归总出汉语的共性和特征。掌握这些特征,尤其是从类型学角度进行掌握,对汉语及其方言的研究非常重要。

例如,"小称"(diminutive)是世界上很多语言都有的,这是共性;但它并不是在所有语言里都是很重要的范畴,至少在印欧语里就不是。而在汉语里,它相当"显赫"(mighty,此处用刘丹青教授的术语),这就是共性中的个性/特征。北京话和吴方言的小称都有儿化,是其共性;而北京话儿化是卷舌化,吴方言儿化是鼻尾化,是其个性。广州话的小称是变调,同属粤方言的粤西信宜话是更复杂的变调,且每每加鼻尾化,是共性中有个性。其实吴方言小称也是鼻尾化加变调,跟信宜有同有异。又,方言中绝大多数小称变调是高调,这是有倾向性的类型特征,是显示出共性;其中有一个次类型是通过嘎裂声低调制造音高差来凸显高调的,是在个性中显示共性;而由此再发生变异,就会出现一些低调小称,又是共性背景下的个性特征了。在语义方面,小称标志常延伸为名词性标志,这是许多语言/方言的共性,而不同方言中小称的扩展功能每每大异其趣,像信宜话,体词不用说,几乎所有谓词都可以有小称形式,这是它与众不同的方言特征。

针对每一个地点方言来讲它的特征,会有点繁细。但这是概括多个点组成的一片方言的特征所需要的,比如就小称形式而言,信宜、高州、容县可以算是一小片。把信、高、容之间的同异弄清楚了,再看粤西桂东粤方言的其他小片,然后看两广各地的粤方言,如此一个点一个点都梳理过,拿粤方言整个地来看,就知道哪些是粤方言的共性、哪些是粤方言区内各地的特征。把粤方言跟其他方言比较,就能看出哪些是粤方言的特征,并定义其类型,也能看出哪些是粤方言跟整个汉语的共通之处。换言之,既有对具体方言状况的细致调查、分析,又有放眼整片方言及整个汉语的"有你我式"视野,就能给具体方言的特征定位,同时又能概括方言片及大方言区的特征,乃至汉语的特征。

在这些方面,如龙先生最有资格说话。数十年来,他调查了无数的方言,掌握了极大量的方言材料——插一件"逸事":我近年注意到汉语方言中有"舌叶元音"这个很有特征性的现象,自以为独得于胸臆,谁料如龙先生赐告,他上世纪 60 年代初参写《福建汉语方言概况》时就已经指出长汀客家话有这个东西了,一时令我且喜且惊——而且他还有对外汉语教学的丰富经验,所以他能胸有成竹地谈论汉语方言的特征、汉语的特征。

上面杂七杂八、漫无头绪地说了一通,总的意思是,相信如龙先生的这本集子一定能给读者许多教益,其中很重要的一条是:今后我们不管具体做什么研究,语音也好,词汇、语法也好,本体也好,应用也好,都须注意从"语言特征/方言特征"上思考,最好再给各种特征划分类型。要是我们能把汉语各方言的特征都搞清楚了,把汉语的特征都掌握了,那么中国语言学界在国际语言学界这支"足球队"里担当"绝对主力"的日子就不远了。或许,将来我们当中还会出"教练"呢。我感觉,如龙先生论著中的某些段落,是会出现在未来的"教练手册"上的。

麦耘

2015 年 12 月

目　录

总　论

分　论

总　论

汉语特征研究

汉语特征研究论纲*

一、关于语言的共性与个性的研究

不同的语言都有共性,也有个性。对于每一个个体,个性与共性都是相互依存的,共性寓存于个性,个性体现着共性,共性和个性都需要研究,两种研究都有理论价值,也都有各自的应用价值。

共性和个性的研究都必须运用比较的方法,最好是同时进行比较,分别进行概括。只研究共性不研究个性,或是只研究个性不研究共性,都可能陷入片面性。

共性和个性都是相对的、分层级的。有全人类语言都有的共性,也有一个语系或语族、语支所共有的特征。一种语系的特征对于不同语系来说是个性,对于本语系来说又是共性。一种语言的特征对于本语系的其他语言来说是个性,对于本语言的各方言来说又是共性。研究汉语的特征对外要与汉藏语中的非汉语做比较,和非汉藏语的语言做比较;对内还要和汉语的诸方言做比较。只有经过内外的多层比较才能对一种语言的特征获得准确的认识。

在共性与个性之间还有语言的类型。类型可以是语言共性的分类,例如把有声调的语言归为声调语言,和无声调语言区别开来;也可以是语言个性的归纳,例如把词的构造和相互关系归纳成孤立型、黏着型和屈折型。一种语言的特征可能有不同类型特征的交叉组

---

* 原载《语言科学》(徐州)第 12 卷第 5 期,2013 年 9 月。

合,例如现代汉语实词是可以单用的,虚词则不可单说;表示语法意义的语缀是黏着的,词内还有不表意的音缀与表示种种词汇意义和语法意义的重叠式。其中就有多种类型特征的交集。可见,个性特征的研究和类型的研究也不完全相同。

语言的特征和语言的类型是在一定的民族历史文化环境中形成的,不能不受到民族的精神文化的影响。正如洪堡特所说:"由于民族精神特性的影响,各个语系才有不同的语言……一种语言内才会形成种种方言……语言的特性与风格的特性交混在一起,但语言仍旧始终保持着自身的特性。正是由于这个原因,每一种语言才会很容易、很自然地获得一定类型的风格。"(威廉·冯·洪堡特,1997:216)因此,研究语言的类型特征不能不关注民族文化,但也不能用文化特征的研究代替语言类型和语言特征的研究。

不论是研究语言的共性、个性还是研究语言的类型,都应该从研究语言的异同入手,研究方法都是拿不同的语言做比较。伯纳德·科姆里在论及研究语言的共性、个性和语言的变异的关系时说:"两者所关注的都是语言的变异。唯一的区别在于语言共性研究主要关注这种变异的限度,而类型研究更直接地关注变异的各种可能。"(伯纳德·科姆里,1989:38)语言的变异是绝对的、无限的,语言的共性和类型是对语言已有的变异的归纳,至于语言的个性,应该说既体现语言变异的"限度",也包括语言变异的已知和未知的"可能",换言之,语言个性的研究就是研究变异的现实结果。

语言的共性和个性还可以分别就共时和历时两个方面进行考察。不同的语言之间,不论是共时的结构系统还是历时的演变过程,都有各自的共性和个性。同一种语言之中,不同历史时期的通语和方言也都有各自不同的个性特征。可见,语言的共性和个性的研究是一个庞大的工程。伯纳德·科姆里在他的名著的中译本序言里说:"不同的语言在一些对一般语法理论很重要的方面都有差异,而且任何一种语言,如果不能鉴别它在这些方面跟其他人类语言的异同,就不可能对它的结构有完整的认识。"(伯纳德·科姆里,1989:

序)这个说法充分说明了语言个性特征研究的重要性。

二、关于汉语的个性特征的研究

关于汉语特征的研究由来已久。早期欧洲学者对汉语特征就有过许多说法：

1585 年,意大利耶稣会士利玛窦在他的《中华大帝国史》里就指出汉语:"没有冠词、格、时态、语式的变化,而使用一些特定的副词来弥补这种缺陷,而且效果还很好。"(卡萨齐、莎丽达,2011:13)。

1642 年,葡萄牙人曾德昭在他的《大中国志》中写道:"所有的汉字都是单音节的,动词、名词都无性数变化,因此这些词的运用就十分灵活,有必要的话,动词常常能当作名词用,名词当作动词和副词用。"(卡萨齐、莎丽达,2011:20)

1735 年,杜赫法在《中华帝国通史》中则说汉语"没有语法形态变化,几乎不受任何规则约束……通过单音节字的不同组合方式可以创造出常规的对话,非常清晰、十分优美地表达自己的思想。……风格很神秘、简洁,寓意很深……表达生动、富于活力……常常含有大量的对比和壮观的比喻"(周宁,2004:495—508)。

到了 20 世纪,先有高本汉说的:"中国语是单音节的……孤立的……早先的学说把它列为初等的语言,以为它还未进入屈折变化阶段,这种学说恰好和真理相反。事实上,中国语和印欧语演化轨迹相同,综合语的语尾渐渐亡失了,而直诉于听受者纯粹的论理分析力。现代的英语或者是印欧语系中最高等进化的语言,在这方面,中国语已经比它更为深进了。"(高本汉,1931:27)。后来的美国汉学家罗杰瑞在 20 世纪 80 年代有更多的概括,他除了指出汉语是单音节的孤立语(分析型)、声调语言外,还指出其"量词和数词、指代词连用",修饰语在名词之前,在句子语序上可能是从 SOV 转向 SVO 的特征。此外,他还特别强调了汉语的文言、书面语的统一和口语、方言的歧异。

汉语特征研究

几百年来的这些外国学者的说法，都可以说是旁观者清，话语不多，却能切中要害。

中国现代语言学家也有许多关于汉语特征的论述。例如赵元任关于汉语声调的定性描写、关于字调和语调的"大波浪、小波浪"说法，关于汉语语法的许多提法（例如关于形容词和动词的大量相似点，关于"主题句"的"主题"和"述语"的说法）都是很切合汉语的特点的理论；王力对汉语史的考察，例如关于上古汉语音变构词的"同源词论"，关于中古以来处置式、被动式的形成等，也揭示了汉语的许多重要特征；吕叔湘、朱德熙在分析汉语语法时，关于汉语的构词法和造句法的相关联、关于词类和句子成分的不相应等，都概括了汉语和西方语言很不相同的特征；周有光关于汉字有别于各种文字的理论，更是深刻地展示了汉语汉字独有的特征。此外，《中国大百科全书·语言文字》中许多其他学者的有关汉语特征的说法，也是大家所熟悉的。

然而也应该冷静地看到，以往关于汉语的特征，还没有从整体上进行全面的分析研究，多半还停留在局部的某一个时期或某一个方面的考察，就某些比较明显的特点做些粗线条的概括和描述，真正从类型特征上做全面、系统的理论分析的并不多；拿汉语和其他不同语系，和汉藏语系的其他语族、语支做周密的比较之后提取出来的不同层级的特征就更少了。

众所周知，汉语历史久远、文献丰富、方言复杂，个性特征又十分鲜明，要深刻认识它的特征，真不是一件容易的事。语言是一个结构复杂的大系统，大系统之下有各个相关联的小系统；语言又是生存于社会生活之中的，与各种社会现象有着密切的联系。要准确地了解语言的特征就得对语言本体做全方位的考察，还得就语言与各种社会现象的关系进行历史和现状的分析。

从总体和分体说，应该分别研究语音特征、词汇特征、语法特征、文字特征、语用特征，并且研究这些分体上的种种特征之间的相互关联。从内部和外部说，除研究语言本体特征之外还应该认真考察语言外部的文化特征,例如:书面语和口头语的分化与合流、矛盾与统一,通语和方言之间、不同方言之间的竞争和渗透、接触和融合,不同时期汉语分化和统一的不同趋势,以及汉语和中华文化之间的互为表里而又相互制约的种种关系。从历时和共时说,汉语史的各个不同时期(史前汉语、上古汉语、中古近代汉语、现代汉语)都有各自的特征,需要一一研究;不同时期都有通语和方言的对立,各方言也有各自的特征,不但有特征音、特征词,也有特殊的句法结构。只有从纵横两个方面对各项分体特征都有深入的研究,对本体特征的种种外部关联都能真切地理解,我们才能对汉语的特征有准确、全面的认识。

汉语和汉藏系诸语言的亲缘关系已经逐渐成为共识,研究汉语的特征还要和汉藏系诸语言的特征,以及与汉语有过接触的语系和语言的特征做比较,厘清它们之间的各种关系。

可见,关于汉语特征的研究是一个庞大的课题,应该是汉语各方面研究共同努力的方向,既要有微观的分析,也要有宏观的考察,还要有共时和历时相配合的研究。也可以说,这应该是汉语研究的整体思路。只有在各项具体的研究工作中,大家都有这种追寻特征的共同意识,汉语语言学的研究才能走上新的台阶,得到长足的发展。

三、汉语特征研究的具体课题举要

以下试就若干以往关注较少的具体课题谈点粗略的想法,以供汉语特征研究作为参考。

在语音方面,值得研究的首先是结构系统的特征。汉语的音节构成不是元音、辅音一次组成的线性系列,而是元音、辅音组成声韵母之后再与声调二次合成的立体结构;元音、辅音在声韵母中有固定的地位,声调则附着于其中的响音,又有调值和调类之分,二者相比之下,调类更为重要。除了音节系统之外,汉语还有"字音"的系统,每个字属于什么声类、韵类和调类,是历史的源流和变异所决定的现实结果,因而古今南北的字音都存在着一定的对应。这样的语音系统在汉藏语内外都属独具一格。在音节和字音之上,还有双音节的音步,音步的内外,多数方言还有轻声、儿化、变调、小称等连读音变和成句后的语调。这就是汉语语音的多层结构系统。(李如龙,2007:第四、五章)不仅如此,在字音方面,因为适应语言的发展,历来还有各种异读。现代汉语的异读,反映了古今语音的变化、字义的发展和方言的分化。就方言的语音系统说,字音的异读形成了复杂的历史层次,成了汉语史研究,尤其是语音史考察取之不尽的重要资源。字音的异读主要有文白异读和别义异读,在应用方面,则是语言教学(包括母语教学和对外汉语教学)的难题,也是值得深入研究的语音特点。

在词汇方面,首先要考察的是字和词的关系。赵元任和吕叔湘都说过,汉语没有和西方语言相对应的词。字可以是词、词素、语缀,也可能只是音节的标记,有时一个字就可以成句。字、词、语、句的区分有词汇问题,也有语法问题,中文信息处理和机器翻译中的许多难题都出在这里。可见对于字词关系这个重要特征还要从理论和应用两方面做好科学的分析。汉语词汇的衍生是从单音到多音、由本义到引申义,常常使多音字、多义词和同音词难以区分,这也是汉语词汇的重要特征,需要从理论和应用两方面进行研究。汉语的书面语词和口语词的差异在世界语言中是出了名的,两大词汇源流是如何分化、如何形成各自的系统,又是如何相互作用并推动词汇发展的,非常值得进行深入的分析。这样的问题,没有语感的外国学者很难下手,本国学者又常常习焉不察,因而缺乏像样的研究。此外,汉语的词和语,似乎也没有断然的分界,在词和各类"语"(成语、惯用语、谚语、歇后语、引用语)之间,意义、功能和语音形式关系复杂,"词汇"和"语汇"有哪些异同、词和语如何划分,在辞书编纂和词汇教学上,都还有不少问题,也都是汉语词汇特征研究需要关注的课题。

在语法方面,吕叔湘曾有很具概括性的说法:"比起西方语言来,汉语的语法分析引起意见分歧的地方特别多,为什么?根本原因是汉语缺乏严格意义的形态变化……许多语法现象就是渐变而不是顿变,在语法分析上就容易遇到各种'中间状态'。词和非词的界限,词类的界限,各种句子成分的界限,划分起来都难以处处'一刀切'。"(吕叔湘,1999:487)后来,不少语法学家致力于研究汉语的"意合法"和"语义语法"的特征,但是如何以此来改进汉语语法分析,形成体现汉语特征的语法理论,还需要深入探讨。关于汉语特有的存现句、双宾句、补语句的研究,和西方语言多有不同的动词的"体、态"已经研究得不少,但也没有从理论上完全说清楚。汉语的实词和虚词应该是存在明显差别而又是藕断丝连的"渐变",如何说明其间的关联也还不十分明确。各类虚词在句中的用法是体现语法意义的主要手段,在汉语言语运用中(尤其是口语),虚词的应用和语序的调整可谓变化多端,规则繁复而灵活,有时修辞还可以抵制语法的规则,难怪古人只研究虚字和修辞,语法是放在修辞之中来考察的。可见,语用和语法的深度关联也是需要深入研究的汉语特征。

关于汉语的外部特征(文化特征)的研究,近些年来已经引起学术界的重视,但是无论在理论上还是在应用方面,都还远远没有达到要求。在这方面,值得强调的至少有以下两个大问题:

其一是关于汉语的书面语和口语的关系以及通语和方言的关系。至少在汉代以后,汉语的书面语和口语的差异越来越大,在书面语中,不论是早期的文言还是近代以来的白话,始终保持着相当高的统一性,而在口头语中,不论是历代的通语还是方言,也不论是语音还是词汇、语法,都是分歧很大的。这种书面语的一统天下和口头语的纷繁复杂,正是汉语的突出特征。从动态的角度看,书面语和口语又是处于相互转化之中的,这种书口之间的分歧和转化详情如何?形成这种状态有哪些社会原因?今后的发展前途又是如何?都很值得深入探究。关于历代口语方面语音、词汇、语法的演变过程,近30年来的语音史、词汇史和语法史的研究已经取得了很大的进展,而现代汉语书面语和口头语的差异,则很少引人注目。口语词典难觅,专题研究更少,口语语料库的建设进展缓慢,口语和书面语不同的语法特征更是发掘得不多。现代口语的已有研究成果，比起波澜壮阔而又千变万化的口语洪流，实在是太不相称了。

汉语的通语应该是形成得很早的，这和汉字的表意为主、表音不力有很大的关系。先秦就形成的通语一开始就是用汉字书写的书面语，借着汉字的表意专长通行于纷繁的方言区，之后，书面的通语和口头的方言分道扬镳，这就是书面语和口头语差异越来越大的原因。由于中央集权的长期延续，书面语借着这政治的统治和文化的传播，获得了绝对权威的地位；而广袤的疆域和交通的障碍，不时出现的割据、战乱、灾荒和移民则造成了方言的分化和歧异。高度统一而且千年不变的书面通语和纷繁复杂而又千差万别的方言所构成的语言生活不也是汉语的一大特征吗？书面语不但为政治、经济、文化的发展做出重大贡献，对于维持国家的统一也起到重要的作用。方言口语则在大大小小的乡村为社会生活服务，维护着乡党和社区的稳定和谐。书面语把经过文人雅士加工提炼过的艺术语言通过典籍和戏文输送到乡村社里，平民百姓创造的歌谣、俗谚、故事、传说有时也会被某些文人引入书面语，这种书面语和口头语的良性循环，对于中华文化和文学的繁荣发展显然发挥着巨大的作用。汉语的特征和中华文化的特征本来就是如此交织起来的。

其二是关于汉语和汉字的关系。有文献记录以来的汉语史上的许多基本事实都与汉语和汉字的结合、矛盾和和谐发展相关。例如，上古时期单音词占优势和表意的汉字究竟是什么样的关系，谁决定谁？在单音词占优势的年代，多音字、多义字的蔓延，变调构词的类推，"同源字"的扩展，都可以看作汉字适应汉语需要的变化。后来双音合成词大量、快速发展，成为中古以来汉语词汇的基础，但整个汉语词汇系统仍以单音词为核心，这个核心和基础又是什么样的关系？再后来又兴起了大量的四音格，包括文言时期长期形成的书面成语和从官话区的口语中形成的嵌音和重叠的四字格（糊里糊涂、花里么糟），半个多世纪以来批量产生的专取比喻义的三音节惯用语（放空炮、吹喇叭），也可以看成汉字和汉语词汇在发展过程中出现的相互适应的调整。还有,宋元之后的实词虚化则是汉字字义适应语法发展的需要而续写的新篇。书面语的统一和对口语的强大影响,以及纷繁的方言为什么始终没有分化为不同语言,这种种汉语特有的现象,显然都与表意汉字的作用有密切的关系。总之,纵观汉语和汉字的历史,这一对难兄难弟一路走来,有打有闹、又合又离,实在是贯穿整部汉语史的总线,有着说不完的故事和摸不透的规律。这应是研究汉语特征的一个中心课题。

那么,汉语和汉字相互作用所造成的这些特征是自古就有的,还是有个历史变革的过程?种种迹象表明,在汉字出现之前和汉字定型之后,汉语的类型特征可能发生过重大的变化。近些年来汉藏语的比较研究正在逐步证明这一点,这也是尚需深入探讨的重大问题。

半个多世纪以来的汉藏语比较研究已经找到几百个大家公认的同源词,但是藏缅语有许多双音词,有形态变化,有复合辅音,是 SOV 型的句法,有许多方言还没有产生声调,这些又是和汉语很不相同的特征。种种迹象表明,在汉字出现和定型之后,汉语可能发生过几个方面的类型上的转变:

1.从多音词为主转变为单音词占优势。上古汉语的叠音词和联绵词也许就是早期大量多音词的残存,《诗经》里占近 1/4 的复音词到汉代以后明显萎缩了,可以作为论据。

2.从无声调变为有声调。王力认为上古音只有平、入两调(后来的上声为短平,去声为长入),其实,这也就是韵类的舒促、长短之别,也可以认为是声韵特征,可能就是声调初生的表现。

3.从有形态变为基本无形态。上古汉语的人称代词(例如我和吾)分属主格和宾格、声调别义(例如用平声和去声区别名词和动词)等,是否可以视为原有形态的残存?

4.复合辅音也由多变少,从有到无。早期应该更多,到上古时期只留较少的几个(例如 kl、pl、tl 等),入汉之后显然就绝迹了。

5.在句法上可能是从 SOV 变为 SVO。先秦否定词、人称代词宾语的前置(不我知、吾谁欺)也可以视为 SOV 的残存。

关于这些类型上的变化的想法已经有学者提出来并做过一些论证了。前上古的时期，正是汉字定型并与汉语相结合的时代，可能正是这段千年历史，划开了史前汉语和有文献记录之后的汉语这两个大阶段。如果说，这五个类型的转变是汉语受到汉字结构的影响，那么，汉字也做了很大的努力去适应汉语的特征，这就是汉字从表形、表意（象形、指事和会意）为主逐步转变为较多的表音（假借、谐声）的类型。这是汉语和汉字在史前时期达成的第一次和谐。汉字集形音义于一体，标记汉语是综合的、立体的，语言文字之间是深度的关联、内在的关系，形神相配，水乳交融，汉字作为语素，是汉语的结构因子。拼音文字标记语言是分析的、平面的、直线排列的，文字只是语音的标记，文字单位（字母）与语言单位（词）不相对应。说汉字的出现和定型造成了汉语类型的转变是符合汉字的特性的。（李如龙，2011:45）

中古以后，汉语的词汇兴起的复合词成为词汇系统的基础，发展了量词；语音系统复杂化了，增加了声母（19 声变为 40 声）和声调的类别（从两调变为四调）；字义的虚化形成的虚词（而、就、才）和某些"准语缀"（子、儿、头）成了表示语法意义的主要手段；双音节音步的形成推动韵文的大繁荣（唐诗、宋词、元曲）。这些变化可以视为汉语和汉字达成的第二次和谐，并使上古汉语逐步变为中古、近代汉语。

现代汉语的词汇系统在单双音词的基础上又扩展了四字格成语和三音节惯用语，出现了大量的双音紧缩词；语音系统则适应多音词的发展，形成了各种连音变化（轻声、变调、儿化等小称）；语法上也多了一些语缀和句式（把字句、被字句等等）。从中古、近代汉语演变为现代汉语，标志着汉语汉字达成了第三次和谐。

由此可见，就不同历史时期的汉语和汉字的关系做过细的考察，我们不但可以看清汉语的特征，还可以看到汉语发展的大势，也可以为汉语史做出比较合理的分期。

四、研究汉语特征的理论意义和应用价值

汉语的语音、词汇和语法都有自己的类型特征,不但和其他大的语系有重大区别,和汉藏系语言的其他语族也明显不同。这些特征都有重要的类型学意义。汉语特征的研究是建立汉语语言学和汉藏语言学的最重要的基础。研究好了还可以用崭新的材料和理论为普通语言学做出补充乃至修正,使汉语研究者在语言学理论上获得自己的话语权。

印欧语的现代语言学研究走在我们前面。近百年来吸收其经验,对于建立汉语语言学是有推动作用的,但是西方语言学家对汉语的特征了解不多,他们的普通语言学理论主要是根据西方语言(更多的是印欧语)事实推导出来的。如果不摆脱印欧语的思维模式,总是"削足适履",我们就很难建立有自己特色的汉语语言学理论,我们在国际语言学界的"失语症"就将会继续下去。

汉语的特征是在3 000多年的历史过程中形成的。汉语在使用汉字的前后可能发生过类型上的变化,有眼力的西方汉学家早已看到这一点。例如高本汉就早已指出:"原始中国语也是富有双音缀和多音缀的文字,有些学者亦承认中国最古的文字形式中,还有这类的痕迹可寻……中国文字的刚瘠性、保守性,不容有形式上的变化,遂直接使古代造字者因势利导,只用一个简单固定的形体,以代替一个完全的意义。"(高本汉,1934:15)外国汉学家早已看到了汉语的这些重要特征,而我们自己还没有引起重视,为了建立汉语语言学理论,我们难道还不要立足于汉语的事实,在借鉴合理的国外理论的同时"另辟蹊径"吗?

徐通锵说:"特点是语言研究的基础。什么时候强调汉语的特点,什么时候的汉语研究就能取得一些实质性的进展,20世纪的40年代和八九十年代的汉语研究可以为此提供有说服力的例证。"(徐通锵,2007:386)王士元在国际中国语言学会成立大会上说:"在中国语言学的这个范围里,有一种严重的不平衡现象,这就是资料丰富而

理论贫乏。……我们必须超越仅仅作为语言学理论消极的吸收者的角色，从而开始成为主动的贡献者。"他还说："中国语言学已开始全面地与国际学术界接轨，汉语本身具有独特而悠久的传统，又是类型多样的和有史可查的历时演变现象的丰富宝库。有鉴于此，我们完全有理由相信，在不久的将来，中国语言学将不只是吸收普通语言学的成果，还要为普通语言学的发展做出重要的贡献，丰富普通语言学的理论和方法，并将有助于确定语言学的发展方向。"（王士元，2002：2）时至今日，我们应该有这样的理论信心。

认识汉语的特征在应用方面也有重要意义。例如，在母语教育中，儿童和青少年有现代口语的语感，而现代书面语和口语差异不小，和文言文差别之间就更是悬殊，一般人并不具备语感，加上文言不断为白话所吸收，因此中小学语文课要强调读写训练和学点文言文，这是明显的道理。港台的母语教育要求学更多的文言文和繁体字还是有优点的。旧时蒙学教学生做对子、背古诗，编简短的韵文作为基本教材（如延续数百年的"三、百、千"），教学上重视组字造词，联词成语，用字、词、语的组合训练造句，这些都是符合汉语特征的有效教学方法，不但不能全盘否定，还应该适当继承。

教外国人学汉语更应该强调根据汉语的特征去编写教材、安排教学程序和教学方法。汉语"重词汇、轻语法"，应该以词汇训练（包括虚词）为重。大多数多音词是语素合成的，传统的母语教学中的释词、解词、猜词，把识字和认词结合起来，联词成语和联词造句的训练又把词法和句法的教学结合起来，这些都是行之有效的好方法，但并未好好地应用于对外汉语教学。汉字作为语素的意义和构成多音词的意义大多是相同或相关的，汉语的构词法和造句法大体相对应，据此，应该提倡"字词句直通"的教学法。汉语语法与修辞相关联，有时甚至可以按照修辞的需要去调整语法，传统的修辞大体也就是现在所说的"语用"，选词练句的修辞训练一直以来都还很少引进对外汉语教学。书面语和口头语的差异和关联研究得不深入，对外汉语教学中如何让学习者分清书面语和口头语在语音、词汇、语法上的区别,也还没有引起关注,未见或少见于书面的口语词和口语句式就很少编进教材,不少留学生反映,街上听到的汉语,许多在课本上找不到,这就是问题。面对着不同母语的外国学生,如果不能按照汉语的特征,甚至背离了汉语的特征去教外国人学汉语,例如一味强调"语法点"的训练,即使引进再多的洋教法,也只能事倍功半。当下的汉语教育已经走向世界,在国外教不同母语、不同年龄、不同职业的外国人学汉语,由于学习者既没有语感,也没有语言环境,离开汉语的特征去教汉语,其效果是可想而知的:通常是广种薄收,有时甚至干脆把学生赶跑了。

在语言规划、语言政策方面,不考虑汉语的特征也会出问题。汉语和汉字是内在的关系,汉字不是可穿可脱的外衣,汉字拼音化之所以行不通,其基本原因就在于对汉语和汉字的内在联系理解不深,对汉字的表意功能估计不足,只看到汉字表音差、形体复杂的缺点。越南、朝韩的汉字对于该国的语言是外在的,说改就改了;汉字在日语中进入了语素(训读),所以至今还取消不了。这就是很好的旁证。汉字拼音化改革进行了 100 年,实行不了,不得不改弦易辙,这就是我们对汉语和汉字相关联的这个基本特征认识不够的历史教训。眼下对于字母词、网络词的认定,一定要根据汉语的特征,采取慎重的慢动作,否则也难免反弹。繁体字看来还是应该逐步进入基础教育(比如说高中)和高等教育,因为繁体字更便于阅读古文,有利于继承历史文化遗产;少数不合理的简体字不是不可以考虑放弃,适当地调整有利于教学,也有利于协调与港台乃至更大范围里的海外华人的语文联系。鉴于书口的分离和口语源泉对于现代通语的重要性,关于口语的研究必须大大加强。现行的词典口语词收得太少,专门的口语词典也不多见,深入的研究就更少了,这就很难适应汉语教育的需求。在我们这样的"方言大国",推行通语的同时,应该认真考虑保护方言,以利于保持语言和文化的多样性。延续方言可先在校园中放开使用。只要在校园、街巷、乡里和家庭继续使用方言,在部分广播电视节目中允许方言的传播,就可以延缓方言的萎缩。现代通语和方言并行共用已经成为事实,也是社会生活的广泛需要。针对有些青少年逐渐淡忘了方言的情况,有的地方提出"保卫方言"的口号,提倡方言课进小学课堂,这种做法貌似有理,实际上有很大的弊病,也难以操作,应该说是不可取的过犹不及。总之,在汉语教育和语言政策方面也必须根据汉语的特征进行深入的研究和周密的考虑,才能在汉语的各方面应用上做到准确和高效。

参考文献:

[1]吕叔湘.汉语语法论文集.商务印书馆,1984.

[2]吕叔湘.吕叔湘语文论集.商务印书馆,1983.

[3]赵元任.赵元任语言学论文集.商务印书馆,2002.

[4]周有光.周有光语言学论文集.商务印书馆,2004.

[5]朱德熙.中国大百科全书·语言文字·汉语.中国大百科全书出版社,1988.

[6]朱德熙.语法答问.商务印书馆,1985.

[7]孙常叙.汉语词汇.商务印书馆,2006.

[8]徐通锵.语言学是什么.北京大学出版社,2007.

[9]王士元.王士元语言学论文集.商务印书馆,2002.

[10]李如龙.汉语词汇学论集.厦门大学出版社,2011.

[11]李如龙.汉语方言学.高等教育出版社,2007.

[12]杜赫法.中华帝国通史.载周宁.世纪中国潮.学苑出版社,2004.

[13]高本汉.中国语与中国文.张世禄译.商务印书馆,1931.

[14]洪堡特.论人类语言结构的差异及其对人类精神发展的影响.商务印书馆,1997.

[15]罗杰瑞.汉语概说.张惠英译.语文出版社,1995.

[16]伯纳德·科姆里.语言共性和语言类型.沈家煊译.华夏出版社,1989.

[17]卡萨齐、莎丽达.汉语流传欧洲史.学林出版社,2011.

[18]徐烈炯.共性与个性——汉语语言学中的争议.北京语言大学出版社,1999.

汉语和汉字的关系论纲[*]

一、汉字的特点

把汉字定性为意音文字是准确的,汉字以表义为主,兼有部分表音功能。这两方面结合起来,使汉字与汉语的语素基本重合,这便是汉字所特具的灵性——它不是单纯的语音的记录符号,而是具备了部分的语言功能。南北中外的人可以笔谈,倘若古人复活,也可以与现代人笔谈,便是这个道理。

汉字的这种特性是数千年的历史铸成的。文字起源于表形、表义的族徽和文字画,后来与语音发生了相应的联系,才具备了文字的性质。甲骨文中大量的异体字证明,当时的汉字作为记录汉语的符号体系还没有完全定型。在适应汉语的表达的过程中,汉字不断调整,形成了形体的系统、读音的系统和意义的系统。三者结合起来便具备了语素的灵性。

后来,汉语有了古今南北的诸多变化,而汉字则凝成了相对稳定的形体和结构的体制。这套形体和体制以字义为核心,以笔形为标志,成为脱离具体读音的、超方言的表达体系。这套书面表达体系,在一些场合具备了汉语的代行功能。它对于加强汉语的内聚力和统一性,对于发挥汉语在民族融合过程中的强力作用,对于维护民族统一、促进民族文化的发展以及提供中外文化交流的方便等,都做出了

---

* 原载《语文世界》2001 年 1 月(总第 39 期)。

巨大的历史贡献。同时,在为汉语做全方位服务的过程中,汉字也形成了配套的多种系统。例如各种字体(篆、隶、行、楷、草)的系统、反切注音系统、孳乳新字的造字法系统以及书法艺术的表现系统。不仅如此,从过去到现在,它还曾为少数民族语言和外族语言提供过服务,形成了标注多种民族语言的书写系统。

二、汉字和汉语的关系

汉字是形音义的统一体。在多数情况下,一个字就是一个语素。由于这种性质,汉字对于汉语就不仅是消极地做有形的记录,而且具有重大的反作用力。这种反作用力之所及,不仅在结构规律上有表现,在演变规律上也有表现。汉字和汉语这一对数千年的老伙伴,处处都表现了它们之间的协调和默契。

由于汉字的关系,汉语形成了口头语和书面语两大表达体系。在漫长的古代社会里,汉字的繁难和士大夫对文化的垄断,使它与劳动群众无缘。文人们的书面语刻意追求"古雅、简炼、深奥"。民间的口头语则显得"自然、通俗、浅显"。在"两种民族文化"的矛盾冲突和调和统一的过程中,这两套表达系统也有过多次的撞击和长期的渗透。从总的趋势说,二者之间早期可能比较接近,例如《诗经》可唱,《论语》可说。中期明显地分道扬镳了,从汉赋与乐府诗的对立到《汉书》与变文的差异以及后来的《聊斋志异》和《红楼梦》的不同,人们可以体会到书面语和口头语的差异越来越大。五四新文化运动的最伟大贡献就在于把这两个表达系统整合起来,逐渐形成崭新的现代汉语的语体。书面语和口头语有殊异和撞击的一面,也有相互渗透和相互推动的一面。什么时候二者关系处于良性的协调状态,汉语的文学语言便得到丰富和发展,这是几千年来汉语发展的历史经验。

由于汉语可以"望文生义",单字与语素是大体重合的,汉语的词汇系统便有了若干显著特点。

第一,单音词占优势。早期形成的语素大多就是单音的基本词,世代相传之后至今还是常用词。虽然从词的数量上说,复音词已比单音词多,但是高频词大多是单音的,单音词在词汇用量上仍占着优势比例。如果不是因为汉字是表意表形的,大量同音的单音词何以能够存在? 这是不言而喻的。

第二,词汇的孳生明显地分为文人的书面造词和大众的口语造词两大门类。例如与"爱"有关的"爱人儿、逗人爱、爱哭、爱唱歌、爱面子"应该是口语造词,"爱慕、爱恋、爱心、爱抚"可能是书面造词。单音词增加了新的义项,往往用语素合成的方式造出意义更加明确的双音词,这就为汉语词汇的发展开辟了广阔的道路。如果汉字只能标音,书面造词是不可想象的。许多书面造词用开了,也逐渐进入了口语。例如"友爱、敬爱、情爱、心爱、至爱、仁爱、疼爱"。

第三,汉语的词汇史明显地表现出从单音到复音、从单词到词组词的发展趋势。中古以后,语素合成的双音词和四字格成语大量增加,到了现代汉语阶段,则涌现了大量多音俗语,其中不少是短语或短句。上海文艺出版社出版的《语海》就收了这类三音以上的短语10万条。大众文艺出版社的《歇后语大全》所收的歇后语在 6 万条以上。然而物极必反,词语长了,还得往短里缩。既然汉字可以"望文生义",许多多音的短语说惯了之后又被压缩为新的双音词。例如:国家标准—国标、计划生育—计生、监视控制—监控、关心爱护—关爱、航空测量—航测,这是一种压缩的方式;"三反、四化、五讲四美"是另一种压缩的方式。可见,表意的汉字不但为汉语词汇提供了派生新词语的多种途径,还为汉语词语的音节长短提供了合理调节的机制。

汉字的表意性质还为词义的引申、词性的转移(虚化)提供了便捷的条件。例如"高",从"自下而上距离大"的义位可引出"高山、高峰、高楼、高地、高层"等合成词;从"超过一般标准"去类推,又有"高温、高速、高产、高效、高价、高科技"等说法;从"崇高"之意衍生,则有"高洁、高尚、高远、高贵、高风亮节"等词语;用作形容词有"高超、高强、高明、高妙";用作动词则有"高兴、高攀、高歌、高举";用作敬辞还有"高见、高论、高邻"。又如"花"用作名词可以指"花朵",分述各部分有"花粉、花瓣、花萼、花蕊"等,与其他事物组合则有"花木、花草、花卉"等,用作形容词语素可以造出"花猫、花白、花色、花布、花眼、花纹"等,用作动词则有"花费、花销、花钱"等。这些词语哪怕从未听过读过,只要认得字,造词的人可以因义派生,读书学话的人也可以望文解义。如果只是按拼音符号读出声音,而完全不借助文字,就只能在口语中熟练地掌握了这些词语才能听得懂说得出。

相对而言,语言是动的,文字是静的。但是动与静也可以转化。汉语大发展也会推动汉字的变化。汉字读音的变化就是词汇孳生、词义演变所使然,也是汉字对词汇和词义演变的适应。不论是共同语还是方言,字的异读都是大量存在的。最常见的异读是文白异读。就北京音来说,文读是本地固有的,白读则是外地传来的。例如薄:po—pau,学:ɕye—ɕiau。对其他方言来说,白读是方言固有的,文读往往是向共同语借来的。例如上海话"打":da—daŋ;"生":sen—saŋ。有的方言,文读和白读都可以不只一种,有属于不同历史时代的方音或是国音的流传和叠置。例如厦门话"大":tai—tua;"长":tioŋ—tŋ;"唐":tong—tŋ。除了文白异读,常见的异读,还有别义异读。例如,"假":真假,放假;"好":很好,爱好。这是古来就有的,在许多方言中均有区别。有时文白异读和别义异读兼而有之,造成了更多的异读。例如,福州话"长":tuoŋ², 长期:touŋ², 长命:tuoŋ³, 科长:tuoŋ⁶, 剩余。此外,由于方音的演变,字音与字形脱节,有些方言词写了同音字,字义和词义变得不相应。例如"儿媳妇"广州话、梅州话都说"新妇",按音写字则在广州写为"心抱",在梅州写成"心舅"。有的方言词写的是训读字,字义相符了,字音却又没有关涉。例如闽语的"骹"写成"脚","侬"写成"人"。

汉字的字形和读音与汉语语法的发展也有许多奇妙的关系。名词后缀"子、儿"都是从同根的名词虚化而来的。作为后缀,多数方言都有各自不同的读音,有的则发生了各种语音的弱化音变,因而有许多不同的写法。例如"子"在粤语中写为"仔",在湘语中写为"崽",在赣语中写为"嘚"或"哩";"儿"在许多官话里对加在前面的音节起儿化作用,在一些吴语中则成了 ŋ 尾或转化为一种特殊声调(小称变调）。助词"着"是从动词虚化而来的，在不同的方言里由于弱化音变，也写成了各种不同的字。轻声、儿化、连读变调、小称音变以及各种变声、变韵都是词汇语法上的变化带来的字音系统的重大调整。例如福州话的"唔"不单说，一旦在多音词语里连说，音和调便发生各种变化。如，唔是：in nei；唔去：ŋ ŋo；唔食：in nie；唔赔：im mui。"唔"竟没有本音本调。联系汉语和汉字的关系，研究连音系统的种种变化，可以说是抓住了古代汉语和现代汉语在语音结构系统上的一个根本对立点。

可见，汉字的形、音、义和汉语的语音、词汇、语法之间，不论从结构关系上看还是从演变过程中看，都是相互矛盾、相互制约、相互适应的，并因而形成了种种复杂的关系。

三、研究汉语和汉字的关系的意义

首先，既然汉语和汉字结下数千年的不解之缘，汉字又是独具一格的文字体系，不仅是汉语的记录，而且对汉语的发展有重大影响，那么汉语的研究和汉字的研究就不能各行其是，而必须紧密结合起来，考察字的的形、音、义和语言的语音、词汇、语法之间的关系，相互参照和论证。只有这样，我们对汉字的音义系统和汉语的结构系统、对汉字演变规律及汉语的发展规律才能获得深刻的认识。汉语研究和汉字研究打通，才能为汉语语言学的建设提供重要的基础。抓住汉语和汉字的关系，便是抓住了汉语的最根本、最显著的特征。只有建立在这个基点上，汉语语言学才能从根本上摆脱印欧语言学的影响，建立切合汉语特色的理论。

其次，汉语和汉字相伴数千年，如今已是浑然一体、难舍难分的了。如何科学地解释字和词的交混，至今还是汉语研究中一个纠缠不清的基本问题。总的来说，汉字和汉语是相适应的，100 多年来的汉字改革的种种方案，所以难以推行，或者试用之后收效甚少，其基本原因就在这里。现在看来，1986 年全国语言文字工作会议所提出的停止使用"汉字拼音化"的口号，是科学的、明智的抉择。汉语和汉

汉语特征研究

字是在中华民族文化的长河中陶冶出来的,我们应该放眼这条长河,从民族文化的高度,从历史的全过程来看待它们的过去和现在,预测它们的未来,从而合理地制定现行的语文政策,有效地开展各项语文工作。历史的经验证明,只有顺应历史发展的规律,语文工作才能获得成功。推行共同语和规范字是社会生活的需要,是历史发展的必然。然而,应该是怎样的共同语? 它和众多方言是什么关系? 为什么小农经济的时代已经过去,方言依然能够存在,有的还相当活跃? 规范字应该是什么样的? 它和古今南北乃至域外通行的汉字的关系应该怎样处理? 这些都还有待于我们进行一番切实的、科学的研究。

再次,同汉语汉字直接相关的还有母语教育和识字教育中的许多问题,迫切地需要我们作进一步的研究和处理。半个世纪以来,关于语文教育曾经有过许多讨论和试验。看来,由于我们对于汉字和汉语的关系理解不深,关于语文教育的种种设计并不能适应客观存在的规律。千百年来母语教育自识字教育始,最常用的 1 500 个汉字可覆盖汉字总用量的近百分之九十五,我们似乎可以考虑恢复老传统,采取从识字开始,以字带词的教学步骤,在识字教育中,又从最常用字入手,以少驭多,从实词到虚词,以实带虚,从阅读入手,以读带听,再回到口语训练中来,以说带写。甚至在对外汉语教学中也可以把汉语和汉字的教育结合起来,毕其功于一役。国外的应用语言学理论和实践有值得我们借鉴之处,但是如何才能适应汉语和汉字的这个根本特点,更是我们应该着重研究的课题。关于训练方法,古来民谚、日用杂字等启蒙教材,其实都是许多时代行之有效的经验结晶,很值得我们重新加以研究,取其合理的精华,加以改造和应用。新世纪已经来临,中华民族要以崭新的姿态屹立于世界民族之林,改革母语教育,提高民族素质是万万不可放松的一环。关于汉语和汉字的关系的深入研究必能为此做出应有的贡献。

汉语和汉字的互动与和谐发展^①

认识汉字的人都知道,字有形音义,传统语文学也按此分为文字学、音韵学和训诂学,那时,研究汉字也就是研究汉语,并没有着重考察汉字与汉语的关系。后来引进的西方现代语言学认为文字是语言的身外之物(符号的符号),研究汉语的对汉字不感兴趣。对于汉字这种特殊类型的文字,外国的文字学家当然没能为我们准备什么理论和方法。到了 19—20 世纪之交发现了甲骨文,为了解读这一稀世珍宝,出现了一批文字学家,专攻古文字,正如唐兰所说,那时的文字学,只注重研究汉字的"构成的理论"和"字体的变迁",也无暇顾及汉字与汉语关系的研究。因此,长期以来关于汉语和汉字的关系,人们实际上并没有认真地进行深入的研究。

然而,这却是一个不可不关注的根本问题。汉字的形音义之中,字形是自成系统的,研究这个字形系统的是汉字构形学,汉字的形体及其变迁与汉语的发展没有直接的关系,这是汉语和汉字关系外在的一面;除了字形,汉字还有字音和字义,字就是表音的音节和表意的词或语素,汉字的音义用来标记汉语的词和语素,这是汉字和汉语的另一面内在的关系。不仅如此,汉字的形音义的演变同汉语的发展是互动互谐的。不研究这种独特的内在关系,就很难真正地理解汉语的特性。本文是对此所作的初步探讨。

---

① 本文首次发表于《吉林大学社会科学学报》2009 年第 2 期,同年有人大复印报刊资料《语言文字学》全文转载。

一、汉字和汉语的关系的独特类型

索绪尔把文字分为表音和表意两大体系,并说:"一个词只用一个符号表示,而这个符号却与词赖以构成的声音无关。这个符号和整个词发生关系,因此也就间接地和它所表达的观念发生关系。这种体系的典型例子就是汉字。"(索绪尔,1996:50—51)这位结构主义大师对东方的语言知道太少了,不了解"另类"的汉字,一说就错。一个汉字记录了一个音节、一个单音词,怎能说与声音无关? 后来的布龙菲尔德就比他高明,他说:"汉字发展了完美的表词文字体系,音符和义符连结成一个单独的复合字。"(布龙菲尔德,1980:360)他说的"复合字"就是形声字。汉字是既表音也表义的,这是它记录汉语的两个功能。周有光称为"意音文字"比较准确。赵元任提出,汉字是"语素—音节文字",这是从结构方面说的。一个字代表一个音节,也代表一个语素(或单音词)。裘锡圭(2006:18)说,"语素—音节文字"跟"意符音符文字"或"意符音符记号文字"是从不同角度给汉字起的名称,这两个名称可以共存。这几种说法或注重于结构,或注重于功能,只是观察的角度不同,其实并没有根本的对立,而是可以互相补充的。

关于汉语和汉字的内在关系,首先应该研究的是汉字的形音义是如何结合成一体的? 这种结合和表音文字与语言的关系有何不同? 造成这种结合的原因是什么?

汉字的字形历来有"六书"之说,20世纪20年代沈兼士把六书归纳为"象形字、表意字、表音字"这"三书",并说"最初是用形象来表示,进而用意义来表示,更进而用声音来表示,其由意符的区域渡到音符的区域的轨迹是很难明显的"。(沈兼士,1986:395)这是对字形的整体所作的分类,也指出了三种造字法的演变过程。裘锡圭的三书说则是对字形的分解并指明各类零件和语言的音义的联系:"跟文字所代表的词在意义上有联系的字符是意符,在语音上有联系的是音符,在语音和意义都没有联系的是记号。"(裘锡圭,1988:11)隶变之后,汉字的字形已经稳定为一个个整体,经过语言和文字的许多演变之后,音符、意符都和语言的音义有了距离,难以"见字读音"和"望文生义"了。汉字字数又逐渐增加到数万,这就造成了汉字难学、难认、难记的弊病。

从整体上说,绝大多数汉字的形、音、义是三位一体的。每一个字就是一个音节、一个意义单位(早期是词,后来是语素)。不含字义的联绵字、译音字只是一小部分。就每个个体来说,当然还有同音字、异体字、多义字等复杂情况,但是学了一个字,同时就掌握了它的形、音、义,学了单字,也就学到了单音词,能够理解多音词里字与字的关系,也就能掌握多音语词。这种语言和文字的关系和音素制的拼音文字相比,真有"毕其功于一役"的妙处。这就是两种截然不同类型的文字和语言的关系。

汉字标记汉语的方式是综合型的,自身的结构方式是立体化的,形音义之间的关系则是一体化的,文字的单位和语言的单位是相对应的。这种语言和文字的关系可这样表示:

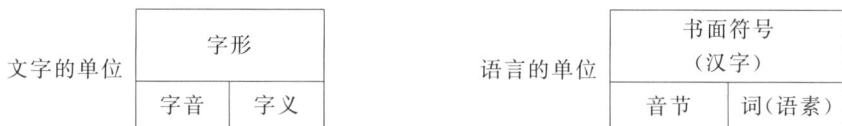

文字的单位	字形		语言的单位	书面符号(汉字)	
	字音	字义		音节	词(语素)

如此,语言和文字之间是深度的关联、内在的关系,形神相配、水乳交融,文字也就是语言的基本结构单位。

与此不同的拼音文字标记语言的方式是分析型的,结构方式是平面性的,形音义是直线分层排列的,文字单位和语言单位是不相对应的,可这样表示:

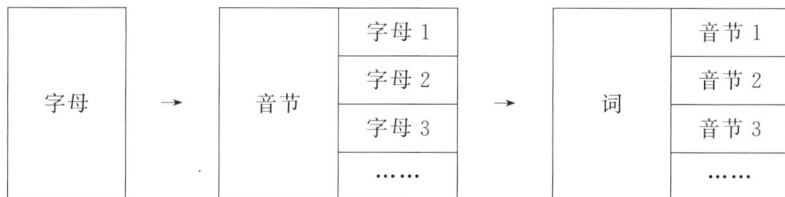

字母	→	音节	字母1	→	词	音节1
			字母2			音节2
			字母3			音节3
			……			……

25

这种类型的语言是一个字母或几个字母组成一个音节,一个音节或几个音节组成一个有意义的词。语言与文字之间是浅层次的关联、外在的关系,文字(字母)只用于表音(音素),字母和音节只有组成词之后才与意义相关。确实,拼音文字只关乎音而不关乎语意,大概就是从这一点出发,索绪尔才逆推出汉字只关乎语意而不关乎语音的错误结论。在这样的组合关系中,文字的单位(字母)少,字母组合的规则单纯,拼读词语简易,但是只有把一串字母连成几个音节,才能和语意挂上钩。认识了字母和字母之间的拼音方法,还得知道这一串音所表达的意义才能理解词义。

那么,汉语和汉字关系的这种独特类型是如何形成的呢?

一切文字都是由于记录、传播语言的需要而产生的,必然体现着语言的特征。汉字应该是从甲骨文时代到隶变的秦汉这一千年间形成和定型的。这是汉语找到适合自己特点的标记方式的磨合过程。那时的上古汉语有哪些特点呢?

第一,从词汇说,上古汉语单音词占优势,从殷商到春秋战国莫不如此。有关数据已经很多。据伍宗文(2001)就《尚书》《诗经》《论语》《左传》《孟子》《吕氏春秋》等六部典籍所做统计,其中出现的单音词有 11 601 个,复音词仅有 4 671 个,不及单音词的四分之一。单音词都是最古老的、表示最重要的概念的、最常用的根词。用汉字来记录单音词不必组装,可以一一对应,十分简便。即使音节数有限、词汇发展受制,汉字也可以用不同的形体来区别同音字,例如《诗经》里这类同音字组是很多的:公工功攻/李里理鲤/羊洋阳扬杨/黄簧皇遑/桀傑偈竭,等等。此外,上古时期还有一批多音(异读)字,也有助于增加单音词的表现力。

第二,从语音上说,上古汉语已有声调,《诗经》大多分调押韵可资佐证。至于有无复合辅音,尚有争议,但许多学者都认为上古音的音节比中古音多。2 000 个音节加上异形同音字和同形的多音多义字,很早就能得到三五千个词根字。甲骨文发现的单字已有四五千,十三经则有 6 544 个。可见音节数有限、单音词占优势,并没有给上古汉语的以字造词和用词造句造成困难。从《诗经》《楚辞》到先秦诸子,不论是朝野的歌吟、官场的论辩还是学者的争鸣,定型后的汉字已经为汉语的表达提供了丰富多彩的手段。

第三,从语法上说,从上古时期起,汉语就缺乏形态变化,主要用虚词和语序来表现语法意义,组词成句,这是学者们早就形成的共识。这种所谓"孤立语"的语法特征也是和综合式的表词汉字十分合拍的。

上古常有的"词类活用""使动用法""意动用法"等特点,突显词性的变动无须借助形态、变读字音,甚至不必加用虚词,把"一字多义""词性兼类"发展到极致。例如:

> 吾不能以春风风人,吾不能以夏雨雨人。(《说苑》,名词用为动词)
>
> 老吾老以及人之老,幼吾幼以及人之幼。(《孟子》,名形动兼用)
>
> 求也退,故进之,由也兼人,故退之。(《论语》,动词使动)
>
> 儒者在本朝则美政,在下位则美俗。(《荀子》,形容词使动)
>
> 是以圣人后其身而身先,外其身而身存。(《老子》,方位词使动)
>
> 孔子登东山而小鲁,登泰山而小天下。(《孟子》,形容词意动)

对于古代汉语这种单音节语、无形态变化的特点,及其与汉字的巧妙配合,西方学者早就有很到位的理解了。也许就是"旁观者清"吧。1735 年在巴黎出版的杜赫德著《中华帝国史》用专章介绍"中国语言的性质"时说:"这种语言表面上很贫乏,而且受到了构成该语言的数量有限的单音词的限制,但是语汇却非常丰富,表现力极强。……同一个字与其他字搭配表示出许多不同的东西……不同的搭配就会产生不同的意义。……将单音节字的不同组合方式,可以创造出常规的对话,非常清晰、十分优美地表现自己的思想。"(转引自周宁 2001:495－496)几十年后的德国语言学家洪堡特(1997:312－314)则说:"汉语具有高度的结构一致性……几乎无一例外地以非语音的方式表示形式关系……由于缺乏语音标记精神,必须以更微妙的方式把形式关系跟言词联系起来。……恰恰是因为汉语从表面上看不具备任何语法,汉民族的精神才得以发展起一种能够明辨言语中的内在形式联系的敏感意识。""人们从象形文字出发,而不向字母文字发展,于是就构成了一种富有艺术性的,任意地建立起来的符号系统,在这个系统中,具体符号之间也存在着相互联系,只不过这种联系始终是概念的而不是语音的。汉民族的汉语的知性倾向超过了对语音交替的爱好,因此,汉字这种符号在更大程度上成了概念的标志而不是语音的标志。"这就是我们常说的汉字以字义为中心,汉语的语法则多意合。两三百年前的外国学者这些精当的描述和分析,不是至今还很值得我们玩味吗?

二、汉字适应并参与了汉语的演变和发展

汉语和汉字巧妙结合之后,两个系统就捆绑在一起,相互制约、相互适应,在互动中不断达成新的和谐。汉代以后,上古汉语变为中古汉语,两千多年来,汉字和汉语一直配合默契,从而保持着强大的生命力。正是它们的互动和和谐演变构成了一部包含着汉字史在内的汉语史。从这个角度切入,已有的汉语史研究可能需要一番调整和扩展,其中需要讨论的问题很多。以下试就几个问题谈谈汉语和汉字的互动和和谐演变。

第一,双音合成词的兴起和汉语词汇系统的构筑。

先秦汉语单音词占优势,在约占四分之一的复音词之中,重言和双声叠韵等"语音造词"和语素合成的"语义造词"数量相近。例如《诗经》,据向熹的研究统计,用字 2 938 个,词汇数 4 000 多,其中复音词 1 329 个,复音词占词汇数 30％弱。(向熹,1980:28)两汉之后,复音词比例逐渐上升,其中迅速增长的是语义合成的双音词。以下

是程湘清(2003)所作的对汉代到唐代一些文献的统计:

文献	总字数	双音词数	语音造词	语义合成
《论衡》(汉)	21 万余	2 300	101	2 189
《世说新语》(六朝)	6 万余	2 126	129	1 997
《敦煌变文集》(唐)	27 万余	4 347	404	3 949

这些数据说明了从汉代到唐代双音词的大幅度增长。值得注意的是,新增的双音词大多是用两个单音词(或语素)按一定语法关系合成的。向熹在《简明汉语史》中总结道:"中古汉语复音词有了全面的发展。中古产生的新词绝大多数是复音词,成为中古汉语词汇发展的特点。现代汉语所有的双音词结构,中古都已具备。其中以联合式、偏正式复合词最为重要,占中古汉语复音词总数的80%以上。"(向熹,1993:516)

应该说,汉语双音词的兴起并非秦汉之间突然发生的。据唐钰明研究,扣除专名不计,甲骨文里已经发现复音词 35 个,金文则有 237 个。他说:"甲骨文复音词只有名词,金文复音词除名词外,还有动词、形容词、副词乃至复音虚词。"就金文说,单纯词仅 39 个,合成词占 83%。(唐钰明,2002:123)

语素合成的双音词在秦汉之后才得到大量发展,这说明汉字的形音义结构模式需要一番整合;汉字和汉语的一体化(字=音节=词)结合也需要一个过程。同时,这和汉字在社会上的普及和应用也有关系。隶变之前,汉字掌握在少数巫史手上,只能在龟甲和兽骨上雕刻,在铜器上铸造。隶变之后,有了毛笔,把汉字写在布帛上,汉字便走进了大众的生活,和汉语有了更加密切的关联。叠音词、联绵词等"语音造词"的衰歇和"语义造词"的兴起,也证明了汉字的以义为中心的性质和字义合成造词法的巨大威力。《荀子·正名篇》说得好:"单足以喻则单,单不足以喻则兼。""子"原来可指"小孩",(《诗经》"乃生男子,乃生女子"),又指"儿子"(《韩非子》"五子不为多"),也可指"女儿"(《论语》"孔子以其兄之子妻之"),还可指"先生"(子曰、子不语)。这种多义词离开语境就意义难明,后来的许多双音词:"夫子、公子、男子、赤子、童子、王子、孺子、庶子、孙子、妻子、小子、孝子",用一个字来限定另一个字,意义就明白多了。偏正式既便于分类(古人、国人、乡人、匠人、野人、贤人),也可以分解(人生、人伦、人情、人心);并列式不但可以同义并列(安乐、奔走、长久、劳苦、富贵、骨肉、尺寸),也可以反义对比(离散、轻重、上下、旦暮、是非、日夜、聚敛),都是最"足以喻"的"兼",所以"字义合成"一旦成熟,首先大量发展的便是偏正式和并列式的结构。

然而,必须强调的是,字义合成的双音词大量生成之后,单音词并没有受到排挤而退缩。相反,用来合成的都是原有的单音词,合成词的大量产生,为单音词固有义的扩展使用或相关义的延伸提供了大好机会。而且,固有的单音词早已占据着根词、基本词、常用词的核心地位。从中古到现代,双音词越造越多,但各种文本中使用频次最高的一直都还是单音词。在词汇系统的发展上,双音词、复音词的扩展,并没有动摇单音词的核心地位。中古以后汉语确是增加了大量双音词,但并非都替换了单音词,双音词的使用频度也没有超过单音词,说中古以后的词汇"双音化""复音化",只能理解为数量骤增、绝对数量大大超过单音词,并不是取代、替换了单音词。从这个意义上说,"化"的说法是不准确的。

秦汉之后,双音复合乃至后来的三音节惯用语、四音节成语的生成,都是以最稳定、最常用的、最有派生能力的单音词为核心,一圈圈扩展开来的。这样的"同心圆"就构成了汉语词汇系统的基本框架。

处于核心的单音词也就是"一二三、天人、山水、上中下、来去、大小、有无、不"这类最早出现的独体字,形音义明确,长期稳定不变,构词能力极强。正是这些少量封闭的单音核心词,生成了大量开放的一般词、多音词,精巧地构筑了汉语的庞大而能动的词汇系统。

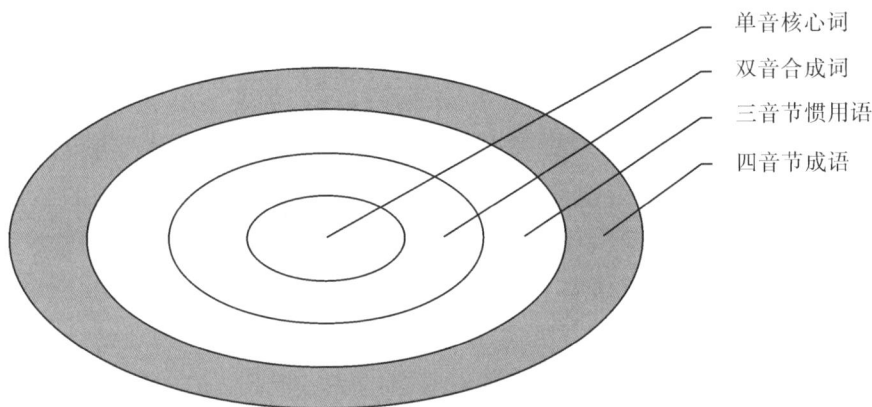

单音核心词
双音合成词
三音节惯用语
四音节成语

第二,汉语语法模式的演变与汉字字义的组合和虚化。

从语法方面考察汉语和汉字的和谐,可以从构词法和造句法两方面入手。

在构词法方面,上古汉语单音词最多,为了表达纷繁复杂的语义,许多单音词都成了多义词,或近义引申,或词类兼用,或同音假借,一个单音词衍生出四五种意义极为常见。语义合成的双音词不但扩大了词汇量而且减少了多义现象,很快就成了扩展新词的主要手段。在双音的基础上又有了三字组合,早期的如昏昏然、飘飘然、丈夫子、三千里、二三子,后来就更多了,结构方式也多样化了,或叠音,或加语缀,例如亮晶晶、静悄悄、老糊涂、老妈子、书呆子、毛毛雨、崭崭新,还有专取比喻义的惯用语(背包袱、走后门、硬骨头、纸老虎、领头羊、死脑筋、吃闲饭)。四字格成语也是很早就产生了,其中二二组合、一三组合、四个一的组合都有:守株待兔、杞人忧天、嗟来之食、舍生取义、螳臂当车、浩然正气。这种字义合成的构词方法不正是"一生二,二生三,三生万物"的规律的生动表现吗?汉语这种字义合成的复音词和西方拼音文字的语音屈折、派生多音节词是性质相异的构词法。汉语以表义字为单位,着眼于意,用字义合成词义,以单音的词或语素组成多音词;西语以字母为单位,着眼于音,以字母的音表示语法意义,用语缀附加的方法组成语词。唐兰早就指出了这二者的区别,并批评了王力把中国式的"双音节语"(联绵字)也称作"双音词"的观点。他说:"双音节语在语言里是一个不可分析的单位,双音词是可分析的。"他把可分析的双音词又分为"重字复合语(关关、昭昭)、集义复合语(保养、兄弟)、别类复合语(君子、淑女)、附着复合语(桌子、石头)、惯用复合语(成语、典故)"。(唐兰,1979:28—29)这种对汉语和西语的对比分析,从根本上揭示了两种不同类型的语言的构词法的区别。

在造句法方面,汉语语法主要是靠虚词和语序来体现的。虚词大多从实词虚化而来,和构词法一样,走的也是语义演变的路向而不用语音屈折的办法。"了"原是动词,读 liau^3,表示动作完成、结束(话音未了、不了了之),或表示动作或状态实现的可能(来不了、假的真不了),后来用作助词,读 lə^0,表示叙事的语气(万物都归寂了、新太爷到任了),或表示感叹、强调的语气(你太固执了、你可也该用功了),有时还可以一身兼着几任(你们可来了)。又如"把",原是动词,意为用手掌握、握持(把酒问青天),又引申为把揽、把持、看守(把门、把关),后来还转类为量词(一把米、一把锁、百把人),又进一步虚化为介词(独把孤寒问阿谁)。这种经过字义引申,从实词转化来的虚词和西方的语法成分有许多不同:(1)许多虚词是虚实两兼的,虚化前的实义仍然沿用;(2)有时虚化后可以有几种不同的语法意义,有时也可以几种不同的语法意义共用一个虚词;(3)从实到虚往往有一个演变的过程,有时还会"剪不断,理还乱";(4)虚词和其他语法成分的组合常常有语义上的限制(例如所谓的"价"和"向"),不能普遍推行。这证明汉语的语义语法和西方的形态语法确有不同的性质:语义语法和词汇语义紧密相关,其生成是循着字义引申、虚化的途径走的;西语则是从语法意义出发,用语音(字母的组合)的手段来实现的。

第三,汉字的字音和字形适应汉语的发展而变化。

上面所说的两点都是在字义上做文章,用字义组合和引申、虚化来适应语言发展的需要。除此之外,为了扩展词汇的需要,汉字的字音和字形还不断进行调整。

在先秦的汉字与汉语的磨合期，为适应词汇扩展的需要，汉字曾使用增加异读或异体的手段来区别字义。异读字如"说"："成事不说"，失爇切；"学而时习之，不亦说乎"，弋雪切；"说大人则藐之"，舒锐切。又如："过、难、为、量、听"有平声、去声两读，"好、上、下、假"有上声、去声两读，"参"则有仓含、苏甘两切。异体字有的是同时代就存在的异写，如陈阵、睹覩、照炤，有的是开始写为同字，后来按义项不同而分化为两个字（习惯上称为"古今字"），例如：取－娶、责－债、反－返、弟－悌、知－智、暴－曝。

汉唐之后，字形稳定下来，由于合成词之路已经十分畅通，"四声别义"和其他异读别义的现象就减少了。然而由于方言的分歧，所带来的不同历史层次的语音叠置，以及通语和方言的相互影响，又产生了许多文白异读。此外，还有字音的变读和字形俗写的现象也应该看作汉字对汉语发展的适应性变化。

至于造成字音变读的原因则有以下两种：一是多音节词语的大量增加，二是虚化的后缀的成熟和扩展。多音词语虽说是靠字义的合成来构词的，但是词义凝固之后，音节之间的结合也更加紧密，快读之后又造成一些音节的弱化，于是产生了轻声、儿化、连读变调，这便是多音词的"语义整化"所带来的"语音固化"。轻声是语义变化造成的音节的弱化，儿化是轻声音节被吞没而成的合音，连读变调则是用声调的高低、轻重的调整来把多音节"捆绑打包"的办法。如果是同样的语素组成意义有别的词语，这之中伴随性的连读音变便会成为区别词义的手段。例如：普通话"东西、大人"轻声或重读，意义有别；上海话"炒饭"，作为偏正式名词和动宾式词组，各有不同的变调方式。在有些西北官话中，亮堂堂、绿油油、老实巴交一类的后缀，稀巴烂、糊里糊涂的中缀，也常有变读。宋元以来虚化了的"着、了、过、子、儿、头"等在许多现代方言中都发生了语音的弱化，只是具体音变方式各不相同。比如在北京话中是轻声、儿化；在晋语中是促化（塞尾化）和合音（如获嘉的子变韵）；在浙南吴语中是儿尾与前音节合音,变成一种鼻韵尾或造成特式的变调。

字形的俗写也就是俗字。规范的正字以外的俗字包括:废弃不用的古体字、历代简体字、异体字、方言字,放宽些也可以包括误写的别字。在各类俗字中,数量最多的可能是精简笔画而成的简体字。1930 年出版的刘复、李家瑞所编《宋元以来俗字谱》收的俗字就已经有 1 600 多个。据张书岩、王铁琨所编《简化字溯源》做的统计,1986 年版《简化汉字总表》的 388 个字头中,宋元之间已见的就有 221 字,占 56.96%。还有些俗字出自方言地区,或因方音变读而另造新字,或为新造方言词、早期的底层词和晚近的外来词等所造的俗写。例如,饶秉才等合编的《广州方言词典》就收了广州话所通行的俗字 330 多个。像"乜(什么)、冇(没有)、叻(能干)、啱(合适)、瞓(睡)、餸(下饭菜)、仔(儿子)、枧(肥皂)"等已经有较高的知名度。语法化后的虚成分,由于语音变化太大,也常常会另造俗字。例如常用的虚词"了"的读音弱化之后,各地的写法就五花八门:啦、唻、嘞、哩、咯、啰。梅祖麟研究中古"著"字在东南方言中虚化后的各种音义,证明吴语的"仔"ts̩、湘语的"哒"ta³、闽语的"伫"ti¹ 都是来源于"著",就是语义虚化引起语音弱化和字形异写的典型而生动的例子。各地方言中否定词的不同读音造成的"怀、唔、毋、呣、勿"等单音词写法,"甭、嫑、嬲、孬、嫑"等合音词写法,也是很常见的俗字。这些古今音变或南北语殊所带来的俗字,也是汉字适应汉语发展的一种变异。它们调整了语音变异与文字脱构的矛盾,使语言与文字达成了新的和谐。可见,近二三十年间,文字学界和方言学界都重视了俗字的研究,这是很有道理的,也是值得提倡的。

三、汉字对汉语的演变与发展的作用

汉语制约着汉字的演变,汉字为适应汉语的变化而调整自己。汉字成为汉语的结构因子之后,也不断在影响着汉语的变化和发展。对于汉字和汉语的这类宏观的互动,以下提出几点来讨论。

第一,汉字造成书面语和口语的分道扬镳,又充当了二者的沟通因子。

汉代以后,汉字中的形声字已经占了绝对优势,但是汉字是用音节来作为表音的声符的,本来就不太严格(如青、菁、睛、情、晴、靖、静、婧、请、倩等原来都同声符),有些声符由于语音的变化,从谐声变成不谐声(如每、悔、海、敏、繁等在造字的年代都同声符),大量形声字声符的表音准确度并不高。周有光(2004:302、306)曾就现代汉字(根据1977年版《新华字典》)作过统计,不含声调的声旁有效表音率只有39%,有别调功能的声旁更少,只有17%。形符的表义就更加粗疏了,只能表示义类(水火金木土等等)。因此,识字和阅读主要还是靠字形和字义的综合认记和理解,这就是"目治"。词汇中的大多数也是靠字义的合成造出来的,在文盲充斥的时代,能运用汉字造出双音词的主要是少数的文士,他们造出来的大多是书面语词,平民百姓则用口语来造词,只说不写,不登大雅之堂。久而久之,书面语和口头语之间的用词和造句就形成越来越大的差异。使用拼音字母的语言,写成文章时固然也要加工提炼,但只要认得20多个字母,谁都可以记录当时的口语,其书面语和口语的差异就没有使用表意(表)词文字的汉语这么大。然而"解铃还须系铃人",书面语在社会通行之后势必影响口语,而文化人若将口语写成词句,装进韵文和散文,像唐代的一些人民诗人以及后来的词曲家、明清小说家那样,口语的活水也会流入书面语的渠道。可见,两下里的沟通也还是靠书写的汉字。

第二,汉字便于贯通古今汉语,为保存和传承历史文化做出重大贡献。

汉字不能精确表音,却注重于表义,隶变之后,字形也变动不多。正因为汉字的形义少变,又不太计较准确地标音,所以可以为古今南北的人所共赏。一个识字的现代人,尽管从未读过古书,见到"三人行必有我师""海内存知己,天涯若比邻"这些几千年前的话语,也大体可以理解。具体地说,汉字贯通古今汉语主要靠两大法宝。第一个法宝是,最常用的的核心词自古至今少有变化,这些单音词都是最初出现的字、表示最早认知的概念和生活中最常称说的词。郭小武(2001)曾经根据先秦的历史、诸子、诗歌 3 类 23 种文献统计,提取了极高频字 100 个,然后又抽出其中的《荀子》和《史记》《世说新语》《朱子语类》《红楼梦》《世界上下五千年》等五种后出文献作了比较,结果发现,100 极高频字当中,6 部书共现的 14 字,5 部书共现的 13 字,4 部书共现的 16 字,以上各项合计达 43 字。这说明古今相同的常用单音词就占着近半。应该说,两千多年间,100 个极高频字能有这么高的共通率是惊人的,因为这些极高频词所能组成的同根词是很难计数的。现代语言年代学据斯瓦迪士的 200 词对 13 种语言进行过比较统计,得出的结论是"一切语言在任何时候,基本语根语素在一千年后平均约有 81% 的同根词保留下来"。徐通锵(1991:415-418)曾就古今汉语作过比较,发现两千年间的保存率是 83.4%。第二个法宝是,古汉语的单音节词后来即使不单用,仍作为语素大量地组词,例如"言、语"不单用了,根据对《当代汉语词典》(上海辞书出版社,2001 年)的统计,用这两个字构成的词语就多达 356 条。如果说这是零件的组装,那就还有另一种古语的"打包"传承。打包的方式一是成语典故,一是原文引用。单是四字格固定语一项,据王吉辉(2001)统计,1996 年版《现代汉语词典》的 3 785 条固定语,在古文献中有出处可查的就有 3 178 条,占 84%。其中先秦两汉、唐宋和元明清大体上各占三分之一(904~1 085 条之间)。单是《论语》一书中的 110 条成语,已收 51 条,尚可收入的 43 条,共约占 85%。

先秦以来,华夏文明所积累的汗牛充栋的文献都是用汉字记录传承下来的,汉字的沟通古今的这一功能,对于保存民族文化遗产、使它便于后人理解,得以发扬光大,实在是功莫大焉。

第三,汉字善于沟通南北,有利于保持汉语的统一,还传至邻邦,促进民族文化交流。

汉字重形、义并保持其稳定,但弱于表音,这对于保证民族语的长期统一是十分有利的。而民族语的有效通行,对于一个幅员广大、人口众多、方言复杂的国家的统一和社会的稳定,重要意义是不言而喻的。中国是多民族的国家,用汉字记录的书面语也一直为各民族所接受。

汉字为汉语表音是综合的音节、单词表音法,而不是分析的音素表音法,因此,说汉字不表音、"超方言",这是但知其一,不知其二。汉字的表音有两个层面:从字面的结构说,形符表义类,声符表音类,由于不是按音素标音,因此声符与词音多不一致。从表词字来说,每一个字的字音是按照该字成词时的声母、韵母和声调的具体读法(音值)来确定它的音类的,而每个音类在共时语音系统中都有特定的"音韵地位"。不仅历代通语的语音系统之间存在一定的对应,就是不同的方言语音系统之间也大体存在着对应关系。换言之,不论上古音、中古音、近代音、现代音之间还是官话、吴、湘、赣、闽、客、粤诸方言间,字音所属的音类都有对应关系可寻。为什么现代方言千差万别,不同方言区的人经过一段时间的相处和交流,大多还能得到一点沟通,着意去学也并不太难(只是方言差异有大小,个人音类类推能力有高低,因而学起来有快有慢),现代人读古代诗文,按字音的音类去理解古时的韵脚、平仄等节律,也有规律可寻,并不难掌握,原因就在这里。不仅如此,汉字字音还可作为外族语言的注音工具,汉字的字义则可以训释别族语言的语词,唐宋以来汉字被日本人、韩国人和越南人借用为记录本族语言的工具。数百年间,汉字成了东亚地区民族文化交流的使者,建立了历史的功勋。

关于这一点,杰出的欧洲汉学家高本汉也有深切的了解,他曾经有过一段生动的叙述:"中国地方有许多种各异的方言俗语;可是又有一种书本上的语言……可以不顾方言上的一切分歧,彼此仍能互相交接……而且可以和已往的古人亲密交接。……中国人对于本国古代的文化,具有极端的敬爱和认识,大都就是由于中国文言的特异性质所致。"(高本汉,1931:45—46)

四、余论

自从汉字成了汉语的单音词（后来是语素）之后，汉字就不是汉语单纯用来表音的外在的符号，而是走进了汉语的语义层，成为内在的结构因子，具备了语言的灵性，参与了汉语词汇系统和语法系统的衍生和构筑，汉字形音义也在这个结构系统的演变过程中完成了种种调整和变换，使汉语的结构系统不断合理化，并保持着广阔的发展空间。就语词的衍生说，不但有从单音到双音、三音、四音的展延，也可以从联绵词的音节提取语素（骆驼→驼绒、驼峰、驼铃，蝴蝶→蝶泳、蝶衣，蜘蛛→蛛网、蛛丝马迹，的士→面的、打的、的哥），可以把四字成语或多音词组紧缩为双音词（越俎代庖→庖代，以蠡测海→蠡测，计划生育→计生，科学考察→科考，奥林匹克运动会→奥运）。在词－语－句的天地里，汉字这个小精灵，排列组合、变化多端，延展紧缩、富于弹性，虚实转换、挥洒自如。两千年间，汉语的词语越来越丰富，语法越来越精密。从沟通人群到认知世界、创造艺术，其表达功能不断地科学化、艺术化。说汉字适应着汉语的发展，二者达到了完美的和谐，是一点也不过分的。

汉字对汉语的适应、互动和和谐，不但表现在汉语的结构系统上，也表现在语用系统（书面语和口头语）、历时系统（古代汉语和现代汉语）、变异系统（通语和方言）等方面。就前者说，汉字是汉语的结构因子，就后者说，汉字是汉语的沟通因子。任何语言都有它的语用系统、变异系统和历时系统，但是像汉字这样的却极为特殊。汉字作为沟通因子，把书面语的词语和表达方式向口语中输送，又使口语中的词汇和表达方式经过书面语的加工而得到提升；把古代语言的精华浓缩、精装为典雅成分传给后代语言，又把反映现实、经过冶炼的新词语吸收到规范系统中来。在传播通语的同时，也吸收各地方言所创造的有用成分。正是有了这灵活多能的沟通因子，汉语的发展进入了古今承接、南北贯通、雅俗共赏、左右逢源的境界。

高本汉在比较汉语和印欧语之后说:"现在单音缀的与无语尾变化的中国语,久已脱离了原始未发展的境地,而为一种最先进的与极省略的语言的代表,其单纯与平衡的现象,较之英语尤为深进。"(高本汉,1934:9)关于汉语和汉字的关系,他说:"单音制,无形式变化,缺少仆音群,语尾运用仆音很有限制,这些现象都是使中国文字成为方块头……这种方法应用于中国文字,不特能够通行,而且极其自然,没有什么障碍。"(1934:32)经过东西方语言文字的对比,他不无深情地说:"好像苍凉荒旷的古境中,巍然耸峙着一座庄严的华表,那倒影普照着东亚全部的文化……这便是中国文字与书籍上所表现着的中国的精神。"(1934:157)"中国无论何处何时何事是常有伟大的艺术家的;当此风潮激荡,国难在前的时代,中国文学将如在荒漠中竖立起一座金字塔,放射出绚烂的光芒,含着新生的力与美。……已经了解及赞许过去与现在的中国的人,这是谁也不能怀疑的。"(1934:190)

这位瑞典人在研究了汉语和汉字之后,能得到如此精辟的结论和深刻的感受,确是很值得我们敬佩的。联想到我们的一些学者,至今还在努力把自己的语言说成"并不缺乏形态",一旦有学者联系汉字来解释汉语的特征,就可能引来异样的眼光,被认为是奇谈怪论,这不是很值得深省吗?

参考文献:

[1]布龙菲尔德.语言论.商务印书馆.1980.

[2]程湘清.汉语史专书复音词研究.商务印书馆.2003.

[3]高本汉.中国语与中国文.商务印书馆.1931.

[4]高本汉.中国语言学研究.商务印书馆.1934.

[5]郭小武.古代汉语极高频字探索.语言研究,2001(3).

[6]洪堡特.论人类语言结果的差异及其对人类精神发展的影响.商务印书馆.1997.

[7]梅祖麟.梅祖麟语言学论文集.商务印书馆.2000.

[8]裘锡圭.文字学概要.商务印书馆.2006.

[9]沈兼士.沈兼士学术论文集.中华书局.1986.

[10]索绪尔.普通语言学教程.商务印书馆.1996.

[11]唐　兰.中国文字学.上海古籍出版社.1979.

[12]唐钰明.著名中年语言学家自选集·唐钰明卷.安徽教育出版社.2002.

[13]王吉辉.固定语的现代汉语范围.南开语言学刊,2001(1).

[14]伍宗文.先秦汉语双音词研究.巴蜀书社.2001.

[15]向　熹.简明汉语史.高等教育出版社.1993.

[16]向　熹.《诗经》里的复音词.语言学论丛,1980(6).

[17]徐通锵.历史语言学.商务印书馆.1991.

[18]张书岩、王铁琨.简化字溯源.语文出版社.1997.

[19]周　宁.世纪中国潮.学苑出版社.2001.

[20]周有光.周有光语言学论文集.商务印书馆.2004.

从汉语和汉字的关系看汉语的 特征和发展*

一、为什么要研究这个问题

1.学而后知不足,教而后知困。艰难地走过 50 年。在学校里跟着教学工作走,跟着时代的需要变,从方言学、音韵学、词汇学走到社会语言学、应用语言学。到了新世纪,后现代的人文科学发现:小学科之间森严的壁垒不利于科学的发展;应走向综合,学科交叉可以相互为用。

2.对于语言的共性与个性的理解:共性寓存于个性,个性体现了共性。通过个性的考察和比较,才能归纳出共性;共性的概括还应该经过个性的检验。未经对个性的广泛考察,仅从局部的共性演绎出来的个性,往往是靠不住的。汉藏系语言尚未深入比较研究,没有那么多的个性分析,只靠印欧语的材料归纳的共性是有缺陷的。

3.对于中国古代语文学的理解:很注重汉语的个性研究,有许多精华,并非都是前科学的东西,例如音韵学、修辞学、文献学,就有许多独到之处;但在自我封闭的情况下,不了解其他语言的个性,就很难理解共性,甚至对共性的研究少有兴趣;在研究方法上,注重综合,不善分析,也很难做到科学化。

4.吸取西方现代语言学的先进经验,针对汉语的个性特征进行科

---

* 本文根据 2008 年在北京语言大学的两次演讲稿整理而成。

学化的分析,参照其他语言的个性特征,了解汉语与其他语言不同的特点,必能加深对汉语特征的理解,可能是汉语语言学研究的出路,也可能为普通语言学做出应有的贡献。

5.100年来汉语研究和汉字研究不太注意互通联手,从理论到应用都存在不少问题。事实上二者是息息相关的,深入探讨汉语和汉字的内在关系,合而治之,可能是建立科学的汉语语言学的一个突破口。

二、汉语和汉字的关系是一种独特的类型

1.汉字标记汉语的方式是综合型的,自身的结构方式是立体化的,形音义是一体化的结构,文字的单位和语言的单位是相对应的。

文字单位

字形	
字音	字义

语言单位

书面符号（汉字）	
音节	词（语素）

汉语和汉字之间是深度的关联、内在的关系,形神相配、水乳交融,汉字不仅是语言的标音符号,而且成了语言的基本结构单位,和其他的文字有不同的性质。

拼音文字标记语言的方式是分析型的,结构方式是平面性的,形音义是直线分层排列的,文字单位和语言单位并不相对应。

字母	→	音节	字母1 字母2 字母3 ……	→	词	音节1 音节2 音节3 ……

一个字母或几个字母组成一个音节,一个音节或几个音节组成一个有意义的词。语言与文字之间是浅层次的关联、外在的关系,文字(字母)只用于表音(音素),字母和音节只有组成词之后才与意义相关联。

2.汉字有两重性。字形自成系统,研究这个系统的是汉字构形

学,分析汉字的部件有笔画、笔顺,偏旁,部首,结构方面有独体、合体,上下结构、左右结构、内外结构,还有上中下、左中右等结构关系,形体方面有正体、俗体、繁体、简体,还有甲骨、金石文字及篆、隶、楷、行、草等字体。

汉字的形音义组合之后,字—音节—词(或语素)三位一体,成为语言的单位。只有很少数的字只表音,不表意:联绵字、译音字、音缀字。字、词、语、句构成了汉语的语言链。这是表意的汉字的特有系统。

3.汉字的这种两重性,由于考察的角度和重点不同,历来引起了关于汉字的性质的许多不同看法:

表意文字——索绪尔　　意音文字——周有光

表词文字——赵元任　　语素文字——朱德熙

象形文字——吴玉章　　表音文字——姚孝遂

音节文字——张志公　　形音文字——刘又辛

4.汉字的两重性还引起了汉字研究和汉语研究的悲剧性分离。传统的语文学,文字、音韵、训诂一家,"由字及语",相互为用;20世纪20年代北京大学开设的"文字学"就有音篇、形义篇之分,这是"以字代语"。

现代语言学只"就语言而研究语言",视文字学为无关的另类。这对于采用拼音文字的语言是无可厚非的,但对于与汉字相结合的汉语则是不合事理的。

19世纪末发现甲骨文后,古文字学崛起,集中于字形的研究,虽为考古学、文献学、史学做出重大贡献,但也就无暇顾及汉语和汉字的复杂关系的研究。

三、先秦的千年是汉语和汉字的磨合期

1.上古汉语可能经历过类型的转变。

自从汉字定型并成为汉语的单音词之后,汉语适应着汉字的表

意性质,发生了一系列的类型上的变化。

从有形态到无形态。与汉语同源的藏语有复杂的形态变化,可以为证;在上古汉语中,人称代词还有"格"的不同用法,"吾"用于主格,"我"用于宾格,可能就是一种残余现象。

从有复辅音到无复辅音。上古汉语有没有复合辅音,历来有争议,近些年来,经过汉藏语的比较研究,多数学者已经认同有复合辅音,可能早期多、后来少。

从有更多的多音词到多音词占绝对优势。非语义合成的复音词(叠音词和联绵词),《诗经》里还占有四分之一,秦汉之后逐渐减少,可以为证。

从无声调到有声调。有些藏缅语至今还没有产生声调,这说明汉藏语的声调从无到有是个演化的过程。王力认为上古汉语只有平入两调,其实也可以认为是舒促两种韵类的不同,而不是声调的差别。后来"短平为上,长入为去",舒促长短才形成的"四声"的系统。

这四种演变过程正是汉字登上历史舞台,与汉语相结合的过程。汉字的重表意、轻表音的特点对这个类型转变一定发挥过重大的推动作用。

2.汉字的构造走过了表形—表意—表音三阶段。

笔画少的独体的象形字(人、手、刀、木、日、月)应该是出现最早的汉字,作为表意文字确有明显的局限性;

指事、会意也都是表意的,略可补充象形字的不足,如一、二、上、下、本、末、刃,但也只是一条难以拓展的羊肠小道;

假借开始走表音的路,但造成同音异形和一音多义,偶尔用用,尚可忍受,多起来了就难以辨别,终非善计;

形声字的形旁表义类,声旁表音,有些还有一定的表意作用。从《释名》的声训、宋代的"右文说"到王力的"同源字",可谓一脉相承地解释了这种现象。形声造字法比其余造字法都合理,终于一锤定音,成为主流造字法,并完成了形音义的立体组合。到汉代的《说文》,形声字已经占到80%以上。

3.形音义一体化的汉字和单音词形成了最佳的配搭,逐渐使单音词扩展为主要表意手段,限制和压缩了联绵词的扩展,使单音词占了优势,完成了汉语和汉字的第一次和谐。于是,形成了"一个字=一个音节=一个词"的基本制度。

这就是汉语和汉字的初步的,也是决定性的磨合。

4.上古时期经济文化的发展和先民思维能力的提高需要大量扩展词汇,但是由于文字也必须稳定,汉字的增长赶不上词汇扩展的需求,这就造成了新的矛盾。为了解决这一矛盾,汉字作为单音词,曾经衍生了多个义项,成为多义词(如"子"可以是孩子、男子、女子、先生,等等);有的增加了异读(如四声别义:好、长、中、重、种),成为多音字;还有改造假借字的字形,成为古今字(如然—燃,莫—暮,要—腰)。这些适应性的变革在一定程度上缓和了以上所说的词汇扩展和文字增长的矛盾,但异体字、多音多义字又增加了单字的形音义的负荷。

5.从甲金文到大小篆,六国文字字形混乱,秦代"书同文"统一了字形,也促进了汉字和汉语的配合。隶变是汉字历史上的大变革,形体简单了,随着毛笔和纸张的发明,汉字逐步从史官手里走向大众。至此,汉字定型了,也稳定了,两千年之间没有大的变化。

然而,由于汉字长于表意而弱于表音,在汉字的应用上还存在着一些余留问题:字数多(先秦应有五六千字),同音字也多,字义的区分难免模糊,有的该概括的不概括,该细分的没细分。此外,语音的节律也比较单调。

四、汉唐之后汉字和汉语的互动

1.从汉代到唐代双音合成词的兴起。

上古汉语单音词占优势,到上古后期(春秋战国),复音词才大体占四分之一强。据伍宗文《先秦汉语复音词研究》所做统计,几部主要文献单双音词所占比例如下:

文献	总词数	单音词	复音词	复音词所占比例
《诗经》	3 450	2 476	974	28.2%
《论语》	1 479	1 150	329	22.2%
《孟子》	2 240	1 589	651	29.0%
《左传》	4 177	2 992	1 185	28.3%
《吕氏春秋》	3 992	2 844	1 148	28.7%

当时的复音词主要是"语音造词",即叠音词、联绵词,"语素合成"的双音合成词只有少量的联合式和偏正式。汉代之后双音合成词大发展。据向熹《简明汉语史》和程湘清《汉语史专书复音词研究》的统计,从先秦到唐代,双音词中语音造词和语义造词的变动如下:

文献	语音造词	语义造词	语音造词所占百分比
《诗经》	451	1 036	43.5%
《论语》	42	138	30%
《孟子》	84	249	33.9%
《论衡》	101	2 151	4.69%
《世说新语》	129	1 784	7.23%
《敦煌变文集》	404	3 633	11.1%

这种语义合成的构词法正如荀子所说的"单足以喻则单,不足以喻则兼"(《荀子·正名篇》),比起语音造词法,在发展语言认知上优越多了。因此,它一旦形成便一发而不可收,而且沿用千年、至今不衰。

在语义合成的过程中,除了并列、偏正之外,动宾、动补、主谓等单音词组成句法关系的各种方式,也全面地运用到双音合成中来了。汉语造词和造句的一体化构成方式也就是在这个过程中形成和定型的。

双音合成词大量发展之后,单音词并没有受到排挤而退缩和消失,因为合成词也就是用已有的单音词组织起来的。由于单音词产生得早,已经和最重要的概念相联系,往往还具有多个义项,使用的频度也是最高的,因此,在词汇整体中已经占据着核心的地位。双音词的扩展,犹如繁茂的花叶,单音词的稳定,犹如坚挺的枝干,花叶的养分不就是枝干所提供的吗? 单音词和双音词的配合,就此开辟了词汇发展的广阔道路。

后来单双音词又组成了三音节和四音节及以上的结构。这也就是《道德经》所说的"一生二,二生三,三生万物"的原理的体现。

汉语的词汇系统就是这样形成的同心圆的系统。

2.语音节律的形成和多音词的语音固化。

双音词大量扩展占据了词汇系统的最大空间。在这个基础上形成了汉语以双音节组合的音步。汉代以后形成的五言体的韵文便是单音和双音相间配合的。《诗经》的四言诗让位给汉乐府的五言诗,显然就是从单音词占优势发展为单双音配搭所带来的变化。

多音词连读之后,由于两个单音词(或语素)语义整合了,有的是原意相加(国王=国之王),有的是偏义替代(国家——只指国,不指家),有的是意义转移(东西——指物件),为了表示完整而特定的词义,两个音节发生了相应的调整,这就是语音的"固化"。固化的方式后来有轻重音组合、轻声、连读变调、声母类化、连音同化、合音、儿化,等等。不过,这种语音的固化必须在多音词发展成熟,使用频繁之后才能发生,而且在不同的方言中进度不一,方式各异。就现代方言的情况说,连音变化大概都发生在明清之后。《红楼梦》才有轻声的萌芽,西南官话有的至今还没有发生"儿化"。粤方言至今还拒绝各种连音变读。

3.字形的俗化和字义的虚化。

中古以来字形发生了多种变化,这些变化有的是汉字构形系统的自我调整(例如简体字的出现),有的是社会原因造成的(例如文化不高的人写别字),更多的是适应着语言的变化而产生的,如异体字[读音分化另写异体(赵家庄—赵各庄、着数—招数),方音不同各写异体(了—啦—喽—噜、嘛—么),等等]、合音字(如甭、别)、方言字

（如囝、伢、仔、怀、唔），此外还有译音字、拟声字，等等。

汉语语法主要是靠虚词和语序来体现的。虚词大多从实词虚化而来，和构词法一样，走的也是语义演变的路，而不用语音的屈折。"了"原是动词，读 $[liau^{213}]$，表示动作完成、结束（话音未了、不了了之），或者表示动作或状态实现的可能（来不了、假的真不了），后来用作助词，读 $[lə^{0}]$，表示叙事的语气（万物都归棄了、新太爷到任了），或表示感叹、强调的语气（你太固执了、你可也该用功了），有时还可以一身兼着几任（你们可来了）。又如"把"，原是动词，意为用手掌握、握持（把酒问青天），又引申为把揽、把持、看守（把门、把关），转类为量词（一把米、一把锁、百把元），进一步虚化为介词（独把孤寒问阿谁）。这种经过字义引申，从实词转化来的虚词和西方的语法成分有许多不同：许多虚词是虚实两兼的，虚化前的实义继续沿用，有时虚化后可以有几种语法意义；从实到虚往往有一个演变的过程，有时还会"剪不断，理还乱"；虚词和其他语法成分的组合常常有语义上的限制（例如所谓的"价"和"向"），不能普遍推行。这些都证明汉语的语义语法和西方的形态语法确实是性质不同的：语义语法和词汇现象紧密相关，其生成是循着字义引申、虚化的途径走的。汉字作为虚词，许多和实词同形，正是反映了汉语的这一语法特征。要区分虚词和实词，在形式上有困难，只能靠上下文的理解，但是对于实义和虚义的关联却有方便的一面。

以上所述是汉语对汉字的制约，汉字对汉语的适应性变化。

以下所述是汉字对于汉语的影响，汉语对汉字的适应。

4.汉字加重了书面语和口头语的分化，又使二者得以沟通。

语义合成造出来的多音词许多是文人们造的书面语（精深、精湛、精诚合作、深进、深邃、深明大义），而在民间，不识字的大众往往是"因音造词"（糊涂、糊糊涂涂、糊里糊涂、稀里糊涂）。书面语造词和口头语造词成了汉语词汇衍生的两大源流。这是汉语书口分流的主要原因。

汉语的书面语历来占据着统治地位，古来典籍繁多，幽雅诱人，加上用来记录的汉字字形繁复、书写不易,下笔成文总是崇尚典雅精练;口语表达则随机应变、力图详尽,这也是书口分离的原因之一。

然而"解铃还须系铃人",书面语在社会通行之后势必影响口语,而文化人若将口语写成词句,装进韵文和散文,像唐代的一些人民诗人以及后来的词曲家、明清小说家那样,口语的活水也会流入书面语的渠道。可见,书口的沟通也还是靠汉字。

5.汉字便于贯通古今汉语,为保存和传承历史文化做出重大贡献。

汉字不能精确表音,却注重于表义,隶变之后,字形也变动不多。正因为形义少变,不计较读音,所以可以为古今南北的人所共赏。

具体地说,汉字贯通古今汉语主要靠三大法宝:

第一,最常用的核心词自古至今少有变化,郭小武(2001)曾经根据先秦的历史、诸子、诗歌 3 类 23 种文献提取了极高频字 100 个,和《史记》《世说新语》《朱子语类》《红楼梦》《世界上下五千年》等后出文献做比较,结果 100 字当中,6 部书共现的 14 字,5 部书共现的 13 字,4 部书共现的 16 字,以上合计 43 字。这说明古今相同的常用单音词就占了近半。应该说,2 000 多年间,100 个极高频字能有这么高的共通率是相当可观的。

第二,古汉语的单音节词后来即使不单用,仍作为语素大量地组词,例如"言、语"不单用了,据《当代汉语词典》,用这两个字构成的词语就多达 356 条。

第三,有大量的成语典故和原文的引用。单是四字格固定语一项,据王吉辉统计,1996 年版《现代汉语词典》的 3 785 条固定语在古文献中有出处可查的就有 3 178 条,占 84%。其中先秦两汉、唐宋和元明清大体上各占三分之一(904~1 085 条之间)。单是《论语》一书中的 110 条成语,已收 51 条,尚可收入的 43 条,共约占 85%。

先秦以来,汗牛充栋的文献都是用汉字记录传承下来的,汉字沟通古今的功能对于保存民族文化遗产,使它便于后人理解,得以发扬光大,实在是功莫大焉。

6.汉字还可以沟通南北并借用为记录外族、外国语言的工具,为汉语的统一和汉字的国际文化交流做出重要贡献。

汉字重形、义并保持稳定,但弱于表音,这对于保证民族语的长期统一是十分有利的。

汉字为汉语表音是综合型的音节、单词表音法,而不是分析型的音素表音法,因此,说汉字不表音、"超方言",这是但知其一不知其二。汉字的表音有两个层面:从字面的结构说,形符表义类,声符表音类,由于不是按音素标音,因此声符与字音多不一致;从所表示的整个音节说,字音的音类在古今南北之间都存在着一定的对应关系,所以现代人读古诗可以理解其韵律,听别的方言区的人说话,也不难通过音类的对应去折合不同的方音。

汉字字音还可作为外族语言的注音工具,字义则可以训释别族语言的语词,唐宋以来汉字被日本人、韩国人和越南人借用为记录本族语言的工具。数百年间,汉字成了东亚地区民族文化交流的使者,建立了历史的功勋。

五、从汉语和汉字的关系看若干理论和应用问题的研究

1.关于汉字的拼音化改革。

汉字和汉语结伴同行了几千年,它们既然是互动和谐的,为什么又会有100多年来的汉字改革(汉语拼音化)运动呢?

汉字也有它的先天缺陷:汉字形体结构复杂,笔画多而规则乱,字数更是繁多不堪,而且表音能力差。这些缺点曾经使它难以为劳动大众所掌握,在记录语言和印刷传播等方面也受到局限。

100多年前西学东渐时,一批文化先贤痛感到汉字的繁难,认为它造成了教育的落后、阻碍了文化科技的发展,因而国家积弱,才招来侵略者的欺压。他们满怀革命激情,喊出"汉字不灭,中国必亡"的口号,提倡拼音化改革。后来的几代学者前仆后继,潜心钻研,提出了种种改革方案,进行各种试验,甚至在抗日战争的烽火中,不论在

上海还是在延安都还在进行这一改革和探索。新中国成立后又开展了"文字改革"三大运动,在 20 世纪 50 年代,终于制定了汉语拼音方案;淘汰了一些异体字,精简了汉字的数量;简化了一些繁体字,局部地减少了一些学习的困难;使用计算机以来又千方百计地使它能快速进入机器存储;在排列、检索和学习汉字上也进行了许多饶有成效的研究。但这些成功的改革都只是在维持汉字的基本结构和功能的状况下的局部改进,并没有用拼音文字来取代它。

究竟汉字能不能进行拼音化改革呢?

把汉字改为拼音文字,有许多难以解决的问题:(1)汉字作为汉语的细胞、意义的单位,身上布满了汉语的血脉,人们正是靠着它的整个形体来理解、辨认音义的,从字到词、短语、句子都是这样。"方块整体"若改成拼音符号,读起来容易了,整体辨认的作用却不复存在。书面语的"目治"改为"口述耳闻",也很难办到。(2)从创造新词说,不用汉字,只靠字母拼写,就会把双腿走变成单足跳;旧词的认读,尤其是书面语、文言词,只有在口语中极为常用的才能做到,书面造词成了难事。(3)就词语的辨识说,同音词无法用汉字辨识,那些高频、多义的单音词尤其难以掌握。从方言引进有表现力的新词语也是不可设想的;缩略语原是靠表意的汉字来认识的,改用拼音就行不通。(4)文言词和成语典故的使用也因为古今语音的差异而几乎不可能。

1986 年,国家语言文字工作委员会在全国工作会议上宣布,停止使用汉字拼音化改革的口号。从 20 多年的实践来看,这是完全正确的决策。我们永远怀念着百余年来汉字改革运动的先贤,他们的革命精神令人敬佩。然而语言文字是亿万人的习惯,还没有进行充分合理的科学论证就贸然进行改革是不可取的。几千年间形成的汉语与汉字的血肉联系则是汉字拼音化改革不可逾越的客观存在。

在信息时代,计算机的中文信息处理曾遇到过汉字输入的瓶颈,现在不少问题已经解决,连甲骨文等古文字的输入都可以在机器上实现。目前,学者们正在进一步摸索计算机自动识别的诸多难题,并已出现了曙光。相信,现代科技总有办法使汉字继续存在,中国学者一定能够攻下这一难题。

2.关于汉字和汉语的个性特征的研究。

汉字是世界上仅存的古老的表意文字,汉字的两重性说明汉字的研究不宜局限于形体的研究,应该加强其作为汉语的结构因子的研究。汉语和汉字久远的互动和谐是决定汉语的结构和演变的最重要因素,研究汉语与汉字的关系才能深入认识汉语的特点。

历来关于汉语的个性特征的研究,说得最多的是"单音节性"和"非形态性"。这两个特点都是从"汉字作为汉语的结构因子——语素"这个原点衍生出来的。汉语的词汇系统这座辉煌的大厦就是用单音词一层层垒砌起来的。100年前那种把单音词视为低等语言的论调早就被推倒了。至于非形态性的特点,也是汉字所记录的单音词和语素所带来的特性。单字不但可以组成词语,还可以虚化,用来表示各种语法意义。这是和形态语法截然不同的另一种语法类型,也是汉语和汉字相结合的基本事实带来的汉语的个性特征。高本汉曾经说过,"现在单音缀的与无语尾变化的中国语,久已脱离了原始未发展的境地,而为一种最先进的与极省略的语言的代表,其单纯与平衡的现象,较之英语尤为深进"。为了更好地理解汉语的个性特征,我们应该从这些基本点出发进行深入的探讨。

根据以上对汉语和汉字的关系的认识,还有一些比较重要的课题值得深入研究:

(1)常用字(单音词)研究。汉字(单音词)的使用频度差别很大,常用汉字在不同历史时期多有不同,调查比较汉语史上常用字的更替可以了解汉语基本词汇变化的历史,更准确地为汉语史分期,哪些字(单音词)稳定,哪些字多变,与义类的划分、认知的过程、社会的变迁都有关系,很值得研究。

(2)多音字的研究。现代汉字存在异读的大体有一成多,加上历史上出现过的就更多了,异读出现的原因主要是语音的演变(古今语音的演变、文读、白读、旧读、新读、古今方音差异等)、字义的变迁(增加义项、转变词性、字义由实变虚等),也有语言接触造成的(民族语、外族语借词增加的新读)。可见,多音字的研究就是语言史的研究。

(3)多义字的研究。字义的引申和增减反映了词汇的演变,通过对多义字的考察,分清其历史层次,既可以了解汉语词汇史,也可以观察语言认知的历史过程。而对多义字分类的考察则可以了解不同义类的词在词义发展上的不同表现。

(4)异体字的研究。异体字或因音变而异,或因义转而异,音义的变化则可以因时(语言史)因地(方言分歧)而异。因而异体字考察可为汉语史提供重要的参证。

(5)方言本字的研究。考释方言词的本字不是为了寻求书写形式,而是对于方言语音和词汇来源的研究。由于方音的变化,不少常用词改写别字,或根本无字可写,考出本字后便可了解原字音义的存殁与流变,为汉语史提供参考。

(6)俗字的研究。把俗字认定为与"正字"相悖的规范对象是片面的。俗字的出现往往标志着词汇的创新。古今俗字可能是音变的结果,也可能是方言的创造,都是调整文字跟不上语言变化的矛盾的一种重要方式。当然也有些俗字来自错别字,以讹传讹,习非成是。总之,从语言史的角度研究俗字也大有可为。

(7)外借汉字的研究。国内古今少数民族借用汉字、改制汉字有不同类型(西夏文、傣语汉字、壮语汉字等),域外借用汉字(日、韩、越)还有不同功能和效果,也各有演变始末。用汉字标记非汉语有独到之处,也有局限性,历史上已经为不同文化的交流做出贡献,有的现在还在起作用。这是很有价值的社会语言学研究课题。

3.与汉语和汉字关系相关的应用研究。

(1)母语教育中如何处理汉语与汉字的关系?传统的识字教育讲究字的形音义,语文教育则注重字、词、句、段、章、篇。在教学过程中,组织学生用所学的生字联词、造句、作对子,这些都是很能休现汉语特点的做法,也是历史证明了的有效经验,很值得深入总结运用。有的做法还可以引入对外汉语教学做参考。

（2）二语教育关于汉语汉字的研究。民族地区双语教学和对外汉语教学的对象都是没有习得基础或习得基础很差的，应该让他们同时识字与学话，按照汉语与汉字的内在联系，一举两得，左右逢源。作为第二语言的汉语教学如何达到这种最佳状态，研究得好应用价值极大。时下有些对外汉语教学绕过汉字教汉语，有悖于汉语的特点，听和说可能快些，读和写就很难跟上，不值得肯定。

（3）汉字汉语与文学艺术的关系研究。汉字的字音系统和词汇系统、语法系统的历变决定了汉语诗文的韵律变化。韵文的节律和文学作品的修辞对汉语字义的变化、词汇的发展有重大影响。民间文学与方言语音、词汇和俗字的产生与传播紧密相关。丰富多彩的地方戏文则是汉语艺术语言的宝库，也是方言研究的源泉。

（4）与汉语汉字相关的语言规划和语言政策研究。如果认定汉字拼音化是不可行的，那么还有哪些涉及语言文字应用的汉字改革项目（如定量、定形、定音、定序等）必须进行？需要梳理和研究。为汉字标示现代汉语制定明确的规范还有一些任务尚未完成，如异读字、异形词、多义字、古籍用字、方言字、科技语用字、人地名专用字等。

（5）新时代与汉语汉字相关的新问题的研究。在全球化、信息化的今天，汉字对计算机网络的适应能力还有待提高，汉字的数字化输入还应提高技术水平，中文信息的机器自动识别（分词问题、词性与组合关系的判断等）的研究、汉语汉字的大型语料库、数据库建设都须加快进行。依赖计算机输入之后，汉字教育出现了学生提笔忘字的问题，也应研究改革措施。

论汉语和汉字的关系及其
相关的研究[*]

中国的古典语文学没有把汉语和汉字区别开来,"中国文字学"既是汉字的研究也是汉语的研究。后来的现代语言学把汉语和汉字分开来了,却又把二者隔离开来,文字学着重于古文字和汉字构形的研究,语言学则把汉字的研究视为分外事。其实,汉语和汉字有深刻的内在关系,二者相互依存、相互制约,正是这种关系从根本上决定了汉语的特点。研究汉语如果不能针对和体现汉语的特点,就会不得要领。本人试就这些问题谈几点想法,求正于方家。

一、汉语和汉字之间有内在的关系

1.汉字不仅是汉语的外衣,而且是汉语的细胞,是汉语的结构因子

汉字不像拼音文字那样只是标音的符号。拼音文字的最小单位是字母,几个字母组成的音节还不一定和意义相联系,因为单音词很少,只有几个音节组成的词才有明确的意义。汉字的形体有自己的结构系统,但它又是集形、音、义于一体的语言单位,绝大多数汉字是有意义的语素,是汉语的细胞,是汉语最常见的结构因子。

纯表音、不表义的汉字只是很小的部分。

早期的联绵词有的是纯表音的,如关关(拟声)、窈窕、汪洋、螟蛉、蹒跚(叠韵)、呢喃、契阔、噼啪(双声)。有的是一个音节有意义

---

* 原载《语言教学与研究》2009 年第 4 期。

的,如孟浪、迷离。后起的双声叠韵词,好多是用本来就有意义的单字组成的,如渺小、渺茫、捏弄、偏僻、明灭、磨灭、凄怆、沐浴、绵延。其他的双音合成词以及多音词也多是一个个有意义的语素合成的。

只有纯粹作为语缀的音节或外来译音词用字是不表意的,如疤瘌、溜达、巧克力、沙发。此外,拟声词也只表音不表意:如哗啦、唧唧喳喳。作为词语的组成部分,为数不多的不表意的字或字组也是汉语的结构因子。

2.汉字的形音义之中以义为中心,义是字的定性因子

文字是语言的符号,先有语言,后有文字。语言是音义结合体,文字脱离图画、徽号之后,必定同时标记着语言的音和义。象形字、指事字、会意字也是音义相结合的产物。例如人、手、日、月、上、下、本、末,后来才转化为声符:如人—仁、末—沬。假借字、转注字利用同音或近音字的字形表示另一种新的意义:如而、莫(暮)、彷徨。形声字是新造的后起字,也是音义结合体。就字形说,声符和义符分别标记了音义的某些特征:如江、河从水,峰、峦从山,货、财从贝。

同音异义的字后来陆续加上形旁,是形随义转:如青、清、情、晴,益、溢,消摇—逍遥,蒲桃—葡萄,黄—磺、癀、蟥、簧、璜、潢;皇—凰、隍、徨、惶、煌。

同形异义的字后来也陆续加上形旁。例如:然—燃、求—逑、责—债、暴—曝。

因音别义的字久而久之也会引起字形的变化。例如,北方话的"着数"后来写成"招数",闽语的"囝"用作词尾后写成"仔"。

拼音文字表音准确,但不能一步到位表义,而必须以音为中介,"拼字知音,因音得义";汉字字形稳定,字义明确,读音灵活(不同时代、不同地域可有不同读音),以义为本,见字知义,宜于目治,甚至不同地区、不同民族的人也可用以笔谈。

3.汉字用异读和多义的分化适应语音和语义的关联,是音义的沟通因子

汉字作为汉语音义之间的沟通因子这一特点在多音字、多义字

中表现特别明显。例如,"好"有 hǎo－hào 两读,可以构成很好、爱好、好人、三好生、好说、好大(一棵树)、看好、(跟他)说好了、(别理他)好了,等等,其中的"好"各有不同的语义和语用价值,但是每一个义项之间都有一定的联系,也有明显的区别;有的用不同读音区别字义,有的用不同组合顺序区别词义,字形并没有随音义的繁衍而变化。从字的多音、多义、多用来说,会造成学习和记忆的负担,但是也达到了另一种效果——把语音和语义的种种不同联系展示出来了。

二、汉语的发展引起了汉字的适应性变化

1.汉字调整形、音、义以适应汉语扩充词汇的需要

表义认知是语言的第一需要,也是语言发展的根本动力,任何一种有生命力的语言都必须不断扩充词汇。为了适应汉语词汇的扩充,汉字变通的方法之一是调整单字的形、音、义。具体的又有以下几种方式:

同音假借:借用同音字形表示不同意义,例如"而"原指胡须,后用为关联词;"然"本义为燃烧,后用为"然否";"来"本义是麦子,后用为动词。

古今字:然—燃,莫—暮,益—溢,舍—捨。这是用不同的字形来表示不同的字义。

字音异读:同样的字表示不同的音义。这种情况又有几种不同的类型:

变调别义:要(腰—要),好(上声、去声),中、冲(平声、去声),上、下(上声、去声),将(平声、去声),看(平声、去声),长(平声、上声、去声);

文白异读:色(sè、shǎi)、伯(bó、bǎi)、觉(jué、jiào)、露(lù、lòu);

有时还加上变声或变韵来别义:和(hé、huó、hú)。

有时是为了适应方音的异读:轧(zhà、yà、gǎ)、番(fān、pān)

有时是保留古音而造成异读:数(shǔ、shuò)、叶(xié、yè)。

相对而言,用字音的变读来适应字义的转移更为常见。其中,变调别义、别义异读是早期的,文白异读、方音异读是后起的。

2.用字义复合以适应双音合成的词汇扩展的需要

由于言语交际的需要,两字连用后,字义按照不同的结构关系组合成新的意义单位,经过字义的复合,构成了双音合成词。正是合成词的兴起,造成了汉语词汇的大批量扩充。

早期的双音合成词是由词组词化而成的,如:国家、君子、贫贱、富贵、威武、肌肤、骨肉、羽毛、禽兽、春秋、手足、暴虐、庄严(并列式);小人、大人、太阳、太阴、伯父、叔父、黔首、天子、天下、大夫、他人(偏正式)。据统计,先秦的双音合成词大多是并列式和偏正式。后来逐渐产生了述宾式、述补式和主谓式。两个语素义合成的双音词的兴起,为汉语词汇的发展开辟了宽广的道路。这大约始于春秋战国,扩展于两汉,到了唐代,双音合成词就占了词汇总量的多数了。

双音合成词的兴起,淡化了同音假借、变调别义等因音扩词的运作,也使联绵词逐渐衰歇,然而双音合成词并没有取代单音词,而是双方形成了一种巧妙的分工和合作。单音词大多是常用的,构词能力强的,多义项的。据统计,高频常用词的前100条,单双音比例是15∶85。其结果表明,单音词稳定但相对封闭,双音词则开放地扩展。这种少量核心词稳定、能产和一般词快速扩充的格局,大有"以少驭多,以静制动"之妙。

3.提升联绵词音节为语素和压缩多音词组为双音词的补充模式

有些字原来只是联绵词的一个音节字,出于发展双音词的需要,被提升为语素并用来构成合成词。例如:蝴蝶—蝶:蝶泳、蝶形、蝶衣、彩蝶、粉蝶、化蝶;骆驼—驼:驼背、驼峰、驼绒、驼铃、驼鹿、驼色。有些四字格成语用惯了也可以浓缩为双音词,如:沧海桑田—沧桑、杞人忧天—杞忧。后来,许多四字格固定词组乃至多音短语也逐渐紧缩为双音词,这种现象可谓与时俱进,于今为烈,如:计划生育—计生、和平谈判—和谈、武装警察—武警、环境保护—环保、申请举办奥林匹克运动会—申奥。

4.在多音词语中用连读音变来适应语素义的紧密结合

双音或多音的合成词把几个语素的意义按照一定的方式凝固成完整而独立的意义单位,于是就要求语音上也胶合成一个整体,使内容和形式更加统一。因此,在多音词的音节之间便发生了种种连音变化。就已知的情况看,连读音变多数方言都有,只是具体的音变方式不同:

连读变调。多音词连读之后,有的音节原来的声调发生有规则的变化,如北京音的上上相连,前字变为半上。在其他方言中的变调,有的变前字,有的变后字。

轻声和轻音。常用双音词或后置的语缀改变原来的声调,读得短而轻。官话方言普遍有轻声。轻音是把原调读得轻而略短。如北京话的"面前""前面","面"都轻读。

儿化。"表小指爱"的儿尾与前音节合音,使韵腹带上翘舌作用。主要见于官话方言。

子变韵。表小的名词词尾"子"与前音节合音,使韵母发生一定的变读。主要见于晋语。

小称音变。相当于"儿、子"的语缀与前音节合音,使韵母变读为鼻尾韵或鼻化韵,或使前音节发生变调。多见于吴方言,具体的音变还有许多不同的模式。

变声、变韵。见于福州方言。常用的口语的双音词,前音节逢曲折调把复合元音韵腹变读为单元音韵腹,后音节逢轻辅音声母变为相应的浊辅音。如"旧底"读原字本音 $kou^{242}te^{33}$,表示"旧的底",前字变韵后字变声读为 $ku^{52}le^{33}$ 则表示"先前"。

多音词语的连读音变,往往是因为有的音节弱化而造成强弱音、长短音或高低音的结合,走到极端便合成一个音节。字音的连读变化适应了多音词语义凝固的需要,并更具音乐性,使多音词的发展得以长盛不衰。

5.实词虚化之后语音的弱化及其所伴随的字形异写

近代汉语产生了不少虚词,并且逐渐扩大使用,虚词成了表示语法意义的主力。这是汉语词汇、语法发展中的重要事实,也是古代汉语发展为现代汉语的重要特征。在现代汉语的通语和许多方言中,各类虚词和表示语法意义的虚成分(如前后置的语缀)都发生了语音的弱化。上文所列举的轻声、儿化和子变韵等都是虚成分的弱化形式,晋语的"圪"字头是前缀的弱化,表现为促音化,用短音附着于词首。

虚成分的语音弱化,有时会引起字形的异写,例如北京话的"这里、那里、今日个、明日个"中的"日、里"都因为变读而写成"儿",上海话"边上"的"上"因变读写成"浪",客家话的子尾写成"呃",等等。近代以来的汉语的语法化是更具深广度的语义变化,因而对汉字读音、字形的影响更大。这是现代汉语语音、词汇、语法的综合变化带来的汉字的形音义结构关系的深刻变化。

三、汉字的表义性质制约了汉语的外部发展

如果说,汉语的"里"对汉字的"表"的制约是汉语与汉字的相互作用所发生的内部变化的话,那么,汉字对汉语的影响则是外在的变化发展。

1.汉字的表意性及其分合灵便使汉语词汇的发展获得极好条件

汉字作为表义的语素,同样的音节可以用不同的字形把不同的意义区别开来,比起单纯表音的拼音文字,它走入了语义层,具备了语言的灵性和功能。它可以从本义引出各种引申义、比喻义、语法义、语用义,可以变读为不同的字音,可以用多种方式组成多样的词语,由单音而双音、由双音而多音,也可以由多音压缩为双音,在词—语—句的天地里,字——一个个的小精灵,排列组合,变化多端,延展紧缩,富于弹性,虚实转换,挥洒自如,真是统而不死,活而不乱。正是运用这灵便的语素,几千年的汉语从词汇到语汇,越来越丰富;从语义到语法,越来越精密;从沟通人群、表现生活到认知科学、创造艺术,其表达功能越来越具备科学性和艺术性。可以说,作为语素的汉字是汉语的得心应手的

基本单位,对于汉语的发展,包括语音、词汇、语法以及语用认知、表达方式的发展都起了莫大的作用。说汉字适应并推动着汉语词汇的丰富多样,语法的精密灵活,语用的科学化、艺术化,应该是一点也不过分的。

2.汉字扩大了书面语和口头语的分歧,也使二者得以沟通,从而推动语言的发展

由于交际环境和条件的差异,各种语言的口头语和书面语都会有差异。在汉语中,这种差异更大,究其原因,至少有三条:(1)汉字表音不力,但又可以因形知义,在造词法方面,书面语便于因义造词,口头语则便于因音造词,于是形成造词的双轨。例如深邃、深湛、深通、深省、深挚、幽深、渊深、资深、精深等,显然属于书面语造词;唧喳、唧唧喳喳、稀烂、稀巴烂、稀里糊涂、糊里糊涂、老实巴交等,则属于口语造词。(2)由于字数繁多,字形繁复,书写不便,书面语形成了省简少写的习惯和文雅古朴的文风,口语则可以摆脱字形的羁绊,不需推敲,随口说出,风格上是自然洒脱,但往往粗糙累赘。(3)在长期的封建社会里,贵族文化和平民文化分道扬镳,官场上多使用守旧的书面语,常有预先写就的稿子;市井中则通行大白话,只要能听懂,无字可写也无妨。书语和口语不但用词有异,句型表达也多有不同。这些原因之中,许多都和汉字的特点相关。

然而,解铃还须系铃人。沟通书面语和口头语的也正是汉字。中央集权的官方文书在社会上颁布,不断地把政治、经济的书面语传到老百姓当中。前代的圣人、民间的智者所提炼的成语、谚语、典故也是书面语转化为口头语的重要渠道。有的文人把口语词装进书面语,唐诗里"儿童相见不相识,笑问客从何处来"相信就是当年的口语。老百姓则爱造俗字把口头语写下来,久而久之便有了小说、歌谣等"通俗读物"。应该说,书面语和口头语的长期沟通对于汉语的词汇的丰富和语法的精密化发展起到了重要的作用。

3.汉字还沟通了古代汉语和现代汉语,沟通了历代的通语和方言

汉字以字义为中心,字义稳定,字形少变,又不拘泥于一时一地

的语音,这就使它具有纵贯古今、横通南北的功能。汉字不但沟通了书面语和口头语,还沟通了古今通语和南北方言。

关于古今汉语的传承和沟通,汉字所起的作用有三:(1)最常用、最重要的单音的核心词是靠字形和字义贯穿古今的汉字传承下来的,例如:山水、天地人、上中下、大小、一二三、来去、出入、东西南北等,自古至今字形和基本字义都没有多少变化。(2)有些单音的基本词虽然后来退出了核心地位,但是还作为构成多音词的语素继续活跃在后起的词汇之中。例如:单音词"食"被"吃"替换了,但是"食"在多音词里还在广泛使用:食物、食粮、食品、食堂、食糖、食油、食盐、粮食、酒食、面食、零食、肉食、素食、甜食、主食、副食、吞食、饮食。可见,汉字是沟通单音词和语素的因子。(3)许多经过口语和书面语锤炼过的文言词、成语、惯用语、谚语、歇后语,古人的名言,作为引用语和典故,也被后代语言传承下来了。现代汉语中这类词语成千上万,这是众所周知的。

至于通语和方言的沟通,也一样有汉字的作用。历代的通语借助政治、思想的教化和行政运作的力量扩用到方言口语之中,主要渠道便是经过汉字印刷出来的告示、商标、课本、报刊的传扬。方言进入通语固然也有口口相传的一面,但如果能写成汉字,组成词句,写成小说和各种通俗文本,尤其是进入商业广告,其作用一定更大。曾几何时,中国房地产业兴起后,没几个月,"按揭、楼盘、期楼、现房、写字楼、商住楼、炒楼花、烂尾楼"等说法,就从粤语区迅速推向全国,这些当代还在大量发生的事实,就是最好的例证。

就这两方面做比较,古今语的沟通和传承比起南北方言的沟通和扩散是更具规模的。因为它们的基础都是共同语。

汉字在沟通书面语和口语、古语和今语、通语与方言这些方面,可谓尽心尽力、积极及时。若是传承的语素,必要时可用异读、异写来改装;若是创新成分,便用"俗字"为它发放通行证。正是这些沟通,使汉语形成了书口并茂、古今兼容、通方共荣的特殊风格,开辟了汉语发展的广阔道路。可见,数千年来,汉字为汉语的丰富和精密、为形成多样灵便的风格,都做出了重要贡献。

4.汉字与汉语的和谐发展促进了中华民族的统一和与周边国家的文化交流

汉字与汉语在相互适应中发展,从横向结构说,语音、语法、语义、语用得到和谐,从纵向变异说,书面语和口语、古语与今语、通语和方言也得以归整,这就使汉语的诸多变异不断地达成了和谐统一,使汉语成为传承民族文化,沟通社会交际的利器。尽管不同时代、不同地域的语音发生了很多变化,汉字的字形和字义,尤其是作为词汇核心的最常用的单音词却大体上是稳定的,汉语虽然古今音义变化不少,南北方言分歧很大,但是并没有分裂成不同的语言,个中的缘由,除了长期的统一国家的管理和民族文化的传承之外,应该说,汉字所维持的书面阅读上的一致,也是很重要的一项。

在多民族社会中,汉语汉字不仅是汉族人民的利器,而且是中华各民族共同的利器,历史上西夏人就曾利用汉字的结构变形来书写西夏语。满族统治中国 300 年,因为认同并融入了以汉语汉字为载体的中华文化,不但没有使这种文化中断,还创造了震惊欧洲的康乾盛世。2 000 多年的"书同文"成了中华民族源远流长的文化传统,汉语汉字已经成为各族人民的共通语文。

不仅如此,汉字还被东亚不少民族用来作为他们吸收记录汉语和表达本族语的工具。日本、韩国、越南乃至泰国诸民族都曾运用过汉字来记录汉语或书写本族语。这说明,汉字不但为汉语的统一、中国国家的统一以及中华民族的"和而不同"做出了重大的贡献,而且推动了东方诸多民族和国家之间的言文沟通和民族文化的交流。这是汉字历史上两大不可磨灭的功勋。

5.汉字和汉语的和谐发展使它们都具有强大的生命力

汉语和汉字的相依存、相矛盾、相适应、相制约可以用"互动和谐"来概括。正是这种互动及和谐,使汉语和汉字都获得了强大的生命力。

汉语的生命力不仅表现在它的语汇的丰富、语法的精密和语用表达的流畅和优美上,而且表现在它拥有丰富的语言文献宝藏上。

庄重典雅的经史子集、通俗生动的口头文学和各具艺术魅力的地方戏曲都是普遍受欢迎的民族文化遗产。小学课本收有千年前的唐诗,日常生活中还经常说着经历过千年的格言:"三人行必有吾师""富贵不能淫,贫贱不能移,威武不能屈""欲穷千里目,更上一层楼""海内存知己,天涯若比邻"。数百年前的长篇巨著(如明清小说的四大名著)小学生都能读懂。汉语的这种历史穿透力和经久不衰的可读性,显然是其他语言难以具备的。

汉字的生命力就更为奇特了。这套独特而古老的文字已经用了3 000多年,至今还能全方位地为人民服务,记录着当代科学文化的精华,沟通着中外的现代文明。它的生命力最重要的就在于它对不断发展的汉语的适应力。隶变稳定下来的汉字形体制度早已深入人心,各种流派的书法也成了东方特有的艺术奇葩,历代珍藏的作品成了稀世之宝,当代书法家还在为汉字开辟着新的艺术空间。

四、汉语和汉字的关系的相关研究

以下简要地谈谈同"汉语和汉字的关系"相关的几个研究课题。

1.关于汉字的拼音化改革

汉字和汉语相伴几千年,既然是经过互动而达到了和谐,为什么又会有汉语拼音化运动呢?

原来,汉字也有先天的缺陷。汉字形体结构复杂,笔画多而规则乱,字数更是繁多不堪;它的表音能力差,也是一大弱点。这些缺点曾经使它难以为劳动大众所掌握,文人们十年寒窗而不得要领,使它的记录语言进行印刷传播等功能受到局限。近代以来,西学东渐,一批文化先贤痛感到它的难读、难认、难记、难写和难印,造成了中国教育的落后,文盲充斥,阻碍了文化科技的发展,使国家积弱,招来侵略者的欺压。为了改变这种落后局面,他们主张把表意汉字改为拼音文字。几十年过去了,不论是"北拉"还是"国罗",都代替不了汉字,连使用了60年的汉语拼音,小学生学会了汉字,也不再用它了。汉字照样在为汉语服务,为社会服务,识字后的孩子不要多久汉语拼音也回生了,还是汉字的"望文生义"更受用。原来,汉字既有形体繁复不便表音的缺点,也有直接表意、形体有趣的优点,加上沟通古今南北,便于阅读古文和方言作品,还便于学习书法艺术。汉字之所以难以改为拼音文字,并非人们思想保守,而是汉字已经生根于汉语,这就是拼音化运动失败的内部原因。

从清末的"切音字运动"算起,汉字改革运动已经有 100 多年历史了,我们应该静下心来认真思考这段历史,总结它的经验和教训,重新认识汉字的优缺点,理解汉字的强大生命力,从而推动我们关于汉语和汉字的深层关系的研究。

2.关于汉字的类型特征的研究

索绪尔在《普通语言学教程》中把世界上的文字分为表音和表意两个体系,并说:"一个词只用一个符号表示,而这个符号却与词赖以构成的声音无关。这个符号和整个词发生关系,因此就间接地和它所表达的观念发生关系。这种体系的典范例子就是汉字。"这个说法似乎很经典,其实经不起推敲。第一,表音和表意并非所有文字的两大对立的体系。作为语言的符号,所有的文字都是既表音又表意的("文字画"不表音,但那不是文字)。第二,汉字并非与声音无关,一个汉字不就是一个音节吗?汉字的类型特征应该做多方面分析。从语言的音和意两方面说,拼音文字只表音,不表意,但表音比较精确。汉字既表音又表意(所以周有光称为"意音文字"),不过重在表意,表音则不精确。从语音方面说,拼音文字标的是音素,汉字记的是音节(所以有人称为"音节文字")。从语词方面说,拼音文字不成词,汉字先是表词(单音词)的,后来的多音词是表语素的(所以赵元任称为"语素文字")。总的来看,拼音文字是分析型的、直线型的文字,它和语言的关系是多层次、浅层次的:字母表音素,音素组成音节,音节组成词;而汉字是综合型的、立体型的文字,和语言的关系是单层次、深层次的:汉字集形音义于一体,既是音节,又大多是有明确的意义的词或语素。我们对于汉字的性质、对汉字的长处和短处的评论,都必须从它的类型特征出发,进行全面的考察,才能做到准确和科学。以往关于汉字的优劣评论常常各走极端,缺乏一分为二的分析。这种片面性不但影响学术研究的科学性,还会造成制定语言政策时的偏差。我们应该吸取历史教训,做好这方面的研究,更好地锻造汉语汉字研究的理论基础。

　　3.关于汉语的个性特征的研究

　　人类的语言有共性也有个性。要研究汉语,建立汉语语言学,就应该了解汉语的个性。汉字是世界上仅存的古老的表意文字,汉语和汉字久远的互动和谐是决定汉语的结构和演变的最重要因素,研究汉语与汉字的关系才能从根本上认识汉语的特点。

　　历来关于汉语的个性特征的研究,说得最多的是"单音节性"和"非形态性"。这两个特点都是从"汉字作为汉语的结构因子——语素"这个原点衍生出来的。上古汉语单音词占优势,最早出现的汉字都是一个音节、一个词,双音词大量产生之后,单音词还是最常用的核心词,双音词的语素也都来自原先的单音词。俗话说,"一个字一个字说清楚","他一个字也没说",这就是汉语的"单音节性"的通俗写照。单音节的字可以衍生出各种各样的词语:1+1=2(山水相连、上下沟通),2+1=3(山水画、上下级),1+2=3(山底下、上高山),2+2=4(山水画卷、上下左右),还可以 4−2=2(杞人忧天—杞忧、计划生育—计生)。汉语词汇系统这座辉煌的大厦不就是用字的单砖按照严整的规则垒砌起来的吗? 这样的单音节性又有什么不好? 百年前那种把单音词视为低等语言的论调早就被推倒了。至于非形态性的特点,也是汉字记录的单音词和语素所带来的特性。单字不但可以组合成长长短短的词语,还可以虚化,用来表示各种语法意义。词语的语法关系就是用这些虚成分和词语的顺序来表示的。这是和形态语法截然不同的另一种语法类型,也是汉语和汉字相结合的基本事实带来的汉语的个性特征。高本汉曾经说过:"现在单音缀的与无语尾变化的中国语,久已脱离了原始未发展的境地,而为一种最先进的与极省略的语言的代表,其单纯与平衡的现象,较之英语尤为深进。"(高本汉,1934:9)为了更好地理解汉语的个性特征,我们应该从这些基本点开始进行深入的探讨。

参考文献:

[1]索绪尔.普通语言学教程.商务印书馆,1996.

[2]高本汉.中国语与中国文.商务印书馆,1931.

[3]唐兰.中国文字学.上海古籍出版社,1979.

[4]裘锡圭.文字学概要.商务印书馆,1980.

[5]徐通锵.汉语结构的基本原理.中国海洋大学出版社,2005.

[6]向熹.简明汉语史.高等教育出版社,1993.

[7]李如龙.汉语方言学(第2版).高等教育出版社,2007.

[8]高本汉.中国语言学研究.商务印书馆,1934.

演化与接触，系统与特征*

——再论汉语方言的比较研究

一、系统和特征是语言的本性

语言是人类最伟大的创造之一，用语音表达语义，用音节组成语词，用音流组成语句，成为交流思想、组织行动的交际工具。一个个最小的音素和语素把音义结合起来，少数的音素、有限的语素组成了无数的词语、无限的语句，这些都不是杂乱无章的堆砌，而是按照一定的规律组成的，却又预留了个人应用时灵活变异的组词造句的无限空间。这就是静态的语音、词汇、语法的结构系统和动态的言语应用变异系统。不论静态、动态，系统都是语言群体的成员在长期的共同社会生活中约定俗成的。因为是约定俗成的，所以可以在全社会通行无阻；因为是成系统的，所以可以经过研究，了解规律，制定规范，可以编成词典和教科书以资传承。认识语言是一个系统，一个由语音、词汇、语法、语用的诸多分系统结构而成的大系统，这是现代语言学继承了几千年语文学的研究成果总结出来的，是人们对语言本性的伟大认知。研究语言应该关注微观，从一个音、一个词、一种句式的微观考察入手，但是必须时刻关注宏观，从语音、词汇、语法的系统上来考察每一个具体的语言事实，把一个个语言事实都纳入语言

* 本文在厦门大学演化语言学国际会议上宣读过，后刊载于《国际汉语学报》第6卷第1辑，学术出版社，2015年。

的系统。

人类的语言最基本的质态是有声语言，文字记录的书面语言只是对于口头语言的不完整的加工。有声语言是人类特有的思维活动和发音行为相结合的产物。人的思维活动和发音行为乃至社会生活的状况都有很多共同性，这就决定了不同语言之间的结构系统和言语变异也有不少共同性。然而语言结构系统和言语变异系统又是在特定时空条件下的语言社会群体中形成的，因而语言和言语的系统就必定带有特定的时代特征、地域特征和特定人群的文化特征。这些特征的集合，也就是一个共时的语言结构系统的个性特征。语言学研究语言的特征主要就是指一种语言有别于其他语言的个性特征。

那么，语言的系统和特征这两个本质属性之间是什么样的关系呢？应该说，二者之间的相互联系是二而一的关系：系统是特征的系统，特征是系统的特征。

每一个现实存在的语言的共时系统都是经过长时期的整合的，一般都已经形成了严整的结构规律，形成了与众不同的独特的系统。例如苏州和上海之间只有 105 公里的距离，两地人通话不成问题，但是两种方言的语音各成系统而且差异不小。就声母说，苏州评弹至今还有 ʈʂ、ʈʂh、ʂ 和 ts、tsh、s 的对立，单元音中有 y、ʮ、ɤ 的对立，上海话翘舌音彻底消失了，后者也合并为 y；苏州话有 7 个声调，除"浊上归去"之外，四声各分阴阳大体不乱，上海话阳上、阳去、阳入已经并为一类，只有 5 个声调。连读变调方面也有重大的差别。（汪平，1996：75；许宝华、汤珍珠，1988：210）

类似的情况比比皆是。长沙话和湘潭话、泉州话和厦门话、广州话和新会（荷塘）话都是咫尺之间差异巨大的例子。难怪李荣先生常说，远处的没有关系的方言不容易研究，离得很近的方言也不容易研究。

反过来说，每一个方言的特征都是成系统的。就汉语而论，从分体上说，语音是音素组成声韵调、声韵调组成音节、音节组成语流（包括多音连音组、多词组成的语段、句子)的层级系统;词汇是核心词—基本词——一般词—行业词层层相因的同心圆系统;语法是词法—虚词—句法相类似(词法和句法相类似)、相关联(虚词和句法相关联)的意义和形式转化(实义和虚义相转化)和结合(语法意义和语法形式相结合)的系统。从总体上说,语音、词汇、语法的各系统也是互相联系、互相制约的系统关系。例如上海话的连读变调分为广用式和窄用式两种,就与语音、词汇、语法有关:广用式后音节若是入声字不变调,非入声字则依前字调形延续为轻读调(这是音变受音类条件的制约),使得连音组的调形和前字的调形相仿。窄用式"大多是动宾式、主谓式、后补式和谓词性偏正式的词组"(这是受语法结构的制约),但是这些形式中有些常用的"结合较紧密的词"(这是受词汇层次的制约)"只读广用式变调"。这就充分地说明了每一个语音特征都是在大系统、小系统中相互联系又相互制约的。

二、演化和接触是语言发展的两种模式

如果说系统和特征是语言的静态的共时方面的本性,在动态的历时方面,语言的发展则表现为演化和接触这两种不同的基本模式。

创造和使用语言的人群在共同的社会生活中把语言世代相传,为了使语言适应社会生活的演变和适应认知的发展和交际的需要,一代代人都会在言语运用中放弃一些旧有的成分,调整一些原来的结构,也创造一些新的成分和新的表达手段,这就是语言的演化。

语言演化的基本动因是语言内部的矛盾。这些矛盾包括:有限的语音手段和无限的表意需求的矛盾;社会生活的急剧变革和表意成分的局限和滞后的矛盾;口头语的迅速演变和书面语的稳定保持的矛盾;稳定的语法规律和多变的语用需求的矛盾;成熟而保守的语言旧质要素和初生的新质要素的矛盾;等等。

在演化的过程中,新质积累多了并取代了旧质,就会发生系统的调整,如果语音系统、基本词汇系统和语法结构系统都发生了重大的

变化，就会造成语言的质变。例如古代汉语转变为现代汉语，文言转变为白话，就是汉语演化中的质变。

语言依存于大大小小的人群，可以是民族或部落，也可以是它们在不同地域的分支——方言使用者。由于环境的变迁和人群对生存空间的争夺，或逃难、移垦，或征战、殖民，人群带着自己的语言（或方言）四处迁徙，这就造成了语言的接触。使用两种语言的人群只要同处一地，社会生活有往来，就必定有语言接触。

语言的接触是造成语言演变发展的另一个基本原因。上述的语言自身的矛盾造成的演变可以称为"自变"，而由于语言接触——一种语言接受其他语言的影响而发生的演变则可以称为"他变"。

语言接触造成的"他变"是从不同系统和不同特征的碰撞开始的。例如，对于最常见的事物有截然不同的称说，最容易引起注意：北方人来到闽台地区（厦门、台北、汕头）都会听到管"人"叫 lang，以为是"狼"，其实是"侬"，这是特征词的不同；汉人到了壮语地区，发现"红花"要说成"花红"，这就是系统的差异。人们开始接触不同语言时，总是觉得新奇，而后对于原先未知而又必须熟知的事物，便要学会借用新说法。例如中原的人来到闽粤赣山区，见到许多新鲜事物，在山上开垦干旱的小块梯田，当地人叫 sia（畲），有的烂泥田，踩下去拔不出腿，说成 nam（湳），这就是早期从先住民那里学来的"底层词"。

语言接触中谁受谁的影响，影响有多深多大，取决于接触双方的经济文化上的强弱势和接触时间的长短。上述的"底层词"是在长期接触中强势语言向弱势语言借用的常用词，但这是少量的特征词的借用。

如果接触的时间很长，经过多民族的融合，从其他民族语言吸收的成分就多，甚至造成语言属性甄别上的困难。例如以大理为中心居住地的白族，唐代称为"白蛮"，曾建立了 300 年的"大理国"，现有人口 160 万，白语保留完好。就其基本词汇说，大概多数是不同时期存留的汉语，但也有藏缅语、孟高棉语的不少常用词，白族语究竟属于汉语还是藏缅语,至今没有定论。分布于湘西七个山区县的"乡话",星散聚居,保存了不少古汉语的基本词,但更多的是反映湘语和西南官话的特征,也可能有些苗族、土家族的词汇,现在也还是归属不明的方言。

对大多数语言来说,自身的"演化"和其他语言的"接触"这两种模式总是兼有并存的,也可以说这是各种语言共有的本性。就个别语言来说,演化的历史有长短,过程有繁简,接触的语言有多少,接触的时间和深度也各有不同,两种模式的交互作用则决定了该语言的个性特征。

三、考察语言的发展要兼顾演化和接触

研究汉语方言不能只是停留在描写上。描写只能说明现状。科学的研究不但要说明事实,还应该解释这些事实是怎么来的。要解释事实,就应该有演化和接触两种思路,进行自变和他变的两种考察。

汉语方言大多已经有了千年的历史,不论是语音、词汇还是语法都与中古汉语、近代汉语有关。研究汉语方言的语音和词汇经常要拿《广韵》的反切和义注做比较;研究方言语法则拿近代汉语以来语法化的过程做参考。这就是演化(自变)的考察。

但是,只有演化的考察是不够的,因为方言的形成和发展绝不像从树干上长出树枝那么简单。汉语方言的形成大多是多来源混合、多层次叠加的。例如吴方言有古吴越语的底座,有六朝中原士庶的移民入住,有金陵和建康两度作为首都的四方来客的聚集。就小范围的上海话说,固然有古来的苏州府的渊源,也有一批有钱有势的宁波人移居和大量的苏北贫穷的劳动者加入所带来的变化,后来当地又成了华洋杂处的大商埠,这才形成了与苏州话有明显不同的吴语。又如现代湘语,出身于上古的楚语(包括扬雄的《方言》中所说的"南楚"),秦汉、唐宋之后,由于战乱和逃荒,北人陆续批量移入,明清以

来，又有东部的赣语和客家话的西扩，以及西南官话的东移，形成了北、西、南的三面包围，不论是老湘语还是新湘语，都不可能只是古楚语的传承演化，而是在古今官话和客赣方言的多方接触中形成的。至于闽粤方言，都有古百越语的底层，有上古和中古汉语的基础和宋元之后客家话的接触，在渊源和地缘上，闽语与吴语有瓜葛，粤语则与湘赣语相关联，这些都是是演化与接触交叉发展的结果。

可见，研究汉语方言必须同时关注演化和接触。研究演化就是考察方言的历史演变，进行纵向的历时比较；研究接触则应该考察方言接触所造成的变化，和周边不同方言进行横向共时比较。

以下分别讨论进行演化和接触研究有哪些不同的比较方法。

四、演化研究的两种比较方法

演化比较研究有点式和链式两种基本方法。

点式比较是就同一种方言的古今两点的材料做比较。这种比较因为"两头实"，所以可把比较做得全面又具体，而且有说服力。可供比较的古代材料有三类：方言韵书和辞书、方言小说和戏文、教会罗马字材料。例如明末的《戚林八音》详尽地记录了当时福州话的字音，和现代福州话比较可以看到 300 年间福州话的演变。明末清初李实所著的《蜀语》收录了 560 条当年川中方言词汇，并做了音义说解，也可以作为 300 年间四川方言词汇和语音演变研究的依据。《红楼梦》是用 300 年前的北京话写的，王力的《现代汉语语法》就是用了其中的大量语料来研究现代汉语的。明末冯梦龙的《山歌》和后来的《海上花列传》用了许多"苏白"，已经有人拿它们来研究近代吴语语法的演变。19 世纪以来，西方传教士在东南沿海调查方言、编写方言词典并用方言讲述的《圣经》，遍及粤、吴、闽、客和官话的许多方言，其中不乏成功之作，完全可以作为对 200 年间汉语方言演变全面研究的早年资料依据，近些年来这方面的研究逐渐多起来了，很值得肯定。以上所述的三个方面的研究都有学者做过，有的还做得很好，例如《戚林八音》到现代福州话的演变有陈泽平的研究,《蜀语》和现代四川话的比较有甄尚灵、赵振铎的研究,《山歌》和现代吴语的关系有石汝杰的研究,新界客家话 200 年间的演变有最近庄初升的研究成果。只要同道们充分重视,运用演化语言学已有的理论成果,着力于提炼汉语方言的演化过程中体现汉语特征的规律,汉语方言的演化研究一定能做出应有的贡献。

所谓"链式"的比较研究,就是运用同来源、同时代、同地区的多个方言点的比较,厘清各种语音、词汇、语法现象的先后顺序(历史层次),构拟某方言的早期结构系统,从而探知该方言的演化过程和规律。对于缺乏历史文献的方言,只能借鉴欧洲的历史比较语言学已经用过的这种方法。赵元任先生 20 世纪 20 年代调查了江浙两省的 33 个吴方言点,后来编成的《现代吴语的研究》出版于 1928 年。这种密集的调查就很容易建立一个区域方言在演化过程中表现出来的发展链。请看咸山两摄的几个常用字在南北吴语的 8 个点的生动的反映:

	胆 篮	寒 汗 ‖	尖 签	千 钱
衢州		æ^{n}	ie^{n}	
金华	a	æ^{n}	iæ^{n}	
黄岩	ε	ie	ie	
诸暨	æ^{n}	ɤ	iɿ	
绍兴	ε	i^{n}	i^{n}	
松江	E	ø	i	
金坛	æ^{n}	ʊ^{n}	i^{n}	
宜兴	A	e	ɪ	

[以上材料引自钱乃荣据赵著字目作的重新调查编成的《当代吴语研究》(1972)]

从上表可以看到,咸摄字和山摄字在现代吴语中已经合并,并且消失了鼻音韵尾;鼻音韵尾不是突然消失的,而是经过鼻化,而后把鼻化作用也脱落了;伴随着鼻音韵尾的脱落,韵腹的元音也经历了高化的过程:$a-E-æ-ε-A-ɤ-e-ø-ɪ-i$,几乎经过了从低元音到高元音的全过程，设有十个"停靠站"，不论是鼻音的脱落还是元音的高化，从三四等发展来的细音都比从一等发展来的洪音走得更快、更彻底。

通过链式比较来考察词汇语法方面的演化，可举闽语的"囝"及其语法化的典型例子。"囝"是闽方言有特征意义的核心词，《集韵》已有记载：九件切，"闽人呼儿曰囝"。现代闽语仍称"儿子"为"囝"，福州说 $kia\eta^3$，莆田说 $ky\nu^3$，厦门和潮州说 kia^{n3}，泉州说 ka^{n3}，海口说 kia^3，建瓯说 $kyi\eta^3$，永安说 $ky\epsilon\eta^3$，连已经吴语化的浦城也说 $kiai^3$，赣语化的邵武说 kin^7。而用作名词后缀只通行于沿海闽语（闽北用"子尾"，邵武用"儿尾"）之中，读音上则有的弱化为 $ia\eta^3$（福州）、$y\sigma^3$（莆田）、a^{n3}（泉州）、a^3（厦门）、$k\partial^{n3}$（苍南）、η^3（尤溪）。在闽南，还虚化为表示细小、短暂、轻微的后缀，如说"一点囝、淡薄囝、轻轻囝"。可见，语法化多发生在沿海，闽南最为充分。（李如龙，2005:286－298）

应该指出，方言研究通常所作的方音与中古音的对应比较并不就是演化的研究。例如：说客赣方言的古全浊塞音、塞擦音今清化为相应的送气音，古晓匣母逢合口字今读多与非组字相混为 f 声母。在闽方言中，中古的轻唇音字不少仍读为重唇音，中古的舌上音不少仍读为舌头音。这种对应关系虽然也表现了语音的演化过程，但是还停留于方音和中古音的平面比较，只能说明方音的特点；只有从汉语语音史（上古音、中古音、近代音、现代音）的演化过程，说清楚方音音类在演变中如何承前启后，是属于基本对应、条件对应还是个别对应，在音变中是属于主流还是支流或逆流，是属于超前还是滞后的变化，提取出演化的规律，才能升华为演化的比较研究。

五、接触研究应有更多方面的比较

方言之间有接触，这也早已为人所知，研究者也比较过一些相邻方言的异同，但是一般的异同比较也并不是接触的比较。正如上文所说，纵向的异同比较未必是演化的比较，方音和中古音的比较只是音类特征的比较;同样的道理,异方言的音类比较也只是语音特征的比较,核心词、基本词的比较也可能只是少量语词的异同考察,未必能说明语言接触的过程和规律。至于拿没有接触关系的远距离方言做比较,也只是一般的特征比较。造成语言的接触总是两种语言同处一个地域,人民有交往,因此,语言接触的比较只能拿临近的异方言,并且是有实际上密切接触的方言做比较。例如闽北的浦城话,可以说它接受了大量吴语的影响,但不能拿它和苏州、上海、杭州、温州的吴语做比较,而应该拿它和衢州、处州的吴语做比较。大多数吴语都还保存有全浊声母,但是浦城话却像浙西南的边缘吴语那样浊音声母已经清化。浦城话的浊音清化正是边缘吴语清化的扩展。为了说明这一点,就必须把接触的比较也做成"链式"考察,从邻近的方言延伸到该方言的中心区,才能具有说服力。依据《汉语方言地图集》(曹志耘,2008),像闽北浦城县吴语那样全浊声母一概清化为不送气清音的,在浙南为庆元的吴语,和庆元相邻的龙泉、景宁、江山以及赣东的广丰、上饶,则是部分清化、部分留浊(或以平仄分,或以上声非上声别)。这就充分说明,全浊声母的清化是到了吴语区的边沿才发生的,越边远就越彻底,浦城话是吴语的末端。

语言接触是语言之间的"外部"作用下的演变,这种演变的制约因素更多,做起比较研究就要有更多方面的考察。这里就几个要项简述如下:

1.从语言接触的影响说,有单向与双向之别

甲乙双方是互有影响或只是一方影响一方,这主要决定于强弱势的对比。若是被包围的小型方言岛,通常都是包围方言对方言岛施加影响,除了个别词汇,方言岛的特征很难对包围方言有明显的影响。而交界地带的两种方言之间,如果没有明显的强弱势的不同,更多的是互有影响。但是,在语音、词汇、语法各方面的影响往往是不平衡的。本人调查过的闽东地区的多个方言点(如福鼎沙埕、宁德碗窑的闽南话,福鼎澳腰的莆田话),至少在语音上都是包围方言影响方言点,反向的极少。而上述浦城和浙南的吴语,语音上是吴语特征

为强势,在词汇方面则有不少闽语通行、吴语少见的词目。据《吴语处衢方言研究》(曹志耘等,2000),处衢方言中就有不少这类常用的核心词。例如:厝(房子)、箸(筷子)、喙(嘴巴)、侬(人)、稿(稻草)、汤(热水)、笐(竹竿)、索(绳子)、孙(侄儿)、老妈(妻子)、新妇(儿媳)、底人(谁)、昼前(上午)、日昼(中午)、昼了(下午)、日时(白天)、惊(怕)、啼(哭)、遏雨(下雨)、褪(脱衣)、嬉(玩儿)晏(迟)。当然,这些常用词中可能有些是吴闽方言早期共有词。

2.从语言的接触面说,有双面与多面之别

边界的方言和方言岛的语言接触一般是两种方言的双面接触,有时,一个较小的方言区可能受到多种方言的影响,因而体现了多种方言的特点。例如徽州方言,地缘上和吴语、赣语连界,在语音系统中就综合了这两种方言的特点。郑张尚芳说:"徽语是皖南最有特色的一种土著方言,它的声母系统接近赣语,全浊声母今读送气清音……但它的韵母系统却跟南部吴语(如处衢片、瓯江片)较为接近……声调方面古上声通常分为阴阳上或合为一调,古全浊上声一般不归阳去,这也跟南部吴语的温州等地相似。"

多面的接触往往出现在开发较晚的移民杂居地区。这类多面接触又有两种情况。一是保持双语状况,同时说着当地的通语和自家的方言,这样的多种方言虽有相互的影响,大体还是保留了原来的基础。例如陕西东南部的商洛、安康两个市的 16 个县有 100 万外来移民说着一种和当地通行的中原官话明显有别的"客伙话",郭沈青选取了 11 个有代表性的点做调查,证明其中包含着来自湘赣鄂豫皖等十个省市的三种方言:江淮官话和湘语、赣语。在《陕南客伙话语音研究》(2013)一书中,他拿 1 000 个常用字和各点的原方言做比较,说明到了新地之后多语接触中发生的变异。由于调查深入、比较细致,所得结论就有较高的可信度。

另一种多方言接触是不同方言在没有通语的情况下的长期相互影响和融合,形成融合着各种特色的小方言。被认为"归属未定"的"粤北土话"就是这种典型。庄初升曾用 5 年时间,对粤北的韶关、清远二市 11 个县 24 个点的方言,用 1 500 个单字和 2 000 个词汇做了调查,经过周密细致的音韵比较和考求本字的词汇比较,把这些方言分为三个片,把其中的"雄州片"划归客家话,作为赣南老客话的延伸,另外的"韶州片"和"连州片"则认定为"混合型方言",前者是早期赣语和后期的客家话、粤语和西南官话融合而成的,后者则与湘南、桂北的土话较为相近,含有湘语和平话的成分。他在比较的基础上还归纳了粤北土话的"纵向演变"和"横向渗透"。其研究成果《粤北土话音韵研究》(2004)的出版,终于为这片混沌不清的小方言勾画了一个清晰的面貌。

还有一种多面的接触可以说是历时形成的。海南岛的有些小方言往往兼有多种方言的特点,例如儋州话兼有粤语和闽语的特征,迈话还兼有客赣语的特点。海南地处祖国南端,说这种话的外来移民到达海南之前可能先在不同的方言地区停留过,因而造成了多种方言的兼收并蓄。这类方言还很值得做进一步的研究。

3.从语言接触的程度说有深度与浅度之别

语言接触造成的变异的大小,说明了接触程度的深浅。接触程度的深浅又决定于不同方言使用人口的多少和接触时间的长短。如果新接触的方言使用人口多,接触的时间又长,变异就会比较大。反之,和使用人口不多的方言接触,时间又短,其变异可能有不同的深度。福建省内就有这样的两种典型例子。

重度接触的典型是闽北方言。在建瓯、建阳、崇安、泰宁一带,两宋时期还是鼎盛状态,由于明代的邓茂七起义及其被镇压,闽北人口急降,经济凋零,后来,先有北面吴语区的人沿着浦城通道入住建溪流域的建安府建阳、崇安一带,后有更多的赣东移民从邵武通道沿着富屯溪流域入住邵武府的泰宁、将乐一带。(鄱阳湖四周历来是生产人口的沃土,与此同时这一带的居民也大量流入湘东长廊。)两三百年间,闽北方言在与赣语的接触中发生了不少变异,使得这一带的闽语和沿海闽语形成了重大差别。例如在建安府,除浦城县蜕化为吴方言之外,石陂和建阳、崇安还保存着全浊声母,由于全浊清化的不同层次的作用，浊平字在建阳、崇安和建瓯分化为两个声调，这分明是吴语的影响；在邵武府，邵武、光泽、建宁是赣语化了（全浊声母清化送气，晓匣合口混入 f，有"子"尾和"儿"尾，有大量的轻声词，有小称变调，透定母读 h，清从母读 th，等等）。清从母读 th，透定母读 h 还延伸到泰宁和崇安，也显然是赣语的影响。在基本词汇方面，以建瓯话为例，第三人称代词说"佢"不说"伊"，第二人称说"你"不说"汝"，"泥土"不说"塗"说"泥"，"今天"不说"今旦"说"今朝"，这几个核心词的更替是吴语和赣语的共同影响；近指、远指代词"这—那"不用 ts—h 的对立来表示，而说"样隻—兀隻"，人称代词复数式词尾用"伙人"，"东西"说"物事"，显然来自吴语；"人"不说"侬"，"猪"说成"豨"，"说话"说成"话事"，则是赣语的说法。总之，闽北方言是早先的闽语和吴语、赣语深度接触的变异。

福建境内轻度接触的例证是闽南方言和闽西客家话的交叉地带的"闽南客话"。从龙岩县开始，到南靖、平和、诏安，这两种方言有一条窄小的双语过渡带，在各说各话的同时，语音上少有影响，词汇上则借用了一些对方的说法。例如龙岩话就有些客家话的借词：头牲（畜生）、鸡公（公鸡）、鸡嫲（母鸡）、老弟（弟弟）、老妹（妹妹）。平和九峰客家话则有一批闽南话的借词：时节（时候）、煎匙（锅铲）、后生（儿子）、箸（筷子）、清气（干净）、头家（老板）、亲像（相像）、见笑（害羞），闽南话也向客家话借用了一些词汇：陂（小水坝）、番豆（花生）、过家（串门）、老鸦（乌鸦）、手袜（手套）、牛牯（公牛）。这类轻度的接触大多是常用词的借用，没有涉及语音系统的变异，而且借用是双向的。双语带的人都能说两种话，在家里、村里还说自家话，所以只有词汇的互借，语音系统不会发生变化。

最近看到庄初升、黄婷婷的新作《19 世纪香港新界的客家方言》（2014），用 1879 年的教会罗马字客家话课本《启蒙浅学》和当代新界客家话进行比较，总结了在香港主流粤语的挤压下客家话的变异。虽然这是强弱势悬殊的接触竞争，客家话在现今的新界已经处于濒危状态，也许正是这样的弱势方言采取了收缩、放弃的方式，反倒没有受到强势方言的许多影响。这可以说是轻度接触的另一种样例。

4.接触研究还应该多做社会和历史的调查

语言接触的发生、接触的强度和演变的方向都是受到社会历史文化条件制约的。要说明何者为原发的影响源,何者是接受影响者,就必须摸清不同方言的使用人口;要知道接触的方言的源头,就必须查清移民的历史;要理解不同方言的不同强弱势和影响的深浅度,还得了解分析不同族群的经济、政治和文化各方面的实力以及历史上有过什么争斗或合作。此外,在语言接触地区是否采取双语制,族群之间有没有共通语,其普及程度如何,有没有方言戏曲、曲艺和字书或其他文字记录,其社会影响如何等等,也值得注意。

六、比较研究应该兼顾系统和特征

任何语言都是庞大的结构、自足的系统,音节有限,语法规则也不太多,但是词汇总是大量的。不论是纵向的演化研究还是横向的接触研究,都不可能进行全面、整体的比较,只能是特征的比较:早期的语音特征、词汇特征、语法特征到了后期有什么变化,不同方言接触之后有什么变化。经过比较研究,得出的结论也无非是为了说明演化的特征——此方言的演化和别的方言的演化有何不同,或者是为了说明接触的特征——这里的接触和别处的接触有何不同。总之,起点和终点都是特征:从特征出发进行比较,比较的目标也是为了理解特征。研究任何一种语言,其实也不过是为了了解它有别于其他语言的特征。可见,整个研究过程都应该有特征的观念。具体的语言有什么特征,前人可能总结过,如果还未曾总结,只要是有效的研究成果,也可以从中提取;如果是自己做新的语言的调查研究,也应该致力于归纳特征。

语言的特征是存在于系统之中的。寻求特征必须从系统的比较中才能得到;而特征也总是组成一定的系统的。可见,整个比较研究过程也应该有系统的观念。不是从系统中提出的特征只能是残缺的，提取的特征如果不能构成系统，也就不是可靠的特征。为了说明系统和特征的关系及其重要性，以下就汉语的语音、词汇和语法的系统和特征研究讨论几个问题。

汉语的语音是一个多层的系统。最小的是音素—音位的系统，而后是音位组合成的音节系统，和音节同形相应的还有汉字的音类系统，然后是多音节组成词语的音变系统（轻声、儿化、变调、小称等），最后是句、段的语调系统。就已知的汉语方言语音特征来说，每一个层级都会存在各自的特征。例如，元音系统，少的只有 a、o、ə、i、u 5 个音位，多的可有 10 个以上；辅音中的 pf、kv、θ、ɬ、ɸ，元音中的 ø、ʉ、æ、ɯ，都是比较少见的；独立成音节的辅音如 m、v、l、z，有时也会成为特征。音节系统中声韵调的组合规则，有几种韵头、韵尾，声调有几个，有无入声，入声有无塞音韵尾，都是重要特征的取项。和音节相应的字音系统就是中古的《广韵》音系。时下表述方言语音特征，大多就是用中古音做比较来显示出与众不同的特征。例如，"全浊声母"在老湘语中还读全浊，新湘语读为不送气清音，客赣方言全读为送气清音；"知组声母"在闽语中多读为 t、th；"古入声"今粤语阴入分长短两类，阳入则大多只有一个促调；晋语通常保留一个短促的入声调，轻读音节有时也会"舒声促化"；等等。至于轻声、儿化、变调、变声、小称等也已经成为新的方言的语音区别特征了。在句调方面，比较特别的方言也有不小的差异，例如官话的疑问句通常读为升调，东南方言却可读为降调，在粤语中，句末的语气词常常读为超长调。看来，在总结方言的语音特征时，不能再局限于音类的特征了，这是拿方言学作为音韵学的附庸的老做法，并不能反映方言语音特征的全貌，不符合音系学的要求。

汉语的词汇，更是一个多元的复杂的系统。研究词汇的演化特征或接触造成的词汇特征的变异，都不能举几个单词了事，而必须从系统上做分析。这方面至少有三个重要的系统。第一，词汇是一个核心词—基本词——一般词—行业词的同心圆系统，体现方言的词汇特征的主要是核心词—基本词。这些词汇是反映最重要概念的常用词,尤其是其中的单音词,往往是多音多义的,不但能派生许多多音词语,在句中的组合能力也很强。考察词汇的演化最主要的是看这类词有没有变动,考察语言接触也应该首先看这类词有没有受影响。例如:你—汝—侬,他—佢—伊,儿—子—囝—囡,吃—喫—食,喝—饮—啉,站—立—徛,看—觑—睇—望,走—行—跑,不—勿—唔,胖—肥—壮,窄—狭—夹,被—给—畀—分—乞(表被动的介词),都是大方言间常有差异的。第二,各方言都有自己的一批特征词,这是反映词汇特征的要项。方言的特征词是区内普遍覆盖、区外未见或少见的,上述的核心词、基本词如果内同外异,往往就是特征词。特征词是必须经过区内区外认真比较才能提取出来的,既不能是少数几个,也不可能是大批量的,具体数量各区不同,如闽语的"囝、侬、伊"(还有"骹、鼎、厝"等),粤语的"嘢、饮、睇"(还有"啵、乜、瞓"等),都是极常用、多义项、内同外异的特征词。第三,方言中常用的古语词、风物词、外来词也是必须特别关注的。古语词在通语和多数方言中只是书面语的留存,但是在一些方言中还是活跃的口语,这就是重要特征。近些年来许多学者都为方言考出了"古本字",这是很值得注意的。风物词是反映本地景观古迹、地方小吃、风俗习惯的,若是常用的,也能表现地方文化特点,便也体现了方言词汇特征。像箬(叶子)、囥(藏)、杪(木细)、攃(挤入)、薸(浮萍)、梘(肥皂)、戈(幼稚)、枋(厚木板)、萦(绕线)、镬(锅)、屦(鞋)、膌(瘦肉)、嬉(玩耍)、汈(潜水)、舐(舔)、搡(推)、缚(捆绑)、黸(黑貌)、俵(分赠)、必(开裂)、佮(合伙)、衰(倒霉),就是许多东南方言里都说的。

汉语的语法主要是用虚词和语序来表达的。虚词由实词虚化而来,语义的虚化常常引起语音的弱化,各地虚词和语缀往往用同音字或今音的俗字来记录,如吴语的子、哉、勒浪,闽语的唎、咯,湘语的呱、哒,粤语的咗、度,客家话的呃、撒,不同的写法就使其与本来的字音对不上号,因此必须找出虚化成分的实词源头,把字音和字义的演变理出明确的线索,把方言用字和古代用字以及其他方言的用字做比较,尽量找出共同的来源,只有这样,才能反映出本来相同的语素的古今南北的关联。另外，许多方言的虚成分是一词多义的，提取特征性的虚词，最好以方言词为单位分项叙述，这样才能反映各种虚义之间的关联。在句法方面，应该就常见的句式，列出比较项，例如"找他不到—找不到他—找不他到"，"给我一本书—给我本书—给本书我—拿本书我"，"他比我高—他高过我"，"两个一样大—两个平平大"，"睡不着—没能睡得着"。现代的方言语法，由于深受普通话的影响，常常几种同义句型并存，这就得区分是方言固有的还是受外来影响的，是地道的口语还是地方普通话。在使用方言文献材料时，还应该区别歌谣、唱词和谚语的句式和口语的不同。总之，研究语法的特征必须时时注意语法成分与语音（本音和变音）、语义（实义和虚义）的联系，这也就是把特征放在系统中去考察。

演化与接触，系统与特征，都是方言比较研究中的大课题，以上所述，只是一些粗浅的想法，本文的用意在于提倡在微观考察中应该多一些宏观的思考，在具体的比较中尽可能找到一些理论的头绪。汉语方言的比较研究已经获得了丰硕的成果，我们应该在罗列语言事实的基础上，努力做出解释，从中提炼出切合汉语实际的演化发展的规律和接触变异的规律。

参考文献：

[1]王士元.王士元语言学论文集.商务印书馆,2002.

[2]侯精一.现代汉语方言概论.上海教育出版社,2002.

[3]许宝华、汤珍珠.上海市区方言志.上海教育出版社,1988.

[4]钱乃荣.当代吴语研究.上海教育出版社,1992.

[5]汪平.苏州方言语音研究.华中理工大学出版社,1996.

[6]曹志耘等.吴语处衢方言研究.[日本]好文出版株式会社,2000.

[7]平田昌司.徽州方言研究.[日本]好文出版株式会社,1998.

[8]石汝杰.明清吴语和现代方言研究.上海辞书出版社,2005.

[9]遂宁市文化局编.李实学术研讨会文集.语文出版社,1996.

[10]伍云姬、沈瑞清.湘西古丈瓦乡话调查报告.上海教育出版社,2010.

[11]陈章太、李如龙.闽语研究.语文出版社,1991.

[12]庄初升.粤北土话音韵研究.中国社会科学出版社,2004.

[13]郭沈青.陕南客伙话语音研究.中国社会科学出版社,2013.

[14]李如龙、潘渭水.建瓯方言词典.江苏教育出版社,1998.

[15]李如龙.汉语方言研究文集.商务印书馆,2009.

[16]庄初升、黄婷婷.19世纪香港新界的客家方言.广东人民出版社,2014.

[17]郑张尚芳.皖南方言的分区.方言,1986(1).

[18]曹志耘.汉语方言地图集.商务印书馆,2008.

汉语的特点与对外汉语教学*

一、第二语言教育必须重视共性，更应该研究语言的个性特征

所有语言都有共性，语言教育必须遵循共性的规律。不重视共性，就要犯"方向性"错误。例如：(1)语言知识和言语能力不同，传授语言知识不能代替言语能力的训练。二语教学只管传授语言知识，不管言语能力的训练，把语言教育变成语言学教学，言语能力就很难得到训练。(2)语言和思维是相依存、相促进的，二语教育应该让学习者理解语言结构的原理，"授人以渔"，让学习者自觉地学，才能学得快，不按照认知活动规律教语言只能是少慢差费的。(3)语言是文化的载体，语言的意义受制于民族文化，二语教育不关注异文化之别，就会理解失当或交际失宜。(4)语言的规范和言语的创造与变异是相依存、相制约的，规范是社会的必需，创造、变异则是实践的要求，二语教育要教授语言规范，也要鼓励创造，容许变异。教师言必称规范，只关注学生某些知识性错误所造成的不当理解和用法，很容易使学生丧失学习的兴趣和信心。

然而，任何语言都有个性，如果不讲个性、不遵循个性特征进行教学，就会犯"路线性"错误。

结构主义的兴趣在研究单一语言的结构系统，不关注语言比较；转换生成语法则主张研究语言深层结构以探讨语言本体的共性。这

---

* 原载《语言教学与研究》(北京)2014 年第 3 期。

两种理论都很难直接应用到语言教学上。

后来兴起的社会语言学研究言语变异,语言类型学区分不同语言类型,认知语言学研究语言与思维认知的关系,倒是更能指导语言教育。而应用语言学一开始就是研究语言教育的,其理论和方法对于二语教育显然更加重要。

二语教育是要帮助学习者掌握和母语不同的目的语。不了解两种语言的不同就学好了第二语言的有没有?有。儿童时代只要经常有人引导,或置身于良好的语言环境,同时习得两种不同的语言并不难,学得好、长大了又不忘,那就需要长时间的积累。成年人对于不同语言的差异一般都具有对比、理解和类推能力。中国人学英语,开始时总觉得名词的多数式要加 s 很奇怪、很麻烦,后来联系汉语说的"同学们都来了""全班的同学都走了""今天来了很多同学",稍加思考就知道,表示事物的复数,英语用的是单一的"词尾",汉语用的是多样的手段:有限的"词缀"、附加语、形容词、数量词或副词等。用比较的方法来学习第二语言,对于已经熟练掌握母语的成年人来说,显然是一条直径。不加比较、不知所学语言的个性,那就只能用大量时间去死记硬背,过后又遗忘得快,当然是少慢差费了。

二、开展汉外对比,提取和贯彻汉语特征是改革对外汉语教学的根本

语言的个性特征是相对的,只有就不同语言做比较才能了解;语言的特征又是表现在多方面的:语言内部的、外部的,本体结构的(语音、词汇、语法),应用的,文化的,因此研究语言的特征要有多方面的视角。

100 多年来,研究汉语的几代学者都关注过汉语和一些外国语的不同,通过与外语的对比探讨汉语的特征,但这方面的研究还远未深入。总的来说,本体的特征研究做得多,教学应用和文化方面做得少;语法方面做得多,语音、词汇做得少。从比较的对象说,英语、日

语做得多,其他语言做得少。

关于汉外的比较研究,也有语言学的研究和语言教学的研究的不同。语言学的比较研究是两种语言的本体结构系统的比较,属于理论的研究;面向语言教学的比较研究,属于应用研究,是在两种语言的异同对比的基础上指导语言教学的。具体地说又有两种不同的方向:为外语教学所用的汉外对比研究和为汉语作为外语教学所用的对比研究。

已有的汉外比较研究用力较多的是汉语和英语的本体结构的理论比较,应用方面主要是指导我国的英语教学。这种对比研究的重点是以汉语为母语的学习者难以掌握的英语的特征。而多数的研究者往往注重于理论上的研究,求全、求深、求细,在教学上则难以应用。面向教学的特征研究看来应该求精、求简、求实。"精"就是突出主要差异,集中分析难教难学的要点。"简"就是化繁为简,扼要明白,若强调全面、系统,说得深入细致,势必使学习者感到无从下手,望而生畏;所谓"实"就是讲求实用,方法具体,易学易记,若只致力于理论说解、推敲概念,势必又成了阳春白雪,只能束之高阁了。

外国人学汉语,入门不易,深造更难,几乎没有一个留学生不叫苦、不叫难。汉字就是第一只拦路虎。后来的语音(尤其是声调)、词汇(尤其是文言词、书面语词)、语法(从词法到句法)都有大量的难点。因为,汉语和世界上多数语言相比,不论是语音、词汇、语法,也不论是口语还是书面语,都属于不同的类型,用"特立独行"来概括它,并不过分。

中国人在中国学汉语,一有小时候习得的基础,二有陪伴终生的周边交际环境,靠着长时间的累积和不断地实践,一般人都能学得不错。外国人在外国学汉语,不但完全没有汉语的语感,也没有使用汉语的语境,要学会汉语就很困难了。在有限教学时间里,如果不能针对汉语的特征,提取最需要、最难学的要点,设计最佳的学习方法,教学效果就不会好。可见,根据汉语的特征编教材、设计教学方法,是改革汉语国际教育,攻克难关、提高教学效率的根本大计。

例如,"帮""帮助""帮忙"意思相近,其中的区别,中国人是靠着反复地听说悟出来的,教外国人,就得选择最精当的例句,把意义和用法结合起来,在课堂教学中练习和掌握:"帮他做事、帮我还账、帮助他学习、给我许多帮助、请他帮帮忙、我帮不了他的忙"。

吕叔湘先生说过,"教外国学生,如果懂得他的母语(或者他熟悉的媒介语),在教他汉语的时候,就能理解特点需要,提高教学的效率"。理解特点需要,才能提高教学效率,真是至理名言!

本文试就自己粗浅的理解讨论几个汉语的主要特征及其在对外汉语教学中的应用。

三、汉语的语音特征

汉语语音系统有五个层次:音素系统、音节系统、字音系统、连音变读系统和语调系统。在这些方面,都有一些重要的特征。

1.音素系统中有些是外国语言所没有的音,例如[y]就是英语、俄语、日语所没有的,三套塞擦音也很少外国语同时具备。音素的教学是二语语音教学的第一步,教学时不能只顾母语的语音系统这一头,一定要先找出目的语和母语相异的音素作为教学的重点。

2.音节系统在其他语言中大多是元音和辅音的一次性组合系统,在汉语中是二次组合系统,先组成声母、韵母,再与声调组成音节系统。韵母由韵头、韵腹和韵尾组成,只有韵腹和韵尾是押韵的依据。声调是汉语特有的,其重要特征是高低升降和长短。声母是辅音的单位,韵母是元音和某些鼻辅音的组合。认识汉语语音的声韵调结构,已有 1 500 年的历史,至今还只能这么教。汉语的音节构成和外国语相异的更多,例如,三合元音在外国语中就很罕见,舌根音和高元音不相拼等等,教学中都应该认真关照。

3.字音系统是汉语特有的系统,很重要,但在对外汉语教学中以往并不重视。在母语教育中,因为学生都有汉语的语感,可以自发折合,对外国人来说,就是难以克服的难点。n-和 l-、z-和 zh-,an 和 ang、 i 和 y,结合识字记词,认定其正确读音,还是很繁重的记忆负担,可以利用偏旁类推去辨别音类。例如:几机己记—句拘区驱,可用来分辨i 和 y;青清情晴请—干赶刊汗旱,可用来分辨前后鼻音;主注住柱蛀—者猪诸煮暑署,可用来辨识翘舌音声母。声调只有阴阳上去四种,中国人学母语可以利用方言的字调类推,外国人要记住每个字的调类就难了。赵元任先生曾经倡导把常用字编成歌诀:"中华语调,非常好记;阴阳上去,高扬起降;英雄好汉,光明磊落;花红柳绿,山明水秀。"这实在是好办法,但时下这样去教的老师似乎并不多。学习字音的归类,可与学汉字、学词语相结合,真是一举数得。

字音中的多音字也是语音学习的难点。可以把最常用的多音字编在句中,如:"担子太重担不起。""好奇就能学好?""我和首相相识。""自然灾难很难避免。"通过做专题对比练习,其实并不难掌握。

4.多音词语的连音变读,包括轻声、儿化和变调,也是现代汉语的特征。其重要性固然不如音类,学得好却可从中体会汉语语音的优美,提高学习兴趣。这一部分的教学只能挑选出有别义作用的,又是很常用的例词,编成朗朗上口的韵文、顺口溜、绕口令,少量编进课文,有的作为阅读材料供学生自学练习。

5.成句的语调在各种语言共性较多,引起含混也较少,成年人大多在母语习得时就掌握得不错,只要抓住某些不同点,结合朗读、听广播和欣赏曲艺表演等活动进行训练便可。

由此可见,语音教学不是教拼音的几节课的事,而是要贯彻学语言的全过程,教学语音要与教词汇、教句型句式相结合。

四、汉语的文字特征

汉语采用表意汉字作为表音符号,这在现代语言之中是绝无仅有的。表意的汉字不但是表音的符号,绝大多数还作为语素,是汉语的结构因子。汉语和汉字的相结合及其互动是汉语发展史上的基本事实,是汉语的重要特征。对于二语教学,这方面需要讨论的有如下三个重

要方面:

1.正确认识汉字的优缺点,重视汉字教学。

教外国人学汉语,汉字可以成为拦路虎,也可以成为发酵剂。外国人有的视汉字为异物,认为它是落后的象征;也有人赞叹为精美的极品,见它能存活数千年而十分敬佩。应该提倡客观、科学地认识汉字。汉字表意为主、表音不准,字数繁多、形体复杂,确实难学难记;但是因为它集形音义于一体,作为基本语素参与组词、构语、造句,学好汉字可以成为一条学习汉语词语的高速公路。至于汉字的构形系统,其主体是声符和部首构成的形声字,已经稳定了 2000 年,语音几经变迁,不少字的表音的声旁已经不准,但可以选出部分表音准的常用字进行类推教学,部首则大多可以用来掌握字义的义类。利用形声结构教汉字的音义,可以做到事半功倍。

外国人学汉语,如果只想学几十句来问路、旅游,只学拼音、不学汉字也是可以的,但是,要真正学会汉语,掌握书面语、文言文,了解中国文化,不学汉字是不可能的。

2.充分利用汉字的频度编好基础教材。

汉字虽然字数繁多,但是频度差别很大。常用 100 字可覆盖文本的 47%,600 字可覆盖 70%,1 000 字可覆盖 91%。就构词能力说,最常用的 70 个字构词数都在 100 个以上。常用词大多用常用字构成,多选用常用词编教材也是非常重要的措施。据《现代汉语频率词典》,出现 1 000 次以上的 175 个词在一般文本中覆盖率达 48.8%,出现 100 次以上的 1 678个词覆盖语料 80%。真正掌握 1 500~2 000 个常用词,对付日常的听说读写就问题不大了。

可见,对外汉语教材,尤其是初级教材,都应该严格按照字频、词频选词,并且加大复现率。先学好常用字常用词,是事半功倍、迅速扩展词汇的捷径。欧洲当代汉学家白乐桑所编的教材,用常用字的形音义教学带动词汇的扩展,获得了很大的成功,就是很好的证明。

3.教好汉字的字义,培养释词、造词的能力是汉语教学的根本。

由于汉语通行的社会长期有统一的国家和文化,并且用高度凝练的书面语来统合这种社会文化,历来的词汇大多是自源生成的,很少引进外来的语汇。从上古后期兴起双音词开始,用单音词组合为双音词就是借助字义合成的。正如《荀子·正名篇》所说:"单足以喻则单,单不足以喻则兼。"那时形成的双音词,表示修饰关系的偏正式可以用来分类:古人、国人、乡人、匠人、野人、贤人;也可用来分解:人生、人伦、人情、人心。并列式可以是同义的:安乐、奔走、长久、劳苦、富贵、尺寸;也可以是反义的:离散、轻重、上下、旦暮、是非、日夜、聚敛。都是最"足以喻"的"兼"。所以"字义合成"最先从偏正式和并列式发展起来。随着后来的进一步发展,又有了表示支配关系的述宾式:行路、耕田、治学、亲民;表示补充关系的述补式:击败、查讫、烘干、破损;表示陈述关系的主谓式:心安、目眩、头晕、山崩;表示相对关系的反义词:升起—降落、上传—下达、美化—丑化;表示系列关系的词群:大—中—小学、甲—乙—丙集;等等。徐通锵称这种"把原来能表达概念的字组织起来,构成字组去表达与该概念有关的新概念的方法"为"组字法"(徐通锵,2001:205)。汉语的词汇大多数是由组字法构成的,因此,教好常用字的字义就能使学习者用已经学过的字去组词,去琢磨理解未学过的多音词语的意义。这就是"授人以渔"。18世纪的一些欧洲学者曾经赞美汉语的这种词汇生成方式是富于逻辑性的,这就是"旁观者清"吧。我国历来的启蒙教育不就是从识字开始,用组词、析词、猜词的方法去扩大词汇量的吗?但是,现在的对外汉语教材却很不重视这方面的教学训练,这实在是咄咄怪事。

五、汉语的词汇特征

汉语的词汇浩如烟海,其结构系统不如语音、语法简明扼要,但是词汇的掌握又是二语学习的基础,探讨汉语词汇的系统特征,开展有效的训练就成了重要的课题。认识汉语词汇的特征至少可从以下几点入手。

1.单音词为核心,双音词为基础,构成了汉语词汇的同心圆——

这就是汉语词汇系统的共时结构特征。对外汉语词汇教学首先要充分重视并大力加强单音的核心词的教学。

最常用的 500 词之中,单、双音词的比例是 2 比 1,直到第 1 600 个常用词,单双音词的比例才得以持平,往后则双音的比率越来越高。最常用的 100 词中,各类虚词及能愿、存在动词,方位、指代、限定词,数量词占了一半以上,掌握这些词对掌握语法极为有用。据《现代汉语频率词典》,最常用的 70 个字的构词数,从 100 到 668 条,总构词数当在 1 万条以上。可见教好单音常用词是一本万利的事。

"一生二,二生三,三生万物"这是汉语词汇衍生的基本规律。"一生二"就是两个单音词(或语素)合成一个双音词,"二生三,三生万物"说明三音节以上的词语都是单音和双音合成的结果。

上古汉语单音词占优势,从殷商到春秋战国莫不如此。有关数据已经很多。据伍宗文就《尚书》《诗经》《论语》《左传》《孟子》《吕氏春秋》等六部典籍所做统计,其中出现单音词 11 601 个(字次),复音词仅有 4 671 个(次),不及单音词的 1/4。汉代以后双音词大量产生,但是单音词一直占着核心地位。仍据《现代汉语频率词典》,在大型语料库中 11.6% 的单音词占有 64.3% 的词次;74.3% 的双音词占有 34.3% 词次;而 14.2% 的三、四音节的词语只占有 1.3% 的词次。

2.汉语的词汇现象与语音、语法都有深度的关联,词汇教学要有全局的系统观。在这方面,首先值得注意的是语音节律的形成和多音词的语音固化。

汉代以后,双音词大量扩展,成了词汇系统的主体,形成了汉语的双音节音步。"语素必单,音步必双",六朝形成的五言诗体便是单音和双音相间配合的。从此,适应于单音节音步的《诗经》体四言诗,便让位给汉乐府的五言诗。

双音节音步的形成不但奠定了汉语的节律基础,对于词语组成句子的规则也产生了影响。例如,"提高速度、提速"都可以说,"提高速"就不说,"提速度"只能和"降成本"之类并列;一般只说"互相支持、互相利用",不说"相支持、互利用";通常说"好东西、黑头发",但

"最好的东西、乌黑的头发"都得加"的"。

多音词连读之后,两个单音词(或语素)的语义整合,有的是原意相加(国王＝国之王),有的是偏义替代(国家——只指国),有的是意义转移(东西——指物件),为了表示完整而特定的词义,两个音节连读之后发生相应变化,这就是近代汉语以来的语音的"固化"。固化的方式有轻重音组合、轻声、连读变调、小称音变、声母类化、连音同化、合音等等。这种语音的固化是在多音词发展成熟之后发生的,从现代方言的情况看,不同的方言进度不一,分布不同,方式各异。就历史演变的情况说,大概都发生在明清之后。可见,在节律方面,也必须把词汇现象和语音、语法现象结合起来,才能理解透彻,运用自如。

关于汉语的词汇特征,"构词法和句法一致"已经成为许多学者的共识。张永言说:"汉语里应用最广的构词法是词根复合法,及依照句法关系由词根组成复合词的方法,这种构词法跟由词结合为词组的造句法基本上是一致的。比如,汉语词组的主要结构类型为偏正、并列、述宾、述补、主谓,而复合词的格式也同样是这 5 种。"(张永言,1988:133)可见,教学词汇时把各种构词法都说清楚了,到了学习词组和句法时就可以一路顺风了。

3.按照汉语词汇的特点采取"字词句直通"教学法。传统的母语教育历来有"形音义,字词句"的要诀,千百年来中华民族就是沿着这条路子走过来学会汉语的。到了汉语作为第二语言教育,为什么不能沿用它呢？多年来有些学者提倡"字词句直通"的教学理路,很值得注意。

字词句直通就是先掌握少量核心字,用来生成大量的词汇(组词、扩词,析词、猜词),体会多音词的词义并掌握构词法。这是"由字及词"。例如,天 ,最常用的有 6 个义项,所能造出的常用词至少就有 30 个:

> sky 天空 天上 天亮 天地 天河
> nature 天性 天生 天然 天才 天灾

God 天公 天主 天子 天使 天堂

weather 天晴 好天 阴天 晴天 天气 下雨天

season 春天 夏天 秋天 冬天 热天

day 三天 半天 今天 明天 昨天 前天 白天

而后"组词成语",加深字词联系的理解;"连语成句",体会词的组合意义(包括词汇意义和语法意义),认识构词法和造句法的一致性。这是"由词及句"。例如:

天底下　天老爷　天晓得　拜天地　打天下　半边天

海阔天空　天南海北　天灾人祸　谈天说地　人定胜天

天下第一关　天字第一号　天下无难事　天高皇帝远

天无绝人之路　天不怕地不怕　叫天天不应,叫地地不灵

这样的教学法包括了字词关系的分析(拆分多音词以理解字义词义)和综合(组合字词以生成语句)。

自源构词的义类系列还可以拿汉语和非汉语做比较,说明汉语扩词的便捷。例如:

羊 sheep　公羊 ram　母羊 ewe　羊肉 mutton

牛 ox　公牛 bull　母牛 cow　牛肉 beef

猪 pig　公猪 boar　母猪 sow　猪肉 pork

这种教学法不但学了词汇,还能启发思维、培养语感,按照汉语的特征主动地在阅读和交际中生成词语、辨析生词。

4.处理好口语和书面语的词汇歧异和沟通。汉语的口语和书面语有较大的差异,尤其在词汇方面表现更加突出。口语词和书面语词之间的差异不仅仅是语体的不同。从词汇史上看,文人雅士"用字造词,推敲字义,不避生僻字"(灿烂、绚烂、腐烂、溃烂、糜烂、天真烂漫、海枯石烂),下里巴人则多"因音造词,讲究顺口,多用常用字"(烂乎乎、烂糊糊、稀巴烂、下三烂、破烂儿、贪多嚼不烂)。可见,口语词和书面语词创造者不同,使用的语素有异,结构方式也有区别,简直

是两大洪流,各成系统,各显特色。口语词和书面语词当然也有交叉的,但是两极的差异十分明确:放心、放生、放火、放话、放空、放松,这是口语;放眼、放任、放映、放置、放怀、放纵,这是书面语。本国人靠语言习得中获得的语感和交际中的实践,并不难理解这种差异,对于外国人来说就很难辨认了。在对外汉语教学中,书口词汇的差异也还没有引起注意,以致中介语中常常出现"口语书用"(他的体魄很棒)或"书语口用"(那女孩子唱歌很豪壮)。

口语和书面语的词汇是个连续统,教学中主要是抓两头,给学生指明纯口语的说法和口语一般不用的书面语。现代口语中有很多习用语,如:"不咋地。""可不是?""成!""别。""废了。""真悬!""就这么点儿?""多着呢!""甭说了。""不然的话,你先走。""您这是说到哪儿去了?"这类句子往往不出现在课本里,上街一听就不理解,应该专门编写这类课文。教材中出现的书面语专用词则需要在教学中加以提醒,例如"尚且、似乎、是否、然而、商请、商榷、非凡、非但、热土、热切、热望、大致、大略"。三音节的惯用语和带音缀的四字格通常用于口语(背包袱、走后门、炒冷饭、打边鼓、铁饭碗,稀里糊涂、老实巴交、正儿八经),多是在口语中形成的比喻造词,四音节的成语(天经地义、唇亡齿寒、十年树木、守株待兔、不远千里、高枕无忧、画蛇添足)则多为古代汉语流传下来的文语,这些也是需要在教学中给学生提示的。

书面语词和口语词有明确的分工,也有巧妙的转移,书中有口和口中有书,则往往是上等的修辞。"有朋自远方来""海内存知己""三思而后行",不就是经常被口语所引用吗?

六、汉语的语法特征

同语音特征、词汇特征相比较,汉语的语法特征最突出。因为,语音上有音素、音节的数量限制,词汇有意义单位的约束,而汉语的语法自身的结构规则很特殊,加上经常要受语用的干扰,所以使用起来更难。研究汉语语法特征并把它运用到二语教学中,有更多的问

汉语特征研究

题需要认真研究,在应用中进行试验。这里只能讨论几个比较重要的问题。

1.汉语没有形态变化。

汉语无形态,用词造句主要靠意义的关联来组合,语序和上下文的连接对于句法关系有很大的影响。西方人套惯了形态变化的公式,对于这种结构灵活多变的"意合法"很不适应。

现代汉语也有一些类似形态的成分,但是往往不是"专职"的,而是和别的成分交叉换用,也不是非用不可,而是可有可无的。"着"很像是"进行、持续"的标记,其实,"下着雪",更常说的是"正在下雪","大家说着唱着",也说"又说又唱"或是"说啊唱啊","门口围着一群人"何尝不能说"围了一群人"? 不少对外汉语教材精心设计"语法点",套用"复数式、进行体、过去时、词头、词尾"之类的西方语法术语,外国学生很容易误解误用。("他的三个同学们都来了","他昨天来过了"——其实是来了还没有走)能带"子、儿、头"的名词也很有限,不能随意套用。"我的房间的窗户是朝南的",中国人只说"我房间窗户朝南"。难怪打开外国学生的中介语语料库可以发现,大量的病句都出于追求工整的"形态",结果成了"画蛇添足"。

高本汉早已说过,现代英语把复杂形态变得简单化了,在这一点上,汉语更先进。汉藏语的研究者近些年来已经证明,藏缅语和前上古的汉语都有复杂的形态,先秦的"吾、我"还分主宾格呢。语法只是一种习惯,本来就无所谓先进和落后,无须比较其优劣。

2.语素化、词汇化、语法化,离合、紧缩——汉语的结构单位富于弹性。试看:

语素化:单用的文言词沦为语素,如然、意、机,非语素升为语素,如驼(铃)、蝶(泳)。

词汇化:由词组浓缩成词,如吃饭、睡觉、说话、国家、富贵、妻子、可以、之前。

语法化:由实词虚化为虚词,如着、了、子、儿、头、把、被、在、我辈→我每→我们。

离合词:看(得、不)清—看轻、看重,理(了、个)发—理财、理事,完(得、不)成—完结、完毕。

紧缩词:人大、四清、欧盟、计生委、常委会、奥组委、三从四德、杞忧。

这种弹性造成语素和词语之间界限不清,词法、句法都依赖于上下文——语境和语用。加上汉字只记录音节,词不连写,外国人阅读中文就难以断词连语,这是阅读教学要加以辅导的。

3.词类兼用,与句子成分不挂钩,词序变化,句义不同。

兼类词要做一番清理,名—动、形—动、动—介是大面积的兼类,应该列出常用的兼类词表。兼类现象中有惯常的、修辞加工的、初生时尚的。(支援边疆建设、悲伤你的悲伤、才艺秀。)

非体词充当主宾语,体词充当状谓补语,词序变动在汉语中并非异常,但都有一定的条件。应该按照条件,编一套易懂好记的例句。例如:

他太太天津人。(整句由名词组成)

为了避免泄密,允许撒谎。(整句由动词组成)

他打哪儿来的?别拿我当外人。(动词兼介词)

说比唱容易。(整句是谓词)

天上有云,山上有雾。走上山顶,乱云飞渡,回到山下,天下如故。(方位词多用)

不怕辣,辣不怕,怕不辣。怕辣不?辣怕不?做人难,难做人,人难做。(异序别义)

4.汉语外语都有虚词,但用法不同。

外语用虚词汉语不用的:

坐火车去(go by train)

讲语法的书(a book on grammar)

他晚上工作,白天睡觉。(He works by night and sleeps by day.)

也有汉语用外语不用的:

　　你的书(your book)

　　找你的人(the man who is asking for you)

　　远方来的朋友(a friend from far away)

5.汉语的宾语和补语都很有特色。

　　吃:吃白饭　吃老本　吃食堂　吃批评　吃请　吃掉它的车马炮

　　洗:洗干净　洗了三遍　洗清罪名　衣服洗破了　把孩子洗哭了

教学此类句式,在不同国别,可以让学习者把汉语的说法翻译成母语,再加以比较,自己找出不同的规律,这种教法一定会给学生留下更深的印象。

6.同义句型。

有些不同的语序表示不同的意思,不能含混,也有可换用的。例如:

　　他都认识谁?/他谁都认识。～谁他都认识。/谁都认识他。

　　他什么都不知道。～什么他都不知道。(全不知道)

　　他什么不知道?(全都知道)/他不知道什么?(只有一部分不知道)

基本意义相同的不同句型,往往有细微的意义差别或者有不同的语用效果。例如:

　　我钥匙丢了。/我丢了钥匙(了)。/我把钥匙丢了。/钥匙我丢了。/钥匙被(叫,让)我(给)丢了。

　　我付(过了)了钱了。/我钱付(过)了。/我把钱付了。

　　他天天睡行军床。/他天天在行军床上睡觉。/他天天睡在行军床上。

98

7.省略和流水句。

汉语的表达往往求连贯和简洁,有如中国画的"意到笔不到",尤其在口语中更是如此,因而有不少省略成分,甚至是以省略为常。以下例句在英语中都得补上人称代词:

他问过许多人,(他们)都不知道。

这书我没用,你可以(把它)拿去。

他问我(我)能不能去。

虚词也有不少是省略的,例如:

(假如)你不去,我(也)不去。

长江(和)黄河他都见过了。

叙事的段落,在汉语里人称代词常常承前省略。留学生学写作文时,按照他们原来的习惯都不省略,因此常常句句都有 I、You、He。

汉语的口语,语法上比书面语更加灵活多样,对外汉语教学是重视口语训练的,但是对考察、教授口语中的特殊句型往往不太关心,为了适应情景和话题的需要,教材的课文用语常常是单调的、陈旧的。补救的办法是多编些反映当前社会生活的读物和声像材料供学生使用。这对国外学生意义更大。

七、在对外汉语教学中贯彻汉语的特征

1.汉语本体的特征还必须进行长期的比较研究。

汉语本体的特征研究经过几代语言学家的努力已经取得很多成就,但是还很不够。总的来看,现代汉语的书面语研究得多些,方言和古汉语研究得少;分体上的具体特点研究得多些,整体的考察和理论分析就少;借助西方理论分析汉语实际的较多,继承传统的汉语汉字研究经验,就汉语的事实提取自身的特征并做出理论概括的较少。汉语有数千年的文献记录,有丰富的方言资源,历史上关于汉语汉字的研究也有许多宝贵的成果和经验,尤其在音韵学、词汇、词典学、文

汉语特征研究

字学、修辞学上都达到很高的水平。加上半个多世纪以来汉藏系语言比较研究的成果,把古今汉语、汉藏系诸语言及其方言联系起来,把语音、词汇、语法、文字、修辞各方面的研究结合起来,我们一定能就汉藏系语言,尤其是汉语本体的特征做出自己的理论分析,为世界语言学做出应有的贡献。所谓汉语的特征,自然是对于非汉语、非汉藏系语言而言的,因此,这项研究还要有大量的与外国语的比较研究,需要和外国学者的合作。

2.面向对外汉语教学的是另一种特征的应用研究。

汉语特征的理论研究对于对外汉语教学来说是重要的基础和依据,应用到二语教学之中还需要经过一番复杂的调查、设计和实验,才能落实到教学大纲、教材和教学方法中,这是另一种艰难的工作。

在对外汉语教学中贯彻汉语的特征,不能照搬汉语特征研究的成果,处处讲求全面、系统、深刻、细致,也不能套用特征理论分析的专门术语,重要的是拿这些特征和非汉语的学生母语做比较,提取诸多特征中的主要特征,确定汉语作为第二语言教学的重点和难点,然后在教学大纲和教材中做精心的安排,选用合适的、具体的语料(字、词、句),编入各类课文、练习、读物(包括文本和声像材料)、教学卡片、小词典,并在教学参考书中说明这些教学材料的教法和学法。

按照汉语的特征开展对外汉语教学必须有改革精神:不符合汉语特征的教学内容和教学方法要压缩、摒弃。体现汉语特征的要加强、扩大。

3.提倡中外合作,经过对比制作反映汉语特征的语料库。

为了总结已有的汉语特征的研究成果,提供中外教师编写多样的在地化教材和教学中的备课依据,制作一个体现汉语特征的、切合对外汉语教学之用的语料库是刻不容缓的任务。多年来做成的语料库不少,但是大多不能充分反映汉语的特征,而且都停留在生语料的层面,不成系统,不切实用。适用的语料库应该包括字音库、字形库、词汇库、语法库,还有供编选范文和阅读课文用的各种文库。大库套小库,层层过细,属性齐全,查阅方便。各种库都要区分频度,越是常用越要详尽,最好能够上到云平台供国内外师生随时查询和提取。

汉语国际教育的另一头是学习者的母语。学习外语,进行汉外的比较研究,中国教师是无法穷尽的,在国外教汉语,主要的应该依靠当地的师资。旁观者清,和外国语言学家合作,才能更加准确地理解汉语的特征,也才能在教学中贯彻应用。

为此,外派的汉语教师应该主动和当地的语言学家和语言教学工作者联系和合作,开展汉语和当地语言的比较研究,共同探讨按照汉语特征和当地的国情、地情、民情,编写合用的教材,研究改革汉语教学的途径和方法。要加强对国外教学汉语的师资的培训。外派的汉语师资和当地的汉语师资各有长处,从长远的角度看,让当地老师掌握汉语的特征是更加重要的。

国际汉语教育是架设汉语和当地语言、中华文化和当地文化之间天桥的工程。外派老师只能熟悉汉语特征这一端的桥头堡,在地汉语老师熟悉另一端的桥头堡,两种老师是两个桥头堡之间架桥的工程师,两方面组织通力合作,建造这一座天桥,是一项艰巨而光荣的任务。

参考文献:

[1]吕叔湘.吕叔湘语文论集.商务印书馆,1983.

[2]赵元任.赵元任语言学论文集.商务印书馆,2002.

[3]周有光.周有光语言学论文集.商务印书馆,2004.

[4]朱德熙.语法答问.商务印书馆,1985.

[5]孙常叙.汉语词汇.商务印书馆,2006.

[6]徐通锵.汉语建构的基本原理.中国海洋大学出版社,2005.

[7]徐通锵.基础语言学教程.北京大学出版社,2001.

[8]李如龙.汉语应用研究.中国传媒大学出版社,2004.

[9]李如龙.汉语词汇学论集.厦门大学出版社,2011.

[10]李芳杰.字词直通,字词同步.语言教学与研究,1998(1).

[11]尹斌庸.汉语语素的定量研究.中国语文,1984(5).

[12]杨自俭.字本位理论与应用研究.山东教育出版社,2008.

[13]赵金铭.汉语音节与对外汉语教学.语文出版社,1997.

[14]北京语言学院语言教学研究所编.现代汉语频率词典.北京语言学院出版社,1986.

[15]伍宗文.上古汉语复音词研究.巴蜀书社,2001.

[16]张永言.中国大百科全书·语言文字·汉语词汇.中国大百科全书出版社,1988.

汉语国际教育国别化漫议

一、汉语国际教育和"国别化"

国别化的提法,近年来受到了质疑,很值得深究。

什么时候有了国别化的提法,谁先提出,这并不重要。事实上大家都知道,"国别化"是跟着"国际汉语教育"提出来的,是适应着汉语二语教学转型的需要而出现的思路。

以往教外国人学汉语,对象都是大学毕业的来华留学生,不管是正规的学历教育还是短期训练班,通常是集中进行的"二语习得"训练。就教学条件说,对外汉语教学有专门的学院和专业,课内有稳定的教学大纲、教学计划,配有充裕的经过专门训练的师资。课余可以广泛接触社会交际的实践,都有良好的语言环境。可以说,是专业的第二语言的精英教育。自从汉语教学走出国门,在国外办起孔子学院、孔子课堂,有些国家在中小学设立汉语课之后,所教的学生大批量增长,有各种不同的年龄层次和文化程度,大多并非专门学习汉语,也未必以学会使用汉语为目的。学习时间往往不多,每周几小时,教学效果只能是广种薄收。至于教学大纲、教学计划和教学方式,都得适应当地的语言政策、教学习惯和文化背景来确定,可谓五花八门。课外则完全没有语言环境。鉴于教学对象、教学方式和教学要求的不同,把"对外汉语教学"改称"汉语国际教育"是符合实际的,也是很准确的。

从对外汉语教学到汉语国际教育,这是汉语二语教学的重大转型。提倡"国别化"就是提倡根据当地的国情、语情、地情、民情去设计汉语二语教学方案。正像随着季节变换服饰一样,有什么不对呢?俗话说的"入风随俗""入港随湾""到什么山头唱什么歌"这类常理还少吗?

所谓国情,重要的是所在国的语言政策、教育政策和对外开放的状态;所谓语情,是学习者的母语和目的语的差异程度;所谓地情主要是所在地的自然环境和经济状况;所谓民情则是历史的传统和现实的文化取向。

除了办学的地点、形式的不同,教学对象和要求的不同,走出国门的汉语教学,语言与文化的差异也更加突出了。教来华留学生是"守株待兔","愿者上钩",对于有志于学的人,你教得不好,他上街听说,进图书馆读写,找相声演员训练,照样可以学得很出色;对于一般的大学生,全社会的语言文化氛围就是一种强力的熏陶,满街的广告牌都会给他们许多启发。在国外教汉语处于异文化的环境,学习者可能对中华文化一无所知,从未见过古怪的汉字,古老的文明,他们可能认为是原始和愚昧;不信任何宗教大概就是可疑、可怕的"异教徒"。你教的汉语他老是学不会,也提不起兴趣,说到他们不爱听的话,他还恨你呢。

中国是文明古国,中华文化是个性鲜明的东方文化;汉语是和世界上大多数语言的类型有很大不同,记录汉语的表意汉字更是独特,汉字作为汉语的语素还很难用拼音来代替;汉语使用人口之多和汉字所记录的文献之丰富,虽然堪称世界之最,但在域外如今使用的已经不多,乃至知之甚少。由于它的陌生和繁难,在域外要学好特立独行的汉语和汉字,了解深邃多彩的中华文化,没有宽松的政治文化环境,没有良好的教育条件,没有强有力的师资队伍,简直是不可能的。可见,和对外汉语教学相比,汉语国际教育的办学地点和形式、教学对象和要求的不同,只是"硬件"的差异;汉语汉字与中华文化的独特以及域外纷繁复杂的国情、地情、民情则是更加难以处置的"软件"的差异。一般说来,硬件是表,是具体的客观条件,也是看得见的、容易觉察的;软件是里,是内在的依据、抽象的主观意识,是不容易察觉的。

由此看来,"国别化"的提出,不但是必要的,理据也很充分。十年前,为了庆祝《世界汉语教学》创刊 20 周年,李宇明就提出:"明了各国国情,特别是与语言传播相关的国情,是制定汉语国际传播方略,促进汉语顺利传播的基础。"(李宇明,2010)他还列举了国别研究的主要内容:语言政策,语言特点,文化风貌,学习需求。现在看来,这些说法还是很有远见的。

二、国别化的名与实

国别化的名称一出现,很快就有了争议。因为有的语言通行于许多不同的国家(如英语),虽有差异,毕竟较小;也有一个国家通行着许多不同的语言的(如印度),有的彼此还属于不同语系。从这个意义上说,"国别化"并不准确,于是有的学者又提出"语别化"。但是说同样语言的国家或地区,经济、文化的状况和政府的政策又可能是不同的,可见这也并不准确。为了避免这种含混,还曾经有过"本地化、本土化"和"当地化、在地化"的提法。前者是立足于"母语国"的说法,目前大量国际汉语教育的教师是中国派出的,这种提法也不太准确;后一种说法既不是出于母语国视角,也不是中国视角,而是国际汉语教育的客观视角,是比较符合实际的。称为"当地化、在地化",是可以避免"国别化、语别化"的含混,但是落实到具体的地方,情况又会有许多差异:大都会和小山村、沙漠和海岛、旧城镇和新垦区,文化积淀不同,教学条件肯定有别,学习者的胃口和耐力也必然悬殊。相对而言,"当地化、在地化"的表达可能好些。

30 年前在讨论对外汉语教材编写原则时,许多学者就注意到要有"针对性"。李泉的《第二语言教材编写的通用原则》(李泉,2005)曾经罗列了四家说法,赵贤州、吕必松和刘珣就都强调了这条原则。所谓国别化、语别化、本土化、当地化,不也就指的是针对性吗?不过,教材的针对性还得分别适应不同年龄、程度和行业的需要;而国别化、语别化、当地化主要是强调针对不同国家和地区的语言文化特点;除了教材编写,教学法设计乃至师资队伍的组建也应该努力做到这个"化"。可见它的内容更加丰富,牵连的范围更加广阔。

然而说到"化",又很容易使人联想到"彻头彻尾、彻里彻外"。事实上,自从"化"用作后缀之后,词义已经有所扩大,正如李宇明等所指出的,如今的"化",有的就是表示"通过改变现状,达到目标所指向的一定的状况","只是一种转化的趋向"(李宇明、施春宏,2017),例如"现代化"就是"向现代的方向转化",并非要废弃所有的古代传统。"机械化"也不是一概排斥手工操作。《现代汉语词典》和《现代汉语八百词》关于"化"的后缀的解释看来需要做点调整。

可见,对于就现实问题提出的新概念,重要的是明确它的内涵,取得客观的认识,不必在字眼上多加争论,有的术语是要经过实践考验来定夺的。

对于国别化(在地化),更重要的是应该弄清楚它的基本内容。概括地说,汉语国际教育的国别化,指的应该是"国情、民情"的适应性和"语情"的针对性。

"国情"中最重要的是所在国(所在地)的语言政策和文化教育政策和对外开放的状态,有的国家从小学到大学,汉语可以作为外语列入教学计划,有的只允许民间的社会办学,汉语教育只能适应所在国的政策,争取合法的存在和可能的发展。所谓"地情",主要是所在地的自然环境和经济状况。所谓"民情",则是历史和现实的文化取向,最重要的是宗教情绪和民族感情。在国外开展汉语二语教学是异文化环境中的教学,从教材到教学训练,只能尊重当地的历史传统和现实的状况,政治、文化,尤其是宗教信仰方面敏感的"红线"是不能触动的。至于"语情",则是指教学对象的母语(包括单语或多语、国语和方言)和目的语之间的差异程度。国际汉语教学要取得好效果就应该加强对学习者的母语的针对性,减少已有的母语习惯的牵制,按照目的语的特征设计教材和有效的训练方法,采取和母语教育有别的教学法。自从有了应用语言学以来,第二语言教学讲究母语的针对性,这也已经成了常理了,还需要寻求什么理论依据吗?

三、国别化(在地化)和原型化

国别化是从"对外汉语教学"转变为"国际汉语教育"必须着重研究的课题。与此同时,我们还必须关注"原型化",这就是按照汉语自身的特征去教好汉语。这两个"化"是相互关联的,也是缺一不可的,这是推进国际汉语教育的双轮,也可以说是架设国际汉语教育金桥的两个桥头堡。

国际汉语教育的教学对象大多是成年人,即使是小学生,也是经历过母语习得的少年儿童。汉语对他们来说都是第二语言,学习第二语言,必定要受到母语的干扰和制约。干扰是母语对二语的"负迁移",制约则是受到母语规律和习惯的局限。由于汉语和和世界上的许多语言都有很大差异,汉语和汉字相结合在世界上简直是独一无二的,因此,拿汉语作为第二语言学习的人,母语的干扰和制约尤其应该重视。

这里说的原型化和上文所说的对所在国的语情的针对性是密切联系的。第二语言的特征是对于母语来说的,为了对学习者的母语有针对性,必须调查研究学习者的母语;为了提取第二语言的特征,也必须比较第二语言和学习者的母语的异同。可见,拿学习者的母语和所学习的二语作对比是原型化和国别化的共同需求。多年来的对外汉语教学研究往往是拿学生的作业或"中介语"中出现的差误来检验母语对所学的二语的干扰,这种做法是很有必要的,也是考察教学效果和学习效果的有效方法。但是,如果在编写教材和安排训练方法之前也认真进行母语和目的语的对比研究,就可以把国别化、原型化做得更好,避免二语教学走弯路。

两种语言的对比研究早就有了,做得最好的是英语和汉语的比较,但是做得多的是语言结构的系统比较,也有为在中国人中教学英语所作的比较。为汉语作为第二语言教学和学习者的母语做比较，近些年来也引起关注了，在国外的孔子学院从事汉语教学的老师已经发表了一些有关的论文，这是很值得肯定的。如果能够在编写教材、设计教学方案时就对学生的母语和目的语进行一番对比，从两种语言的异同认识汉语的特征，在编写教材和练习时体现汉语教学的难点和重点，就一定可以为师生的教与学提供更加便捷的方法；而后在教学过程中根据教学效果进行评估，检验教学难得和重点掌握、执行的情况，对于国别化和原型化就会有进一步的理解。

语言之间的对比研究，由于研究的目的不同，采取的方法也就不一样。为了了解语言类型的差异，进行的是结构系统的比较，用的是共时的结构语言学的方法；为了了解语言之间的历史关系，在结构类型比较的基础上，还得进行历史比较研究，区分发生学上的演变关系和横向接触中的渗透关系，采用的是历史语言学的方法；为了给第二语言教学提供依据，重要的是考察两种语言（及其文字）在结构上和语用上的异同，明确教学的难点和重点，这是应用语言学的研究。共时的结构研究是基础研究，可以提供二语教学应用研究的重要依据，但是因为那是封闭式的周密的系统研究，其细致繁复的结论往往不能直接搬用到二语教学中来；历史比较研究也能为教学应用提供某些参考，往往也不能直接应用于二语教学。试想想，教外国人学汉语，能把"了、的"的几种用法、各种"把字句"的句法结构都搬到课堂上用大量的语法术语去进行烦琐的句法分析吗？讲到"了"的"语法化"还能去解释如何从中古音的[liau³]变成了现代音的[lə⁰]吗？

为二语教学所用的对比研究应该着重于语言之间的异同，同的好学，异的就是难点、重点。原型化就是要把汉语有别于学习者的母语的特点理出来，启发学生理解和掌握。例如：语音方面的声调（包括调值和调类）、轻声、儿化，就是其他语言少有的，撮口呼、翘舌音也是许多语言没有的。词汇方面，汉语的合成词占大多数，大体上可以利用字义合成去理解多音词的意义，这是学习生词的便捷之路。学过多音词汇，就可以告诉学生，构词法和造句法大体是相同的，这就能帮助他们学习语法。有了这一招,加上掌握常用的虚词,学习没有形态变化的汉语语法,就不是太大的难事了。

这样的语言对比研究,只能抓大局,抓重点,粗线条地安排教学,不能要求系统和细致,不能大量套用语言学研究的专门术语,组织教材和编制练习,要选用日常生活中常用的的词语和句子。学会区别"分辨东西、买东西",就把轻声可以别义这一条记牢了。熟记"拖了几年,终于了断了",就能知道,三个"了"有三种含义、两种读音。能说好"他拿把刀把住门,把敌人挡在关外",就能分别三个"把"字属于三个词类。善于启发式教学的人,可以使学生记一个例句,就推出几条语音、词汇、语法的规律。第二语言教学是言语的训练,都得拿活的言语(话语和词句)去学,学了就用,在用中学。这就是赵元任先生所强调的,千万不要把语言的教学变成语言学的教学。语言学的教学是语言理论知识的传授,语言的教学则是言语能力的训练。语言的教学,不但要善于应用语言的规律和特征,展示言语应用的艺术,还要善于引导学习者用语言开发思维,认知语言所表达的文化。正因为如此,应用语言学不但是语言学的应用,还应该包含着教育学、心理学、文化学的应用。

国别化是要求加强母语的针对性,原型化是要求充分体现目的语的特征,对于第二语言教学来说,二者缺一不可,原理是相通的,工作中应该是并举的,也可以是互动的。

四、国别化和通用型教材

国别化作为走向世界的汉语教育的努力方向提出的时间不久,如何调查不同国家的国情和民情,如何针对不同母言的特点,开展高效、快速的汉语教学,如何组织中外汉语教师展开合作,训练优秀师资,如何就不同语种编制有针对性的高质量的教材,许多问题还没有认真讨论、研究,还来不及付诸实践,就有人急急忙忙指出,国别化已经出现"不恰当的倾向",以为"越国别化越好"。他们只能容许称为

"国别型"，和"区域型、语别型、通用型"等并列，并且还说，"国别型教材也是一种通用型教材"，这不就是对国别化叫停吗？

国别化，或称为当地化，主要精神在于教学计划和教学大纲能适应当地的政策和要求，教材能针对学习者的母语并体现汉语的特征，教学方法能接近当地传统的语文学习的习惯，教师队伍则应尽量多地包括精通本地语言的专家。总之，这是汉语国际教育整体发展的努力方向。

通用型的汉语教材有没有？已经有很多，可能不下几百种了，初级、中级、高级，长期、短期，简本、详本，可谓应有尽有。这些成果是数十年间从事对外汉语教学的老师们经过长期实践，精心编制出来的，在不同国家和地区来华留学生中长期使用过，尤其在综合班的正规化集中教学训练中，曾经发挥过很好的作用，也积累了不少编写教材的有效经验，功不可没。但是，也应该看到，汉语二语教育转型之后，这些教材曾经大量免费寄给各国孔子学院，据我们所了解，大多没有用上，普遍的反映是"水土不合"，体量过大，偏深偏难，很少是针对本地语言文化的特征去设计的。

可见，国别化和通用型的概念并不在同个平面上，二者既不是对立的，更不是同一的概念。

所谓通用型的教材，应该是不分国别、不分语别、不分年龄、不分行业可以共用的教材。如果有一套合用的通用教材，何乐不为呢？这里试着讨论一下，编写这类教材应该从哪里入手，采取哪些措施。

首先，应该从基础入手，努力编好入门的初级精品教材。初级的入门教材是二语教学的第一块基石，编得好不好是整个教学活动成败的关键。汉语本来就难学，如果为了讲究系统性，第一级台阶筑得太高，有的人一下子就被吓退了，有的人学得不久便放弃，淘汰率高居不下是很难避免的。入门教材的精品应该是：篇幅短小精悍，内容生动有趣，课文朗朗上口。难度不大，便于记忆，有吸引力和启发性。旧时的童蒙读物"三、百、千"都是三四个字一句，讲究押韵,便于背诵,能流传千年,不是没有道理的。是不是可以严格按照字词句的频度,拿最常用易学的百把字、千把词和几十种句型,编成简短的韵文作为入门教材,把汉语的由字组词、联词成句的主要规则体现其中,经过一番打磨,也许可以成为真正的简易的通用型入门教材。

其次,应该分门别类,化整为零,编出各种专题和不同用途的生成教材用的"零部件",相对独立,有的只是教材的半成品,可以组装成课文或练习材料,也可以提供给任课教师按照实际需要编制专用教材。例如,练习四声字调可以编成四字格(阴阳上去,高扬起降,山明水秀,花红柳绿);关于汉字的偏旁部首、同音字、多音多义字,可以联成词语或短句,加上提示、注解和比较说明;成语、谚语、山歌、童谣、歇后语、绕口令以及古诗、名句,可以按照主题汇编、集聚,让不同年龄、职业,不同爱好者学习选取用;亲属称谓、数量词的配搭可以列表说明;语缀和虚词可以组成语块进行比较。总之,各种分类语料都应该既能体现汉语的字词句组合特征,又能表现中华文化的丰富内涵;既能符合语言习惯,又能做到多样有趣。

最后,域外的汉语教学最基本的特点是:人不分男女老少,地不分南北西东,学可以长短快慢,用可有广狭深浅。希望编一套放之四海皆准的通用教材,只能是吃力不讨好。如果编成门类齐全、体现汉语特征的各种长长短短的语料,就像灶台上、菜架上摆满的鱼肉蛋菜、油盐酱醋,厨师可以按照食客的需求,随意选择、组合加工,提供各种合适的菜肴。这才是汉语国际教育最根本的编写教材的出路。如果说,中国学者编国别化教材供外国人用是越俎代庖,那种备好几种通用教材到处推行的做法,可以说就是不受欢迎的代庖;如果化整为零编成多样的语料,这是中国学者应有的专长,外国教师很难办到,却是中国学者唾手可得的。为了帮助在外国任教的老师掌握这些语料,根据需要去选用加工、生成教材,可以另编一本教学参考用书给予指导。这就是中外教师合作编制汉语二语教学的最佳教材和最佳方法。

五、国际汉语教育任重道远

汉语汉字的域外传播,最早可以追溯到先秦传入朝鲜,到了隋唐时代就传到印度和日本、越南。明清闭关之后,止步不前了,后来,西方殖民者涌入中国,汉语被强行开放,经过东南亚传往西方。现代的汉语二语教育,从新中国算起,我们只有半个多世纪的经验,走向世界,时间就更短了。和西方国家相比,他们从殖民主义时代就派出学者到处调查语言,制定拼音文字,教殖民者学外语,也教殖民地的人学他们的语言,已经有几百年的历史了。我们是到了新世纪才真正走出国门教汉语。十几年来的国际汉语教育是匆忙上阵的,我们还没有弄清楚,在中国教留学生和出国教汉语有什么不同,带上课本就走了,所到之处,对当地语言不是一无所知,就是知之甚少,拿着通用教材,就照本宣科了,这样的二语教学,能有多大的效果,是可想而知的。

张西平在《世界主要国家语言推广政策概览》的序言中说:"从母语作为第二语言教学来说,中文的历史恐怕是最为悠久的……很遗憾,几乎现在所有从事对外汉语教学的人对这些文献和材料所知甚少……只好将西方的第二语言习得的那些经验拿来用。这些理论有些是有道理的,有些完全不适用于汉语,所以,必须从对外汉语教学的本体上反思那些基本的理论和方法,字本位教学理论的兴起就是对那种完全照搬西方第二语言习得理论倾向的一个纠正。"(张西平、柳若梅,2008)

随着中国国力的增强和国际地位的提升,出于各种动机想学汉语的外国人是越来越多了,他们学习汉语的目的和要求也是多种多样的。有的只是想学几句现成话来华旅游;有的想听懂有限的术语来学中国的技艺:中医、中国画、中国功夫、中国戏曲、中国菜;有的是为了推销他们的产品,准备来华做商务谈判的;当然也有想来探讨神秘的汉字和深邃的中华文化的。来自东西南北的各色人等,要学我们古今南北的语言文化,我们做了多少准备了? 重开南北丝绸之路后,对沿途数以百计的语言,我们做过多少调查? 对那些国家的汉语教育历史和现状,又有了多少了解? 在那里教汉语的难点和重点是什么? 显然,这些都是汉语国际教育所应该回答的问题。

语言文化的交流是双向的,也应该是互惠的。外国人学汉语,来华就业创业,可以推动我们的事业;我们走出国门教汉语,传播中华文化,也可以使自己获得新知,得到多方面的发展。仅就语言学方面来说,中国现代语言学是近百年间从西方学来的,从结构语言学、历史语言学到社会语言学、应用语言学,我们联系中国的实际,研究汉语的结构、汉语的历史和汉语的教学。现在看来,经过几代语言学家的努力,我们对汉语的特殊结构、汉语和汉字的历史关系、漫长的汉语历史的发展过程,应该说是已经获得了不少认识,也为世界语言学的发展提出新见解,做出了贡献。相对而言,在应用语言学方面,关于汉语的母语教育和二语教育的研究还略显不足。西方的语言教育,因为英语当家,一家独大,100 年来较多地集中于教学法的探索,从常用词教学到基本句训练,从功能意念大纲到情景、任务型教学,新的教学法层出不穷。其实,作为第二语言教育,首要的问题就是如何处理母语和目的语之间的异同。如何处理二语教学的重点和难点。尤其是汉语汉字这种特立独行的状况,对于国别化和原型化的问题,有没有深入研究,将是决定国际汉语教育优劣成败的重要因素。从这个意义上说,开展汉语国际教育所面临的调查研究、理论研究和教学实验研究,都还有许多工作要做,应该说,还是任重道远的。

参考文献:

[1]李宇明.中国语言规划续论.商务印书馆,2010.

[2]李宇明、施春宏.汉语国际教育"当地化"的若干思考.中国语文,2017(2).

[3]李泉.汉语教材的"国别化"探讨.世界汉语教学,2015(4).

［4］李泉.对外汉语教学理论思考.教育科学出版社,2005.

［5］李如龙.论汉语国际教育的国别化.语言教学与研究,2012(5).

［6］李如龙.汉语特征与国际汉语教育.世界图书出版公司,2016.

［7］张西平、柳若梅.世界主要国家语言推广政策概览.外语教学与研究出版社,2008.

高本汉论汉语汉字特征的启发[*]

一、引言

高本汉的《中国音韵学研究》发表 100 年了。这部巨著对建立中国现代语言学有不可磨灭的贡献。在研究汉语语音史的基础上,高本汉后来还有许多关于汉语汉字特征的精辟论述。几十年来的实践检验,证明他的许多见解都是正确的、富于启发意义的。本文试就以往大家关注比较少的他的三本普及性小册子所涉猎的内容,谈谈学习这些有关论述的体会。这三本书是:

《中国语与中国文》,1923 年作,张世禄译,1931 年出版于商务印书馆;

《中国语言学研究》,1926 年作,贺昌群译,1934 年出版于商务印书馆;

《中国语之性质及其历史》,1945 年作,杜其容译,由"中华丛书委员会"于 1963 年在台北出版。

下文引用时分别按照他的写作时间简称 1923、1926 和 1945,并且不再注明作者,引文页码则为上述中译本的页码。

---

　*　本文是"汉语史观暨汉语史研究方法论学术研讨会——纪念高本汉《中国音韵学研究》开始发表 100 周年"(复旦大学 2015 年 11 月)会议论文。后收入《语言研究集刊》第 17 辑,上海辞书出版社,2017 年。

二、关于汉语的"单音节孤立语"及其评价

用惯了多音节的、富于形态变化的语言的西方人一接触到汉语，很快就觉察到汉语"单音节的孤立语"的特征。关于汉语的单音节孤立语，很早就有西方的学者提出来了，正如高本汉所说，直到 19 世纪，"许多人都相信，中国语缺少语词的形式变化，便表示中国语言是一种相当原始的语言，它还保持在一个幼稚的阶段，还没有产生出高雅的表达法……可是，这种说法不久就动摇了"(1945:67)。他提到，19 世纪末叶的德国的汉学家 Wilhelm Grube 和 Leipzig 的论著已经对此提出疑问，而第一次通过全面论证来纠正这个错误结论的正是高本汉。他说:"散布于全世界，如非洲、澳洲以及美洲各区域的原始野蛮部落民族，他们的语言里，大部分都拥有非常复杂的形式变化系统。没有形式变化与转成语并不是原始的表示，而且甚至于恰恰相反。……印欧语言的发展，也是向正好相反的方向走的，它们的形式变化，一个一个在逐渐消失。大家都逐渐在变向中国语的型式。"(1945:67)他强调:中国语的"复合语词(composita)是很丰富的"，只是"单纯语词"(simplicia)"总是包含着——有几个例外，可是不很重要——单个的音缀"(1923:22-23);"没有一种单纯语词是由转成上的附添语所构成的";"没有应用附添语来表示文法上的各种范畴……中国语正和印度欧洲语言演化的轨迹相同，综合语上的语尾渐渐亡失了，而直诉于听受者(或诵读者)纯粹的论理分析力。现代的英语，在这方面，或者是印欧语系中最高等进化的语言;而中国语已经比他更为深进了"(1923:26-27)。可以说，高本汉是为汉语的单音节孤立语摘去"原始落后"帽子的第一人。

为了说明汉语的孤立语是从更早期的复杂的形态变化中走过来的，高本汉就现代汉语和上古汉语进行了大量的对比研究。他说:"孤立性是现在通行的中国语的最重要的特性;而它所指的是:语词没有形式变化，没有转成作用，不同的词类在文法形式上没有区别;

可是凡是这些并不是中国语本来的和原始的特性。……上古中国语在人称代名词上还有典型的格的变化。……上古中国语中有很多的词族;每一个词族里面的语词都是从一个共同的语干孳乳而来的,它们形式上的不同有时可以很清楚地表示出文法上的范畴,如名词与形容词的对立,名词与动词的对立……这些个有趣的迹象都显示出原始中国语的特性……具有相当丰富的形态变化。中国语言具有孤立性的特点是经过转变而来的。"(1946:100—101)

在做出这个结论之前,他已经论证过,"中国语在原始的时候是有一个主格与所有格的'吾',同时也有一个间接受格与目的格的'我';不过,在孔子时代,这个体系便已经开始演变"(1946:70)。他还列举了许多"词干是如何的由音的转变,孳乳出不同的词来"的例子(1946:75)。如:官—宦,窟—掘,帚—扫,参—三,弗—勿,迎—逆,能—耐。他并说:"西藏语是与中国语有亲属关系的,虽然关系离得很远。西藏语中元音的转换在动词的形式变化中是一直很规则的现象。"(1946:82)后来他还编了《汉语词族》的专书,用更多的语料来论证上古汉语的这种构词法。

也是在 1946 年,周祖谟在《四声别义释例》一文中提出:"藉四声变换以区分字义者,亦即中国语词孳乳方式之一端矣。其中固以变字调为主,然亦有兼变其声韵者……汉语古代书音以四声区分词性及词义,颇似印欧语言中构词上之形态变化。"(周祖谟,1966:112—113)。后来周法高(1962)也用形态学眼光来解释上古汉语的变读现象。王力晚年研究古汉语这类变换字音以区分字义的"滋生词"时说:"欧洲语言的滋生词,一般是原始词加后缀,往往是增加一个音节。汉字都是单音节的,因此,汉语滋生词不可能是原始词加后缀,只能在音节本身发生变化,或者仅仅在声调上发生变化,甚至只有字形不同。这是汉语滋生词的特点。"(王力,1982:46)他在《同源字典》中收了上古汉语音义相近、相关的同源字 3 000 多个,可见当时的这种滋生手段是很能产的。把上古汉语的滋生词认为具有汉语特色的构词形态是顺理成章的。

从周先生《四声别义释例》的发表到现在,快 70 年过去了,上古汉语的研究和汉藏语的比较又发掘了大量的事实,做出了有力的论证。尤其是近 30 年来,在中外语言学家的共同努力下,得出了许多新结论。例如:上古汉语有不少复合辅音,有多种词头或词尾的辅音,后来这些辅音的脱落就成了区分声调的依据(带紧喉音的成了上声、带-s 尾的成了去声)。有的学者还提出,除了联绵词,上古汉语还有一些纯语音的词头,"谐声反映上古汉语的形态","有些异读反映古代的形态现象"(潘悟云,2000:122-124)。看来,从远古汉语到上古汉语,经历过一番类型的演变,有越来越多的语料可做论证,因而也有越来越多的人相信这一类型的演变。高本汉的这种说法是很有启发性的。

三、关于汉语的语法、修辞的特征

在本文介绍的三本书里,高本汉都用了整章的篇幅来讨论汉语的语法。他曾经用自己所理解的"广义语法"把汉语的语法特性概括为三句话:"语词意义的繁复错综,语句组织的空漠无定,书写上种种辅助记号的缺乏"(1923:134)。这主要是针对文言文说的。所谓"语词意义的繁复错综",主要是指常用的单音词分裂出许多不同的意义,在复合词和句子之中有复杂的组合。例如"上"可说"上边、上马、上有天",如今还有"基本上、组织上";"生"可以组成"学生、生肉、生子"。这类情况包含着词义的展延、词性的变换和词句中语素的多种组合关系,既有词的语法意义问题,也有构词法的问题,对于外国人学习汉语来说,这是一种综合性的难点。所谓书写记号的缺乏,指的是没有标点符号、不分大小写,其实还应该包括没有按词分连写。标点符号后来的白话文是有了,专有名词的大小写至今也没有被汉语接受,似乎并不是大问题,倒是词与词之间没有分写,使得汉语的词、语、句之间没有明确的界限,造成了外国人阅读中文的严重困难。这个问题不但还没有解决,可以说至今人们还没有把它当成一个大问题来研究。彭泽润教授曾经作文出书、奔走呼号过,也没有引起注意。这些广义的语法问题,正是外国人学习汉语的难点。现在研究汉语语法的很少把它作为研究内容了,但事实上是高本汉自己学习汉语的经验之谈,也确实是外国人学习汉语所存在的困难。对外汉语教学工作者应该从中得到一点启发,做好必要的研究。

至于"语句组织的空漠无定"则是对于汉语语法的全部特征的巧妙概括。包括他在三本书里经常提起的"没有形式变化和附添语"(指形态变化和语缀)、"没有各种相当的词品"(即词类,有时也称"没有正式的词品")、"独立的语词演化成的助语词"、"应用一种井然不紊的语词序次",只有最后的这两条,才是他认定的"语法特征"。他说:"中国文法,事实上最简单:主要的只有几条语词在句中的位置的若干法则,此外也就是若干文法上的助词的功用的主要规则。"(1945:66)

有几分奇怪的是,不仅是高本汉,好多用惯了富于形态变化的印欧语的语言学家,都说汉语是没有形态的孤立语,并且还认为这并非"原始落后"的标志,可是有些中国的语言学家却总是不放心,老在发掘"广义的"或是"中国式"的"形态"。一旦有人说汉语没有词类,就要受围攻。连只能用在几条语词前后的词汇意义十分显著的成分也要认定为"词尾"或"语缀",好像有形态才是个光彩的帽子。

在再三说明汉语语法的简单之后,高本汉更多强调:外国人学习汉语最困难的是语用修辞("藻饰,文辞的修饰")。在这个方面,他罗列了以下几项。第一,自由。"大多数中国语的语词意义的应用极端自由。"这对于学习的人"实在是个最严重的困阻"(1923:119)。"中国语的语句里,语词彼此的关系,没有形式上的表明,只有他一种主要的措辞方法,语词的序次,也不过在某种程度上略资补救。"(1923:120)后来又说:"同一个不变的单音节的词可以分别当作名词、形容词或动词去用"(1945:60)。第二,简略。"中国语的语句比较欧洲语言实在是一种'简略的辩论法'(brachylogical)……主辞和述辞,假使其中的一个可以从上下文里看懂的,就无需把它们表示出来。"(1923:121)第三,隐喻。"中国人的修辞法,经常特别有趣……要了解它,需要费许多心思。"(1945：62)他举的例子是"蒙泽"：受恩惠，"雪耻"：洗刷耻辱。第四，引证(quotation)，他举的例子是："以德报怨、坐井观天、唇亡而齿寒、塞翁失马""伐柯(当媒人)""东床""而立之年""贵姓、令爱"等。这就包括了成语、典故和谦称。他说："能用一个有历史依据的隐喻语，中国人最所欢迎。……依这种方法，渐渐集合成为专门名词的宝藏。"(1923：137-141)可见，他对于汉语的语法修辞的理解是很到位的。中国关于语言表达的古典传统不就是集中于研究修辞吗？"语法"只是百年来的"舶来品"罢了。

四、关于汉字的性质、流变及学习汉字的难与易

在向西方人介绍汉字的时候，高本汉一开始就强调了两点："从它的字形上只能够看出它的字义，而不能看出它的字音。"(1945：12)"中国文字的构造原则是永远不变的，发音的变化，完全不能从字形上反映出来。"(1945：17)前者说的是汉字的共时的表意而不表音的性质；后者则是说明汉字字形的历时不变的特征。可谓简明扼要。

关于汉字发展过程中经历的演变，高本汉并没有拘泥于历来的"六书"的说法，而是重新归纳为"四个发展的阶段"："最初有单体象形字，其次有复体会意字，再次有借音字，最后有改进了的借音字，也就是半表声、半表意的复体字。"(1945：16)这种概括是很科学的。象形、会意是完全不表音的，"借音字"就是"假借字"，表述更明确；"半表声、半表意"也比"形声字"的说法更准确。从字形上说，会意和形声都是两个部件合成的"合体字"。拿原来的"六书"来说，"指事、会意"其实并无大的区别，"转注"历来就说不清楚。概括为四个阶段，既准确明白，又符合一切文字演进的由形到意、由意到音、由单体到合体的一般规律。

关于汉字的"六书"，中国学者到了 20 世纪的 30 年代才有人提出修正。唐兰(1935)提出了"象形、象意、形声"的"三书"说，陈梦家(1956)的"三书"改为"象形、假借、形声"，前者缺了借字表音的假借，

后者所缺的"表意"也并不是其他造字法可以代替的，都没有"四书"的说法准确。

更难得的是高本汉还分析了汉字的自源性和它的文化个性。他说："中国文字是真正的一种中国精神创造力的产品，并不像西洋文字是由古代远方的异族借得来的……中国文字有了丰富悦目的形式，使人能发生无穷的想象，不比西洋文字那样质实无趣，所以对于中国文字的敬爱，更是增进。中国文字好像一个美丽可爱的贵妇，西洋文字好像一个有用而不美的贱婢。中国文字常常因为艺术上的目的而写作。书法学是绘画术之母……因为书和画有密切的关系，所以中国的艺术家常为书法家而兼绘画家……文学和书法又发生了密切的关系。"(1923:84-85)一个外国人能够理解汉字背后的社会历史文化的深刻意味，实在是不容易。

一般的西洋人对方块汉字总是一味惧怕三分，却不知道学习的难处究竟在哪里。高本汉由于摸透了汉字，很善于指明汉字学习的难与易。他说："如果只求能读一点现代的教科书和报章杂志的话，则记熟两三千字也就足够应付了……只要能明了造字的方法，学习起来并不会感到太大的困难。因为你一旦认识了几百个简单的象形字之后，剩下主要的问题就只在辨认它的合体字。……依照这种简单的、合理的方法去学，一年内记熟两千个字，也没有什么问题。"(1945:16)真正的困难是字音跟着时代逐渐改变，"中国文字的构造原则是永远不变的；发音的变化，完全不能从字形上反映出来"(1945:17)。如"侈"从多得声，"的"从勺得声，后来语音变了，声旁就不能表音了。在这种情况下，只能"完全机械地去记住某字即是口语里的某词，字体是由某两个成分构成"(1945:20)。

在《中国语之性质及其历史》的末尾，高本汉语重心长地提醒人们要充分"估计学习中国语的困难"，他接着说："困难完全看我们对于'学习中国语'如何解释而定。如果一个人的目的只在能以官话或其他的现代方言会话，那么学起来自然非常简单容易；如果有更大的野心，希望能把文字也学好，那必须做到的工作当然就有很多，不过，也仍然没有什么出奇的难处;如果再进一步,有更高的抱负,希望能精通文言,同时能了解三千年来中国文学的各方面,那么,工作可就惊人了。我们已知的那些可能,大部分都只有靠长久的经验与广泛的阅读才能解决。"(1945:127)

汉字的总量多达数万,常用的不过二三千,在汉字汉语的教学中应该注重频度,常用先学、多学,这在汉语教学界早已引起关注,但是许多教材(尤其是对外汉语教材),还是经不起检验。至于如何在教学中为学习者尽量提供各种认知汉字的造字理据,使之掌握便捷地认记汉字的方法,依然没有引起注意,至少应该把声旁还可以类推的字、会意还可以分析的字罗列出来,编进初级课本和读物。至于最后高本汉所说的学习汉语的三种不同困难的境界,对于我们当今的对外汉语教学就还有重大的指导意义。我们应该按照不同的需求去编写不同的教材,采取不同的教法。如果不加区别地"一锅煮",初学者不是一下子被汉字的拦路虎顶回去,也会陷入说不清楚的"语法点"不能自拔,到了接触许多带着古汉语的成语典故时,就彻底丧失信心了。

五、关于汉语和汉字的关系及其互动的结果

为什么汉语会采用表意的方块汉字,而这种不便表音的文字又能存活数千年? 高本汉用他的睿智做出了很有说服力的解释。他说:"中国文字的刚瘠性,不容有形式上的变化,遂直接使古代造字者因势利导,只用一个简单固定的形体,以代替一个完全的意义。"(1926:15)接着又说:"在纪元前的年代,中国语的形式与声音已经达到极单纯的局势,遂使其文字的结构具有一种特别的性质,辗转循环,又影响后来语言的发展,至深且巨。"(1926:17)关于"极单纯的局势",他指的是:"单音制,无形式变化,缺少仆音群(按:即'复合辅音'),语尾运用仆音很有限制,这些现象都是使中国文字成为方块头,发生许多形体类似,笔画紧密的原因……这种方法应用于中国文字,不特能够同行,而且极其自然,没有什么障碍。"(1926:32)

至于汉语和汉字怎样"辗转循环",后来他还有许多论述,例如单音词不够用,便造出"复合字"(compound words,多音词),为区别同音字,就加上表意的偏旁,没有语缀,便造出语助词等等。

关于汉字的长盛不衰,后来有中国学者周有光很精练,又很准确的说法:"汉字适合汉语,所以 3 000 年只有书体的外形变化没有结构的性质变化"。(周有光,1992:120)

至于汉字的"影响后来语言的发展",高本汉着重分析了汉语的文言和口语的关系:"因为中国的文字是一种习惯上的表意字,只能适用于眼看,一究起古代的音读,则人皆茫然不知,泰然不问,不管是非,大家都只用着自己的方言去读就是了……许多世纪以来,文言和口语各自独立,分道扬镳。"(1926:44-45)但是文言和口语又会相互影响,正如他所描写的:"新增的语词,是不绝的凭空发生而融入于语言之中,旧有的语词多被废弃而摒逐于语言之外。"(1926:46)"在中国学问的旧领域中,文言还可以施展很大的势力于一般受教育者的口语中,成千累万的单字和成语,从文言直接应用于口语,在高等社会或教育界极其流行,应用愈多,则愈有文质彬彬的风度。"(1926:58)

关于汉语的文言和白话的对立和融合,在中国早就成了热门的话题,20世纪初叶甚至还掀起了一场大风浪,白话取代了文言的统治地位,但文言和白话的相互作用并没有停止,而是用新的方式在继续较量,继续调和、融合。

对于文言和俗语的分离,高本汉还分析了它的另一个效用。他说:"中国地方有许多种各异的方言俗语,可是全部人民有了一种书本上的语言,以旧式的文体当作书写上的世界语。熟悉了这种文体,就于实用方面有很大的价值。中国人要感谢这种很精巧的交通工具,不但可以不顾方言上一切的分歧,彼此仍能互相交接……而且可以和以往的古人亲密的交接,这种情形在西洋人士是很难办到的……中国人对于本国古代的文化,具有极端的敬爱和认识,大都就是由于中国文言的特异性质所致。"(1926:45-46)

这就是人们后来常说的,汉字使汉语的书面语具备了超越时空的功能,让不同方言区的人能得到沟通,现代人也能读懂古人的作品。事实证明,只要是个智者,就必能"旁观者清"。高本汉的这些说法,直至今天还留给我们宝贵的启发。

六、关于汉字的拼音化改革

在 1923 年写的《中国语与中国文》中,高本汉提出了这样一个尖锐的问题:"中国人为何不废除中国奇形老朽的文字,而采用西洋简单实用的字母呢?"他肯定,采用拼音文字,学童们"可以减省了一二年的苦工",但是要付出两个代价:第一,"中国人因为要采用字母的文字,就不得不废弃了中国四千年来的文学,又因此而废弃了中国全部文化的骨干……中国的文书一经译成了音标文字,就变为绝对的不可了解了……中国的文书,卷帙繁多,为世界最……这种翻译工作是完全不能实现的"(1923:49)。第二,"这个大国里,各处地方都能彼此结合,是由于中国的文言,一种书写上的世界语做了维系的工具,假使采取音标文字,那这种维系的努力就要摧破了……历代以来,中国所以能保存政治上的统一,大部分也不得不归功于这种文言的统一势力"。"中国人果真不愿废弃这种特别的文字,以采用需要的字母,那绝不是由于笨拙顽固的保守主义所致。中国的文字和中国的语言情形非常适合,所以他是必不可少的;中国人一旦把这种文字废弃了,就是把中国文化实在的基础降服于他人了。"(1923:49—50)后来他又说:"文字的改革,是一种打破传统势力的勾当……在中国改革上两条途径是很需要的……其一,便是废除旧式刻意雕琢的文言文,而采用直接根据口语的白话文,其二,便是根本推翻旧式的表意字,而采取音标文字。……文言文如果用音标文字转录出来,势必不易领会,有了一大批同音异义的字,只有用中国字写出了才能区别得出。但是,前者的改革不必定要包括后者,因为现时口语上流行的中国语仍是用中国字口语写出来的……所以中国人如要废弃表意字而用罗马字母,必须弃绝文言文才行,虽然即使把文言文废弃了,

仍不足以阻止中国文字的保存。"(1926:171-172)

20 世纪上半叶,不但中国掀起了文字改革运动,在日本也有人提出废除汉字。对此,高本汉说:"日本语与没有形式变化的中国语,是截然不同的两种,日语动词的形式变化有很丰富繁复的系统,因此中国文字不能适用于日本语,故当第九世纪时,日本已创制了一种拼音文字,即所谓假名……把日本文统改为拼音文字,势必过激,引起反感,终或无从实现,何况又非必要的呢?"(1926:161-163)他还说:"日本人在最近五十年中,已经茫然走入歧途,到了'此路不通'的境地。他们想把那种不易听懂的日译汉字的羁绊摆脱,自 1868 年以来,尽是努力挣扎着。而最近几十年来,一般文化上、学术上,现代新名词仍用日译的汉字构成,输入于日本书中,却把这种羁绊反而增剧。"(1926:169)他曾经用一段优美的散文描写他对汉字的崇敬:"好像苍凉荒旷的古境中,巍然耸峙着一座庄严的华表,那倒影普映着东亚全部的文化,虽然是一片残败的墟址,而那华表却依旧完全保持着它的尊严,这便是中国文字与书籍上所表现着的中国的精神。中国的文化与书籍为亿万的生灵深深地敬爱着,占得这么一个强固的地位,除非是绝大的能力,休想把它动摇。"(1926:157)

虽然,高本汉只是辛亥革命前后在中国住了两年,但是作为一个汉学家,他是一直关注着中国的发展的。他也看到:五四新文化运动为了清除旧礼教、建设平民文学,"反对文言文、提倡白话文的声浪,高响入云。他们高呼着:用简单明白、不加藻饰的口语文来代替那刻意雕琢的古文,一切文学的、科学的论文杂志以至于诗歌,都需应用通俗的文体"(1926:178)。对于思想文化的改革,他是赞成的,看了一些白话文,他也觉得"确是很有生气","有些读来是很可以听懂的",但是他认为:当时的白话文"一涉及抽象的或科学的术语,或普通文化的名词,便完全失败了。因为这些术语和名词的构成,都极其简赅,听起来自然不会明了……关于高深的学理及科学上的事情,我们也必须拒绝这种表意字所铸成的术语,因为它们是在说话的时候不能听懂的"(1926:180-181)。他还说:"至于现时以中国字译外国的人名地名,便实在无法翻译了!……这种笨拙的联合中国字以代外国的专名,如 verdun 之译为'凡尔登'……谁也没有把握猜着所指是什么,至于报章杂志,一涉及到外国字的音译,便疑难丛生,使人如堕五里雾中。如果采用音标文字,这种困难,便立即可以消磨,所有外来的专名,都可以译得很周全了。"(1926:183)在当年的新文化运动的影响下,他还很热情地思考共同语的建设,提倡"创造一种完美的标准口语,不应带了地方色彩过于浓厚……须得与口语十分密切……沟通各种密近的方言……能尽量的采用最通行最普遍的语词"(1926:185 −186)。在展望"中国文学的将来"时,正值日本人气势汹汹地侵占东北之际,他仍深信:"中国无论何处何时何事是常有伟大的艺术家的;当此风潮激荡,国难在前的时代,中国文学将如在荒漠中竖立起一座金字塔,放射出灿烂的光芒,含着新生的力与美。如果已经理解及赞许过去与现在的中国的人,这是谁也不能怀疑的。"(1926:190)

可见,这位难得的欧洲汉学家对于中国的文学革命、汉字的改革不但是满腔热情地支持,而且做过深入的思考。他提到的问题,正是 20 世纪上半叶中国的语文运动中提出的关于推行国语、改革汉字、实行拼音化所讨论的课题。现在看来,他的许多观点都是正确的,有重要参考价值的。

单就汉字拼音化改革这一项来说,从清末的"切音字"运动开始,100 年间,百花齐放,百家争鸣,风起云涌,高潮迭起;从国民党到共产党,从政府到民间,不论是在烽火连天的抗日战场上,或是在和平年代文化建设的原野中,从学术界、教育界到文化界,不论是主张"北方话拉丁化"还是"国语罗马字",抑或是反对拼音化的,都曾经做过认真的研究,贡献过自己的意见。到如今,"汉语拼音方案"已经在十亿人民中普及,并成为国际公认的拼写汉语的法定标准。站在今天的大门口,我们必须为百年汉语拼音运动做一个历史的总结,哪些是有益的经验,哪些是失误和教训? 对于传承数千年的汉字,我们是否应该对它做一番历史的定性和定位? 未来的时代,汉字要不要继续走拼音化的道路,究竟汉字能不能拼音化,要不要拼音化? 如果不实行拼音化,还需要做哪些必要的改革,如何进一步发挥汉语拼音的作用? 所有这些问题都是眼前的现实无法回避的,也是炎黄子孙必须回答的。

在讨论这些问题的时候,高本汉以及许多探讨过有关问题的先人发表过的意见都值得我们参考。例如上文提到,高本汉认为,汉字改为拼音,文言就废弃了,所有的古籍是无法翻译成现代口语保存下来的。这就是值得研究的问题。如果真是这样,许多文言文就只能留给专门研究的少数人去读了。虽然古文献也未必都需要翻译成白话保存,但是还有大量的已经进入现代汉语的文言词、书面语词,在改用拼音后能否保存下来? 这也值得研究。试以带"然"字的词为例:必然、不然、固然、果然、忽然、虽然、偶然、自然,这些已经是现代口语的常用词,改用拼音照样能听懂;既然、寂然、焕然、涣然、豁然、霍然、或然、默然、漠然、未然、蔚然这些完全同音的和同声韵、不同调的"安然、黯然、岸然、盎然、昂然、当然、荡然、恍然、惶然、释然、使然、实然、依然、已然、怡然、毅然、易燃"就有点麻烦了,即使加了调号也不那么容易辨别;还有那些口语很少用的就基本上都要淘汰了:铿然、栗然、歉然、卓然、醋然、迥然、诧然、蔼然、森然、恬然……如果改用拼音之后,把数以万计的书面语词(包括口语里少用的成语)都抛弃了,是不是成本太高的"以文害语"了?

七、余论

世界上有形形色色的语言和文字,其中必定有共同的规律,也必定有不同的类型,还一定有各自的特征。共同的规律、不同类型的特征都是值得研究的,然而不论是理论上还是应用方面,语言文字的特征研究都应该是最重要的。汉语和汉字在世界上都显然是"特立独行"的,研究它的与众不同的特征显得尤其重要。

为了了解特征,就要和不同的语言做比较,这是常理。如果有熟悉别种语言的大学者来研究我们的汉语,分析其特征,应该特别引起我们的关注。因为"旁观者清"是很难得的。自从西方人来到东方后,中国便成为奇异的"他者",几百年来他们不断考察着这奇异"他者"的方方面面,在语言文字方面也曾经有过各种各样的分析和讨论。应该说,高本汉就是其中最杰出的一位。

高本汉所以能够在汉语的特征问题上贡献出好意见,是因为他具备两个条件。一是对印欧语和汉语都做过深入研究,有真切的理解,而不是一般的感想或印象;二是不存在政治上的偏见或文化上的成见,真正能凭语言文字的事实说话,按语言学的一般原理分析问题。也正因为如此,他的有关汉语汉字的特征的种种论述,都很值得我们去研究。当然,这些著作已经发表七八十年了,在研究这些问题的时候,不但要考虑当年的历史背景,还应该参考半个多世纪的后续研究,并用相关的社会实践来加以检验。

参考文献:(高本汉的三本著作不再列)

[1]陈梦家.殷墟卜辞综述.科学出版社,1956.

[2]李如龙.汉语特征研究论纲.语言科学,2013(9).

[3]李如龙.汉字的发展脉络和现实走向.新疆师范大学学报,2015(6).

[4]潘悟云.汉语历史音韵学.上海教育出版社,2000.

[5]彭泽润.词和字研究——中国语言规划中的语言共性和汉语个性.中国文史出版社,2005.

[6]唐兰.古文字学导论.齐鲁书社,1981.

[7]王力.同源字典.商务印书馆,1982.

[8]周法高.中国古代语法·构词篇."中研院"历史语言研究所,1962.

[9]周有光.新语文的建设.语文出版社,1992.

[10]周祖谟.问学集.中华书局,1966.

百年中国语言学的两度转型*

    中国语言学的第一次转型开始于 19 世纪末叶,完成于 20 世纪 60 年代。这次转型又可以分为前后两期。前期是清末明初,其主要标志有四个方面。

    第一,切音字运动和白话文运动。这是近代中国民主改革的组成部分,也是中国语言学第一次关注语言规划和语文政策的研究工作和社会运动。切音字运动的目的在于改革不能标音的方块汉字。这个目的未能实现,是多方面原因造成的,在学理上,不太适应汉语和汉字的内在关系是主要原因。但是众多研究者的辛勤劳动对后人分析汉语语音的声、韵、调系统,跳出反切的窠臼,对于认识现代通语和方言,重视实际口语的研究都有良好的深远的影响。白话文运动取得胜利,结束了未能适应语言时代变迁的文言文的数千年统治,解决了社会语文生活中的一个基本问题.它催生了现代汉语的书面语规范系统,使现代汉语研究有了扎实而清晰的基础。

    第二,开创了汉语语法研究。《马氏文通》(1898)借助西方语言学的经验,第一次对汉语语法进行了系统的研究。它抓住了汉语"字"的音节、语素和词三位一体的根本,继承了中国传统的"句读"分析方法,就词法构筑了完整的系统,为汉语语法的研究奠定了坚实的基础。在马建忠之后,又有来裕恂的《汉文典》(1907)和章士钊的《初等国文典》《中等国文典》(1997),十几年间,刚起步的汉语语法研究

---

    * 本文先在暨南大学的一次学术会议上宣读,后刊于《学术研究》(广州)2005 年第 1 期。

就显露了非凡的光辉。

第三,章太炎、黄季刚一方面总结、推进了传统的音韵学,并且开始关注鲜活方言的调查研究,后来形成的章黄学派起到对中国语言学承前启后的重要作用。他们的上古音研究成果"古声 19 纽""古韵 28 部""娘日归泥说"等,不但是对清代古学的总结和延伸,而且有效地探讨了语音史的研究方法;《文始》《新方言》《蕲春语》对于训诂学的发展和方言学的开创也产生了良好的影响。

第四,1915 年中华书局出版的《中华大字典》和商务印书馆出版的《辞源》,标志着辞书编撰和词汇学研究的新开端。这两部辞书不仅规模庞大(收字 48 000 多,收词 10 万条),更重要的是突破了单字研究而注重复音词的搜集,突破了书面语研究的局限,注意从"社会口语骤变"中取目,这些都反映了现代语言学气息。

第一次转型的后期是 20 世纪 30 年代之后的半个世纪,这是中国现代语言学形成和蓬勃发展的时期。

这个时期一方面继承和发展了传统语文学,在音韵学、文字学、训诂学上都有崭新的成果,更重要的是对现代汉语的科学研究获得了辉煌的成就。在白话文运动的基础上,又开展了国语运动、大众语运动和后来的推广普通话运动、汉字改革运动,这对于建立和推广现代汉民族共同语规范,并且落实于语文教学和社会语文生活都发挥了巨大作用。在现代汉语研究中,不论是音系学、实验语音学还是词汇学、修辞学的研究都建立了崭新的体系。尤其是体现汉语特点的语法研究,经过百家争鸣,已有长足的进步。黎锦熙的《新著国语文法》,吕叔湘的《中国文法要略》,王力的《中国现代语法》和《中国语法理论》,高名凯的《汉语语法论》,吕叔湘、朱德熙的《语法修辞讲话》,赵元任的《汉语口语语法》,丁声树等的《汉语语法讲话》,以及朱德熙、张志公等的语法著作都为此做出了重要贡献。语言研究所集体编写的《现代汉语词典》和《现代汉语八百词》则是现代汉语词汇、语法研究的里程碑。

这一时期的另一方面成就是汉语方言和少数民族语言的调查研

究。从古典语文学向现代语言学的转型,集中体现在由古代语言研究转向现代语言研究、由书面语言研究转向口头语言研究、由零散的研究转向系统的研究。汉语有繁多的方言,中国有众多的民族语言,这一转型正切中国实际,使宝贵的语言资源得到有效的发掘,适应了建立中国语言学理论的需求。自从高本汉利用丰富的方言调查资料研究语音史之后,中国第一代现代语言学家赵元任、李方桂、罗常培、王力、丁声树等都十分注意汉语方言的调查研究。数十年间不但出版了大量的单刊,在历史语言研究所和新中国的语言研究所的组织之下也开展了大量的区域方言调查和全国方言普查。20 世纪三四十年代学者们内迁西南民族地区之际和新中国成立之后又大量发掘了民族语言的材料。经过赵元任、李方桂、罗常培、傅懋勣、闻宥、袁家骅、马学良诸位大家的努力,我们对中国境内的藏缅、苗瑶、壮侗诸语言的研究都达到了世界先进水平。

有了前期的开创和后期的发展,应该说,中国的传统语文学向现代语言学的转型,已经基本跟上了世界语言学发展的潮流。古典语文学是为经学服务的,以书面典籍中零散的语文现象作为研究对象;现代语言学则是从实际口语出发,把语言作为一个完整的结构系统来研究的独立学科。这次转型使中国不但有传统的音韵学、文字学、训诂学,而且有了语音学、词汇学、语法学、方言学、民族语言学、汉语史、普通语言学等现代语言学学科。

由于 20 世纪 60 年代那场浩劫,中国语言学也经历过一段可悲的停滞。改革开放后,从 70 年代末期到现在,中国语言学出现了第二次转型的良好势头。其基本事实和主要特点有三方面。

第一,传统的小学研究正在经历现代科学化的转变。不论是音韵学、文字学还是训诂学,这种转变都有三个方面表现:一是对已有的研究进行理论总结,既继承优良的学术传统,也扬弃了不科学的成分,建立新的理论框架。二是拓展了研究领域,加强了薄弱环节的研究,使整个学科更加系统化。例如音韵学加强了近代音的研究,利用当代方音来论证语音史,和民族语言比较以研究远古语音;文字学加强了近代俗字和现代汉字的研究。三是用现代汉语言学方法研究了许多新课题,使传统学科增强了活力,在理论和应用上做出新贡献。比如,音韵学扩展为语音史的研究,训诂学跳出生僻字考证的圈子,注重了常用词的研究,延伸为词源学、词汇史,并和语法史的研究结合起来。人文科学是喜新而不厌旧的。传统小学即使是按照旧方法去研究也依然有它的价值,例如:训诂学对古书字句的解释,还可以解决许多尚存的疑难;古文字的考证对于鉴定出土文物中的文字还是不可缺少的。有了现代科学的发展,这些古老学科还可以焕发青春的光彩。

第二,关于汉语本体的研究,新时期出现了许多新方法、新思路,使汉语的研究明显地向深化发展。这主要表现在四个方面。

首先,注意语言系统各方面的关联,把语音、词汇、语法的研究紧密联系起来,分析三者之间的相互制约。在传统小学的研究方面把音韵学、训诂学结合起来,在 20 世纪三四十年代就有沈兼士的声训论、杨树达的词源学,后来王力发展了这一方法,从音类的关联去推究同族词,提出同源字论,1982 年出版了《同源字典》。虽然有些看法学术界还有不同意见,但是作为方法论,这种做法是日臻完善了。在现代汉语的语音研究中,学者们突破了音节及音类的分析,关注各种语流音变,如轻声、儿化、变调、小称等等,这不但展示了多音词占优势的语音质变,而且探讨了各种连音变化与词汇、语法的关系。为方言词考本字,拿体现方言音义的字和古籍上的字进行音义的比较,这就把语音研究和词汇研究,方言研究和古汉语研究都结合起来了。李荣主编的《方言》在这些方面做出了重大贡献。近几年来关于近代汉语实词虚化的"语法化"研究和词组凝固为词的"词汇化"研究,则把词汇和语法的研究、近代汉语和现代汉语的研究结合起来。这些做法,使我们能如实地理解和展示语言的整体结构及其内在联系,实在是汉语研究的一大进步。

其次,注重历史研究和比较研究,把古今汉语打通,南北方言和通语打通,汉语和少数民族语言打通,这就大大推动了汉语史和汉藏系语言的研究,因为语言的发展不但有古今的纵向流变,也有南北、内外的横向渗透,而共时的差异往往正是历时演变的反映。吕叔湘所倡导的近代汉语研究,已经显示了它对汉语史研究和现代汉语(包括通语和方言)研究的巨大推动作用。张永言提倡的从生僻词考证转到常用词研究,已经在词汇史研究中显示出重要的指导意义,因为只有抓住常用词,基本词,开展古今南北的比较,才能理解词汇发展的内部规律。1981 年,国际汉藏语学会首次在中国举行大会(第 15 届会议),100 多位民族语言和汉语方言的研究者参加了,大大推动了这两个"方面军"的联合。后来关于方言底层现象的研究、民族语与汉语的相互接触和影响的研究都取得了不少成绩,《中国语言地图集》和 41 部汉语方言词典等的陆续出版就是比较研究的成果,也是中国现代语言学的一个可喜的进步。

最后,由于系统研究、历史研究和比较研究的开展,也推动了理论研究的重要进展。20 世纪 80 年代以来,不但大量引进、出版国外重要普通语言学的名著(索绪尔、布龙菲尔德、萨丕尔、乔姆斯基等),中国语言学也进行了历史的总结,中国语言学史就有王力(1981)、何九盈(1986:古代,1996:现代)、濮之珍(1987)、赵振铎(2000)等名家所写的专著出版。中国学者也有了普通语言学的专著。徐通锵在《历史语言学》(1991)之后又有《语言论》(1997),都是就汉语的特点总结自己的结构和演变理论的力作。马学良等则编有《普通语言学》(1997)教科书。在分科理论方面也有许多新探讨。在音位学、音系学、实验语音学、语义学、认知语言学、语法哲学等部分都有填补空白、体现新知的名著出版。

第三,突破了内部语言学和本体研究的局限,拓展到外部语言学研究和为社会生活服务的语言应用研究。从认识上说,这是把语言作为多面体来进行全方位研究的重大转变;从方法上说,把语言学与多种相关学科(包括人文学科和自然科学)广泛地联系起来,进行交叉研究,创建边缘学科,出现了崭新的局面。20 世纪 60 年代社会语言学在西方形成了热潮,连同更早兴起的人类语言学在 80 年代被中

汉语特征研究

国的语言学者引进中国,没几年工夫,社会语言学和文化语言学在中国也掀起了热潮。高等学校开设了不少相关的课程,全国范围内举办了多次社会语言学和文化语言学的学术会议,成立了多种有关学会、研究会。出版了《社会语言学概论》《文化语言学》《人类文化语言学》等一系列专著。湖南教育出版社、广东教育出版社和商务印书馆先后出版了系列的丛书和教材。关于老中青三代人的语言变异、不同社会阶层的言语变异,关于双语现象和双方言现象,关于现代中国的语言计划和语文政策,关于汉语汉字和中国文化的关系等问题,成了热门课题,出版了大量研究成果。随着对外汉语教育事业的规模不断扩大,汉语母语教育的改革,以及外语教学改革的深入进行,西方应用语言学的理论和研究成果陆续被引进,关于汉语和外语的比较研究,母语教育、外语教育和对外汉语教育的理念更新和教学方法的改进成了热门课题。20多年来,这些课题的研究出现了一些不同观点,展开了热烈的讨论,甚至形成了不同的流派,经过社会实践的试行和检验,经过反复的研究,也形成了不少共识。此外,在词汇研究领域还兴起了专名学(地名学、人名学)、术语学、辞书学;在言语应用方面兴起了语用学、话语语言学、语体学、语言计划学、语言风格学、口才学、文章学、广播电视语言研究、法律语言研究、艺术语言研究;在科技应用方面则有与中文信息相关的实验语音学、计算语言学、机器翻译、汉字编码研究、神经语言学、心理语言学。这些新兴的学科有的是在老传统基础上的更新,有的是刚刚建立的。短短的十数年间,真是百花齐放、种类繁多,令人耳目一新,应接不暇。

纵观中国语言学的两度转型,100多年间中国语言的现代化尽管走过曲折的路,有过停滞,但总体上是良性发展,其进步喜人。所以有这两个阶段的健康发展,究其原因,一是有赖于古典语文学的良好传统和深厚的底蕴;二是吸收了域外现代语言学的经验和理论。推动中学传统和西学经验的结合,则是社会生活的需求:语言在发展,社会在进步,语言学也应该与时俱进。本族、本国历史传统和外来经验相碰撞、相矛盾、相结合、相促进则是各族各国学术发展的普遍规律。

中国语言学的两次转型给我们提供了最宝贵的经验,这就是我们应该坚持不懈地追寻汉语的特征,按照汉语的特征去研究汉语,总结汉语的理论,也解决中国社会所面临的语言文字问题。中国原来并没有语法学,从《马氏文通》开始,学者们就致力于研究汉语的特征,正是在这个方向的指引下,汉语语法的研究才得到了逐渐的进步。。继高本汉之后,第一代的中国语言学家就认真调查研究汉语方言和少数民族语言,继承传统的汉语音韵学,并运用西方的理论来解释中国特有的语言现象,把音韵学、语音学、方言学结合起来,建立汉语语音史的理论。不论是第一次转型的前期和后期,还是第二次的转型,什么时候我们认识到了汉语的特征,我们的一些理论就有起色,解决实际问题也就多了。

中国境内有 56 个民族,使用着 6 个语系、11 个语族的 100 多种语言;仅是汉语至少就有数十种差异甚大的方言。3 000 多年留存下来的典籍中的历史语料,近数十年来发掘的地下文物中的语料,更是难以胜数。古老的汉语,不论是语音、词汇、语法还是所使用的汉字,在世界语言文字之林,都是别具一色的。面对着如此丰富而又独特的语言资源,中国的语言学者应该有更多的作为。只要沿着汉语、汉藏语的特征研究这条道走下去,我们就能建立有自己特色的汉语语言学、汉藏语言学,在国际语言学界发出中国学者更多的声音。

我们应该认真总结中国语言学两度转型的经验。在学科的发展上,我们应该厚今而不薄古,立足于现代语言和现代社会生活去寻找课题,也兼顾古代语言和文化的研究,在继承优良传统的同时致力于创新。在研究方向上,我们应该发掘语言事实,追踪语言的变异和演变,注意汉语理论和语言学理论的总结以及语言在社会生活中的应用研究。在理论和方法上,我们应该重外而不轻中,努力反映本土的语言和文化特点,努力提炼自己的理论,探索科学的方法,也积极吸收域外的先进理论和方法,中学为体,西学为用。在队伍建设上,我们应该迎新而不弃旧,寄望于青年一代学者,也发挥老一代学者的作用。如果我们的老专家更加爱护帮助青年学者,对新学科新方法采

汉语特征研究

取宽容的态度,积极参与,发挥余热;新一代学者不鄙薄旧学,尊重老专家,争取他们的指导,努力做出新的成绩,那么,中国的现代语言学是前途无量的。

参考文献:

[1]王力.中国语言学史.陕西人民出版社,1981.

[2]赵振铎.中国语言学史.河北教育出版社,2000.

[3]何九盈.中国现代语言学.广东教育出版社,1995.

[4]刘坚、侯精一.中国语文研究四十年纪念文集.北京语言学院出版社,1993.

[5]刘坚.二十世纪的中国语言学.北京大学出版社,1998.

[6]许嘉璐.语言文字学及其应用研究.广东教育出版社,1999.

[7]于根元.二十世纪的中国语言应用研究.书海出版社,1996.

[8]邵敬敏.文化语言学中国潮.语文出版社,1995.

[9]石锋.汉语研究在海外.北京语言学院出版社,1995.

[10]宗廷虎.中国现代修辞学.浙江教育出版社,1990.

[11]王均.当代中国的文字改革.当代中国出版社,1995.

[12]龚千炎.中国语法学史.语文出版社,1987.

[13]邵敬敏、方经民.中国理论语言学史.华南师范大学出版社,1991.

[14]符淮青.汉语词汇学史.安微教育出版社,1996.

[15]蒋绍愚.近代汉语研究概况.北京大学出版社,1994.

[16]许嘉璐、王福祥、刘润清.中国语言学现状与展望.外语教学与研究出版社,1996.

[17]王远新、王福祥、刘润青.中国民族语言学史.中央民族学院出版社,1993.

分　论

汉语特征研究

语音特征

汉语语音系统的特征[*]

一、关于语音系统特征的研究

语言是庞大而复杂的系统。林林总总的语言系统都有共同的特征，例如都有语音和语义，都有词汇和语法，都有共时的结构规律和历时的演变规律，都有通语的通则和方言的变异、语用的变体等等。不同的语言也必定有各自的个性特征，例如语音方面的声调和节律，词汇方面的构成方式（语缀和重叠等），语法方面的有无屈折变化、虚词和句式等等，在不同的语言中就常有不同表现。研究语言的系统，既要关注共性，也要考察个性，因为共性和个性总是相互依存的、相对而言的。有些语言特征对于方言来说是共性，在语族、语系方面则可能是个性。只有经过多方的比较，才能为各种语言的特征定性和定位。

在语言的系统中，语音有很强的系统性。所有的语言都有元音和辅音，都有音节和语段（text），这是所有语言的共性；不同的语言选用了哪些元音和辅音，用什么方式构成音节，则往往表现了不同的个性。语音的系统并不是孤立的，正如索绪尔所说，"任何语言事实都不能脱离被切成表义成分的语音材料而存在"（索绪尔，1996：155）。

---

　*　本文在第 47 届国际汉藏语言暨语言学会议上（2014 年 10 月，昆明）宣读过，后刊于《厦门大学中文学报》第 2 辑，厦门大学出版社，2015 年。

考察语言的语音特征,还必须联系其表义的词汇和语法的特征去研究。多音词语的语流有哪些连音变化,话语(discourse)中又有什么样的语调,也常常表现了不同的个性。

语音是语言的物质外壳,研究语音系统的特征应该从音响的层面入手,首先考察音素及其组合特征;而后考察用来区别意义的音位如何构成音节、语段和话语的共时结构特征;每个共时的结构系统都是历时演变的结果,为了说明共时系统的来龙去脉,还应该考察语音系统的演化特征。经过这样的全方位的考察,我们对于语音系统的特征才能获得深刻的理论认识,并把它应用到语言教学和言语运用的各方面。

本文在继承前人研究成果的基础上,试着从音响、结构和演化三个方面探讨汉语语音系统的特征。

二、汉语语音的音响特征

音响(sonority)是语音的响度,一种共鸣性质的区别特征。音响特征是指音素的选择和结合所造成的音节和音流在相对响度上的差异。不同的语言在选用哪些音素以及组成音节时多用哪些音素是各不相同的。多选用响度高的音素,组合成的音节和语段的响度就高。人类语言的音素中,响度有大小,乐音中元音最响,其中开口度越大就越响,然后是辅音中的流音(包括鼻音和边音)和浊音("颤音和闪音",属于不纯的乐音)。清辅音是噪音,响度最小。布龙菲尔德在《语言论》里说:"像〔a〕这样一个低元音就比〔i〕这样一个高元音更响;任何一个元音都比辅音更响;鼻音、颤音或者边音都比闭塞音或者摩擦音响,气流集中在狭窄过道的咝音〔s、z〕比另一个摩擦音响;摩擦音比闭塞音响;浊音比清音响。所以,在任何一连串的音位里总是响度有高有低。"(布龙菲尔德,1980:141)

就现代汉语的音素组合的情况说,响度是比较大的。拿它和英语相比就可以看得很清楚。其主要原因是:

1.汉语音节开头的"声母"中,响音(m、n、l、r 和"零声母")占的比例不小。在常用的 3 500 字中,这些字有 1 005 个(近 30%);而英语 26 个字母中,词首音最常见的是 s、c、p、b、d、t、h 等,元音只有 a 开头的词多些。英语辅音音位的频率中,响音 n、r、m 也比较高(7.24,6.88,2.78);但噪音 t、s、k、p 等也很高(7.24,4.55,2.41,2.04)(布龙菲尔德,1980:163),总之,响音开头的词的比率应该比汉语低。

2.汉语的韵母系统中,高元音 i、u、y 等都可以充当韵头(介音),这就构成许多复合元音韵,普通话就有 9 个二合元音(ia、ua、ai、ou等)和 4 个三合元音(iao、iou、uai、uei)。在常用字中,复合元音韵占了 1 035 字,就响度最大的带/a/音位的韵统计,竟有 1 179 字。这些响度大的韵母所包含的字就占了常用字的 30%左右。而在英语中,有 7 个由元音和半元音复合的"复合音位"和 1 个由 1 个元音和 2 个半元音复合的"三合元音"(布龙菲尔德,1980:146),但从实际情况看,这些元音加半元音的复合音(例如 say[sej]、bay[baj]、go[gow]、bow[baw]、hew[hjuw])还不是典型的复合元音,按照布龙菲尔德的说法,英语里典型的"四个复合元音,是由元音加非领音的[ə]组成的"(指 fear [fiə]、sure[ʃuə]、fair[fɛə]、shore[ʃɛə])(布龙菲尔德,1980:146)。

3.现代汉语的韵尾已经没有噪音(不像古汉语和方言中有-p、-t、-k等韵尾),不论词的开头或结尾都没有复合的辅音丛。而就英语而言,布龙菲尔德说,"英语的辅音音丛特别丰富"(布龙菲尔德,1980:162)。不论是词首或词尾,英语的辅音丛都是很常见的。如以下这些单音节词,就是首尾都有不止一个辅音的:struggle(奋斗)、thresh(脱粒)、shrink(收缩)、drift(漂流)、drink(喝)、blast(阵风)、prompt(迅速的)。他还把辅音的"非领音性的功能组合"归纳成 38 种,分别说明各类辅音的组合规则。例如"相同的音位绝不出现在两个相邻的位置上:没有像[ss]或者[tt]这样的词尾音群"。"词尾后辅音[t、s]是出现在主要的词尾辅音[p、t、k、tʃ、f、θ、s、ʃ]后面的仅有的两个音";"词尾前辅音[l、r]不出现在主要词尾辅音[z]的前面","词尾前辅音[ŋ]只在[k、θ]前出现"。

（布龙菲尔德,1980:156—157）

4.在声调的维度上,汉语的语音也表现了响度大的特征。世界上有声调的语言不只是汉语,但是一些语言的声调只是起了"次音位"的作用,而且往往只出现在多音词里,用不同的高低音来区别意义,和词重音有类似之处。例如日本语的[hana],两个音节一样的音高指的是"鼻子",前高后低是"开始",前低后高是"花儿";在挪威语和瑞典语中,双音节词"其中的一个音节上总有一个一般的高重音,这跟英语一样,不过除了重音以外,加重的音节还用两种不同的音高格式区别开。重音可能附带有升调,给予人的印象跟英语的高重音一样"。而在汉语中,"音高特征被用作主要的音位"（布龙菲尔德,1980:136）。汉语的声调是固定在音节上的能区别意义的音位,主要标志是音高和音长,音强也有一定关系。声调不但有高、中、低的平调,还有升降和曲折之别。不同的声调在响度上还可能有区别。音节中的音高和音长、音强的差异显然也增强了音节的响度。

三、汉语语音的结构特征

布龙菲尔德在讨论"语音结构"时写道:"结构的模式在不同的语言里有很大的差别,而且使我们能够识别不同类型的复合音位。"（布龙菲尔德,1980:161）和英语相比,汉语的语音系统在结构（structure）上也有自己鲜明的特征。

在音节（syllable）层面上,如上所述,在英语是[辅音（丛）＋（复合）元音＋辅音（丛）]的线性结构,正如徐通锵所说:"音节不是与意义相关联的语音单位……音节的结构缺乏封闭性的特点……音节间,乃至词间的音节界限不清。"（徐通锵,2001:60—61）例如 a pear and an apple,所有的辅音都和后面的元音连读了;a name 和 an aim 读起来是同样的音。他还说,印欧系语言的音节"在以往的研究中往往没有受到应有的重视,特别是结构语言学盛行以来,人们的注意力大都集中于音位的研究"（徐通锵,2001:62）。而在汉语中,由于声调包含在音节之中,汉语的音节是声韵调组成的立体结构,而且由于音节又与汉字相联系,它也就和字义相关联。

早在 1 000 多年前,汉语音韵学建立的初期,学者们对音节就有了声韵调三分的认识,以音高为主要特征的声调是依附在韵母之上的,"东、董、送、屋"就是平、上、去、入"四声"和韵母的分类,当时的入声调和入声韵是重合的。后来的等韵学又把声母分为"唇、舌、齿、牙、喉"各组,用"等"和"摄"的概念把韵母分为韵头、韵腹和韵尾,把不同的韵尾分为"阴声韵"(元音韵尾韵)、"阳声韵"(鼻音韵尾韵)和"入声韵"(塞音韵尾韵)。传统的音韵学对汉语音节的立体结构分析可这样来表示:

| 声母 | 声调(平、上、去、入) |
| | 韵母(韵头—韵腹—韵尾) |

这就是汉语的音位组成音节的结构规律,这种汉语音节的立体结构分析是最科学的分析,也充分体现了汉语的语音特征,因此至今沿用不衰。不用这种立体分析法而改用辅音加元音的直线分析法来分析汉语语音,是完全不可设想的。

汉语的音节还远没有那么简单。从元音和辅音的构成说,称为"音节系统"是恰当的,只要加上"每个音节还带有固定的以音高为主要标志的声调"的注脚就行了,这个名称便于国际接轨,外国人也容易理解;然而在体现汉语的特征方面则有不足。因为没有体现汉语特有的"立体结构"和"多层结构"。如上所述,声韵调的组成是"立体"的,分为声韵调之后,声调可以再分为舒声调和促声调,或分为平上去入,韵母可以再分为韵头、韵腹和韵尾,或分为阴声韵、阳声韵和入声韵,声母还可以分为唇舌齿牙喉或清音与浊音,这便是从音位到音节之间的多层结构。

用汉语音韵学的术语来称说,音节结构也就是"音韵结构"。音节结构和音韵结构的外延是一样的,内涵则有不同,只有后者才能涵盖上述的"立体"和"多层"。不仅如此,汉语的声韵调组成的"音韵结构"，不但有音节内的结构系统，还有音节之间的结构系统。正如英语中并非所有的元音都可以和所有的辅音相拼合一样，汉语的声韵调之间也不是可以全面组配的。音节之间的结构就是不同层次的声类、韵类和调类按照一定的配合规律组成的音节系统，每个音节在这个音节大系统中都有自己的地位，这就是研究音韵学和方言学的人常说的"音韵地位"。

进入中华文明史之后，汉语就选择了汉字作为它的书面形式，每一个音节都用一个字来书写，于是，人们就把"音节"称为"字音"，于是"音节系统""音韵系统"和"字音系统"就成了同样一个事物的三个不同名称。研究汉语语音结构系统的汉语音韵学就是根据不同时期、不同地方的字音去分析其中的声类、韵类和调类的。1 000 年来的历史经验证明，这一整套分析汉语语音系统的方法是符合汉语的实际情况的，是能体现汉语语音特征的，用现代语音学和音系学的理论来检验也是合格的，可以接轨的。汉语音韵学的音类归纳加上国际音标的标记，对汉语语音系统的分析，可以说是"形神兼备"的了。在这方面，提倡"中学为体，西学为用"，完全是行得通的。

不过，"音节"和"字音"有重合的一面，也有可分离的一面。"音节"作为语音的单位，通常是共时的概念，而"字音"可指共时，也可指历时，音韵学研究中分析声韵调的"音类"就是历时的概念。赵元任说："音类的变化能影响音位的整个系统。"（赵元任，1980：132）他举的例子就是"东、通、同"的声母本是全清、次清和全浊三分的，因为浊音清化，音类变成二分，音位系统也发生了变化。

汉语采用汉字作为书面符号之后，语音的演变和字形的演变渐渐不同步了，字音的音类在不同的时代和不同的地域发生了对应性的变化，音类可以按类分合（一分为二或合二为一），个别的字音则可以发生变读、增减异读（文白异读、别义异读、新旧异读等等），出现了种种复杂的局面。字音系统成了汉语独有的古今承变、南北异同的，特殊而又复杂的系统。正是它，奠定了汉语语音结构系统特征的基础。

144

　　汉语音节层面上体现的这些特点和其他许多语言有显著的差异。对此，徐通锵说过一段发人深省的话："这一事实告诉我们，汉语音节结构的原理具有普通语言学的意义，遗憾的是中国语言学家由于拘泥于就事论事的研究，没有比较不同语言音节结构的差异，因而没有从中发现它的普遍理论价值。这是应该引以为训的。"（徐通锵，2001:63）

　　音节之内，汉语的语音结构已经有了几个层次，音节之外，汉语的语音也有几个不同的层次，包括双音词的音步和连读音变、多音词语的节律和连音变读、成句的话语的句调和语调。

　　众所周知，从上古汉语后期开始，首先兴起了偏正式和联合式的合成词，后来语义合成的双音词逐渐发展成为汉语造词法的主流，原有的用衍音的方式所造的双声叠韵的联绵词就衰歇下来了。早期的合成词大多词义就是字义的相加，例如天地、朋友、来往、三思、二毛、大人、君子。后起的双音合成词就有些是字义和词义不甚贴合的，例如老实、老到、老鼠、月老、见老，东家、东床、东西、房东、财东，反目、反正。为了体现双音词义的紧密整合，两个音节之间逐渐采取了多种方式使语音"固化"。近代以来，在通语和方言中陆续产生的轻声、儿化、连读变调、小称音变以及变声、变韵等等，就是适应着词汇双音化、虚化语缀的产生、构词法的多样化发展和语义的引申和转化而发生的语流音变。"这类连读音变不是生成新词的手段，而是旧词扩充出新的义项或分化为同音词的伴随性音变。"（李如龙，2011:18）至于成句的话语的语调，则和句型、句式、语气、语境相关，这方面在不同的语言里可能差别较少。

　　英语的线性组合，从音素连成音节到音节连成词语，再到词语连成句子，都是一以贯之的，相邻的音素的同化异化的现象可谓无处不在。不但单词之内如此，think 的 n 发成 ng，dogs 的 s 发成 z，incomplete 的 n 发成 ng，词语之间、句段之间也莫不如此。

　　可见，立体结构和多层结构是汉语有别于许多语言的重要的语音结构特征。深入研究汉语语音系统的这些特征，把它和其他语言进行深入的比较,分别其类型,论证其原理和价值,应该可以为普通语言学的理论建设做出一份贡献。

四、汉语语音的演化特征

语言在社会生活中的应用决定了它总是处在不断的演化(evolution)之中。语音,不论是音位、音类或是音系也总是要发生不断的变异。这个变异的过程大体上要经过共时的变异和历时的演化。共时的变异大多发生在较短的时期里,表现为老中青几代人之间的不同发音,例如福州人和广州人发的 n 和 l(男的和蓝的),老派有别,中派采取自由变读,青派就混同了。待到所有的人都不分 n—l,两个音类合并,声母系统就要调整,整个音系也会发生变化,就成了历时的演化。

汉语语音演化的经常表现有三个方面:音位发音的强与弱、音类增减的快与慢、音系调整的繁与简。在不同的方言,这三个方面的演变处于不同的进程,就显示了明显不同的方言差异。例如闽南话的 [ɯ] 韵(鱼、去、猪、紫),泉州城里人发的是强音,市郊的人发的是弱音 [ɨ],在潮汕地区发成更松的[ə];到了厦门、漳州进一步弱化并入[i]韵,减少了一个音类,音系也有了简化的调整。"见系二等字"的腭化过程,从 [ki、khi、hi] 到[ci、chi、çi] 再到 [tɕi、tɕh、ɕi],也是一个典型的弱化过程,到了"尖团不分",便是音类合并、音系的调整了。音位的强弱是音节之内音素相互矛盾竞争的结果,音类的分化、增减是音位强化或弱化的结果,而音类的变化则会引起音系的调整。这三个方面的表现可以说是语音演变的三种常态,在各种语言里可能有不少共性,但是也一定有各自不同的个性:音素的强与弱、音类的增与减、音系的繁与简,都可能有不同的取向。就汉语的语音说,声调成为音节里区别音位的特征,这就是汉语的一大特征。从历史上说,汉语的声调可能是从无到有(鉴于藏缅语还有无声调的语言,越来越多的学者认为远古汉语也是无声调的),有了声调之后是由少到多,从上古的两调(短平为上,长入为去)发展到中古的"四声"(平上去入),浊音清化之后又各分阴阳成为八调,元明以来入声消失后则陆续归并为"阴阳上去"的现代"四声",在北方官话已经出现不少三调和两调的方言。汉语古今声调的演化就是汉语语音史上的最重要的特征。

就声母系统说,上古时期有复辅音大体已成定论,汉代以后就明显消失了,中古之后浊音脱落,知庄章合并,见系二等腭化之后又逐渐走向"尖团不分",使多数现代方言声类简化了;从"开合四等"整合为开齐合撮的"四呼",加上入声韵尾的脱落、m韵尾的合并,也把韵母系统大大简化。数百年来汉语音韵研究已经得出许多科学的结论,为我们开列了一份汉语语音演化过程的明确清单,让我们能够准确地了解汉语语音系统的简化发展的演化特征。

现代语言学的重大贡献之一就是发现了语言是一个完整的由语音、词汇和语法构成的大系统,语音系统的演变是和词汇的变化相联系的。王士元说:"这种语音是突变、词汇是渐变的现象称之为'词汇扩散'(lecical diffution)。"关于'词汇扩散'理论的基本内容,他做了这样的概括:"我们虽然不容易看到语音在变,但很容易看到语音在任何时候都存在共时变异的现象,比如总是有些词具有两个或更多的念法。这种共时变异正是'词汇扩散'常常经过的途径。"(王士元,1988:121)他接着引述了两个语料:"潮州话二百多个阳去调字,已经有一百多个归入阳上调,如'健'[kian],另外一百来个还保持原来声调,如'阵'[tiŋ]。……香港粤语鼻韵尾的发音部位有由舌根[-ŋ]移向[-n]的趋势,变化速度因韵腹元音舌位高低而不同,在高元音后变得快,在低元音后变得慢,在中元音后介乎二者之间。"(王士元,1988:123)这里还可以举两个厦门话的例子来作为论据:厦门话的am和ā存在"文白异读",但是"柑仔"只能说[kam ā],"红柑"只能说[aŋ kā],"衫仔"(小衫儿)只能说[sā ā],"杉仔"(小杉木)只能说[sam ā]。

说到词汇对音变的影响,王士元说:"语音变化可以分成典型音变和类推音变两类。"对于"典型音变",他说:"一个词的频率越高,越常用,就变得越慢;一个词的频率越低,越少用,就变得越快(引者注:

这里原书把'快'与'慢'排字颠倒了)。这是完全符合'词汇扩散'理论的……有趣的是,在类推音变中,变的较快的词不是使用频率较高的,而是较低的"(王士元,1988:125—126)。这里也可以用汉语的例子为这个理论提供两个例证:一是有几个常用字在许多方言里都读为滞后的旧音。例如客方言的歌韵字"我"普遍读为[ŋai],写为俗字"𠊎",轻唇音字"妇、符、痱、肥"等读为[p、ph],这些都和秦汉古音相近;支韵字"寄、骑、蚁"在闽南话中读为[ia],也近于上古音;鱼韵字"去"在不少方言里读为开口韵[ɔ、ɛ、e、ə],也都是近于古音的特殊读音。还有一个例子是客家方言的全浊声母字已清化为送气音,但是有些口语不用的字如"部、队、电、站、笨、抱",读为不送气清音。以上例字中,前三字只用于书面语,后三字客方言说"徛、戆、揽",这些仄声字读成不送气,显然是受普通话影响的后来的类推变化。

王士元所提出的词汇扩散理论已经得到许多外国学者的认可,也获得了许多外国语言的论证。可见这也是不同语言共有的特征。然而,由于汉语采用汉字作为书面符号,从"隶变"以来,字形已经稳定了2 000多年,字音和字义都历经种种不同步的变化,因而历来在不同时代和不同方言中,文白异读、音随义转以及同音字、异体字、训读字、同音替代字、方言字、新造俗字,五花八门,不一而足,形成了种种汉字形音义既分歧又交叉的复杂状况,而把这些纷繁的现象条分缕析,归纳起来,正可以看到,汉语语音的"变异之中有对应",这就是汉语语音的整化发展的演化特征。

所谓"变异对应"的"整化发展",说的是音位、音节的变异和发展不是一个个单独进行的,而是按照"音类"(包括声类、韵类和调类)整类变化的。正因为有这个"整化",不论是古音和今音,通语音和方言音,尽管字音发生了种种变异,古今音、南北音之间的语音差异都不是杂乱无章的,而是存在着一定的对应。所谓"一定的对应"是以"中古音"(《广韵》系统)为参照系的对应,对应的类型则包括基本对应、条件对应和例外(个别)对应。例如韵类有歌韵,以常用字"歌、可、河、鹅"和"多、拖、罗、搓"八个字的韵母为例,成都、长沙都读为[o],

南昌、广州都读为 [ɔ]，这是基本对应；而北京前四字读 [ə]，后四字读 [uo]，是出现在"舌齿音"和"牙喉音"的不同条件下的对应。歌韵的其他字中，"他"各点都读为 [a]，"大"北京、成都读 [a]，长沙文读 [a]，白读 [ai]，南昌文读 [ai]，白读 [ɔ]，广州读为 [ai]，则属于个别的例外对应。又如声类中的"遮哲者"的声母，北京音都是 [tʂ]，符合古今音的基本对应（来自知章母），"泽"属于澄母，但是声母变读为 [tʂ]，是为例外对应。古今调类也有大体规整的对应，就北京话说，现在的"阴阳上去"和古音"平上去入"之间就对应得比较整齐。凡是声韵调不合对应的字大概都有不同的具体原因。例如"这"原读上声，写为"者"，作为近指代词，受远指代词"那"的类化，改读去声；"您、俺"是"你那、我们"的合音；人称代词多数式后缀"们"是从"辈、每"读为轻声后弱化而来的；"松"原读阳平（详容切），因避"尿"同音之讳，变读阴平。至于那些官话方言后来创造出来的新词，本来就未见于《广韵》的反切，例如"妈、妞、丢、溜、扔、娃、扛"等等，也就不存在对应了。

　　汉语语音的纵向演化采取词汇扩散式的渐变和音类对应式的变异，从时间上说，保证了新老派交替中的语言沟通，因为数十年之间的"共时变异"不可能有整个语音系统的更新，音类之内字音的部分变异，当然不至于妨碍祖孙之间的交往。从空间上说，这种演化方式也为不同方言之间的交际提供一道桥梁。只要词汇方面和语法规则差异不大，方音差异可以按照音类类推、折合，从而感知和适应不同方言之间的差异，这是本族人具备的自发本能。例如北京人只要和天津人说上几句话，就知道天津人的 11 调和北京的 55 调是同一个音类（阴平）；北方人和武汉、成都人说话，很快就会知道他们把 ts、tsh、s 和 tʂ、tʂh、ʂ 混起来了，并不会因为翘舌音说成不翘舌而不能沟通。

五、研究汉语语音特征的意义

　　研究汉语的语音特征有重要的理论意义和应用价值。

　　对语言的特征的认识来自语言的比较，经过深入的比较，区分了

汉语特征研究

语言的共性和个性,归纳了不同的类型,也就认识了语言独有的特征。这不就是语言研究所追求的目标吗?

关于汉语特征的研究,首先要就古今汉语做比较,拿古今通语和各种方言做比较,提取不同时代汉语通语的特征和各种方言的特征,而后就能概括整个汉语的特征。在汉语内部纵横比较的基础上,还应该进一步做汉藏语系诸语言的比较,认识各语言的个性特征和各语支、各语族的共性特征,最后再归纳出整个汉藏语的共性特征。对于其他不同语系来说,汉藏语的共性特征也就是它的个性特征。

近几十年来,中国语言学出现了古今汉语研究和民族语言研究联手和中外语言学家联手的大好局面,汉藏系语言的比较研究取得了很多新知。这些新知使我们进一步认识了汉语的特征。在语音特征方面,反映这方面研究成果的《中国的语言》(商务印书馆,2007)的一些提法很值得我们注意。例如,该书提出,和阿尔泰语、南岛语不同,多数汉藏语属于"单音节词根语言",其基本特征是:"有声调,音节内部的元音辅音配合整齐有序……音节界限分明。"(孙宏开等,2007:56)这种"单音节"的语音结构,声母在前,韵母在后,"具有字形、字义、字音合一的整体性","这种字音整体性和声韵排列恒定性又导致声韵的紧密拼合性"。"汉藏语言具备极强的单音节表义的本质特点……还很大程度上左右了构词、语法、语义的构造和类型。"(孙宏开等,2007:99—100)这样的分析不但把汉语的音节提到了语音系统的核心地位,而且使之成了整个语言系统的结构枢纽。关于汉藏语的声调,该书认为是后起的现象,汉语、侗台语和苗瑶语是"四声"的格局,藏缅语和南亚语是非四声的格局,"两种类型语言声调的产生和发展模式不完全一样"(孙宏开等,2007:54)。这是从许多研究成果中提炼出来的结论,可以作为今后进一步研究的参考。完全可以相信,汉藏语研究一定能够为普通语言学提供许多新鲜的理论。

汉语语音特征研究的应用价值更为重要的是在语言教育方面。

母语教育无非就是在学龄阶段让少年儿童学好普通话,第一个关口便是过好语音关。如上文所说,普通话和方言之间存在着对应规律,对于在方言地区生长的孩子们来说,利用这些对应规律去教普通话语音,肯定是一条捷径。20 世纪 60 年代在方言普查的基础上,不少地方已经创造出这方面的经验。学好普通话标准音无非是解决这几个问题:掌握翘舌音,分 n—l,分 f—h,分前后鼻音,掌握入声字的韵母和声调的转换。教学的项目并不多,方言调查的资料已经很够用了,本地老师教起来也是轻车熟路,并不难见效。奇怪的是半个世纪之后,这条便捷之路反倒废弃不用了,实在值得教育主管部门和学术界反思。如果以为如今已经普及了普通话,无须再走这条路,绝对是错了。从学会普通话到掌握标准音还有很长的路要走,你看普通话过了二级的人要提升到播音员的一级甲等离要求还有多远!

在二语教育中,因为学生没有方言的语感,对应规律是无用的,但是可以利用汉字的偏旁部首帮助外国人掌握声类和韵类,这也是一个有效的方法。对外汉语教学在语音方面更重要的是如下几个内容:

1.在音素的层面,经过对比找出汉语和学生母语常用的音素有哪些不同,不同的音素中哪些是容易学的,哪些是学不准的,教学过程中还要针对难点重点,编好训练教材,设计各种训练方法和练习材料。

2.把音节作为教学重点,让学生熟悉汉语音节的立体结构,能分析声韵调,知道辨别声类、韵类和调类的重要性。和音节并行的"字音"的教学是更重要的,因为"多音字"有时可以别义(音随义转),有时只是语体的不同(文白异读);"同音字"则往往没有意义上的联系,缺乏汉语语感的外国学生很难理解和应用。

3.声调的教学不但是重点,还应该贯彻始终。掌握四声的调值很容易,知道每个字属于哪个调类才是教学的难点,需要下功夫研究和设计。赵元任曾经提倡过编一些四字格,如"中华语调,阴阳上去、非常好记",似乎也没有引起注意。很奇怪,研究对外汉语教学的人很少关注调类的教学。至于连读变调和语调与词汇语法相关,那是中级之后的教学重点。

4.汉语的语音和许多外国语确有明显的差异,但是语音系统毕竟是一个封闭的系统,需要死记硬背的规律并不多,如上所述,许多语音现象都和词汇语法有关,像轻声、儿化、变调、多音字、同音字等等,主要是要抓住常用字编好练习材料,设计好训练方法(包括自学和测试),有合适的教材和训练方法,掌握起来也不见得太难。如果把语音教学看作入门阶段教教拼音的"小事",和词汇教学、语法教学脱离开来,或者对语音教学不屑一顾,以为只有研究语法教学才是真才实学,语音教学和训练就只能永远停留在低水平上,并且势必拖住整个汉语二语教育的后腿。

语音特征的研究对于中文信息处理、人机对话等应用研究也有重要意义,限于篇幅,本文暂不讨论。

参考文献:

[1]费尔迪南·德·索绪尔.普通语言学教程.高名凯译.商务印书馆,1986.

[2]布龙菲尔德.语言论.袁家骅等译.商务印书馆,1980.

[3]徐通锵.基础语言学教程.北京大学出版社,2001.

[4]赵元任.语言问题.商务印书馆,1980.

[5]李如龙.汉语词汇学论集.厦门大学出版社,2011.

[6]王士元.语言与语音.(台湾)文鹤出版有限公司,1988.

[7]孙宏开、胡增益、黄行.中国的语言.商务印书馆,2007.

全浊声母清化的类型与层次[*]

一、深入考察全浊声母清化是汉语语音史的重要课题

全浊声母的清化是牵动汉语语音发展和方言分化全局最重要的基本事实。

中古音有全浊声母 10 个,在《方言调查字表》所收的 3 655 个字中,全浊声母字有 839 个,占总字数的近 1/4。从代表中古音的《广韵》到代表近代音的《中原音韵》,这四五百年之间,全浊声母在通语的韵书中都消失了,现在的大多数汉语方言也都变成清音声母。但是清化之后读成什么音,不论是通语或方言,具体的演变又有许多不同的路子。总的说来,没清化的未必完全保存原貌;清化的也未必彻底;清化之后归入什么声类更是花样繁多。其复杂的演变过程成了汉语语音史上一道多彩的风景线;方言中多样的现状则成了区分现代汉语方言不同语音特征的最重要标准。因此,关于全浊声母古今演变的研究成了汉语音韵学和汉语方言学共同关注的重要课题。

汉语的语音系统是声韵调组成的。1/4 的全浊声母发生了变化,直接牵连到阴阳入三类韵母的变化,牵连到四声、平仄、舒促调的分合,这就牵动了语音系统的全局。语音是词汇的物质外壳,语音的变动所产生的异读、同音现象和书面语、口语词汇的发展也有直接的关

---

  * 原载《语言学论丛》第 50 辑(《语言学论丛》出版的第 50 辑为纪念专辑),商务印书馆,2014 年。

系,有的语音的变化就是通过词汇扩散的途径完成的,这就又牵动了词汇系统的演变。正因为如此,方言的分化演变的过程和现状,只要就全浊声母的种种表现去考察,就可以得到清晰的大局。

近十几年来,随着方言调查的深入开展,小地方的方言发掘多了,大大小小的方言区域的音韵比较研究也有了许多新成果。关于语音发展的历史层次的研究,多年来引起了学者们很大的兴趣。不论是运用方言材料来说明音韵演变的历史层次,或是用音韵演变的规律来解释方言现象,都显示方言和音韵相结合的研究确实具有强大的穿透力。以往关于全浊声母清化的研究结论,只根据少量大城市方言的事实去论证,有时在新发掘的方言事实面前就显得缺乏解释力。运用这些崭新的方言材料,对全浊声母演变的历史层次这个重要问题做一番检讨,我们就可以得到更多的新知,也可以为今后的方言与音韵的相互论证提供有益的启发。

二、以"三分""二分"为纲先划分为官话和非官话

赵元任先生在《现代吴语的研究》中提出的"以帮滂並、端透定、见溪群三级分法为吴语的特征",不但睿智地概括了现代吴语保存古全浊声母的基本框架,突出了现代吴语的重要特征,而且为我们研究汉语语音史上的全浊声母清化指明了方向。从唐代的中古汉语到现代的汉语及各方言,1 000 年间汉语语音发展的最重要的事实不就是全浊声母清化所带来的从三分到二分的演变吗?

语音的演变,从时间上说,总是从量变到质变逐渐积累扩大的,不可能是一朝一夕的突变;从空间上说,新制和旧制的嬗变不可能是单线切分的,总是表现为多多少少的波浪式的增减。

全浊声母的清化,从"三分"演变为"二分",时间上发生在唐代到元代的 500 年间,《广韵》和《中原音韵》的差别可以作为明证。汉语的通语历来以北方官话为基础,这两部韵书所反映的全浊声母的清化正是现今官话方言普遍存在的事实。现代的官话方言(包括晋语)

均未发现保存古全浊声母,和这个事实是合若符节的。

《汉语官话方言研究》(钱曾怡等,2010)提到,官话方言有两处西南官话保留着全浊声母——湘南的永州、东安和湘西的吉首、古丈、沅陵。近些年来的研究已经证明,这些方言并非官话。关于前者,鲍厚星的《湘南东安型土话的系属》(2002)已经指出:"东安型土话和湘语娄邵片娄底、双峰方言相当一致。古全浊声母今读这一个重要特征几地如出一辙(引者注:指保留浊音),更有众多的韵母白读层惊人地相似……讨论东安型的土话,应该从语言事实和相关的外部环境来做出判断,让它回到湘语中去。"东安型的方言其实还包含了广西境内的四个县的话:全州、资源、灌阳、兴安。这四个县历史上都曾是湖南的辖区(前三者属永州,后者曾属零陵郡),人口也大多是从湖南移来的。四个县的方言调查报告都已经于2005年由广西民族出版社出版了,这一带的方言都有整套的全浊声母,和东安土话相近。至于湘西州三个县的方言,邹晓玲最近完成的博士论文《湘西州汉语方言音韵比较研究》(2013),经过细致的比较认为:分布于吉首、古丈的全浊平声留浊不送气的"乾州方言""是一种从湘语向西南官话过渡型的方言";而分布于古丈(河篷)、泸溪(洗溪)的"死客话","基本符合鲍厚星、陈晖(2005)提出的鉴定湘语特征的四条标准","今天仍属于湘语辰溆片是非常明确的"。可见,湘西的这片方言也不宜列入西南官话。

应该说,从三分到二分的演变,官话方言500年前就完成了,这是现代方言中官话和非官话语音上最重要的区别。事实上,沿着从三分到二分演变这个道儿去考察,还可以看到各种非官话之间的种种差异,这就是下文所要讨论的内容。

三、近江方言从"三分"到"二分"的竞争及其层次

"礼之失而求诸野",从三分到二分的竞争,集中表现在今天的"近江方言",即吴语、赣语和湘语之中。

汉语特征研究

关于汉语南北方言的差别,在陆法言的时代就已经有很多明确的说法,《切韵·序》多次概括了"吴楚"和"燕赵"、"江东"与"河北"的不同;比他年长的颜之推则有更多的描述:"南方水土和柔,其音轻举……北方山川深厚,其音沉浊……南人以钱为涎,以石为射……北人以庶为戍,以如为儒",有的南北差异(如颜之推所说的从邪相混、鱼虞有别)至今在吴方言中依然如旧。

几种不同的近江方言在"从三分到二分"的竞争中有什么不同表现呢?

吴语的多数方言(尤其是核心地区)相当完整地保存"三分"的框架,但在多数地区把原有的全浊声母弱化为"清音浊流",只在南部的温州一带保存着典型的纯浊音。声母的清浊和声调的阴阳调类对应整齐,阴调调值高,阳调调值低。有些方言点,清化得并不彻底。例如,据钱乃荣(1992),丹阳城内,全浊平声字就有不少读为送气清音的。在南部吴语中,"像金华、兰溪、磐安、云和那样,只有部分字完成了清化,那么结果是部分保留三分格局,部分变为二分格局"(曹志耘,2002:27);而在边沿地区,如闽浙赣交界处的庆元、浦城,浙皖连界的严州方言,全浊声母则已经清化,清化之后或读为送气(如淳安、遂安、寿昌),或读为不送气(如浦城、庆元),从"三分"变成"二分"。(曹志耘,1996,2002)从整体上说,吴语不论是三分或二分,在多音连读的词语中普遍形成了复杂的变调,这是多音词大量兴起之后,对于单字调凝固化的一种补偿。

总之,吴语是三分的多,二分的少;典型吴语大面积留浊,边沿区大幅度清化;保留的浊音则是清音浊流多,纯浊音少;声母清浊与声调的阴阳对应比较整齐;单字音归调整齐而多音词则普遍存在连读变调,而且类型、繁多而复杂。

赣语只有昌靖片的武宁方言是保留"三分",全浊也读为纯浊音,其余的广大地区都是"二分"的。但是其"二分",并非全浊清化并入全清或次清,而是全浊与次清合流与全清"二分",或者全浊与全清合流与次清"二分"对立。就"二分"说,赣语与边沿吴语同;就"留浊"

说,赣语和多数吴语皆异,而赣语的"次清化浊"的逆向变化则是吴语所没有的。

具体地说,赣语的"二分"可分成三类。据万波(2009)所综合,大多数赣语全浊清化,混入次清,包括分布在赣、湘、闽、鄂各省的昌靖、宜浏、吉茶、抚广、鹰弋、耒资、洞绥、怀岳各片;少数赣语是次清化浊,混入全浊,读为送气或不送气的浊音,主要分布在赣湘鄂交界处的都昌、修水、平江、通城(以上送气)和湖口、星子、德安、临湘、岳阳、蒲圻(以上不送气);个别点则是全浊与全清合流,读为不送气清音与次清对立,这种情况只出现在赣鄂交界处的武宁县的泉口和湖北省的通山。

在赣语"二分"的类型中,定母和透母的合流有些特别。有些定母字清化后按常规并入透母读为 th(如醴陵、安义、宿松、余干),有些清化后"旁转"混入晓母读为 h(如吉水、南城、建宁、宜黄),这应该是定母清化,混入透母之后再加上"强化送气"的干预而造成的;还有一些定母字混入次清来母读为 l(如都昌),则可能是全浊声母清化过程中的一种弱化的"中转停靠"现象。

总之,全浊声母的演变在赣语中是:三分的少,二分的多;留浊的少,清化的多;留浊的送气、不送气兼有,清化后送气的多,不送气的少。从三分转向二分,后者占优势,但变化多端,有很特别的"次清化浊",却没有吴语那样的清音浊流现象。

在湘语中,保留"三分"的是老湘语。据陈晖(2006)统计,主要是湖南中部的 21 县市,包括娄邵片的大多数点,如湘乡、双峰、韶山、冷水江、新化、邵阳、洞口,这些点大多是舒声字留浊,入声字清化;靠南的永州片的祁阳、祁东留浊字相当多;靠西的辰溆片(辰溪、溆浦、泸溪)则是按声调分,平声留浊,仄声清化。不论哪一片,保留的浊音都是不送气的浊音,和吴语的清音浊流及赣语的送气浊音都有明显的不同。

全浊清化变为"二分"的包括娄邵片老湘语的一些点,如涟源、娄底、会同、遂宁,这些点舒声字也清化了,清化后大多读为送气清音(这可能是赣语区移民带来的)。此外,"二分"的新湘语是湖南省中北部的大面积的长益片,包括株洲、湘潭、长沙、益阳、桃江、沅江、岳阳等。这些全浊清化了的字,除了少数书面语、非常用字外,都读为不送气清音,和赣语清化后一概读为送气清音明显有别。局部地区的湘语也有和部分赣语一样的定母和来母混同的现象,有的读为 l(如涟源六亩塘:题=犁、抬=来、弟=礼、堂=狼),有的读为 dh(如祁阳:条=辽、地=利、田=连、垫=练);还有并母"旁转"混入明母读为 m 的(如涟源六亩塘:皮=眉、婆=磨、陪=煤、盆=门)。这应该是全浊声母清化过程中的一种弱化音变现象。

总之,全浊声母的演变在湘语是老湘语三分、新湘语二分。三分的或舒声留浊,入声清化,或平声留浊,仄声清化;凡有文白异读的则白读留浊,文读清化。总的说,留浊的比例"居中",比吴语少,比赣语多。二分的清化后,入声字大多送气,舒声字大多不送气,则又与赣语有别。

保存全浊声母三分的方言除了以上所述的近江方言之外,还见于闽北和湘西的少数方言点。

闽语中全浊声母未曾清化,全清、次清和全浊三分的仅见于福建西北部的闽北方言的北片,包括浦城的石陂和建阳、武夷山(崇安)。其余的闽语都是二分的。闽北真正典型的三分只有石陂一处,全浊塞音塞擦音齐全,声调按声母的清浊分化为阴阳调基本不乱;崇安和建阳的三分则是变异了的:并母、奉母弱化为擦音 β,定母、澄母、从母、禅母等弱化混合为边音 l。浦城县与浙江衢州连界,县南石陂镇的三分可能是吴语的旧层;崇安、建阳与鹰弋片的赣语区相接,全浊声母弱化的模式也与之相近。可见闽北方言的三分是与吴语赣语接触的结果,并非闽语自身发展的过程。

湘西的乡话是分布在沅陵、泸溪、古丈、辰溪、溆浦一带的濒危汉语方言,据伍云姬等研究,是"保留了中古乃至上古汉语的很多特点,又有湘方言和西南官话的某些特色,在它的底层里还有吴方言和赣方言的影子"的"混合型的语言"(伍云姬等,2010:97)。由于层次复杂,处于多种方言和民族语言的环境之中,同时通行着西南官话和当地湘语,难以为之定性,暂时还不好进行分析,这里先不讨论。

说有容易说无难。汉语方言中还有没有全浊声母三分的,今后的调查深入了,还可能会有新的发现,只能留待将来研究了。

除开后面两种特殊情况,可以说,古全浊声母在现代吴语、赣语和湘语中所表现的状况正是 500 年前全浊声母在清化过程中从三分变为二分的拉锯式、波浪式演变的生动记录。语音的演变虽然是缓慢地积累的,也是永不休止的。语音是结构的系统,旧的结构形态受到新的变异的冲击,必定会出现一场拉锯战,旧制度往往会退让、调整,新的制度则逐渐定型、稳定。当人们觉得全清、次清和全浊的区分太繁复了,分辨深藏于喉头的清与浊,不如已经习惯了的用耳朵分辨声调的高低来得方便时,声母的清浊之别就逐渐转换成阴阳调的音高之异。清浊的转换既然与声调的高低长短有关,全浊声母的清化就在不同的声调中选择了突破的途径:从舒调或促调、平调或仄调,先突破,先实现。在发音方法上选择变化的方式:或弱化浊辅音,或放弃浊音,直接并入清音。吴语、赣语和湘语在全浊声母清化过程中的不同进度、不同的方式和途径,就在这样几个方面的选择中显示出来了。

总的说来,在从三分到二分的竞争中,吴语是保守地存留浊音声母,但纯浊的点少,大多音值弱化为清音浊流,边沿地区则清化了。赣语保留原来的三分也少,清化为送气音是强势主流;其全浊与次清合流之后变为清音或浊音则是独有的创意。湘语三分和二分持平,但三分的类型中,常含有清化的折扣,总的看来,清化是主要趋势,入声字、仄声调走在前头。清化后以不送气为主流,送气的表现应该是受东边移入的赣语影响的结果。

四、远江方言"二分"之后的发散式变异及其层次

这里说的远江方言只包括客家话、粤语、平话和湘桂粤连片的土话。闽语情况留在下文再议。这些方言都经历过从三分到二分的演

变,全浊声母都清化了,但是清化后是跟全清走还是跟次清走,与平仄调类关系如何,存在着不少差别。以下的叙述是对不同方言粗略考察的结果。

总体上说,客家方言在全浊声母上的表现是比较一致的。清化最为彻底,大多不论平仄都读为送气音。就大面积调查比较过的情况说,只有少数全浊声母字在一些点读成不送气音。据《客赣方言调查报告》,这些例外字较为多见的有:队、站、辫、笨、抱、弊、毙、被、电、垫、拔、部、助,等等。有的也只见于不多的点。究其原因,应该是这些字在方言口语中不说,或者是不常用的字,有的仄声字可能是受普通话的影响所致。

客家话之所以清化得彻底,各地也相当一致,是有久远的历史原因的。现代的秦晋地区还存在着大片的全浊送气的方言,关中就有53个县市,晋南有23点,还连片分布于河南的灵宝、陕县等地,面积和人口都相当可观。历史材料也完全可以印证。唐人李肇早有"关中人呼稻为讨"的记录,唐五代的梵汉对音材料也有不少与此相符的事实。罗香林考证客家迁徙史时说,最早的途径"远者自今日山西长治,渡黄河,依颍水,顺流而下,经汝颍平原达长江南北岸"。关中、晋南的全浊送气和长江下游北岸的通泰方言乃至赣(东)客方言之间的渊源关系已经被多数学者认可了(李如龙、辛世彪,1999)。客家大量进入赣闽粤等省主要是两宋时期的事,当时大半个中国全浊清化也已成定局。这就是多数客家话彻底清化并混入送气清音的历史背景。

在一些非中心地区的客家话中,显然是受到邻近方言的影响而发生了变异。例如湖南省东沿的客家话长廊,因为和赣语、湘语相处,就有明显的不同。据陈立中(2003)研究,湘东北的平江客家话因为与武宁一带的赣语连界,滂并、透定、清从、澈澄、昌禅等都合流读为送气全浊音了。东南角的汝城、宜章、江华、新田四个县的客家话,由于和湘南、粤北土话接触,全浊声母读为不送气的字也很多,不送气和送气的比例是:并母33:44,定母42:60,从母18:39,澄母22:35。

又如,广西玉林市的容县受桂南粤语包围的客家方言岛,就有许多全浊字读为不送气,例如:爬、婆、图、徒、自、部、步、除、助。

粤语全浊清化逢平上送气、去入不送气,早为人们所熟知,这在珠江三角洲的粤语中心区也很一致,出现分歧的是在西江北岸和桂东南地区。西江北岸的封开、广宁、四会不论平仄大部分读不送气,怀城只有少数平声字送气(詹伯慧、张日升等,1998);据《广西通志·汉语方言志》(1998),广西的粤语中,邕浔片(南宁)、勾漏片(玉林)和广府片(梧州),全浊清化后,去声、入声字都不送气,上声字只有常用字(如:坐、肚、柱、被、徛、抱、舅、臼、淡、伴、断、重)读为送气,不常用字(如:待、巨、道、渐、造、稚、仲、荡、静、聚)读为不送气,而钦廉片则全读为送气。另据陈晓锦(2005),北海市的粤语只有市区和临近的南康与广州音相同,其余的合浦的廉州、沙田和铁山区的营盘镇只有31个口语不常用的仄声字不送气,其余都读为送气。

在粤语形成的早期(汉唐),南下汉人是从湘桂沿着西江抵达珠三角的,粤西和桂东南的粤语不送气音更多,可以肯定是反映了古湘楚方言的特点,和现在的湘语较为相近;后期(宋元)从赣南经南雄珠玑巷入粤抵达珠三角的粤语,主流是平送仄不送,是当时通语(近代官话)的特点,和现代通语较为相近。

广西的平话,不论是桂南、桂北,全浊声母都是不论平仄,一概清化为不送气音,《广西通志·汉语方言志》就充分反映了这种情况。学界已经有不少专家认为,平话其实就是粤语的前身。这和以上所说的粤西和桂东南的粤语的情况是吻合的。

全浊声母清化后,各种读音最为分歧的是粤北、湘南和桂北的连界处的土话。根据已经报道的材料,至少有以下五种不同的类型:

1.全读送气的,如粤北韶关的乌迳、白沙、周田、上窑、腊石、石塘等,此类与关中晋南、通泰和客赣系方言相同。

2.全读不送气的,如粤北南雄雄州镇,桂东的钟山、富川、贺州九都,湘南的江永,这和许多新湘语、广西平话相同,鄂东南的赣语也如此。

3.不论平仄,按发音部位(声组)分,並、定母字不送气,其余送气,如粤北乐昌的黄圃、三溪、皈塘和连州的一些点,这种类型在其他方言中比较少见。

4.不论声组,按声调分,又有两种情况:平声送气,仄声不送气,如湘南的宁远、桂北永福塘堡,这是和官话方言相同的;平声不送气,仄声送气,如粤北南雄的百顺,这种少见的对应还见于湖南的安仁和湖北的通山的报告。

5.另一种受声组和声调双重制约的是庄初升(2004)所报告的粤北韶关、乳源、乐昌交界处的几个点,今读塞音的常用上声字读送气音,读塞擦音的非上声字都读不送气音。这和上文所说的桂东粤语有些类似。

在一个范围不大的地区,会有这么多不同的类型的变化,这就很值得着重考察。从纵向说,这些地方的居民是陆续从外地迁入的,其不同的变异反映了全浊声母清化在不同条件的制约下,处于不同的阶段。就声组条件说,清化的顺序应该是擦音—塞擦音—塞音,关于这一点,曹志耘和庄初升都已经做过论证;从声调条件说,清化的顺序则是上声—去声—入声—平声。“上声高呼猛烈强”,上声字先清化、先送气是有道理的,“平声平道莫低昂”,则便于留浊。上文所说的湘语“入声先清化”,“舒声留浊”和“平声留浊”而清化滞后,都可以作为这一个结论的旁证。从横向说,湘粤桂边界的土话处在湘语、粤语、平话、客话和西南官话多种方言的交叉地带,移民多有穿插,不同的小方言由于语言接触的不同而发生独特的变异,这也很容易理解。从逻辑上说,语音的演变可以有按照多数方言所采取的“顺向”,也可能有异乎寻常的“逆向”。庄初升说过:“用语音发展的不平衡性原理来解释粤北土话(其实还应该包括性质相近的湘南土话)古全浊声母清化后送气与否的各种类型,才不至于捉襟见肘,顾此失彼。”(庄初升,2004:128)这种说法是有道理的。

远江方言这种二分后的变异在客、粤、平话三大方言中,各有明显不同的特点。客家话由于二分的历史长,二分之后的送气模式早已稳定下来,后来也就变动不大,内部也没有多少歧异。粤语历史上有两次集中的移民潮,在中心地区,后一次移民潮覆盖了旧有的层次,因而出现了新与旧两个不同的类型:西部继承湘楚语时代的不送气,东部平上送气,去入不送气。此外,其余的分歧不多。至于湘粤桂边界的土语群,和客家话、粤语一样,早已走上清化之路,也远离了保存三分的各个方言区,所以就沿着清化之路继续朝前走。但是土语群也有和前两种方言不同之处:这一群小方言,身处分散的农村丘陵地,本地没有出现过大中型城市,没有形成自身的经济文化中心,加上长期分属于三个省的不同行政区划,周边又存在着多种强势的大方言,在几大方言的挤压和影响下,既然整合无力,就只能"随意发散,各奔前程"了。这就是土语群出现特别复杂的状况的原因。

五、闽语和徽语二分后的特殊模式及其层次

方言学界也多知道,闽语和徽语都是实现二分后的特殊模式——清化后读为送气和不送气,"找不出分化条件"。事实上,徽语和闽语在这个问题上还是有很多不同点的。

其一,在闽语中,这是全区一致的特点,从福州到海口,连哪些字送气、哪些字不送气都只有少量的差别(李如龙,1985)。而在徽语中,只是中心区(休宁和屯溪)送气与不送气兼有,其第一外围是大多数送气,少数不送气(歙县、黟县),第二外围的三个县则是全部送气(绩溪、祁门、婺源)。

其二,闽语的送气、不送气之分是稳定的,大多与词汇挂钩,与普遍存在的文白异读挂钩,不能随意替换;徽语文白异读不普遍,送气不送气也不稳定。1935年魏建功的《黟县方言调查录》所记的不送气音有的现在已经变为送气了,当年未记为送气的现在也送气了,可见徽语送气的范围近数十年间还在扩大。

其三,徽语是弱势方言,其周边的江淮官话、赣语和吴语都比它强势,东边的严州方言和西南的赣语都是全浊清化后读为送气音的,

宣州的吴语有强势的清音浊流,这就是徽语越到外围送气音越多的原因。在闽语中,只有少数口语罕用的平声,因受普通话影响从不送气变为送气。闽语的强势使它少受周边方言的影响。

其四,闽语的全浊声母字明确地是不送气居多,送气的少。据我最近就厦门话所作统计,567个塞音、塞擦音的全浊声母字中,读为送气的只有92个,占16.5%,约1/6。而徽语显然是送气的字比不送气的多。绩溪、婺源、祁门一概送气,自不必说,歙县、黟县也是绝大多数字读送气,只有休宁和屯溪送气和不送气的比例比较接近。刘祥柏(2003)曾就学生记录的字音做过统计,他的结论是:"只有两个点读不送气声母占多数,分别为65.5%和55.9%,其他各点送气不送气的比例十分接近。"

其五,闽语有文白异读的字占多数,而且各成系统对应,全浊声母清化后读送气音的大多是白读音,和不送气的字区别明显。而徽语,平田昌司曾说:"徽州方言的文白异读不大丰富,并没有形成过两套音系的对立"。(平田昌司,1995:26)刘祥柏则说:"从文白异读的情况看,各点平声字白读不送气,仄声字相反,白读送气,文读不送气。文读层似乎是官话方言的成分。白读层是徽州方言的哪一个历史层次还不大清楚。"可见,在送气不送气和文白异读的关系上,闽语和徽语也是不同的。

然而徽语中心区和闽语的全浊声母清化后送气不送气的区分也还是有些共同性。

其一,哪些字送气,哪些字不送气,确实不是语音方面的条件规定的,与声组无关,与声调无关,与韵类也无关。试举厦门和休宁共有的全浊送气字为例:"呈、程、谭、传、芹、蓬、橙"是平声字,"挺、艇、篆"是上声字,"愧、睥"是去声字,"读"是入声字,其中不同声组、不同韵类的都有。

其二,闽语读为送气音的字虽然不多,如上所述只占1/6,但和徽语的送气音却有不少是重合的。除上文所举的休宁与厦门同样读为送气音的之外,就屯溪话还可以列出以下50个字:鼻、被、皮、脾、疲、涕、啼、骑、持、菩、柱、锤、槌、宅、乾、伴、存、桃、贼、裁、盆、潭、痰、残、蚕、撕、馋、谗、糖、匠、墙、杖、肠、锄、瓢、头、愁、臼、枢、虫、沉、尘、彭、澎、篷、勤、禽、擒、琼、穷。加上上文所举的 13 个字,闽语 92 个送气字和徽语中心区重合的竟有 63 个,占了将近 70%。看来应该是类型上的相似而不是偶合。

其三,就不送气的字看,黟县和歙县是不送气字占少数的,下列的 94 个字是黟县读为不送气,闽语厦门话也读为不送气的:步、毒、杜、渡、度、驻、爸、排、牌、徘、瓶、枇、琵、贝、臂、祁、旗、棋、祈、巨、距、拒、坠、薄、爆、惰、舵、陀、驼、跎、投、逗、球、绸、骤、台、队、兑、代、笛、亭、题、蹄、琶、杷、拌、弹、琴、淡、但、蛋、茶、闸、茄、背、赔、裴、辈、导、盗、蹈、悼、第、邓、递、便、宜、填、滇、电、殿、淀、跌、迭、截、段、缎、笨、铜、筒、童、铜、动、洞、重、量、长、短、场、磅、堂、塘、荡、宕。这样的大面积重合应该也不会是偶合。

闽语和徽语全浊声母清化之后,送气不送气兼而有之,并不按语音条件分类,可以认为是一种不同历史层次的叠置。这种模式既不同于吴语的浊音淡化自变,也不同于湘语的竞争之后的割据(有的点留浊不送气,有的点清化后不送气);和赣语的二分重组(或清或浊)有区别,与客家的一边倒(全归送气)、粤语的平上与去入“平分天下”也都属于不同类型。

在闽语中,语音上送气和不送气反映了不同时代音变的层次,词汇上反映的是方言固有和通语影响的不同层次。很有意思的是,这两方面竟然结合得天衣无缝。请看厦门话的以下 20 个送气不送气两读的常用字,凡是送气的是早期的、方言固有词的白读音,不送气的则是后起的、从共同语吸收的书面语的文读音:

　　　涂,白 thɔ,泥也;文 tɔ,涂料

　　　糊涂,白 kɔthɔ,涂上泥,词组;文 hɔtɔ,不明事理,单词

　　　度,白 thɔ,度伊:给他;文 tɔ,法度,制度

　　　柱,白 thiau,大柱;文 tsu,柱石,支柱

抱,白 pho,抱囝:抱孩子;文 pau,怀抱

被,白 phe,被席;文 pi,被动

贼,白 tshat,做贼;文 tsik,盗贼

停,白 thing,停车;文 ting,停当

骑,白 khia,骑马;文 ki,骑墙

叠,白 thiap,叠起来;文 tiap,重叠

残,白 tshan,粗残:残暴;文 tsan,残酷

虫,白 thang,歹虫:坏蛋;文 tiong,干制的沙虫(一种中药)

穷,白 khing,穷勘:穷究;白又 king,贫穷;文 kiong,穷困

平,白 phĩ,平整(田地);文 ping,和平;文又 pĩ,平路

平,白 phiã,平本:捞回老本;文 piã,平声,平仄

具,白 khu,器具;文 ku,具体

脾,白 phi,脾脏;文 pi,脾气

存,白 tshun,尊存:尊重,存死:拼死;文 tsun,存在,存钱

治,白 thai,宰杀;文 ti,治理、政治

尘,白 thun,烟尘;文 tin,尘埃、尘世

还有一些同韵、同调的字,文读不送气,白读送气,白读是方言固有的常用词,文读是偏于书面的语词。例如:

簿,白 phɔ,数簿:账本;部,文 pɔ,干部

裁,白 tshai,裁缝;才,文 tsai,天才、才能

稗,白 phue,稗草;败,文 pai,失败

桃,白 tho,桃李;逃,文 to,逃走

头,白 thau,头尾;投,文 tau,投降

痰,白 tham,痰罐:痰盂;谈,文 tam,谈话、交谈

糖,白 thng,糖饼;唐,文 tong,唐朝,文 tng,唐山:华侨称故乡

杖,白 thng,槌杖:棍棒;丈,文 tng,丈二:一丈二

读,白 thak,读册:读书;牍,文 tɔk,尺牍

雉,白 thi,雉鸡:山鸡;稚,文 ti,幼稚

关于闽语全浊声母清化后的送气不送气两类字,我曾经做过论证(1985),认为送气的是较早的层次。30 年后我还维持这样的观点,这些材料可以作为进一步的补充证明。

徽语方面由于文白异读不充分,词汇材料也不够,还很难和闽语做深入的比较。不过,从历史上说,徽州地区原来也应该是百越之地,正如郑张尚芳所说,"直到六朝这里应与吴语一样同属江东方言区"。唐宋以来中原流民多次迁入,"由于南、西、西北都受赣语包围,在赣语强大影响之下,形成一种非吴非赣的方言,即韵母像南吴语而声母像赣语的徽语"(郑张尚芳,2002:90)。闽地原来也是百越之地,六朝就有吴楚和中原汉人移入,唐代更是批量增加,不论是语音、词汇、语法都有上古、中古和后来通语影响的层次。由此可见,多次移民叠加是徽语和闽语的共同特征。这些移民既有说全浊声母清化、送气的西北方言的,也有说清化为不送气的中原雅音的。徽语和闽语清化之后兼有送气不送气,正可以证明,从皖南、浙西、赣东直到福建是这两种移民确实都走过的一条通道。只不过徽语因受赣语的挤压增加了更多的送气音,闽语是后来受到通语的影响增加了更多的不送气音而已。

六、关于考察方言音变历史层次的几点感想

1.应该切实把方言看成一个大系统,从内到外进行全方位分析

语言是多个子系统组合成的完整的大系统。语音系统内部的声韵调是联系在一起的,外部又是和词汇、语法、语用、语体相关联的。考察全浊声母的演变首先要看是否受声母的发音部位、发音方法制约,是否与韵类(阴阳入)、调类(平仄、四声)乃至韵值(元音的高低前后)调值(高低、长短、平曲)相关联;文读和白读有没有不同的反映,在多音连读中表现如何;在语音之外还要考察在方言固有词和借用通语词之间、常用词和非常用词之间、单音词和双音词之间、口头语词和书面语词之间有无差异,用作实词和用作虚词是否不同。事物

变化发展的根本原因在于内部的矛盾。语言内部的种种制约因素是语音演变的最重要因素,这是毋庸置疑的。在语言外部,就南方方言说,北方移民南下的出发地和迁徙的时代、批量大小,本地原有居民的族别和人数的多少、势力的大小,通语和周边方言乃至外族语言对方言影响力的强弱也会促进、加快或限制、减缓方言语音的变化,有时还会影响音变的路向和格局。上文所列的事实许多都可以用来说明这些原理,此处不再就不同的方言事实做分析了。

2.应该为复杂的语音演变事实归纳类型并处理类型和层次的关系

汉语方言种类繁多,历史漫长,分布广阔,古代有少数民族杂处,后来又有不同方言的接触,因此造成了语音演变的复杂类型。理出不同类型之后也应该区分层次,看看大类型如何套着小类型。如上文所述,从三分变成二分,就有音值蜕变和音类归并两大类,吴语属于前者,湘赣语属于后者;音类归并的又有单类归并和双类归并之别。单类归并的有次清混入全浊(如都昌)、全浊混入次清(如客家)和全浊混入全清(如多数新湘语)几种;双类归并(全浊混入全清和次清)的也有按平仄分送气不送气(如官话和粤语),按舒、入分为入送舒不送(如部分新湘语)的情况,还有按新旧语音层次分的(如徽语和闽语)。

类型的差异一般来说是共时的差异,层次的差异则是历时的差异。但是二者有时是可以重合的,例如,从"二分"到"三分"既是类型的不同,也是两个不同历史时代的演变,吴语的宣州片浊塞擦音变为清擦音,浊塞音变为送气通音,肯定是比多数地区吴语更为后起的现象,至于浦城吴语的全部清化就是更晚的变化了。湘语中入声送气、舒声留浊和全部留浊或全部清化的不同类型也肯定属于不同的历史层次。有时,类型的不同和历史层次又是未必重合的两回事,例如全浊和次清在赣语的竞争,谁胜谁负可能就分不出先后来,粤北土话有平声送气、仄声不送气(百顺)的,也有上声送气,其余不送气(长来)的,恐怕也很难说是不同历史时代的现象。

3.研究方法上要开展纵横两向的比较研究

　　单点的方言也可以分析其语音的系统或是某一个音类属于什么样的历史层次,但也需要拿它和古今通语做比较才能了解。如果能就一个方言片的若干个点做比较,语音的历史层次就会更加昭显,因为除了方言孤岛,语音的演变不可能是单点的独变,方言的语音通常是在共同的社会生活中成片共变的,就像地质层那样,总是一片片、一层层堆砌起来的。这种比较研究一般是从近处开始,拿一个小区,接着就一个大区综合各个点的共同特征,而后拿一个区和其他的区(连片或不连片的)比,再和历代的通语比;如果有古方言的语料,还得和古方言比,有古代民族语言的记录或已经发现了有效的线索,还得和相关的民族语言比。比较的点越多、比较的内容越周详,关于语音演变的历史层次就越能认识得更加准确。

　　4.透过语音历史层次的考察提取区片方言的特征

　　比较是方言研究的基本功,只有进行了比较,才算是开展了研究。方言的内外比较当然不光是为了了解方言的历史层次,最后的目标应该是为了提取区域方言的特征,尤其是那些历史长、范围广、影响大的方言。不同的方言之间,可能有共同的特征,但也有不同的区别特征。方言的特征包括语音、词汇和语法的结构特征,也包括语言外部的文化特征,几个方面都应该综合考虑。就全浊声母的演变来说,保留浊音,与全清、次清三分,就是多数吴语和少数湘语的共有特征,而吴语的弱化为清音浊流和湘语的保留纯浊,又是二者的区别特征。全浊声母清化混入次清并读成强送气音,这是大多数客赣方言的特征,而少数赣语留浊或"次清化浊"则是区片方言的独有特征。全浊清化、派入全清和次清,这是徽语、闽语和粤语的共有特征,而徽语多送气,闽语多不送气,多数粤语是平上送气、去入不送气,粤西粤语则与平话和新湘语同样一概不送气,这说明三者之间也有不同的特征。厘清层次和归纳类型是对比较研究的检验和认定,提取了特征则可以进一步得到理论的升华。当然,有了特征的概括,今后再遇到新的方言还可以拿它作为鉴别的依据,看究竟属于什么层次、什么区片,也可以拿它去检验所概括的特征是否准确。这就是方言调查

汉语特征研究

研究的实践与理论的反复互动、互证,只有这样,方言学才能不断登上科学的高峰。

参考文献:

[1]白云.灌阳观音阁土话研究.广西民族出版社,2005.

[2]鲍厚星.东安土话研究.湖南教育出版社,1998.

[3]鲍厚星.湘南东安型土话的系属.方言,2002(3).

[4]鲍厚星、陈晖.湘语的分区(稿).方言,2005(3).

[5]鲍厚星等.湘南土话论丛.湖南师范大学出版社,2004.

[6]曹志耘.严州方言研究.[日本]好文出版株式会社,1996.

[7]曹志耘.南部吴语语音研究.商务印书馆,2002.

[8]陈昌仪.赣方言概要.江西教育出版社,1991.

[9]陈晖.湘方言语音研究.湖南师范大学出版社,2006.

[10]陈立中.湖南客家方言的源流与演变.岳麓书社,2003.

[11]陈晓锦.广西玉林市客家方言调查研究.中国社会科学出版社,2004.

[12]陈晓锦.广西北海市粤方言调查研究.中国社会科学出版社,2005.

[13]陈章太、李如龙.闽语研究.语文出版社,1991.

[14]广西地方志编委会.广西通志·汉语方言志.广西人民出版社,1998.

[15]侯精一.现代汉语方言概论.上海教育出版社,2002.

[16]蒋冰冰.吴语宣州片方言音韵研究.华东师范大学出版社,2003.

[17]李连进.平话音韵研究.广西人民出版社,2000.

[18]李荣.语文论衡.商务印书馆,1985.

[19]李荣.方言存稿.商务印书馆,2012.

[20]李如龙.中古全浊声母闽方言今读的分析.语言研究,1985(1).

[21]李如龙.汉语方言的比较研究.商务印书馆,2001.

[22]李如龙.汉语方言学(第2版).高等教育出版社,2009.

[23]李如龙.论混合型方言——兼谈湘粤桂土语群的性质.云南师大学报 2012(5).

[24]李如龙、张双庆.客赣方言调查报告.厦门大学出版社,1992.

［25］李如龙、辛世彪.晋南、关中的"全浊送气"与唐宋西北方音.中国语文,1999(3).

［26］林亦.兴安高尚软土话研究.广西民族出版社,2005.

［27］刘纶鑫.客赣方言比较研究.中国社会科学出版社,1999.

［28］刘祥柏.徽州方言全浊字今读与吴语的关系.吴语研究,2003.

［29］平田昌司.徽州方言研究.［日本］好文出版株式会社,1998.

［30］钱乃荣.当代吴语研究.上海教育出版社,1992.

［31］钱曾怡.汉语官话方言研究.齐鲁书社,2010.

［32］唐昌曼.全州文桥土话研究.广西民族出版社,2005.

［33］万波.赣语声母的历史层次研究.商务印书馆,2009.

［34］伍云姬、沈瑞清.湘西古丈瓦乡话调查报告.上海教育出版社,2010.

［35］辛世彪.东南方言声调比较研究.上海教育出版社,2004.

［36］邹晓玲.湘西州汉语方言音韵比较研究.中山大学博士论文 2013.

［37］詹伯慧、张日升.珠江三角洲方言综述.广东人民出版社,1990.

［38］詹伯慧、张日升.粤西十县市粤方言调查报告.暨南大学出版社,1998.

［39］赵元任.现代吴语的研究.商务印书馆,2011.

［40］张双庆.乐昌土话研究.厦门大学出版社,2000.

［41］张桂权.资源延东直话研究.广西民族出版社,2005.

［42］郑张尚芳.现代汉语方言概论.上海教育出版社,2002.

［43］庄初升.粤北土话音韵研究.中国社会科学出版社,2004.

关于文白异读的再思考[*]

　　丁邦新先生 2008 年出版的论文集有一篇为他的老同学郑锦全先生祝寿的论文——《北京话文白异读和方言移借》，文章虽然不长，却很有分量，也很见功力。

　　李荣先生 1982 年提出了一个著名的论断："北京的文白异读，文言音往往是本地的，白话音往往是从外地借来的。其他方言区的文白异读，白话音是本地的，文言音往往是外来的，并且比较接近北京音。"后来，耿振生对此提出了相反的意见，丁邦新的论文就是对这个争议所做的评论。他在查遍北京话有文白异读的中古收-k尾入声字的文白异读之后，论证了文读音是符合古今音演变规律的"本地固有的读音层"，支持了李荣的意见，认为："收-i、-u尾的-k尾字在别的方言里不同的演变，跟北京固有的读音层不一样，在不同时期移借到北京话里来，人群迁徙和社会上不同语言层的混杂是主要原因，今天的北京音实在是一个方言混杂的语言，其中读书音是本地固有的读音层，白话音是从外地的方言移借而来，一字多音正是反映这种现象。"

　　这场争论引起了我对汉语方言文白异读现象的进一步考察。本文把多年思考的心得写出来就正于方家。

一、北京话的固有音和外来音

　　丁邦新抓住了李荣和耿振生争议的焦点：究竟北京话的文读和

---

　　[*]　本文应约为丁邦新先生寿庆论文集而作。

白读哪个是"本地固有的读音层"？丁先生通过用文白异读的字和无异读的字的比较，指出："各摄文读音跟其他没有两读的入声字的读法是一致的，尤其铎韵、职韵的白读韵母完全不见于其他摄的字，直接否决了白读韵母作为基本音的可能。"其实，从整体上一眼就可以看明白：北京话的白读音只有中古音收-k尾的入声韵的少数字（可能不上百字），如果只有文读音才是"本地固有的读音层"，北京话的固有读音岂不是就基本上落空了？原来大家所认同的，北京话是从《中原音韵》所记录的"大都话"直接继承下来的，后来整合为"十三辙"的现代汉语的标准音，不就失去了依傍，成为奇谈怪论了？何方的"外来影响"能整合成如此严密的语音系统呢？

　　林焘先生在《北京官话探源》一文中说："所谓元大都话，实际是辽金两代居住在北京地区的汉族人民和契丹、女金等族经过几百年密切交往逐渐形成的，到元建大都时已趋于成熟，成为现代北京话的源头。"（林焘，2001：175）钱曾怡主编的《汉语官话方言研究》谈到北京官话的形成过程时说："虽然元末明初北京人口发生了很大的变化，但元代的北京话还是保留下来了。"（钱曾怡，2010：66）至于老北京话何以能够保留，书中分析了三种可能的原因：大都人逃离大都之后有大量返回来了；北京邻近的话本来就口音相近，周边的人移入北京之后并没有动摇其基础；后来从远道入京的则多为官、兵、商，来源复杂，方言多样，也无法取代北京话。仅就入声消失过程中的演变说，《中原音韵》清入字归上声，宕江通三摄的入声字出现文白异读；明末的《合并字学集韵》清入派入四声，曾梗摄的入声字也出现文白异读。宕江曾梗通五个收喉塞音的韵尾是最后脱落的，出现文白异读正是反映了这个过程。这近千年的演变并非重大的更革，也不是中断或替换，仅仅是局部的渐变积累而已。

　　被耿振生认为是"本地固有的语音层"的-k尾入声字的白读音其实正是主要来自北京近郊和东北官话和冀鲁官话。据《汉语官话方言研究》（钱曾怡，2010）所附录的"音系基础字字音对照表"显示，宕江摄的"鹤着薄勺"读为au，"脚药约觉学"读为iau，梗摄的"白百拍迫择摘麦"读为 ai,通摄的"粥熟肉、六"读为 ou、iou,都是这几个官话区连片的读法,未见于其他官话区;只有曾摄的"贼黑北"读为 ei 还见于中原官话。这种情况耿振生也看到了,他说:"北京话的白读音有宕江摄的 au、iau 和通摄的 ou、iou,韵母分布与效摄和流摄相同,这在洛阳一带是没有的,这一类白读音主要存在于河北、东北。"又说:"梗曾摄白读音 ai、ei 也主要存在于河北、东北。"他还说:"北京市郊各区县,和河北省的保定、廊坊、唐山以及天津市等地,文白异读的情况大体跟北京话一致,都是白读音要多一些,读书音要少一些。"因为他预先设定了"文读音是外来的",所以不认为现代北京音的主体(文读音)是大都音的继承,而解释为从洛阳、南京一带的"强势方言"借来的,而局部的变异(白读音)则认定为固有的,后来向周边方言扩散了。汉语史的基本事实早已说明,中原一带的语音南宋之后就不再是强势的了,明清之后近代汉语的标准音显然经历过由南京到北京的转移,北京音的主体(文读系统)从《中原音韵》到《合并自学集韵》再到十三辙是一脉相承的。而白读层才是从河北、东北一带就近借用的,周边白读字比北京多,是北京话借用时打了折扣,如果说是周边方言向北京话借用之后又加以发扬光大,反倒就没有说服力了。

二、为什么有固有音和外来音之别

文白异读的概念是谁首先提出的,本文不作查考。不过,1931 年出版的《厦门音系》,对于厦门话的文白异读就有了明确的记录。1926 年,罗常培先生到厦门大学任教半年多,就睿智地发现厦门话的这个特征。1930 年,经过在北京三个月的补充调查之后,他写成的《厦门音系》,就明确指出:"各系方言的读书音跟说话音往往都有些不同,但是很少像厦门音系相差那么远的。厦门的字音跟话音几乎各成一个系统,所以本地人发音时特别要声明,'孔子白'怎么读,'解说'怎么读。这一点要算是厦门话(至少也可以说是福佬语系)的特质之一"。(罗常培,1956:41)所谓"读书音、孔子白"就是读书识字时塾师所教的"字音",历代塾师口口相传的字音大体是《康熙字典》所集录的历代韵书的反切切出来的,后来从《汇音妙悟》《十五音》一类地方韵书也可以切出字的文读音。所谓"说话音、解说"就是该字的意思(字义)在方言中相应的说法(词义)的音,例如"九",举友切,文读音是 kiu^3(如说"九归"),用方言来"解说",就是说话音 kau^3(如说"九重粿"——一种米浆蒸的多层淡年糕)。"山"文读音 san^1,"山海关、山明水秀、高山流水"都读文读音,"山头、山骹(山脚下)、半山腰"则用白读音 sua^1。这和李荣先生的说法是相符的:"其他方言区的文白异读,白话音是本地的,文言音往往是外来的,并且比较接近北京音。"因为是用通语的反切切出来的,所以是外来的,又因为古今通语是相对应的,所以比较接近北京音。至于白话音,因为是用方言词来"解说"的音,所以是本地的。

然而为什么在"本地的"和"外来的"这一点上,北京话和其他方言的文白异读会有相反的表现呢?这就充分地说明了北京话作为通语的标准音和其他方言的不同。北京话语音作为元代以来的近代汉语通语的基础,和《中原音韵》有严整的对应,这是主流,口语里某些发生了变异的音是外地借入的旁支;相反的,其他方言本地固有的是方言音,外来的音则往往是近于普通话的音。例如北京话的"颈"文读 $tɕiŋ^3$,符合古音居郢切的对应,是本地固有音,白读 $kəŋ^3$,应是从济南一带借入的二等牙音未腭化的音;"绊",文读 pan^4,也符合古音博漫切的对应,是固有音,白读 $phan^4$ 是和江淮官话、西南官话以及南方方言相近的外来音。反之,"颈",南昌的 $tɕiaŋ^3$ 是白读的固有音,文读的 $tɕin^3$ 是从普通话借入的音;长沙的 $phan^5$ 是方言固有的白读音,pan^5 是普通话借入的文读音。

在南方方言中,文白异读最多的是闽语。据周长楫等统计,《方言调查字表》的 3 758 个单字中,厦门话有文白异读的字达 1 529 字,占三分之一强,其中还有超过 1/10 的字是一个文读配有两三个以上的白读(周长楫等,1998:100),足见文白异读之多。在北方,文白异读最多的是晋语。和闽语一样,晋语的文白异读也很明显,白读音是固有的,文

读音是接近普通话的外来音。不论声母、韵母或声调,都是如此。例如太原话:

例字	大	崕	陷	棚	赠	伸	郭	折
文读	ta⁴	ɕia¹	ɕie⁴	phəŋ¹	tsəŋ⁴	səŋ¹	kuaʔ⁵	tsəʔ⁵
白读	tɤ⁴	nai¹	xæ⁴	phie¹	tsəŋ¹	tshəŋ¹	kuaʔ⁵	tsəʔ⁵

再举一处中部的吴方言为例。郑张尚芳在《温州方言志》里说:"白读的层次来自不同时代读音的遗留或不同方言的影响,而文读来自浙江官话书音及随其相混韵出现的平行变化,跟不同的条件音变。"他举的例子有:

例字	粪	含	澄	嫌	去	管	浓	一
文读	faŋ⁵	ɦø²	dzeŋ²	ji²	tɕhy⁵	ky³	noŋ²	jai⁷
白读	paŋ⁵	gaŋ²	deŋ²	ɦia²	khi⁵	kaŋ³	□yɔ²	ji⁷

从这些文白对应看,也是文读近于通语,白读反映了方言固有的语音特点。可见李荣说的方言白读是固有音,文读是外来近于通语的音,这在北京以外的方言中都是一样的。

三、对文白异读的复杂性应作全方位考察

然而,认真推敲起来,"文白异读"的说法并不准确。至少,就闽语来说,就有如下四种情况和"文白异读"的说法不相符。第一,不同的读音并不都是书面语和口头语的不同读音,文读音可以用于口语,白读音也可以用于书面语,可见文白异读并非不同语体的不同读音;第二,文白读并不只是语音上的异读,而是用在不同的词汇里表示不同意义,而又不能随意变读的音,可见文白异读也不是单纯的语音现象;第三,文白异读是对"字"说的,放在词语之中大多数情况是不能自由变读的,而是文读或白读有定的,不能泛称为"异读";第四,文读音和白读音并非都是一对一的,既有缺文或缺白的"缺对",也有一文

多白的,所以,以前有人称为"文白两读"就更加不准确了。

胡明扬先生的《海盐方言志》把他的母语的文白异读说得很透彻。他说,"只有一读的字也还有文白之分",举的例子是"谐"读 ɦiɛ²,"鞋"读 ɦa²,"蟹摄开口二等见晓组字的口语音是-a,读书音是-iɛ,所以'谐'读 ɦiɛ² 是读书音,只是因为'和谐'是书面语语汇,口语中没有'谐'字,因而只有读书音"(胡明扬,1992:24)。还说:"一个字有两种读音也不一定就是一文一白,有可能两种读音都是读书音,或者都是口语音。"他举的例子是"解"的四种读音:ka³(锯开)、ga⁴(解扣子)是口语音,读书音是 tɕia³ 或 tɕiɛ³。"如此看来,口语音和读书音问题相当复杂,绝不是只涉及少数有文白异读的字而已,而是要全面细致地分析每个字的读音,然后根据整个语音系统和中古音的对应关系来逐个确定哪个是口语音,哪个是读书音,并且不论是口语音还是读书音,内部都还可能有不同类别和不同层次。"(胡明扬,1992:25)

在厦门话中,文读音和白读音也都可以用于方言词。例如,"先生"二字,文读音是 sian¹ siŋ¹,白读音"先"是 siŋ¹,"生"有 sĩ¹、tshĩ¹ 两音,读书时"东郭先生"只能读文读音,说话时,当"老师、大夫"说的"先生"要说 sian¹ sĩ¹,"头先"(刚才)要说 thau² siŋ¹,"学生"要说 hak⁸ siŋ¹,"生理"(生意)要说 siŋ¹ li³,"后生"(年轻)要说 hau⁶ sĩ,"生字"要说 tshĩ¹ li⁶。不论是读字音或者是用在方言词里,该文则文,该白则白,读音是不能随意变动的。

厦门话有一些韵并没有文白的不同读音,例如臻摄合口谆韵的"轮尊笋春顺均、律出术",一字只有一音,韵母都是 un—ut;也有些字的文读音不用来构成方言词,只用于读字。例如"北京"的文读音是 pɔk⁷ kiŋ¹,(北,博黑切,但文读音不读 pik⁷,可能是从白读音 pak 按照通摄的文白对应 aŋ—ak 推出来的),但是"北京"说 pak⁷ kiã¹,"京城"说 kiã¹ siã²,"城北"说 siã² pak⁷,都不用文读音;还有一些本地自创的方言词只有白读音而没有文读音,例如 lam⁵(陷入烂泥浆,可能是壮侗语的底层),uãi?⁸(拟声词,开门声),lam⁶ sam³(叠韵,意为胡乱、随便)。有些字则可以是一文多白。例如"平"文读 piŋ²,读文章之外,口语也用文读音,如说"平常时、公平、天平(额头)";白读则有四读:pǐ²[平路、平分、分无平(分得不公平)],phɪ²(把地整平),piã²(平仄),phiã²[平本(捞回成本)]。

据此,关于文白异读的种种复杂情况,可以作三个方面说明:

1.汉语方言的文白异读不是个别字音的变异,而是音类系统上的差别。如果一个音类没有分化为两种读音,也就没有文白的异读。粤语的音类就大多未经分化,因此没有文白异读,文白异读很多的闽语,有些音类没有分化出不同读音,这些音类也就没有文白异读,例如上文说的 un—ut 这两个韵。"音随义变"的异读是按照字义的区别一个个变读的,而不是按照音类几个一起变,例如北京话的"长₋短、长₋生长","调₋调和、调₋调动"。可见,文白异读和别义异读还有性质上的不同,一是音类的部分变异,一是个别字音为了别义而发生的异读。

2.文白异读不仅是语音现象,而且是和语义相联系的词汇现象,作为音类中的单字的字音,文白的不同读音是"异读",但是在词汇中的字,大多是不能随意变动的"定读"。有的字,方言不用,就没有白读音,或者方言词的字本地人读不出文读音,也就无所谓文白异读。例如北京话,"薄弱"和"很薄"po² 和 pau² 就不能随意变读;"否",只有一读、文白同音,"嘎"就只有白读音、没有文读音。厦门话的"芳香",文读 hɔŋ¹ hiɔŋ¹,口语是不说的,只用于读书,白读 phaŋ¹ hiu¹ 就是"很香的线香"了,"开方"读文读音 kai¹ hɔŋ¹ 是数学名词,读白读音 khui¹ hŋ¹ 是词组,意为"开药方";"糊涂"文读 hɔ² tɔ² 是词(不明事理),白读 kɔ² thɔ² 是词组(沾上泥土);"不"只有文读 put⁷,"唔"只有白读 m⁶。就"糊涂"的声母的文白读说,白读是上古音的旧层(匣母读为 k-,定母读为送气音),文读则是中古音全浊清化后的读法。

3.不论是文读、白读都有各自的来历。来自不同时期、不同地方的音变形成了不同的历史层次。北京以外的方言,文读有中古音和现代通语音之别,白读音有更多不同的来源,因而层次更复杂。例如温州话"下"文读 ɦo⁴,白读 ho³(下种)、ɦo⁶(水位下落)、o⁵(动量词)。文读音与古音"胡雅切"相符,白读声母留浊的是方言旧音,清化的是后来的层次。再如泉州话"下"有五个音：

> 文读 ha^4（《广韵》胡雅切）：上下、高下、下贱、下级
>
> 白读 ke^4：低、唔悬唔下（不高不低）；
>
>   he^4：无下无项（办事无条理）
>
>   khe^4：放置；
>
>   e^6：（胡驾切）量词

声母读为 k、kh 是匣母和群母尚未分化的上古音的旧层，读为 h 是中古浊音清化后的新层；韵母 a 是接近中古音的层次，读为 e 是元音高化后的新层。

以上三条特征可以归纳为一句话：文白异读是语音演变历史层次的叠置和词汇演变历史层次的共现。

四、从文白异读的性质看汉语的特征

汉语的文白异读是字音音类演变的现象。如果汉语不用汉字来记录，而用汉语拼音来拼写，也就无所谓异读；如果字音不是成系统的，也是无所谓异读的。

汉语的字音和汉语的音节是重合的，但是并不是一对一的重合，所以又具有不同的性质。音节是由声韵调组合而成的，每一个音节只有一种读音，音节内部可能有某个音位的变体，如北京话 ian 和 ang 这两个音节之中 a 的发音有所不同，但是只是音位的变体，并不造成音位的对立，所以不造成异读；而字音就不一样，一个音节可以包含许多字，造成同音字，一个字也可以读成几个音，造成多音字，多音字也就是有异读的字。异读字中有别义异读、新老异读、正误异读等等，文白异读只是其中一类。

汉语的语音系统中，在音节的层面上有两个系统：语音系统和字音系统。语音系统中的音节有声母系统、韵母系统和声调系统，这是对汉语语音系统的语音学分析，例如"高"属于 k 声母、ao 韵母、阴平

55调；字音系统中的音节则有声类系统、韵类系统和调类系统，这是对汉语字音系统的音韵学分析，例如"高"属于见母、豪韵、平声。

不论是同音字或是多音字，每一个字音的声韵调都属于一定的声类、韵类和调类。用音韵学方法考察声韵调相同的同音字，其声类、韵类和调类就可能和语音学的分析完全不同，例如北京话"细—隙"同音，其声类、韵类和调类就各不相同，"细"属于心母、霁韵、去声，"隙"属于溪母、陌韵、入声。这是研究汉语方言语音的人都知道的常识。

可见，字音系统是汉语特有的系统。学习和研究汉语的语音，不但要了解语音系统，更要了解字音的系统。语音系统是汉语语音的共时平面的结构系统；字音系统则是汉语语音的历时演变系统。

汉语的字音系统是怎么来的？其声类、音类及调类是从哪里来的？是从广韵音系来的。广韵音系是定型于隋唐时期的汉语中古音的语音系统。从《切韵》《广韵》到《唐韵》《集韵》，反映的都是这个音系。借助着《平水韵》，这个语音系统成为唐宋以来科举取士时作诗用韵的标准，全国各地的方言大多用它作为"读书音"。可以想象，那以后的千年间，这个音系在知识界、文化界有多么深远的影响。

正因为中古音系长期作为通语的标准音，后来的各种汉语方言尽管都发生了许多变异，它们的声韵调音类仍和《广韵》系统存在着不同程度的对应。从各地方言的文白异读也可看到不同读音和广韵音系的对应。例如：

"去"的文白读（文白读用｜隔开，与前一个地点相同的文读或白读用＝替代）：

北京 tɕhy⁵｜tɕhi⁵ 太原＝｜khə⁷ 温州＝｜khei⁵ 长沙＝｜khə⁵
梅州 khi⁵｜hi⁵ 福州 khøy⁵｜khɔ⁵ 厦门 khu⁵｜khi⁵

"角"的文白读：

北京 tɕye²｜tɕiau³ 太原 tɕyeʔ⁷｜tɕieʔ⁷ 长沙 tɕio⁷｜ko⁷

"更"的文白读：

北京、西安、太原 $kəŋ^1$｜$tɕiŋ^1$ 苏州 $kən^1$｜$kaŋ^1$ 厦门 $kiŋ^1$｜ki^1

"薄"的文白读：

北京 po^2｜pau^2 太原 $pəʔ^8$｜$paʔ^8$ 厦门 $pɔk^8$｜$po?^8$

"澄"的文白读：

北京 $tʂəŋ^2$｜$təŋ^5$ 太原 $tshəŋ^1$｜＝ 苏州 $zən^2$｜tin^5 福州 $tiŋ^2$｜$teiŋ^2$

以上事实说明，文白异读有两重性质值得我们关注。第一，和属于共时结构的音节系统不同，字音系统的文白异读是属于历时演变的现象。不过，不论是音节系统或是字音系统，在通语和方言之间都存在一定的对应。第二，因为用汉字来记录语音，才有了字音的系统。汉字在"隶变"定型之后形体长期稳定，而字音不断发生变异，字义也不断扩展延伸，因而产生了"多音、多义"情况，从而又产生了种种"异读"的现象。从根本上说，文白异读正是汉字成为标注汉语的符号，并且成为汉语的语素之后所带来的语音现象。

五、余论

认识汉语语音的音节系统和字音系统有重要的理论意义。因为音节系统是抽象的，它必须体现在字音之上。表述汉语方言的语音特征时说的"n—l 不分、没有翘舌音、没有撮口呼、没有-n 韵尾、没有塞音韵尾、没有促声调"等等，这是从它的共时的音节结构说的"语音特征"；说"没有轻唇音、精知庄章合流、四等字有读为洪音的、一等字有读为细音的、入声调合成一类或分为阴阳两类（或分为三类）"，这是从它的字音类别说的"音韵特征"。要透彻地了解和说明汉语的通语和方言的语音，纵横两个方面的分析都是不能缺少的。

从应用方面说，不论是母语教育或对外汉语教育，也应该两个方面都关照才行。在母语教育中，因为方言母语和普通话之间的字音对应已经在学生的语感中自发地存在，智商较高、语言能力较强的学生是可以自己折合来学习通语的标准音的,其他学生通过正常学习,掌握起来也不难。对于没有汉语语感的外国学习者来说,学习汉语时教学字音的音类就是不可缺少的了。历来的对外汉语语音训练根本就不进行字音的音类训练,所以西方人掌握不了"四声";母语是英语、俄语的不能辨别 i—y;日本人分不清前后鼻音字;东南亚的学习者不知道三套塞擦音都管着哪些字。可见,让汉语的二语教育者学点音韵学知识、了解字音的音类,知道汉语语音上的这一重要特征还是很有必要的。

参考文献:

[1]丁邦新.中国语言学论文集·北京话文白异读和方言移借.中华书局,2008.

[2]李荣.音韵存稿·语音演变规律的例外.商务印书馆,1982.

[3]耿振生.北京话文白异读的形成.语言学论丛,2003(27).

[4]罗常培.厦门音系.科学出版社 1956.

[5]林焘.林焘语言学论文集·北京话溯源.商务印书馆,2001.

[6]钱曾怡.汉语官话方言研究.齐鲁书社,2010.

[7]王福堂修订.汉语方言字汇(第2版重排本).语文出版社,2003.

[8]胡明扬.海盐方言志.浙江人民出版社,1992.

[9]郑张尚芳.温州方言志.中华书局,2008.

[10]李如龙.汉语方言学(第2版).高等教育出版社,2007.

[11]周长楫、欧阳忆耘.厦门方言研究.福建人民出版社,1998.

从语音特征出发设计语音教学[*]

一、语音的特征与语音教学

不同的语言有共性，也有个性，不同的语音系统也一样有共性和个性。在教学中，共性特征可以用来作为参照物，启发学习者和自己的母语做比照和类推，例如元音中的 a、i、o、u、e，辅音中的 p、t、k、s、m、n 是大多数语言和方言都有的音，不必多做说明，一般的学生都能自己比照学习；而学习第二语言所遇到语音的个性特征则是学生未经接触和了解的新知，应该作为教学训练的重点和难点。例如南方方言普遍没有翘舌音声母，没有轻声和儿化，外国语则多数没有汉语式的用高低升降来区别意义的声调，许多外国语没有撮口元音，没有舌尖（前与后）元音ɿ、ʅ。显然，让学习者掌握和自己的母语不同的目的语的语音个性特征，是更加重要的。为此，必须经过精心研究，设计恰当的方法。

汉语的母语教育和对外汉语教学教的都是现代汉民族共同语。由于中国民族众多、方言复杂，各民族的语言和各地方言与现代汉语普通话的语音存在着很大差别，虽然普通话作为全国范围内的通用语已经相当普及，民族地区和方言地区的学生要学好共同语的标准音，依然有不少困难。至于来自不同国家的外国留学生或者是到国

---

　　* 本文曾在深圳大学举办的学术会议上宣读过，后来刊于《学术研究》（广州）2015年第 1 期。

外去教的当地学生,让他们了解汉语语音的特征就更加重要了,因为汉语的语音和世界上许多语言的语音系统都有许多不同。

研究语音的特征就是要进行不同语言的语音的比较。不同的语言或方言,在语音上,大大小小的差异很多,有的重要,有的不重要,只有在"主要差异"中抽取最重要的特点,才算是特征。语言是为了交际,为了表情达意,凡是影响交际,让人听不懂,或者造成含混或误会的,就是特征性的差错。对于一般的学习者来说,学习一种语言的语音,未必要求十分标准,也无须要求具备艺术表达的能力。因此,必须在种种差异中提取最重要的特征。母语教学就拿普通话和方言、民族语言做比较,对外汉语教学则拿汉语和学生的母语做比较。为语音教学所作的比较必须在全面的、深入细致的语言学比较的基础上,参照在已有的教学实践中所了解的学生最常出现的差误,精确地提取母语和目的语之间的主要语音差异。

然而对这个"主要差异"的理解却也不能过于简单,以为只是某些音素和音节上的不同。有的老师把语音训练局限于入门阶段的"拼音教学",不论是母语教育或对外汉语教育,都有这种情况,这就是一种误解了。

任何语言的语音都可以切分为几个不同的层级:音素,音节和词、语、句组成的各种不同长度的音流。实际语言是长长短短的、强弱快慢相间的音流,而音素和音节则是对于长长短短的音流进行过分析的结果。

一般说来,经过分析的音素(音位)和音节是语音的结构单位,是和语言的意义和表达不相关的语音现象,而和词语句子相联系的音流则与语义和表达相关。语音教学是教人学好语音以便更好地组织言语、沟通交际的,因而必须从音素、音节到大小音流都组织教学,开展训练。音素和音节只是语音系统中的"零件",把零件连缀成音流并获得表达效果是更难的操作。音素、音节的教学只是低层次的语音的基础训练,这个初级阶段的训练是显性的,比较容易掌握的;字音系统是汉语特有的,语流中的连音变读也是现代汉语和其他语言多所不同的特征,不论是母语教学或汉语作为第二语言的对外汉语教学,语音训练都不能止于音素、音节的基础训练,而必须进一步落实于音流的训练,贯穿到语言教学的全过程。以下就各个不同的层级讨论语音训练的内容和方法。

二、汉语的音位特征及其教学

汉语音位系统最显著的特征是声调的音位。世界上的语言大多数没有声调,有些非洲语言也有声调,有人说日语也有声调,但是都和汉语的声调属于不同的类型。声调是外国人学习汉语语音的最大难点。汉语方言虽然都有声调,但调类和调值和普通话大多有区别,多音连读之后还有各不相同的变调,学得好也不容易。

教学普通话声调应该从调值入手。普通话只有四种声调,教学平升曲降四种调值并不难,一般情况下,经过一两节课的训练就能基本掌握。而调类的训练就难得多了。中国人的母语方言都有自己的调类和调值,并且和普通话的调类和调值大多有一定的对应关系,只要引导学生用母语的调类去类推,学起来也并不太难。例如普通话的阴平和阳平两个调类,所管的字在多数方言中都是大体相同的。"天晴、分明、心情、公平,长江、重新、南山、红星",尽管各地方言调值不同,也有不同的变调,但是,读了一遍就能知道各自的阴平、阳平是什么样的调值。外国人学汉语完全没有字调归类的语感,要区别一个声调管哪些字、一个字读什么声调,都是十分困难的。通常的办法是结合一个个的单音词的学习来记住字调,但这就只能是一个漫长的过程了。赵元任曾经提倡,把四声字调编成有趣、好记的四字格顺口溜:中华语调,阴阳上去,高扬起降,非常好记。还可以就常用字选取一些四字格的成语以供背诵:英雄好汉,心明眼亮。经年累月,坚持苦练。风云雨露,山明水秀,阴谋诡计,千奇百怪……这实在是个好办法。如果把常用的几百个字都编在一起,朗朗上口,意思连贯,不要多久准能熟记。能把三五百个常用字的调类记熟了,其他的靠长期学习的积累就行了,对于外国人来说,至少可以改变"无声调汉语"的状况。遗憾的是,时下对内对外的汉语教材就很少运用这一有效的教学方法。

其他的音素(音位)特征,一般的老师只要有一定的经验,都能知道教学的重点和难点。例如有些方言的送气音和普通话不完全相同(客方言太多,湘方言太少),许多外国语则没有送气不送气的音位对立,要让学生记住送气不送气的字音区别,不论是中国学生或外国学生,最好的办法是分词比字,例如:独立—图例,掉下—跳下,带好—太好,动心—痛心,忠实—充实,举了—取了,对于其他有音位对立的音素也可以采取同样的训练方法。例如:大山—大三、大字—大志,大槽—大潮(区别平翘舌),废了—会了、防虫—蝗虫、犯人—换人(区别 f 与 h),担心—当心、参天—苍天,吩咐—丰富、盆子—棚子(区别 an 与 ang、en 与 eng)等等。20 世纪五六十年代的普通话教学曾经广泛应用这种"方音辨正"的方法来训练标准音,取得了良好的教学效果,后来就收起不用了。如果以为现在普通话已经普及,不必再教方音辨正,就错了,从会说普通话到说一口标准普通话,即使是在北方官话区,也还有很长的路要走,在其他方言区就更不用说了。至于对外汉语教学,似乎还从未采用过,不妨试试。

教外国人学汉语,第一项要做的功课便是比较学生的母语和汉语,找出汉语的语音有哪些他们的母语所没有的音素。例如日语没有辅音 f、ʂ,不能区分-n、-ŋ,英语及俄语没有辅音 tɕ、tɕh、ɕ 和元音 y,这就是语音教学的重点和难点。区分没有的音素、有别的音素和共有的音素,按照不同的要求,采取不同的对策进行教学训练,才能达到事半功倍的效果。

三、汉语的音节特征及其教学

外国语的音节是辅音和元音一次性直接拼合的,汉语的音节是先由元音和辅音组成声母、韵母,再与声调组成音节,是二次拼合的。

现代汉语及其方言的声母都是单一的辅音,没有复合辅音;韵母是由韵头、韵腹和韵尾组成的,只有高元音 i、u、y 能充当韵头和韵尾(普通话 y 只能当韵头,不能当韵尾)。除了个别的鼻音,韵腹都是元音充当的,韵尾除了高元音,还有鼻音 n、ng 可以充当。有些方言鼻音 m 和塞音 p、t、k 也能充当韵尾(入声字),方言区的人学普通话时读准入声字的标准音就成了难点。声韵调组成的音节可用作单音词、组成双音词和多音词,可以谐音押韵、组织语流节律,历来的“反切”“双声叠韵”造词法以及诗词格律的形成都是从这种音节拼合来的。声韵调三位一体就是汉语特有的音节结构方式,也是汉语语音最重要的特征之一。

声母、韵母和声调都有各自严密的类别。声母有唇舌齿牙喉几种,各分清浊和送气不送气,韵母有“阴阳入”和开齐合撮之分,声调则又分为平仄两类。声韵调的拼合有一定的规则,并非所有的声韵调都可以互相拼合。所有的这些,都是 1000 多年以来汉语音韵研究的正确分类,也是体现汉语语音结构特征的重要结论。若要培养汉语研究者或是汉语教育专家,都得让他们掌握这些基本知识。当然,对于一般的汉语学习者是不宜搬用这些汉语音韵学的术语的,但是可以根据这些基本概念去设计容易理解和便于训练的学习方案。

对于汉语的声韵调的结构,中国人已经有了语感,关键在于学会分解韵头、韵腹和韵尾,辨别开齐合撮的“四呼”和元音韵尾、鼻音韵尾(分清前后鼻音),南方人加上除去“入声韵尾”。随着普通话的不断普及,在拼音教学中,这些方面大体都有完整的教学方案,一般的教学效果都还不错。

和外国语的音节结构相比,外国语有两个、三个辅音的复合(st、pl、skr 等),汉语没有复合辅音;而现代汉语有两三个元音的连用(ai、ou、uai、iao 等),外国语就少有二合元音,轻重组合也不同,很少三合元音的音节。外国人学汉语,有时就会把“要”说成“医药”,“爱”说成“爱意”。可见复合元音也是教外国人的难点之一。

为了使学生掌握好音节,按照原来的系统列出声母表和韵母表是十分必要的。教成年人的高级班还应该教声韵调配合表。按照声韵调的搭配系统,熟练呼读音节,不但可以使发音过关,还能体会到汉语音节结构的特征:bo、po、mo、fo、de、te、ne、le……zi、ci、si、ji、qi、xi, zhi、chi、shi、ri…… a、ia、ua、ai、uai、ao、iao、an、ian、uan、yuan……不仅如此,每一个音节都有一批读音相同或相近的汉字,熟读音节表,不但对学习语音系统很重要,对于日后认读汉字也有重要的意义。

四、汉语的字音特征及其教学

字音系统是汉字读音按照声韵调分别归纳出来的音类,也就是声类、韵类和调类。这是使用表意汉字的汉语独有的系统。音节系统只是把音素组成音节,字音系统则与字形字义有关,比音节系统复杂得多;音节系统是共时的平面结构系统,字音系统则是历时演变的依据和结果。唐宋时期形成的中古音字音系统作为官方认定的科举取士的标准音,在中国文坛通行千年,从书面语到口头语都有深远的影响,因而现代通语和各个方言的字音音类都和这个系统存在着不同程度的对应关系。方言区的人学习现代标准音,往往可以利用这种对应关系来"整类搬家"。例如,闽粤方言收-m 尾韵的字到普通话中整类改为-n 尾;k、kh、h 声母拼齐撮呼韵的字,把声母改成 tɕ、tɕh、ɕ 就是;各方言的阴平调的字大体是一致的,如果不是高平调就改成高平调,也不是什么难事。但是,对于没有语感的外国学生来说,字音系统就是个很难掌握的系统。

汉字是汉语音节的标记,但字不但有字音,还有字形和字义。汉字不仅是汉语的"外衣"(离开拼音之后作为读音的依据),还是汉语的"细胞"(作为联词造句的成分)。就字音的系统说,字音和音节并非一一对应,一个音节可以有很多同音字,一个字也可以有几种读音——多音字。从字义说,不论是同音字或是多音字,意义大多是不同的。从字形说,汉字有声旁和形旁,声旁相同的字往往字音相同或相近,可以利用声旁作为辨别字音的参考;形旁则往往和字义的类别相关,可以利用形旁作为辨别字义的参考。认识汉字必须把字音、字形和字义三者结合起来,初学的时候好像是增加了负担,事实上是利用了语音、文字和词汇之间的内在联系,结合起来开展教学,使学习者同步掌握,还是一举多得、走捷径的好办法。

汉字是现今世界上独一无二的表意文字,由于语音几经变迁,字形却长期稳定,因而汉字的表音度很差,这就造成认读字音的困难。如果经过研究,整理出常用的、表音程度较高的声旁,列出同声旁的常用字,还是可以为辨认字音提供一些有效的依据的。例如青、清、情、晴、请,旦、但、担、胆,成、城、诚、盛(同声、同韵);告、靠、造、糙,交、绞、较、效、校、咬,尧、浇、绕、饶、烧、晓(同韵、邻韵)。分不清 an、ang 的字,可以分别列出同声旁的字来比较。an:安、按、案、鞍,干、肝、竿、赶,汗、旱、罕;ang:冈、刚、纲、钢,王、望、汪、往、旺、枉、狂、框、逛,皇、煌。有些声旁造出来的字还有意义上的关联。例如从"戋"得声的字"贱、溅、笺、盏、钱、残、浅"等都有"小、少"的含义。从"合"得声的字"盒、龛、恰、洽、蛤、佮"等都有闭合、合适、融合的含义。这些体现汉语特征的传统小学的研究成果,不就是很有用的教学参考资料吗?不知何故,如今的母语教育和对外汉语教育都把这些久远传承下来的宝贝丢弃不用了。

多音字在现代汉语中大体占了 1/10,中国人熟悉汉字,接触书面语也多,凭语感多半能分辨。外国人识字不多,单字和多音词之间又没有界限,连字成词和拆字断词都很困难,分辨多音字就更是难题了。而分别不了多音字,也就很难理解多音词的词义,例如"大夫(da—dai)、好学(上声—去声)、猜着(阳平—轻声)"。分辨多音字只能和词汇教学结合起来,把多音字组成的词编成专题练习,可能是一种有效的方法:两人相貌相同、重新引起重视、着意把火点着、选中中间那个、把车把拆了、这不是我的目的、听音乐使人快乐、还要还给你吗……如果这类句子还能串成一段意义连贯的话,让人背熟,就一定可以记得很牢了。这就叫"置之死地而后生"。

上面举的都是"别义异读",除此之外,多音字还有不少"文白异读、轻声异读"的,教学方法也只能是集中难点,编成对比练习,反复训练:单薄—薄弱、下落—落下、熟练—煮熟、孔子的儿子、儿童唱的歌儿、西村买的东西、事情了结了、蛇头的舌头。

五、汉语的语流音变特征及其教学

现代汉语多音连读之后有不少语流音变。包括轻声、儿化、连读变调等等。南方方言中有的就没有这些音变,说这些方言的人在接受普通话教育时也会遇到困难。汉语的连读音变并不全是音节相连的语音同化(如英语那样),不少和意义相关:轻声可以区别词义,儿化"表小指爱",连读变调则可能是区别词和词组的凭借。用连读音变来区别意义的词语虽然不是太多,却构成了现代汉语标准音的重要特征,能够掌握它们,就能大大提高学习标准音的档次。其实,把不是太多的体现连读音变的词语集中起来,经过细心的研究,按照义类列成词语表,或者选编常用易懂的惯用语、谚语、歇后语乃至儿歌、绕口令、小故事,作为课外阅读的材料,既能学到连读音变的规律,还能从中理解语调和句子结构的关系、语调和语义、语体和语气之间的关系,也可以增加学习语言、体验文化蕴含的趣味,实在也是一举多得的事,何乐不为呢?

有些口语中的惯用语,在一般的读物中是很少见的,南方人和外国人想学都很难找到材料,像"怎么着、不咋的、真是的、赶明儿、敢情是、瞧你说的、可不是、说什么来着、挂不住、至于吗"这类很常用的惯用语既是练习轻声儿化的极好材料,也便于学到口语词。有些谚语很凝练,又常用,充分体现中华文化精神,也是练习轻重音、句内停连和句调的好材料:"不到黄河心不甘";"不到长城非好汉";"天不言自高,地不言自厚";"莫学杨柳半年绿,要学松柏四季青"。好的绕口令不但可以练习语音的准确和流利快速,还可以透过它了解一些生活的场景和习俗。例如:"面铺门朝南,挂着蓝布棉门帘,摘了蓝布棉门帘,面铺还是门朝南。"这就是南方人少见的北方冬天的情景。经过细心地选择和编写,一定能找到适用于内外汉语教学的好材料。

六、汉语的语调特征及其教学

语调指的是成句的抑扬顿挫的调型,表现为语流的停顿、快慢和强弱、升降。不同的语调受制于句式和句型。短句和长句,单句和复句,并列和排比,疑问和感叹,议论和抒情,语用表达的种种需要,都会制约句调的调整和变化。相对而言,语调是比较玄虚空灵的,目前的研究也还不够深入。有人说,在语调方面,不同的语言之间差别较少,恐怕也未必。同样是汉语,南方方言(例如闽语和粤语)疑问句可以不像北方话那样读为上扬的语调,而汉语普通话则和英语一样,疑问句读为上扬调;同样是普通话,大陆的口语和台湾的口音在语调上也有不小的差异。总体上说,语调的教学较难规格化,主要是依靠多听录音、看声像材料去获得语感的。不论是对内、对外的汉语教学都应该加强阅读、朗读和对话、辩论等活动。作为语言教育的一个环节这是不能放弃不管的,有了坚实的字词句的训练基础,不论是本国的或外国的学生,按照语用的需要,在交际过程中去模仿、适应,慢慢就会熟能生巧。

参考文献:

[1]赵元任.语言问题.商务印书馆,1980.

[2]董少文.语音常识.文化教育出版社,1956.

[3]李如龙.汉语方言学(第2版).高等教育出版社,2007.

词汇特征

论常用词的比较研究[*]

一、常用词比较研究是汉语词汇史研究的根本

早在 20 世纪 40 年代,王力就提出,训诂学要转变为新训诂学,"要有历史的观念","研究语义的产生及其演变","从历史上去观察语义的变迁"(王力,1958:282－289)。到了 50 年代,他的《汉语史稿》就立了"词汇的发展"的专章,晚年又致力于"同源词"研究,用语音上的联系去解释古汉语的许多语义相关的常用词。后来,吕叔湘也再三倡导汉语,尤其是近代汉语词汇史的研究。他说:"汉语史研究中最薄弱的部分应该说是语汇的研究。个别词语的考释,古代和现代学者都做了不少,但是在全部汉语语汇中所占的比例仍然是很微小的。"(吕叔湘,1992:278)蒋绍愚在《近代汉语词汇研究》中用了专门一节讨论"常用词演变的研究",他指出:"常用词是词汇主体,如果不弄清常用词在近代汉语时期的发展变化,那么,要描写一个时期的词汇系统和近代汉语词汇发展史,都是无从谈起的。"(蒋绍愚,1994)接着,张永言、汪维辉联名发表的文章指出:"目前在语言学界还存在着一种模糊认识,有意无意地把训诂学和词汇史混为一谈,以为考释疑难词语和抉发新词新义就是词汇史研究的全部内容。这种认识对词汇史研究的开展是不利的。""要探明词汇发展的轨迹,特别

---

[*] 原载《中文学术前沿》第 6 辑,浙江大学出版社,2013 年。

是从上古汉语到近代汉语词汇的基本格局的过渡,即后者逐步形成的渐变过程,则常用词的衍变递嬗更加值得我们下功夫进行探讨。"(汪维辉,2000:428—429)"只有这样,才有可能把汉语词汇从古到今发展演变的主线厘清楚,也才能说得上建立科学的词汇史。"(汪维辉,2000:452)徐时仪也说过:"研究僻字僻义固然重要,但构成某种语言词汇系统的主要部分毕竟还是常用词。从常用词的衍变递嬗可以看到上古汉语到现代汉语词汇的演变概貌。"(徐时仪,2000:11)但是,直到 20 世纪末,江蓝生 1999 年在为汪维辉的《东汉—隋常用词演变研究》写的序文里还不得不说:"最近 20 年的词汇研究侧重于对疑难词汇的考释,而对常用词、对某一时期词汇系统的研究则很少着力。"可喜的是,随着李宗江的《汉语常用词演变研究》(1999)和汪维辉的《东汉—隋常用词演变研究》(2000)这两部专著的出版,十几年来,常用词的比较研究成果多起来了,不但有许多专著和报刊上的论文,还有不少博士论文和硕士论文,这是很值得高兴的。

训诂学属于古代语文学,其任务在于考释生僻词语,为读古书、证历史服务,词汇史是现代语言学的分科,目的在于厘清词汇发展的过程,探讨其演变规律。中国历史长、古籍多,地上地下的文物中需要考释的词语很多,训诂学的工作也得有许多人去做,但是它替代不了历史词汇学。常用词数量不一定很大,但是使用频度很高,占据着每一个时期词汇系统的主体地位。正如李宗江在为常用词下定义时所说的,常用词是"代表词汇的核心而其发展变化可以决定词汇发展面貌的"。

关于常用词为什么是词汇的核心,并决定着词汇发展的面貌,有必要做一点论证。

上古时期单音词占优势,使用频率又高,这是众所周知的事实。据伍宗文的统计,《论语》的单音词 1 070 个,平均使用 11.8 次,复音词 329 个,平均使用 2.5 次;《吕氏春秋》单音词 2 704 个,平均使用 30.1 次,复音词 1 148 个,平均使用 3.6 次。(伍宗文,2001:328)另据赵克勤《古代汉语词汇学》(1994:66),《孟子》全书共有单音词 1 565

个,扣除专名之外的双音词只有 500 个左右。大概可以说,先秦的典籍中,双音词不到单音词的 1/3,实际使用中差距就更大了。

中古以后,双音词发展很快,但是,单音词一直是词汇系统的核心,越是常用的,单音词越多。到了现代汉语中,据《现代汉语频率词典》所统计,最常用的 100 词之中,单音词 85 个,双音词 15 个,单音为双音的 5.3 倍;常用的 500 词中,单音词 333 个,复音词 165 个,单音为双音的2.6倍。就现代单篇小说做统计,赵树理的《小二黑结婚》全文 9 457 字,用词 1 368 个,其中单音词就有 498 个,占词目数的36.4%;王朔的《编辑部的故事》全文 11 208 字,用词 1 827 个,其中单音词 583 个,占用词数的近 32%。(以上统计见李如龙,2011:33—36)

不仅如此,越是常用的单音词,构词能力就越强。仍据《现代汉语频率词典》,最常用的 70 个高频字的构词数是 100~668 个,直到第500 个常用字,还能构词 34 个;该书所统计的单音词 3 571 个,只占总词数的11.6%,出现词次是 845 366,占总词次的 64.3%,而占总词数的 74.3% 的双音词是 22 941,只占总词次的 34.3%。构词能力强当然是使用频度高的重要因素。

常用的单音词由于古今都常用,其义位的繁衍、派生就使它们往往具有比多音词多得多的义项。有人做过统计,《现代汉语词典》1983 年版所收的三个和三个以上义项的多义词 2 576 个,其中单音词 1 780 个,含8 029个义项,占 69%,平均义项 4.5%;多音词 796 个,含 2 583 个义项,占 31%,平均义项 3.2%。可见,现代汉语的单音词的义项占总义项的 2/3 以上。从古今汉语词汇的发展看,多义和高频总是互为因果的。

此外,汉语的单音词还是汉语语法系统的基点。胡明扬说过:"语言的直接存在形式是按一定的语法规则组织起来的语汇……离开了语汇就无所谓语言,更无所谓语法。"(胡明扬,1985:278)汉语的语法手段主要是虚词和语序,虚词就是词汇中的最常用词。《现代汉语频率词典》最常用的 100 个词里,就有近 1/3 是专用和兼用的虚词,大多也是单音词。

由此可见,研究作为汉语词汇核心的常用词(尤其是其中的单音词)是汉语词汇史研究的重中之重,这是毋庸置疑的。

面对漫长的汉语史和浩瀚的典籍,汉语常用词的研究必须从专书的考察和断代的研究入手,但是在专书和断代研究的基础上,必须强调常用词纵横两向的比较研究。

二、常用词的纵向比较研究

汪维辉 2000 年出版了《东汉—隋常用词演变研究》,对上古汉语与中古—近代汉语过渡期的常用词的演变做了深入的考察。在这个基础上,该书中提出了上古到中古有明显变化的同义(近义)常用词41组、120 个,包括名词 24 个、动词 68 个、形容词 28 个(汪维辉,2000:1—2)。下文我们试拿这 120 个常用词和古今汉语做比较,考察它们在古今通语中的演变,可以看到以下几种不同的情况:

1.东汉—隋的常用词大多数是秦汉时期就已经出现,有些后来虽不能单说(少数在书面语中也还可以单说),但原意还作为语素用于多音词。例如:目—眼,涕、泣—泪,足—脚,他人—旁人,足—脚,翼—翅,囊—袋,舟—船,木—树,侧、畔—旁、边,内中—里,衣、冠、服—着、戴,视—看,求、索—寻、觅,寝、寐—卧、眠、睡,言—说、道,呼—唤,使—令,击—打,悬—挂,闭—关,覆—盖,释—放,书—写,曝—晒,易、更—换,建、筑、作、立—起、盖、还、返、归—回,入—进,居、止—住,生—活,宜、当—应、合,愚—痴,瘠、癯—瘦,痛—疼,误、谬、讹—错,寒—冷,疾、迅、速—快、驶,广—阔、宽,坚—硬,甘—甜,寡—少。其中"看、觅、睡、打、晒、进、住、错、宽"等始见于晚汉。隋以前与上古共有的 111 条,占 92%。魏晋新增的只有 9 条:袋(囊)、叫、唤(呼)、教(令)、抄、誊、该(应)、舛(错)、架(建造)。由此可见从上古到六朝的千年之间,常用词并无太大的变化。

2.不论是先秦或汉魏六朝出现的单音词,后来有许多又合成为双音词,或作为书面语沿用到现代,也有已经进入现代口语的。例如:

眼目、涕泪、树木、侧畔、旁边、内中、内里、衣冠、衣服、衣着、冠戴、求索、寻求、寻觅、睡眠、寤寐、言说、说道、呼唤、叫唤、呼叫、打击、击打、关闭、闭关、悬挂、覆盖、放置、释放、书写、抄写、誊写、暴晒、更换、更易、建筑、建立、起立、返回、回归、归还、进入、居住、生活、应当、合宜、宜当、疼痛、错误、谬误、谬错、讹误、寒冷、迅速、快速、广阔、宽阔、宽广、坚硬、甘甜。此类合成的双音词数量很大,其词义和词性大多和原有的单音词是相对应的,少数则发生了一些变异。

3.和唐宋以来的口语相比较,这些常用词又发生了一些变化。有新产生的。如:着—穿、穿着、穿戴,寻—找、寻找、寻求,愚—蠢、傻、愚蠢,看—瞅、瞟、看见、瞅见,冷—凉、冻。也有用原有的单音词作语根派生双音词的。例如:眼睛、眼光、眼力、眼尖、眼珠儿、眼皮儿、翅膀、鸡翅、鱼翅、机翼,旁边儿、里面、里边儿,袋子、袋儿,看见、看了、看来、看过、看着、看望,等等。这就不胜枚举了。这是中古之后形成的现代汉语和古代汉语的差异。

20世纪80年代吕叔湘在他的《近代汉语指代词》的序文里说:"秦以前书面语和口语的距离估计不至于太大,但汉魏以后逐渐形成一种相当固定的书面语,即后来所说的文言……以口语为主体的白话篇章,如敦煌文献和禅宗语录,却要到晚唐五代才开始……以晚唐五代为界,把汉语的历史分为古代汉语和近代汉语两个大的阶段是比较合适的。至于现代汉语,那只是近代汉语内部的一个分期,不能和古代汉语和近代汉语鼎足三分。"吕先生强调近代汉语和现代汉语在口语上的一脉相承是非常有道理的。

曹炜在《现代汉语词汇研究》一书中为论证现代汉语词汇的形成,拿《汉语水平词汇与汉字等级大纲》中的3 051个甲乙级常用词,依据《汉语大词典》首见条做了另一种统计:3 051条中,秦汉始见的就有1 129条,占37%;唐宋元始见的774条,占25.3%;二者相加1 903条,是总条目的62.3%。他的结论是:"现代汉语词汇应该是从秦汉时代就已经出现并代代沿用、传承至今的汉语基本词汇的基础上形成的……核心部分是常用词汇,尤其是那些经历了漫长的历史发展过程而沿用至今的常用词汇……反映了现代汉语词汇的基本概貌和特征,是现代汉语词汇的主要代表。"(曹炜,2003:53)这个统计是可以和上文隋以前的常用词的比较统计相互论证的。隋以前的常用词都属于古代汉语,唐以后则发生了质变,但是就常用词说,还是和上古、中古汉语有明显的继承关系。

4.上古时期的常用单音词虽然原封不动保存下来的不多,沿用之后意义常常发生变化,但是因为曾经是占据核心地位的常用词,后来作为语素构成了不少双音词。有时早出现的单音词构词能力比后起的语素更强。例如"目"和"眼",据《当代汉语词典》,用"目"和"眼"组成的词语是 155 和 218 之比,而用"视"和"看"组成的词语则是 76 和 66 之比。造成这种情况的原因,一方面是语言发展的共性:为了维持语言的世代传承,任何语言的核心词都必须有稳定性和延续性;另一方面也与汉语的个性特征相关。几千年来,汉语的词汇是用汉字语素来组合的,这个"语""文"相结合的特点和国家民族长期统一,形成了强有力的传统,用汉字标记的汉语书面语借助着文化和政治的力量,通过无数的经典、文学名著和实用文书流传于社会生活的各种领域,并且世代相传、连绵不绝。这是汉语发展史的重要个性特征。

5.从古今汉语通语常用词的发展也可以进一步论证汉语词汇的双音化规律。如上文所述,中古之后的常用词,双音词逐渐占了优势,尤其值得注意的是这个双音化的主流中,"新旧合成"的并列式双音词形成一条大道,成了异军突起的造词法。不同时期这种造词法的比重是不同的,六朝时期可谓高峰期。据汪维辉的《东汉—隋常用词演变研究》所展示,这类双音词就还有很多(括注的是出现在该书的页码):眼目(28),涕泪(34),舟船(80),木树(84),看视(120),求觅(134),睡卧(140),睡卧(146),寝卧(143),眠卧(147),眠睡(150),眠寝(155),言说(159),说言、说曰、话说(163),言道(166),道说(168),唤呼(176),叫呼(179),挂悬(215),闭关(223),写书(239),晒曝(249),换易(252),易换(256),起立、立起(建造义,261、263),回还

(269),还回(275),住止(290),止住(292),活生(304),当应(318),当宜(319),应合(321),瘦癯(332),痛疼(337),误谬(342),误错(344),快疾(361)。许多学者都已经注意到,中古以后的双音词就是从联合式和偏正式开始发展起来的。王云路在《六朝诗歌语词研究》中写道:"六朝时期,词语由单音节向复音节发展,有许多途径,同义的单音节词并列到一起组成的双音节词最为常见。我们称这种同义单音节的组合为同义并列或同义连言。"(王云路,1999:18)她在书中就列举了许多词例,如:罗列、比方、清和、安乐、谓言、辛苦、苦辛、背弃、弃背、同共、异离、悦喜等等。董秀芳的《汉语的词库与词法》也得出了同样的结论:"汉语能产的词法模式是复合法。""名词性复合词的强势结构形式是名名复合……动词性复合词的强势结构模式是动动复合。"(董秀芳,2004:204-205)

这种新旧合成的双音词,1000多年来可谓长盛不衰。现代汉语中也有许多这类双音词。例如:思想、意识、行走、站立、跳跃、弃除、招引、洗涤、细小、粗大、书写、寒冷、求索、寻觅、释放、解放、关闭、开启、覆盖、进入、落下、下落、应当、应该、迅速、快捷、啼哭、乌黑、明亮、道路、尘灰、灰尘、芳香、芬芳。这显然是不同时代沉积下来的,不论在书面语或口语中都大量存在。

可见,研究双音词,还要关注各个时期有哪些不同的造词法,这是研究词汇史的重要课题。

三、常用词的横向比较研究

常用词的比较研究不但要有纵向的,还应该有横向的,而且应该把二者紧密地结合起来。为了进行这项比较,我们参考斯瓦迪士的200个核心词表,从中精选了常用的动词30条,拿上古、中古和现代的5种方言,列表比较其异同。各方言区主要取代表方言的说法,区内重要方言点如有不同说法也择要列出。

30个常用动词古今汉语、南北方言比较表

	上古	中古、近代	现代(北京)	苏州	长沙	厦门	梅州	广州
吃	食、饭、哦	食、哦、饭、噢	吃	噢	吃	食(建瓯：馤)	食	食、噢
喝	饮	饮、呷	喝(扬州、徐州、成都：吃)	噢、呷、呼	噢(双峰：喝)	啉、啜(建瓯：馤)	食、啜	饮、呷、(东莞：食)
看	视、观、望、见	视、看、见、观、望	看、见、瞧、瞅(扬州：望)	看、望(温州：觑)	看(双峰：相，娄底：望)	看(建瓯、福州：觑；潮州：睇)	看、睐(长汀：睇)	睇(阳江：看)
听	闻、听、聆	听、闻、聆	听(太原、西宁、成都：闻)	听、闻(崇明：听闻)	听	听(莆田：听闻，建瓯：听聆)	听	听
睡	寝、寐、卧	睡、眠、卧、眠睡、眠卧、睡卧、睡眠、眠寝、睡觉	睡、睡觉(西安：瞌睡，武汉：睡瞌睡)	睏觉(温州：睏，杭州、崇明：眠)	睏觉、睏	睏(建瓯：目睭，潮州：uk? î³)	睡目	睏觉(阳江：睡)
说	言、云、曰、语、谓	言、说、道、言说、说言、说曰道、言道、道说	说(徐州、武汉、合肥：讲)	讲、说(杭州：话)	讲、说(双峰：曰)	讲(泉州：说，潮州：呾、讲、话，建瓯：话)	讲、话	讲、话
怕	畏、惧、恐	惊、怕、恐怕、恐惊	怕、怵、害怕	怕(温州：惊)	怕	惊、慑(潮州：畏)	畏、惊、怕	怕、惊、慌
咬	啮、龁、噬	咬、噬、啃	咬	咬	齕(双峰：齧)	咬、齧	咬、齧	咬、齧
知	知	晓、解、知道	知道(扬州、武汉、贵阳：晓得)	晓得、得知	晓得	知、知影(福州：八传，建瓯：得知)	知、知得	晓得
躺	卧、偃、寝	卧	躺(武汉、扬州、西安太原：睡)	睏、躺(温州：翻倒)	睏	倒	眠、睏	睏(阳江：睡)
站	立、企、倚	立、倚、徛、站	站(西安、成都、武汉：立)	立(温州、崇明：徛，丹阳：站)	站、徛	徛	徛	徛
走	行、走、步、趋	行、走	走(太原、济南：行)	走、跑(宁波、温州：行)	走(双峰、娄底：行)	行	行	行
拿	执、持、捉、把	持、捉、执、握、将、拈	拿(太原、荷：把，武汉：把)	拿(上海、金华：把，温州、宁波：驮)	拿(双峰：le)	拕(福州：拈、驮，雷州：执)	拿、抓	挏、拧、执

续表

	上古	中古、近代	现代(北京)	苏州	长沙	厦门	梅州	广州
打	击、扣、拊	击、扣、打、拊拍	打、拍、搂、敲	打（都丁切）	打（娄底:拍）	拍（厦门:扣）	打	打、拍、挬
抓	擒、捕、逮	捉、捕捉、拿、擒拿、捉拿	捉、抓（洛阳:逮）	捉（温州:拿）	捉、抓（娄底:拿）	搦、擒	捉、抓	捉
擦	拂、拭	拭揩、揩拭、抹、拂拭	擦、抹（南京:揩）	揩（温州:揩）	擦、抹（娄底:揩）	拭	抹、捽（于都揩）	擦、抹、捽
洗	濯、沐、浴、盥、沐浴、洗	沐、浴、盥、洗澡、洗沐、洗浴、洗濯、洗荡	洗（扬州:汏，武汉:濯）	汏	洗（娄底:洗濯）	洗、汏（海口:濯）	洗	洗
砍	伐、斫	斫、伐、砍	砍（扬州:斫，忻州:斩）	斫（宁波:斩，温州:刳、刲）	砍、剁（娄底:斫、斩）	砍、斩、刓、錾、剁	斫、斩	斩
给	与(予)、畀	乞、给	给（武汉、扬州:把）	拨（温州:赗）	把	与（福州:乞，建瓯:纳）	分	畀
游	游、泳、泅	游、游泅	游泳（南京、武汉:游水）	游水（温州:泅、泅水）	玩水（娄底:打浮泅）	泅水、泅（海口:游水）	泅水	游水
玩	戏、嬉	玩	玩儿、玩耍（西安、成都:耍）	孛相（温州:嬉）	玩（双峰:耍）	七桃（福州:客逫，建瓯:嬉）	嬲、搅	玩（阳江:搅）
吐	呕、吐	吐	吐（武汉:呕，扬州:恶）	呕（温州:吐）	呕	吐、嗝	呕、翻	呕
烧	焚、燔、烧	烧、着、燃	烧、着（贵阳:燃）	烧、燃（温州:扬）	烧、着、燃	烧、着	着（东莞:燂）	
绑	束、缚	束、缚、捆、绑	捆、绑	捆、缚（上海:绑）	捆（娄底:札）	缚、捆	捆、绑	捆、扎（东莞:绑）
放	置、措	下、置、安、放	搁、放、着（扬州:摆）	摆、放（温州:囥）	放、摆	放、下、安	放	放、迻
找	求、索	寻、觅、寻求、寻觅、求觅	找（西安、太原:寻）	寻	寻	揣（福州:讨）	寻	揾
换	易、更	换、换易、易换	换（武汉、扬州:调）	换（温州:对）	调、换	换（福州:博）	交、换	换
穿	衣、着	着	穿	着	穿	颂	着	着
晒	暴、曝	晒、暴晒、晒暴	晒	晒	晒	曝	炙、晒	晒
叫	呼、叫	叫、呼、唤、呼唤、唤呼、叫唤	叫、叫唤、喊	叫、喊	叫、喊	叫、喝（福州:告，建瓯:吼）	呱、喊	叫、嗌（阳江:喊）

从表中所列不完整的语料，可以看到这些常用词在现代方言中的表现有许多重要的特点，以下分别叙述。

1.从常用词的传承可以看到不同方言的不同历史层次。

不少条目表现了常用的基本词汇的稳定性。有从上古到现代各方言普遍传承的，如：听、行(官话、吴语区较少见)、洗(吴语区少见)、泅(官话区少见)、砍、吐(粤、客区少见)、呕(闽语区少见)；有从中古到现代各方言普遍传承的，如：看、打、捉(闽语未见)、说(客粤少见)、抹(吴、闽少见)、咬(湘语少见)。

不少条目从上古直接传承到现代南方的闽粤客方言，如闽语的食、知、行、擒(捉)、拭(擦)、与(给)、下(放)、曝(晒)；粤语的畀(给)、执(捉)、睇(上古楚语，看)；从中古直接传承的如惊(含南部吴语)、徛(部分吴湘语也说)。

少数条目是中古以后创新的，如各区都说的"讲"，通行于官、湘方言的"吃、要、把(给)"，官话和吴语的"躺"，官话和客话的"捉"，吴湘方言的"喫"，官话多说、其他方言少说的"给、喝、揍、怵(怕)、瞧瞅(看)、搁(放)"，还有其他个别方言的创新，如闽语的"倒(躺)、讨(找)、颂(穿)"，吴语的"汏(洗)、孛相(玩)"，客话的"嬲(玩)、呱(叫)、炙(晒)"，粤语的"搵(找)、囥(放)"。

可见，存古较多的是远江方言(闽粤客)，中古以后创新较多的是官话和近江的吴、湘方言。

但词汇的数量是庞大的，哪怕是基本词、核心词，个体的演变也会受制于多方面的原因而表现出不平衡。在传承和变异上也不可能是划一的。例如，"立、闻、望、斫"均见于上古汉语，"揩"见于中古汉语，如今却保存于官话和吴湘方言，而不见于闽粤客方言。闽粤客存古较多，但不可能个个存古，官话和近江方言也有很古老的成分。

2.从常用词的横向比较可以看到通语和方言以及方言之间的接触和影响。传承和接触之间也有竞争。例如：

"拭擦"在明代以前只说"拭、揩、抹"，一直到明末才把"摩擦"义的"擦"引申为拭擦。《西游记》有了用例之后，《红楼梦》21见，《儿女英雄传》63 见,很快就进入了通语,后来普及得很快,除闽客方言外,各区都说。又如,放置说"放"始于唐末,元明之后进入通语,并在各地普及。如果进入通语较晚就可能不够普及。例如"找",据《汉语大字典》,始见于明代(沈榜:《宛署杂记》),后来在官话区只分布在冀鲁、东北、胶辽、中原、西南等区。晋陕、西北不少地方还说六朝传下来的"寻",近江的吴湘赣方言也说寻,在苏北的如皋、江都,皖南的枞阳、怀宁、潜山和鄂东南的石首、监利、洪湖等沿江一带也都兼说"寻"。"穿着"说"穿"因为早就见于六朝(如《世说新语》和唐诗),进入通语后在官话区和湘语区也普及了,只有东南方言的吴客粤方言说"着",闽语说"颂",赣语的吉安、萍乡、宜春、新余、樟树一带和通山、阳新、湖口、鄱阳等地也改说"穿"了。

"立、徛"都是古老的说法,"站"在唐以后也进入通语。就现状说,官话区大多说"站",只有西安一带的中原故地还说"立";吴语说"立"为主,其余东南方言大多说"徛",但湘语区京广路沿线城市和赣语区北缘也说"站",湘赣边界乡间则说"立",这说明现代通语沿着铁路和边界扩散,古语则留存于僻远乡间。

宁波、温州、福州管拿叫"驮",应有同源关系,也有接触关系;潮汕的闽语把看说成"睇",则应是受连片的粤语区的影响,在广东,粤语较闽语更为强势。

过细地追寻,每个词都有自己独特的传承和伸缩的历史。

3.常用词在现代方言中的差异多少与词义的特点有关。

一般说来,词义比较单纯、义项明确的常用词方言差异就比较少。《汉语方言词汇》收了动词 300 条,所列的 20 个方言点都只有一种说法的有 22 条,大体都是这类词:听、坐、摸、买、卖(个别买卖不分的不计)、扫、染、开、包、问、赔、赊、输、赢、有、弹、戴、封、笑(北京列了"乐了"的说法,其实不等于笑)、劝、教、学。

本文比较的常用词中,听、吃、看、说、打、洗、吐、穿、晒等条的方言差异也相对较少,现有的说法是从原有的多种同义词整合而来的。如"听"从闻、听、聆整合而来,"看"从视、观、望、见概括而来,"说"原有言、云、曰、语、谓等说法，"拿"早期的说法有执、持、捉、拿、握、将、拈。"洗"则有沐、浴、盥、濯、洗等等。经过整合，好多词条在一个方言区大多只有一种说法。分别传承了不同时代的通语就会形成几种说法，"吃、喫、食""着、穿""暴、晒""捉、抓、搦""行、走""站、立、徛"等都是这种情况。此外，晚近才出现的概念，由于词的历史较短，没形成不同时代的历史层次，方言差异也会少些。上文所举20个重要方言点的22条只有一种说法的词中，"买、卖、输、赢、赊、赔、教、学"就是后起的社会生活所用的概念。

另一种情况是，常用词的义项如果迅速扩充，就会促使它成为主导词，取代旧词，并使同义词系统走向简化。一个典型的例子是"看"的兴起。从汉末到六朝，"看"的义项迅速扩展，据白云的博士论文《汉语五个常用动词比较研究》（2005）的统计，六朝的"看"已有9个义项：用眼看、探访、观赏、考察、阅读、诊治、照料、窥视、尝试（用在动词之后），此后它的使用频度一路飙升，压倒了"视、观、望、见"成为全国相当一致的说法。

四、常用词演变的几种模式

常用词表达的是社会生活中最重要的概念，不同的历史时代都要使用，很多都难以退出词汇的系统。经过上文的纵横比较，可以看出常用词的演变的若干模式。

1.替换式

古今常用词的更替就是旧说法后来被新说法替换了。如果有一大批常用词在一个不太长的时期发生了更替，量变就会造成质变，这就是语言史的分期。然而，语言必须世代相传，在百八十年之间很难发生这样的替换。大多数情况是经过数百年的新旧并用，旧的退缩、新的扩展，最后才完成替代。上文所举的上古的说法到中古不用、中古的说法到现代不说，就是这种替换：食、饭、啖—吃，饮—喝，寝—睡，言、语、曰—说，立、徛—站，戏、嬉—玩，求、索、寻—觅—找，易、更一换,衣、着一穿。替换过程中的并用是很常见的。以舟一船为例,据汪维辉考察,《史记》舟、船出现的次数是 92∶28,"舟"的组合基本上是承用先秦的,船的组合则反映出它在实际口语中的活跃程度。"东汉和三国翻译佛经基本上只用船而绝少用舟",这就是几百年间的替换。白云的博士论文统计过"吃"类动词的替换过程,具体情况见下表:(数字是出现次数)

"吃"类动词历代名著替换表

	《论语》	《韩非子》	《史记》	《世说新语》	《祖堂集》	《全元散曲》	《红楼梦》
食	30	90	403	61	34	44	6
饭	2	7	19	1	4	2	1
啖		4	2	18	1	5	2
吃(喫)				1	128	85	117

另据谢智香博士论文《汉语手部动作常用词演变研究》(2010)所统计,从先秦到明清,"放置"义动词的替换,在文献中使用频度的变动,也像是一场接力跑:

"放置"类动词历代名著替换表

	《论语》	《庄子》	《韩非子》	《史记》	《齐民要术》	《敦煌变文集》	《水浒传》	《红楼梦》
措	1	1	6	3				
置	0	4	11	74	67	7	36	2
安					16	6	5	8
放						5	135	81

2.融合式

所谓融合式就是新旧两种说法连用,逐渐就合成为双音词,这在汉魏南北朝时代是很常见的,开始时不少这样的合成词的两个语素顺序还很不稳定。据徐正考的《论衡同义词研究》,《论衡》里就有许多这样的合成词。名词有:朋友、桥梁、声音、音声、斧斤、斤斧、盗贼、贼盗、论说、说论、人民、民人、屋室、室屋、屋宅、宅屋、根本、本根、肌肉、道路、皮肤、言语、语言、神鬼、鬼神;动词有:寝卧、生存、歌咏、呕吐、依倚、腐败、败腐、朽败、败朽、比方、方比、变更、更变、成就、就成、沐浴、浴沐、怨恨、恨怨、诵读、读诵、增加、加增、连结、结连、减损、损减、举荐、荐举;形容词有:平安、安平、大巨、巨大、调和、和调、强壮、壮强、满盈、盈满、工巧、巧工、清洁、洁清、殊异、异殊、奇怪、怪奇、锐利、空虚。

这种造词法因为同义,理解不难,因为有新有旧,老小之间也容易沟通,又因为双音,符合了新的音步的要求,所以发展得很快,后来也经久不衰。

3.并存式

并存式就是同一个时期的不同说法或不同时代的几种说法分别在不同的地方传承使用。上文举的方言差异中就有许多这类情况:"立"传承于吴语地区,"徛"使用于闽粤客赣和部分湘语地区,"站"通行于官话地区和湘语区的铁路沿线。"给予"义动词,粤语保留上古的"畀"(《尔雅》:赐也,予也),吴语的"拨"也有人认为是"畀"的音变。(湘语的"把"是否也是来自"畀"?)闽语使用的是早期的"与、乞",客家说的"分"大概是相关字义延伸的创新。"行、走""食、吃""眼、目"等分别分布在不同方言区也属于此类,不再多叙。

4.衍生式

常用词不但没有退出历史舞台,而且在语义上或结构上继续发展。这种现象不论在历时或是在共时都很常见。同一个词后来衍生出几种不同的义位,在一时一地或多时多地并存并用,常用词的语义衍生式演变比比皆是。这就是常用词生命力强盛的重要表现,也是词义系统不断扩展的主要途径,常用词作为词汇系统的核心,就是这样发挥它的酵母作用的。通语和方言都不乏此类现象。例如"闻"在现代通语用来表示"听",保留在"见闻、闻见、风闻、闻名、喜闻乐见"之类的书面语,单用时则表示"嗅"。厦门话"烧"除表示燃烧(烧去:烧掉/火烧厝:失火)之外,还可单用表示"温热"(烧汤:热水/温烧:保温),而古时的"燃、着"也并没有弃之不用,"燃"专用于做饭时的"烧火"(燃火、燃柴、燃草),"着"用作不及物动词(点燃着:烧不着/着了了:烧光了)。广州话的"着"除了表示"穿着"(着衫、着鞋)之外,还用作动词"点燃"(点着灯),用作形容词"正确"(讲得好着)。

结构上的衍生在汉语的常用词最常见的是许多单音词在现代通语和方言都有双音词可以同时使用。"睡、睡觉,玩、玩儿、玩耍,捉、逮、捕捉、逮捕,烧、燃烧、焚烧,调、换、调换、更换"这是普通话的说法。"知"在闽语可说"知影(厦门)、知晓(莆田)、知掌(潮州)、得知(建瓯、永安)、八传(福州)"。古时的"浴"在闽语说"洗身(厦门)、洗汤(福州)",在客话说"洗浴(长汀)、洗身(梅州)",在赣语说"洗澡(安义)、做洗(南城)",在粤语,广州、香港都说"冲凉",全变成双音结构。这类双音词大体都是从词组凝缩而成的。

参考文献:

[1]王力.汉语史论文集.科学出版社,1958.

[2]吕叔湘.吕叔湘文集.商务印书馆,1992.

[3]胡明扬.语言和语言学.湖北教育出版社,1985.

[4]赵克勤.古代汉语词汇学.商务印书馆,1994.

[5]蒋绍愚.蒋绍愚自选集·近代汉语词汇研究.河南教育出版社,1994.

[6]蒋绍愚.汉语词汇语法史论文集.商务印书馆,2000.

[7]张永言.语文学论集(增订本).语文出版社,1999.

[8]汪维辉.东汉—隋常用词演变研究.南京大学出版社,2000.

[9]汪维辉.汉语词汇史新探.上海人民出版社,2007.

[10]汪维辉.著名中年语言学家自选集(汪维辉卷).上海教育出版社,2011.

[11]方一新.中古近代汉语词汇学.商务印书馆,2010.

[12]徐时仪.古白话词汇研究论稿.上海教育出版社,2000.

[13]伍宗文.上古汉语复音词研究.巴蜀书社,2001.

[14]董志翘.《入唐求法巡礼行记》词汇研究.中国社会科学出版社,2000.

[15]董秀芳.汉语的词库与词法.北京大学出版社,2004.

[16]徐正考.《论衡》同义词研究.中国社会科学出版社,2004.

[17]王云路.六朝诗歌语词研究.黑龙江教育出版社,1999.

[18]蒋冀骋.近代汉语词汇研究.湖南教育出版社,1991.

[19]曹炜.现代汉语词汇研究.北京大学出版社,2003.

[20]李如龙.汉语词汇学论集.厦门大学出版社,2011.

[21]白云.汉语五类常用动词比较研究.厦门大学博士论文,2005.

[22]谢智香.汉语手部动作常用词演变研究.厦门大学博士论文,2010.

[23]北大中文系.汉语方言词汇(第2版).语文出版社,1995.

[24]曹志耘.汉语方言地图集.商务印书馆,2008.

辞和辞的研究[*]

一、重温辞的研究的兴起

"辞"在上古时期是个常用的多义词。"卜辞"是殷商时代占卜活动在甲骨上的记录;《周易·系辞》说的"吉人之辞寡,躁人之辞多",辞指的是言辞;《周礼·秋官·乡土》说的"听其狱,讼其辞",辞专指讼词;《礼记·檀公上》说的"使人辞于狐突",辞转为动词,表示"陈辞相告";《论语·雍也》"与之粟九百,辞",是"以言推辞"。后来用作名词的还有文辞、丽辞、说辞、辩辞、托辞、谦辞、微辞、致辞、修辞、辞令、辞赋、辞章、辞藻、辞趣,用作动词的又有辞别、辞行、辞谢、辞让、辞活、辞退、辞职、辞岁、辞世、告辞、婉辞、请辞、拜辞。看来,"辞"应该是先用来指言语,而后才引申为"使用言语的其他行动"。语言是理性的、分析的认识;言语是感性的、综合的应用。人类理解自己创造的语言从言语开始,这是符合逻辑的。本文所讨论的正是指称言语的"辞"。

"辞"成为常用词,成为重要的研究对象,这说明中国人很早就关注言语的应用,讲究言语的交际和表达了。这不是小事,而是先秦时期思想解放、文化繁荣的重要标志。试想,春秋战国的数百年间,学术争鸣,名家辈出,经史论辩,文士如林,合纵连横,说客穿梭,诗词歌赋,传诵不绝,寓言神话,美不胜收,哪一样不是用言语表达出来的?

---

　*　原载《国际汉语学报》第 3 卷第 2 辑,学林出版社,2012 年。

这就是中华文化筑造的第一座高峰。它为我们留下的精神宝藏至今还闪烁着智慧的光辉。正是这座高峰，托起了称雄世界的大汉帝国，奠定了博大精深的中华文化的根基。

先秦的"辞"既指口头的言语，也指书面的言语。正如后来的文天祥所说的："辞之义有二，发于言则为言辞，发于文则为文辞。"（《文文山全集》卷 11）读着先秦传下来的经典，我们不难体会到，当年的口语和书面语应该还没有很大的差别。《诗经》是民歌的记录，《楚辞》可吟可唱，《论语》是学生记下的老师的语录，《孟子》是游说六国的雄辩之词。孔子精辟凝练的微言大义，孟子气势磅礴的以理服人，庄子飘逸跌宕的艺术联想，老子深沉玄妙的哲理推演，读出来是自然天成的话语，写下来是一字难易的美文。谁都不能否认，他们都用自己的实践努力打磨着第一流的言语作品，为构建民族语言的大厦贡献了一份执着的努力。也正是在这些成功的实践过程中，关于言语表达和思想感情、和社会生活的关系，当年的名家大师提出了许多发人深省的真知灼见：

"其旨远，其辞文，其言曲而中"（《周易·系辞》），"语之所贵者，意也"（《庄子·天道》），"情欲信，辞欲巧"，"言之不文，行而不远"（《礼记·表记》），这些说的是思想、感情和言语的关系。

"君子进德居业。忠信所以进德也，修辞立其诚，所以居业也"（《周易·文言》），"辞之辑也，民之洽矣；辞之怿也，民之莫矣"（《诗经·大雅》），这里说的是讲究言语有助于成就事业、治理百姓，使社会得以和谐。

可见，先秦时期的文人学士不但有纯熟优美的言语表达实践，而且对于言语应用的方法及其对社会生活的重要意义都已经有了相当深刻的认识。中国早期的这种朴素语言学思想和对于当时的汉民族语言的加工提炼与全方位的成功应用，是中华文化崛起、繁荣的一个组成部分，也是社会发展的一种重要推力。

如果说，先秦的名家对于"辞"的关注还只是整体的理解和宏观的概说，到了汉魏六朝时期，经过一大批儒家大师的努力，关于辞一言语的应用就发展成了系统的理论。

司马迁在写作《史记》的过程中明确地反对"靡丽多夸",遵循着"约其文辞,去其繁重以制义法"(《十二诸侯年表》序)的原则;扬雄则提倡"事"与"辞"相称:"事胜辞则伉,辞胜事则赋,事辞称则经,足言足容,德之藻也"(《法言·吾子》);王充在《论衡》中倡导了口语和书面语应该相应、统一的观点:"口言以明志,言恐灭遗,故著之文字",主张"文字与言同趋"(《论衡·自纪》)。魏晋之后,有曹丕的《典论·论文》,陆机的《文赋》,钟嵘的《诗品》,都为各种诗文的修辞做出过贡献。而提出系统的修辞理论的则是刘勰的《文心雕龙》。该书的五十篇专论不但全面地论述了思想、情趣与修辞的关系,也讨论了言语风格、各种文体特征、文学表达手段、艺术构思、作家修养和文学批评等问题,把修辞学、文艺学和文体论融为一体,集语言表达和文学创作方法之大成。就言语表达方面说,刘氏提出了字、句、篇章的结构系统以及组织章句之法:"夫人之立言,因字而生句,积句而成章,积章而成篇。篇之彪炳,章无疵也,章之明靡,句无玷也,句之精英,字不妄也。振本而末从,知一而万毕矣。夫裁文匠笔,篇有小大,离章合句,调有缓急,随变适会,莫见定准。句司数字,待相接以为用;章总一义,须意穷而成体……是以搜句忌于颠倒,裁章贵于顺序,斯固情趣之指归,文笔之同致也。"此外,他还讨论了"练字、声律、丽辞(对偶)、夸饰"等种种修辞方法。既有宏观的论述,也有微观的分析,把言语应用的研究推向了新的高峰,在与文学与美学的接轨中显示了言语研究的更高价值。

从先秦到魏晋是中国社会大变革的时期。封建制取代了奴隶制,平息了多次的诸侯争霸和军阀混战之后,国家的统一带来了经济的发展和文化的繁荣。辞的研究的兴起既是国家崛起的动力,也是社会繁荣的标志。

二、反思辞的研究的沉寂

六朝时期,关于辞的研究达到了一个高峰,之后,对于言语应用的研究就逐渐沉寂下来了。造成这种转变有主客观两个方面的原因。

从客观方面说是语言本体微观研究的兴起。

如上所述,辞的研究是言语应用的研究,是关于语言与思想、与文学表达的外部的研究、宏观的研究。汉代之后,由于汉语发生了较大变化——从上古汉语向中古汉语转变,在经历过百家争鸣之后,汉代独尊儒术,文化教育上迫切需要解读上古时期传下来的儒家经典,先秦典籍中一些语词成了一般人陌生难懂的障碍。仅就一些常用的单音词说,基本词汇就发生了不少变化,以下这些前后递变的例子是大家所熟悉的:

肌—肉	首—头	齿—牙	足—脚	腹—肚
目—眼	犬—狗	羽—毛	卵—蛋	木—树
本—根	舟—船	道—路	居—住	闻—听
视—看	行—走	立—站	燃—烧	击—打
寒—冷	良—好	甘—甜	内—里	彼—那
此—这	与—给	女—你	吾—我	孰—谁

于是,为了解读前代经典,研究上古汉语文字、词汇和语音的“小学”就应运而生了。汉代先后有《尔雅》《说文》《释名》《方言》等字书,稍后又有《韵集》《韵略》《音谱》《切韵》等韵书,形成了配套的文字、音韵、训诂之学。可见,从言语研究转入语言的研究,从外部转入内部,从宏观转入微观,这是适应语言的演变的要求,是语言研究发展的需要,也是语文学向前推进的表现。然而从整体上说,古典语文学主要还是经学的附庸,而不是纯语言学的研究。

秦朝统一中国后提倡“书同文”,为了发展教育,陆续编制了许多启蒙教育的课本。从李斯、赵高、胡毋敬等人所编的《仓颉篇》到扬雄的《训纂篇》,史游、颜师古、王应麟所编注的《急就篇》,周兴嗣的《千字文》,这些教材的编写,也是对于汉语本体的字、词、句微观研究的推动。

从主观方面说,辞的研究后来也发生了自身的转向。转向的标志一是脱离口语,专事研究书面语的表达,一是汇入了文学创作的研究。

自从汉语选择了汉字作为书面符号之后,汉字的诸多特性对于汉语的发展施加了多方面的影响。最直接的影响是汉字作为单音词或单音语素成了构词单位,从而造成了书面语造词和口语造词的明显别流,使书面语和口头语分道扬镳。

众所周知,汉字集形音义于一体,以表意为主,稳定的字形和字义紧密结合,造成了"望文生义"的目治习惯。于是,汉字就不仅仅是汉语的表音符号,其无论是作为单音词还是作为单音语素,都成了词语生成的结构因子。秦汉之后,单音词不够用了,逐渐发展了语义合成的双音词,表意汉字适应了这种需求,大量的双音词都是由原来的单音词合成的。例如,"创、造、建、立"原是近义的单音词,就合成了"创造、创建、创立、建造、建立"等双音词,加上"构、筑"两个单音语素,还可以造出"建构、建筑、构建、构造、构筑、筑造"等双音词。有些后来不大能单说的语素还能造出更多的双音词,例如"壮:粗壮、强壮、健壮、雄壮、茁壮、豪壮、肥壮、悲壮、壮大、壮实、壮阔、壮丽、壮美、壮烈、壮士、壮志"。这类语词显然是读书识字的文人们造出来的,和"扎扎实实、粗里粗气、气呼呼、咚咚响、稀里糊涂、不七不八"之类的口语造词有明显不同的风格。正如吕叔湘所说:"汉语的书面形式是汉字,汉字可以离开口语而存在,这就促成了书面语和口语的分离。"(吕叔湘,1987:9)

书面语出于文人之手,经过加工提炼,比起张口就来的自然口语当然不同,口语也不乏生动手段,但是总的来说是快而杂、未经修饰的粗坯。书面语为了少写几个难写的字,则是力求简明精练。加上官吏文士所掌控的书面语通行于社会的上层,借助着思想和行政的力量,常常带着几分神圣。因此,后来的辞的研究就撇开了口语,专攻书面语的提炼,致力于选词炼句,更多地关注诗词歌赋和政论散文的不同要求,把言语的研究导向了诗文创作、文体建构,开辟了文学语言的艺术创造的崭新领域。唐代以后的中古汉语口语尽管也有许多鲜活的成分,但是士大夫的书面语占着绝对的优势,最佳的口语也被视为低俗、粗鄙的东西,任其自生自灭。少数被民间艺人记录下来的作品,也没有引起文人们的关注。宋元之后连续不断的"诗话、词话、曲品"以及号称"文原、文脉、文说、文谱"的专书,无一不是以书面作品为研究对象的。于是,辞的研究成了文学的附庸。

辞的研究正是这样从两个方面都走向"言语应用研究"的异化,客观上成了经学的工具,主观上又成了文学的附庸,辞作为言语应用的研究就这样沉寂下来了。

西方现代语言学传入中国之后,索绪尔的学说把语言和言语区别开来,对于研究语言本体的结构系统,使语言学成为独立的学科起了极大的推动作用。但是由于把言语的研究排除在语言学之外,原来注重的言语的应用研究也受到抑制,这是现代的言语应用研究沉寂的外来原因。

三、呼唤辞的研究的革新

在索绪尔的结构语言学和乔姆斯基的转换生成语言学兴盛之后不久,语言学家们就发现,只研究语言的结构,不研究语言的功能,只研究语言的系统,不研究语言的变异,是不行的,于是就兴起了研究语言的社会功能的功能语言学和研究言语的变异的社会语言学。海姆斯(Hymes)1974年就提出,社会语言学的任务是"解释和分析社会共同体的各种谈话方式以及使用这些方式的条件和意义"(祝畹瑾,1985:17)。尤金·奈达(Eugenea Nida)做了进一步的解释:"社会语言学优先考虑的是言语而不是语言,是功能而不是结构,是语境而不是信息本身,是语言的得体性而不是语言的任意性。从这个角度来研究语言,可以最终非常清楚地发现语言交际的本质。"他甚至宣称:"脱离实际语言的语言学多半是人为的,不经常考虑语言所表达的人际意义,语言学常常只不过是真正的优越性的一个影子。"(祝畹瑾,1985:18)在社会语言学理论的启发之下,关于语言的交际应用的研究又衍生出许多学科,例如,研究言语各种应用的语用学、研究实际言语的组织和表达的话语语言学。在借鉴了国外这些新学科之后,近二三十年间,关于汉语的交际应用的研究也有了广泛的发展。不但有现代汉语的语用学、话语语言学,还派生了许多以汉语的运用为研究内容的新门类,如交际语言学、公关语言学、艺术语言学、美学语言学、广告语言学等。足见关于汉语应用的研究是当前汉语社会生活的迫切需要。

还有另一个值得我们称道的是汉语修辞学近百年来的发展。这是从本土的文化史继承下来、在汉语的社会生活中生长起来的中国式语言学。"五四"新文化运动之后,现代汉语、白话文登上了历史舞台,现代汉语的口语还是按照老规矩在社会生活中陶冶、历练,书面语则需要在宋元以来的白话文的基础上进行新的调整和打磨。传统的修辞学因此得到了继承和发展。郑子瑜的《中国修辞学史稿》为中国修辞学分期时,以先秦为萌芽期,两汉为成熟期,魏晋南北朝为发展期,隋唐、宋元为延续期,明清为复古期,民国以来则是革新期。陈望道经过十几年的研究,1932 年写成的《修辞学发凡》就是中国现代修辞学研究的第一本杰出论著。后来的叶圣陶、夏丏尊、朱自清等结合语文教学改革研究了辞章学,从 20 世纪 50 年代吕叔湘、朱德熙的《语法修辞讲话》到 70 年代郭绍虞的《汉语语法修辞新探》,又突破了"以词格为中心"的局限,把修辞和语法、逻辑的研究结合起来,进一步开辟了修辞研究的新天地。

改革开放之后,不论是中国式的修辞学或者引进国外的语用学、话语语言学,关于言语运用的研究都有很大的进展。目前的修辞、语用研究所面临的问题,一是如何处理好中学传统和西学借鉴的关系,二是如何使这项研究更好地为当前社会实践做出贡献。

处理中西学的关系，我们已经有一两百年的经验教训。在人文社会科学方面，应该以中学为体、西学为用，这是许多学者的共识。尤其是汉语的许多特点和其他许多语言不同，就词汇说，汉语以单音词为核心、双音词为基础，有不少多音多义词；语法结构则重意合、少形态，词性与句子成分不直接挂钩，兼类现象不少，构词法和造句法相通；等等。这对于言语的字句组成、修辞方式都有重大的影响。研究汉语的言语生成必须从汉语的特征出发，这是显而易见的。传统的辞的研究按照字句、篇章的系统，注重"声律、练字、丽辞"，这些都是贴合汉语特点的。诚然，以往辞的研究也有严重的局限性，例如敬重书面语而轻薄口头语，重内容、轻形式，重文学、轻语言，这些也是应该纠正的。

就为社会实践服务说，新时代的世情确实需要观察和适应。《文心雕龙》就很重视"时序"："时运交移，质文代变，古今情理，如可言乎！"当今社会语言生活最重要的特点是什么？社会生活的节奏加快，人流泛动，南北沟通、国际交流十分频繁；不但口语和书面的交往加剧，网络的信息更是不可阻挡；社会生活对语言的世代传承和国际传播都提出了更高、更快的要求；在文化多元化发展、外来文化和时尚文化强力冲击下，有人已经提出"中文危机"的问题。面对这样的现实，要使汉语的"辞的研究"得到健康的发展，就必须适时应变，在现有的基础上进行探索和革新。

四、探求辞的研究的当前要务

以下针对历史和现状讨论几个值得我们进行认真思考、探索的关于辞的研究的当前要义和实务。

第一，汉语的教学必须严守"言语训练"的根本。

语言的传承是民族文化延续发展的基本要求，人类进入文明社会之后，教育事业一兴起，就有了母语的教学。不论中外古今，母语教育的教材都是编选精美的言语作品,中国最早的母语教育教材大多是朗朗上口的韵文,如《急就篇》:"列侯封邑有土臣,积学所致非鬼神","河南洛阳人蓄息,与天相保无穷极","汉地广大,无不容盛","边境无事,中国安宁"。后来的《三字经》和《千字文》也是这类韵文,一用数百年。

早期的外国汉语课本,如朝鲜、日本也是编写口语的会话、故事。有了现代语言学关于语法系统的研究成果之后,不论中外,二语教育流行"语法翻译法"的教学,汉语的母语教育有一度也很强调语法训练。正如赵元任先生说的,不能把语言的功课变成"语言学的功课"。就眼下的汉语母语教学和对外汉语教学说,前者强调文化、文学的教育,后者则着重于设计"语法点",就课文做许多语法系统分析;不论是母语教学或二语教学,都缺乏大量的、多样化的言语作品的阅读训练,诵读和会话的训练也不多。这种教学方法似乎十分科学,实际效果却并不好。语言教育的目标是培养学习者的言语能力,言语是综合的、感性的;语言是分析的、理性的,言语训练应该从言语入手,以具备言语能力为目标,通过广泛地接触言语作品,在反复的言语交际实践中去体会言语活动的规律,才能达到目的。就像学车,不能只讲解汽车的构造和驾驶的方法、背交通规则,而应该用大量的时间去训练操作,在马路上多开多看。我国古代的启蒙教学强调背书、广泛阅读,在"辞"的接触过程中去体会字句的组合和变通的方法,通过做对子去掌握选择同义词和反义词的方法,这就是坚守"言语训练"的原则。这些千百年来行之有效的做法对于现今的语言教学应该是还有参考价值的。

第二,分别进行"言辞"和"文辞"的研究和训练。

针对汉语的"言文分歧",对于现代汉语的研究和教学,应该强调把口头和书面的两种言语区别开来,探讨二者之间的不同构成和运用的规律。中国人的言语习得历来只靠语感积累和交际实践,母语教育中往往只是着重于读写的训练;在对外汉语教学中,由于多数外国学习者只要求掌握口语,少数深造的学习者才希望具备读写能力,安排教学时就侧重于口语交际训练。这两种不同的倾向的普遍存在是事出有因的,但是都会影响教学效果。口语是书面语的基础,书面语是口语的加工提炼。口语能力不强,不善于掌握言语的变异,读写训练难免落空。母语教学中由于口语训练不足,尤其是普通话基础差的南方人,书面语的能力就难以大幅度提高;对外汉语教学如果放弃了读写训练,口语能力只能停留于一般的、贫乏的日常交际,提高、深造就会后劲不足。可见,区分言辞和文辞的运用,是各类汉语教学的共同需要。

汉语的口头语和书面语在语音、词汇、语法和修辞各方面都有明显的差异。轻声、儿化、连读音变主要是口语的现象,口语和书面语都有一些专用词,语法方面也有不同的句型,口语短句多、复句少,关联词也用得少,在修辞方面,口语和书面语也有许多不同的要求。这些区别在已有的母语教学和对外汉语教学的教材中都少有体现,这不能不说是一个值得引起注意的重要问题。存在这个明显的缺陷,根本的原因在于学术界对现代汉语口语的研究的不足。就词汇说,现代汉语的口语词典,至今还所见甚少,成书的也篇幅不大,已有的各种现代汉语词典所收的口语专用词也不多,不少还没有"口语"的标注,南方人和外国人想知道哪些词是口语专用词都没地方查。语法方面关于口语和书面语的不同句型也研究得不多,口语的修辞这些年来有些研究,也还不成系统,规模不大,发掘不深。

在书面语和口语的差异还不算很大的古代,辞的研究者就明确提出"言辞"和"文辞"的区别,数百年过去了,在近代汉语时期,言文之间的分歧显然是越来越大;进入现代汉语的 100 年来,情况有了变化,书面语渐渐向口语靠拢了。这个变化也是汉语发展的重要特征,可是我们对言文之间差异的研究还没有深入地进行下去,这不能不说是一项明显的缺失,也说明我们对传统的辞的研究没有很好地理解和继承。

总之,有了言文差异的深入研究,还要有汉语教育中如何处理好言文关系的精密设计,从理论到应用,都需要有另一次飞跃,这是今后对内对外汉语教学应该认真研究的课题。

第三,继承和发扬"文体论"的研究。

传统的辞的研究十分重视文体的研究。刘勰的《文心雕龙》就用了将近一半的篇幅,分别就 20 种文体叙述其由来,概括其特征并就已有的作品加以评论。20 种文体中有韵之文和无韵之诗各有十种。诗有诗经、乐府、汉赋、颂赞、祝盟、铭箴、诔碑、哀吊、杂文、谐讔,文有史传、诸子、论说、诏策、檄移、封禅、章表、奏启、议对、书记。包括了所有的抒情、议论、叙述以及政府和社会的各种应用文字的体裁,可谓详尽。后来的诗也有诗体,指的是诗句的组织和格律,如唐代有古(风)体诗、近体诗、五言体、七言体。辞是言语的作品,言语的基本特征就是变异,对书面语来说,最重要的变异就是体裁,不同的文体总有共同的变异的规律。按体裁来研究书面语,既可了解其组织表达的共同规律,也可以考察其实际应用。

以上说的文体是诗文的体裁,广义的文体有时也指诗文的风格或流派,如"正始体"指的是三国期间阮籍、嵇康为代表的诗派的风格,"元和体"是唐代元稹、白居易为代表的诗风。清代康乾之后方苞、姚鼐等人开创的"桐城体"古文,提倡继承先秦两汉、唐宋散文言之有物、雅洁有序的风格,后来有了延续数百年、影响很大的"桐城派"散文。唐代日僧空海所作《文镜秘府论》也很关注"体",他说的体,有时指风格,如《论体》有六种体:博雅、绮艳、宏壮、邀约、切至;有时则指某种修辞手段,如《十体》中就有雕藻体、映带体、婉转体、菁华体等等。

事实上,除了诗文的文体之外,自然还有口语的语体。如上所述,传统的辞的研究,中古之后就缩进书面语,纳入文学创作与评论的领域了。口语语体的研究几乎无人问津。现代语言学把语言研究转到现实的口语上来,尤其是半个多世纪以来西方兴起的社会语言学、语用学、话语语言学,专事言语的变异和应用的研究,正是很好的补充。

面对着复杂多样的社会生活和言语应用中的变异,口头语和书面语在现代社会中已经逐步接近、相互为用了。从"言语作品"出发，把语体的研究扩大为包括口语和书面语在内的言语运用的体式，应该是恰当的。袁晖曾经提出："语体是一种语言运用的体系……语体系统表现为不同类的平行排列和同一类中的层级组合。"（于根元，2000:333）从不同的视角和社会运用的领域出发，这个广义的"语体"可以有不同的分类。从有无音响、是否借助文字，可以分为口头语体和书面语体两大类；口语体之中可以有谈话体、演讲体、辩论体；朗诵、播音、歌唱则是介于书面语和口语之间的特殊语体；书面语体可以分为文学语体和科学语体以及介于二者之间的社会生活运用语体。文学语体有诗歌、小说、戏剧、散文、曲艺、童话等等；科学语体有科技报告、科普读物、教材、辞书、政论等等；应用语体则有公文、法律文书、商业文书（包括广告、合同等）、新闻、网络语言等等。改革开放以来，随着辞书的大量出版，辞书语体的研究大有起色，在各方面的社会生活需要的推动下，公文语言、法律语言、广告语言、新闻语言、网络语言的研究也有很大的发展，这是新时期社会生活对应用语言学的良性推动。

第四，关于言语应用的继承和创新的研究。

如果说，语言系统是不同历史时代的语言的一面镜子——展示语言的各个共时结构体系，言语便是语言演变发展的一条长河。不论是言辞或文辞，任何时代的言语作品都处在不断变化之中。这种变化都包含了前代语言的留存和当代产生的种种变异和创新，发生变化的不但是语言的成分、语言的结构，也包括言语的表达方式。不论是留存、变异和创新，都是在言语应用的过程中发生的。留存多少，变异哪些，创新了什么，则决定于社会生活的需要。可见，研究言语的运用还应该进行动态的考察。《文心雕龙》在回顾了有史以来文学表达的流变之后说："蔚映十代，辞采九变，枢中所动，环流无倦，质文沿时，崇替在选。"（《时序》）他的结论是："文变染乎世情，兴废系乎时序。"这是十分有见地的。

关于承与变的道理，刘勰之后的学者还有许多精彩说法。如颜之推的《颜氏家训·文章篇》说:"古人之文,宏才逸气,体度风格,去今实远,但辑缀疏朴,未为密致耳。今世音律谐靡,章句偶对,讳避精详,贤于往昔多矣。宜以古之制裁为本,今之辞调为末,并须两存,不可偏弃也。"这是说继承为主,变通为辅,二者不可偏废。

袁宗道《论文》则说:"夫时有古今,语言亦有古今,今人所诧谓奇字奥句,安知非古之街谈巷语耶? ……后之文人……凡有一语不肖古者,即大怒骂为野路恶道。不知空同模拟,自一人创之,犹不甚可厌。"

以上是关于书面语的继承和创新。关于口头语方面的承与变,我们应该注意宋代儒学大师朱熹的理论和实践。

朱熹说:"前辈用言语,古人有说底固是用;如世俗常说底亦用。后来人都要别撰一般新奇言语,下梢与文章都差异了。"(《朱子语类》139 卷)朱熹一生专讲数千年前的经典,用的却大体是当时的口语,连名词的"子"尾(枣子、虫子、船子,水珠子、木桥子、一些子、两句子),动词的后缀"著(着)"(活着、把着、说着、遇着、滚动着、思量着、紧接着),还有闽方言常见的惯用语(讲来讲去、千般万样、东去西去、不分不明、无大无小、放脚放手、横说直说、起风作雨、破家荡产)都搬到他的课堂上去了。在世代儒者文士中,他使用的言语可以说是适时应变的榜样,实在是开了近代白话的新风。

从近代汉语到现代汉语,白话文的酝酿大约经历过六七百年,直到"五四"之后才登上历史舞台,占据了文坛的主导地位;从"蓝青官话"到普通话的定型,大概也走过三四百年的路程。就在近百年间,文言文不是还多次与白话文争当主角吗?书面语的表达"以文为雅,以白为俗"的观念在读书人当中可谓根深蒂固,口语方面倒是一路顺流而不可抑制。这主要是因为口语是汇入了社会交际生活的洪流前进的,在这条汉民族口语的大江两岸,古往今来,历代的书面语就像一座座大大小小的亭台楼阁,一道道花草树木,人们既可以顺着江流,说着时尚的口语,也可以登上江岸,到楼台、花园里去休憩一番,欣赏固有的名诗美文。然而大江小河毕竟有滚滚向前的起伏波涛,也有汩汩作响的潺潺流水,奏出了高低强弱的声响,别有一番壮美生动的景色,口语的洪流是永远不会枯竭的,而且还能不断地建造出更加壮丽的楼台和树林。这一点又一次告诉我们,言辞——口语的运用的研究、教学、传承和发扬光大有着多么深远的意义!

参考文献:

[1]郑子瑜.中国修辞学史稿.上海教育出版社,1984.

[2]郑奠、谭全基.古汉语修辞学资料汇编.商务印书馆,1980.

[3]穆克宏、郭丹.魏晋南北朝文论全编.江苏教育出版社,1996.

[4]吕叔湘.论语文教学.山东教育出版社,1987.

[5]祝畹瑾.社会语言学译文集.北京大学出版社,1985.

[6]袁晖.世纪之交的应用语言学·语体文体风格辨.北京广播学院出版社,2000.

[7]叶玉英.朱熹口语文献修辞研究.厦门大学出版社,2011.

其余古籍恕未列举

略论官话方言的词汇特征[*]

——官话方言词汇论著读书札记

一、引言

语言的特征是比较研究的成果,提炼出某语言普遍体现的,又是有别于其他语言的特征,标志着语言研究提升到了理论的高度。

官话方言词汇的调查研究已经积累了丰富的材料,单点的词典已有几十部,多点对照的词汇集也有好几种,但由于比较研究不足,整区和各片官话方言的词汇特征还很少有人说清楚过。

研究区片方言的词汇特征有两方面工作。

1.经过内外比较,提取特征词,这是对词汇个体所作的典型的感性的概括,主要是为了识别方言的归属,划清方言区的界限。

2.从词汇的语音构成、语义关系和语法结构各方面考察整个词汇系统的特征,这是对大量词汇所做的系统分析,主要是为了认识方言词汇的构造类型。

提取方言的特征词,重点在于遴选常用的,构词多、组合力强的单音词,因为单音词是词汇的核心。

方言特征词的论证,一是要经过比较,说明这些为数不多的词在本区片之内普遍存在,而在外区片则是未见或少见的;二是要说明这些词

* 原载《吉林大学社会科学学报》2014 年第 2 期。本文是国家社科规划课题(13BYY051)的相关研究成果。

是高频的,和多音词语有衍生关系,在句中组合能力强,在整个词汇系统中具有核心的地位。

分析词汇系统特征的重点是双音词,因为在汉语的各种现代方言中,双音词都是词汇的主体、词汇系统的基础。

考察词汇的系统特征,要注意词汇系统在语音、语义语法上的关联,不能就词汇论词汇;又要注意方言词汇在纵向演变中与古汉语的关系:传承、变异与创新,不能就现代方言论方言。

提取方言特征词和分析方言词汇的系统特征,这两方面的工作都是必要的,各有各的价值,不能互相代替。本文就笔者自己多年来研读官话方言词汇论著的体会,粗略地谈谈官话方言词汇的若干特征。

二、关于官话方言的特征词

一个方言区之内普遍存在、而在区外又是少见的方言词,就是该区方言的特征词。经过区内外词汇的比较,提取一定批量的方言的特征词,就可以看出该方言在源流方面、构词方面、词汇的语音结构以及意义方面的种种特征,这对于为该方言定性(判断它属于什么方言区)、定位(说明它和古今通语及现代各方言的关系)都有重要的意义。

2001 年我主编的《汉语方言特征词研究》一书,其中有我和两位博士生合写的两篇论文,一篇是《官话方言特征词研究》(与刘晓梅合作),该文从《现代汉语词典》1983 年版所标的 2 331 条"方言词"中,把《汉语方言大辞典》标明为官话方言的 341 条抽出来,凡 7~9 区官话(含晋语)都说的作为一级特征词,覆盖 5~6 区的作为二级特征词。除去一些现在已经明显进入普通话的(如拔火罐儿、掂量、打马虎眼、懂行、黑不溜秋、红火、糊弄、脚丫子、乱套、蚂蚱、泡汤、屎壳郎、蒜苗、窝囊废、媳妇儿、营生、早起、不赖、耗子、抠、泥巴、麻利、夜猫子),常见的一级特征词还有:板牙、棒子、冰糕、不中、草鸡、瞅、出溜、大发、歹毒、当家的、颠、抖搂、多咱、耳根、二把刀、浮头儿、旮旯儿、牮古、汉子、欢、豁子、脚脖子、侉、老爷、冷子、脸子、落草、磨牙、拿捏、脑瓜子、撵、毬、蛐蛐儿、肉、撒欢儿、晌饭、要钱、溻、提溜、挑眼、听说、消停、兴许、熊、夜儿个、坠子；（以下见于部分非官话区）腌臜、按爸、擦黑、车子、矬、大、刀郎、得亏、耳报神、电棒、腚、富态、告送、后脑勺子、后首、脚底板、今儿、眯、面汤、奶子、孬、上堂、太太、现眼、香胰子、咋、炸雷、争嘴、种花、周正。二级特征词也有一些是比较常见的：唧溜、近乎、老实巴交、冷不丁、忙活、牛气、婆娘、思谋、瞎当、悬乎、言语、半晌、编派、差池、瓷实、打问、捣鼓、耳沉、生、敢情、跟脚、滑不叽巴、支声。

另一篇是和吴云霞合作的《官话方言后起的特征词》，该文针对《古今字音对照手册》中所收的《集韵》以前未收的 100 多个后起字，查对《现代汉语方言大词典》，认定为官话方言词的共有 51 字。择其要者列举如下：

瞵 揣 咱 拧 甩 跩 捂 搂 晃 齉 攥 愣 娃 盹 镐 摔 俩
站 搂 歹 妞 跺 抡 耍 趸 摁 垮 呛 扔 丢 您 仨 趄 俺

显然，提取官话方言的特征词是很难令人满意的。因为：

1.官话方言分布于大半个中国，使用人口也占总人口的大半，眼下虽然已经有了很多调查，还是远未穷尽，各地官话词汇的比较更是做得不够，因而材料依据尚嫌不足。

2.官话是共同语的基础方言，哪些已经进入普通话，哪些还只是一方之言，往往人言言殊，没有经过周密研究的理论原则作依据就难以确认。

3.非官话的词汇调查也远未穷尽，官话和非官话的词汇比较就更是不足了，"说有容易说无难"，某些官话和非官话共有的词汇应该如何鉴别，取舍的原则如何掌握，也很难。

4.特征词所以成为特征，就应该是常用的基本词汇，其数量既不能太少，也不宜过多，在缺乏大型语料库支撑，没有词频的精密统计，要划定恰当的范围也很难。然而要认识官话方言的词汇特征，也只能先从特征词的分析研究开始。

因此,上文所述两篇文章提出的 400 条左右的官话方言特征词,还需要进一步核查,希望研究官话方言词汇的同仁共同来增删和订正。

三、方言词汇特征研究的主要内容

如果说,方言特征词是有特征意义的方言词汇个体的集合,方言词汇特征则是对方言词汇系统的全面考察的结果。前者是提取少数的重点词条,用以识别方言,概括出对方言的感性认识;后者是全面深入地研究方言词汇的系统特征,总结对方言词汇的理性认识。两方面的研究有不同的工作任务,也有不同的方法。

方言词汇特征的考察可以从数量不太多的特征词出发,却不能局限于这个小范围的分析,而应该用广泛的语料,就特征词和整个词汇系统的关系做全面的、过细的分析。

词汇是语言大系统中的一个分系统,词汇系统和语音系统、语义系统、语法系统是相关联的。考察方言词汇的特征,只有密切关注词汇和语音、语义、语法的关联,才能全面理解方言词汇系统的特征。

现代方言的词汇是古代汉语词汇在传承、变异和自身演变过程中创新的结果。方言之间的词汇差异就是因为在传承、变异和创新上的不同而造成的。因此,考察方言词汇的特征还要结合方言词汇的源与流,关注方言词汇与古汉语词汇,包括古方言的关系。

考察方言词汇的特征首先应该了解构成汉语词汇系统最重要的总体特征,这就是"语素合成"。据苏新春统计,《现代汉语词典》(第 3 版)共收词 61 261 个,作为主体的复音词 50 485 个,占总词数的 82.5%,显然复音词是我们考察词汇特征的基本对象。因为古今汉语和南北方言的词汇系统都是以双音词为主体的,考察词汇系统的特征应该侧重于双音词语,才能使我们对方言词汇系统有基本的了解。以下列举几项研究内容:

汉语特征研究

1.语音特征。现代汉语已经是双音词和多音词语占绝对优势的系统,多音词语的音节之间往往发生连读音变,报告过的事实已经说明,不同的方言在连读音变上有很大的差异:官话普遍有轻声、儿化和变调;南方方言普遍没有儿化,也少有轻声;吴方言的连音变读和小称音变最为复杂,湘赣方言有轻重音,闽东方言多音词普遍有变声、变韵和受语法制约的变调,闽南话有变调和轻声并受语法关系所制约,客方言和粤方言大体都没有轻声和连读变调。从地方韵书和教会罗马字的语料可以知道,汉语方言的连读音变大多是近一两百年间才产生的,有些方言至今还在发生着发散性的演变,有的还没有完全定型。可见,方言多音词语的连读音变是考察方言词汇特征的重要项目。

2.构词特征。汉语的组词、构语和造句的基本格式(并列、偏正、述宾、述补、主谓),从秦汉以来就稳定下来了。在书面语中,词语的构式相当稳定,而在口头语中,近代以来则发生了两种变式。一是在词语里增生的音缀,例如"圪"词头、切脚词衍生的后附音缀、多音词语里"里、噜、巴、唧"等嵌音中缀和后缀;二是在词尾派生的表示一定语法意义或词汇意义的后缀(例如着、了、的、地、然等)。这两种情况都是现代汉语方言词汇常见而又多有差异的语法形式。在这方面,近些年来方言词汇的研究和语法化的研究已经揭示了大量事实,并说明在不同的方言中着实有不同的演变进度和不同的覆盖面。此类特征也应该是词汇比较研究的重点内容。

3.语义特征。语素合成的另一个视角是语义的视角。绝大多数语素是单音的(多音的语素只是极少数),单音的语素往往有多个义项(义位),合成多音词语时,一方面是按照语法关系组合起来的,如上文"构词特征"所述,这是"构词法";另一方面是按照语义关系组合起来的,这是"造词法"。在汉语中,构词法和造词法,在多数情况下是重合在一起的。但是做词汇分析时则可以加以分别,这就是"并列、偏正、述宾、述补、主谓"和"联合、修饰、支配、补充、表述"两套术语的来源。

由于语义特征的不同，造成单个词或一个语义场的特点比比皆是，但是造成词汇系统的差异就不多了。带有系统性差异的造词法，最常见的是用比喻义凝成的惯用语，诸如"吃错药、敲边鼓、唱高调、一锅煮、顶梁柱"一类的三字组，各方言都有，但是数量的多少、有哪些构式则各不相同。还有由特征词衍生出来的义类系列，例如闽语管铁锅叫"鼎"，便有"鼎盖、鼎底、鼎脐、鼎边、鼎灶、鼎痞（锅巴）、鼎囝、鼎絮（炊帚）、鼎烟、大鼎、后鼎、起鼎、补鼎"等说法。义类系列是特征词的最佳论证，成批的特征词义类系列，也应该是方言词汇系统的特征之一。此外，不同方言之间或与普通话之间都有"不对应词"，例如普通话所说的"告诉"在许多南方方言中都说成"对……说"；"回家"则分解为"回来、回去"，闽语的"有影（确有此事）、无影（没这回事）"是成词的，有特定的意义，在普通话和其他方言中则要用词组来表达。不对应词体现了认知客观世界的不同角度和方法，成系列、成批量的不对应词，也构成了词汇系统的一种语义特征。

赵元任在《汉语口语语法》中引用过法国语言学家梅耶的一段名言："一个词是一定的意义和一定的语音组合和一定的语法功能结合在一起的结果。"（赵元任，1979：9）这正可以用来论证上面所提出的方言词汇特征研究的语音、语义和语法的三项基本内容。

4.源流特征。方言词汇系统中，如果有从原住民语言沿用的"底层词"或是从外族语借用的"外来词"，并且成了一定的批量，是为异源词。香港的粤方言、上海的吴方言有不少英语借词，粤、闽、客有一批音义相近的"底层词"，就是这类异源词。若是较为系统地保存了上古或中古、近代汉语的常用词，则是属于不同历史层次的"同源异流"词。正如大家所知，闽方言保存秦汉古词较多，官话则更多的是从近代汉语继承下来的。然而从整体上看，汉语在接受外来词上是很保守的，曹炜曾就《汉语水平词汇与汉字等级大纲》的3 000常用词语用《汉语外来词词典》检验，其中的外来词只占2.65%。可见，本源词才是源流特征比较的重点。

下文就我所理解的官话方言词汇特征，抽出一些比较重要的条目,做一番简述,抛砖引玉,求正于方家。

四、官话方言词汇的语音特征

现代汉语的语音其实包括两个系统:字音系统和语音系统。以往关注较多的是字音的层面,研究音素的具体音值、音节的组合规律和字音的音类特征。汉语的多音词早已占优势比例,为适应语素组成复音词之后语义上所发生的变化,复音词的音节之间发生许多连音变化——轻声、儿化和连读变调,这就成了官话方言的重要特征。在这方面,体现较为充分的是北方的北京、东北、冀鲁、胶辽、中原等官话和晋语区。考察《普通话基础方言基本词汇集》,该书所收 93 点官话方言中,处于北方区的多有儿化(兰银官话除天水、敦煌只有儿尾外也都有儿化),南部的江淮官话和西南官话的桂柳片则多无儿化韵。有儿化的点中,儿化韵的多少不同,儿化的元音也不同,如兰州的儿化韵是 w,北方各区大多有 20 多个儿化韵,江淮、西南官话如有儿化韵也只有少数几个。仍就上书的材料看,轻声的分布主要也在北方区,就几个常见的轻声词"东西、样子、我们、丢了"而论,西南官话都不读轻声,西北的西宁、哈密有轻有不轻,北方各区和江淮区都读轻声。官话方言的儿化和轻声不但调类和调值发生变化,往往还发生声韵母的弱化。《山东方言研究》指出:"轻声音节变调失去固有的调值,还往往产生声母和韵母的变化"(钱曾怡,2001:17)"山东方言的儿化音变形式丰富,除了跟北京相同的元音卷舌以外,还有平舌元音、增加闪音、发言部位转移、介音失落等多种形式。"(钱曾怡,2001:18)例如即墨:(伏)天儿 thɛr,影儿 iɔr,刺儿 tθher;龙口:(头)发 fu,(南)瓜 ku,(丈)人 i。在晋语中,还存在和儿化同性质的"子变韵",不同的地点方言还有多种不同的音变规律。多音词连读变调在官话区更是普遍存在,由于官话区大多只有四个调,变调局限于少数调类,绝大多数是前字变,后字不变,和其他非官话相比,官话方言虽有连读变调,变化规则却都比较简单。

　　儿化、轻声和子变韵、连音变调,不但是多音连读音变的现象,更是与词汇、语法相关联的现象。众所周知,儿化是语义上的"表小指爱"、语法上的词类转性的标志,轻声可以区别同形异义词,可以表现人称代词充当宾语的句法地位和其他的一些语法意义。如陈淑静所说,平谷方言的"了、着"还可以合音于前面的动词,使之儿化。(陈淑静,1998)可见,双音词的连读音变是语音、词汇、语法多个系统相互关联、相互制约的结果,是语言结构系统的综合特征。

　　从历时的方面看,连读音变是现代汉语形成过程中产生的,既是现代汉语和近代汉语的区别特征,也是现代汉语不同方言词汇音变处于不同进程的表现。相对而言,儿化、轻声在官话方言中虽然覆盖面不全,却是多数地点的特征,在南方方言中则只有少量的表现;连读变调在官话方言中普遍存在,但变得不多,南方方言中吴闽方言变得多,其他方言变得少。对于这些特征,我们以往的比较研究往往关注不够,今后应该就其性质、分布范围、对语言结构的多方面影响以及产生的原因、形成规律的时代等方面加以研究,做出解释。

五、官话方言词汇的构词特征

　　汉语方言构词法的主流是语义合成,造成双音复合词,这是汉唐以来历史形成的主流特征,古今南北没有例外。官话方言和其他方言,在构词方面差别较大的,是在近代以来形成的语缀和三四音节的惯用语方面。

　　前缀"圪、咯、胳、屹"等都是官话的特征语素,据《普通话基础方言基本词汇集》,"胳膊、疙瘩、咯吱窝"见于多数官话(西南官话除外),"圪"头更是晋语的特征,据《汉语方言大辞典》,"圪"字头的词语多达 35 页,约在 800 条之上,如圪垯、圪台、圪垛、圪蹴、疙疤、圪颤,主要用于晋语,也见于北京、冀鲁、东北、中原等官话。量词"个"作为时间词的后缀也大量用于官话,如冀鲁官话,据《河北方言词汇编》,唐山、承德、邯郸一带就有"今个儿、今儿个、夜来个(昨天)、大前个、今年个、头几年个、前年个、年年个(每年)、过年个(明年)"等说法。

　　官话方言另一个明显的构词特征是用音缀和一些常用字或加上叠字构成三音节和四音节的词语,普通话的"稀里糊涂、稀巴烂、傻乎乎、傻里呱唧、花里么糟"等,应该都是来自官话方言。许多描写官话方言词汇的著作都列举了大量此类材料。例如,《商州方言词汇研究》(张成材,2009)有"圪筛圪筛(生硬)、圪晃圪晃(闪动)、腻不登登(油腻)、系留八荡(栓不紧)","急急忙忙"可以说"急失没活、急死啦活、急死也活、急失慌忙、日急慌忙";《兰州方言词典》(张文轩、莫超,2009)收有"细里呼噜(不结实)、细里索络(乱糟糟)、细里发啦(洒水声)、胡里马顿(随随便便)";《东海方言研究》(苏晓青,1997)收有"肮里八脏、痴头瓜脑、愣里挂叽(莽撞)、闷里巴叽"等等,《黑龙江方言词汇研究》(聂志平,2005)则列举了不少带"巴、拉、乎"等后缀的方言词,例如"热巴、钳巴、磕巴(结巴)、紧巴,扒拉、刮拉(勾结)、提拉、抖拉,邪乎、碎乎、甜乎、贴乎"。

　　以上构词法在非官话中可能也有一些相同的格式,但是都不如官话方言那么普遍和频繁地使用;而官话的边沿地区也可能反映得不充分。这种情况在许多方言区里都存在着,我们考察方言的特征,显然应以中心区为主要依据。

六、官话方言词汇的语义特征

　　不少官话方言的特征词由于义项多或语义引申能力强,往往能生成语义相关的方言词系列。例如,据《汉语方言大词典》(许宝华、宫田一郎,1999)"憨"在各地官话中就组成了89条词语:憨蛋、憨等、憨痴、憨傻、憨相、憨巴子、憨松、憨包、憨砖、憨客、憨头、憨大汉儿、憨不拉叽、憨不溜秋、憨不愣登、憨敦敦的;"嘎"也列了89条词语,最常见的4个义项(糊涂、古怪、莽撞、行为不端)都是官话方言的说法,如:"嘎巴、嘎古、嘎劲、嘎悠",在北京话里还有"嘎巴儿、嘎锛儿、嘎巴流星、嘎巴轰轰、嘎巴生生、嘎巴溜丢脆",如果加上同音异体的"尜、

生、噶、旮"等就更是不可胜数了;又如"撒",有 11 个义项,所收 131
条词语大多是官话方言词,如"撒开、撒气、撒分、撒汤、撒欢、撒花、撒
和、撒泼、撒种、撒疯、撒子、撒脚、撒散、撒赖、撒丫子、撒巴掌、撒溜
子、撒谎调皮、撒撒活活"等。这类由特征词生成的义类系列,在整个
官话方言区或是下一层的官话区都可以整理出一批。

近几十年来,普通话大量产生的惯用语(以三字格为大宗),从用
字和造词法可以看出,绝大多数是从官话方言吸收来的,例如:大锅
饭、一锅煮、一锅粥(南方方言不说锅,说镬、鼎)、吃错药、吃老本、吃
批评("吃"南方说喫、食)、抬杠、抬轿子吹喇叭("抬"南方说扛),还有
刀子嘴、炮筒子、泼冷水、吹凉风、搅屎棍、捂盖子、二百五等。这类惯
用语的特点,一是民间所创的纯口语,二是用引申义,看来是初见于
近代,大量发展于现代,是现代汉语的基础方言(官话方言)首创和发
展起来的。若能广泛收集、比较官话方言的惯用语,探寻其构造规
律,研究其演变过程,一定可以为现代汉语语汇研究做出重大的
贡献。

七、官话方言词汇的源流特征

《官话方言特征词研究》一文曾经从《现代汉语词典》(1983 年版)
所标方言词中提取了 341 条官话方言特征词进行历时考察,其结论
是:见于上古汉语、意义未变的 12 例,意义有变的 11 例;见于中古、
意义未变的 10 例,意义有变的 3 例;见于近代汉语、意义未变的 85
例,意义有变的 31 例(近代合计 131 条,占 34%);其余 189 条是近代
以前未见、可算是现代汉语创新的,占了 55%(李如龙,2001:38)。这
说明官话方言的词汇主要是继承近代汉语和现代的创新,和一般的
理解是一致的。如果能通过大型官话方言语料库抽取基本词汇,做
更大规模的历史比较,一定能得出更加确切的结论。

官话方言保存的古汉语成分可能比南方方言少些,然而官话方
言的主要分布区域作为中华民族的发源地和主要舞台,不论是秦汉

古都、三家分晋或齐鲁崛起、中原逐鹿,许多历史故事和文化积淀都会在官话方言中找到有趣的记录,进一步发掘官话所保存的古语,了解民族文化的传承和演变,比较官话和南方方言在"存古"的数量和方式上的差异,这样的研究很值得提倡。

近些年来,一些学者研究官话时也注意到"考本字",这是很可喜的。1998 年出版的《平谷方言研究》(陈淑静)就考了 50 个见于《广韵》《集韵》《说文》《玉篇》等书的方言词,大多是可信的。例如"啖"(给食)、"揸"(手按)、"逮"(及也)、"盯"(举目)、"掴"(打也)、"劙"(分破)、"扺"(推也),都是很准确的。邢向东在《秦晋两省沿河方言比较研究》(邢向东等,2012)一书中也考了一些古语词,例如,称冰为冻,称树为木,抓谓搲,病愈曰差,饿曰饥,也很有见地。需要考本字往往是因为方言词"有音无字",其中不少是由于文白异读或字音变读使音义对不上号,这些字往往是很有特色的方言词。考本字并非为了找个字来写,而是为了追寻方言词语的来历和层次,明确字音字义的演变过程和规律,这是方言的语音史和词汇史研究的重要课题。

《山东方言研究》(钱曾怡,2001)在研究方言词汇的源流方面独辟蹊径,开辟专章,从清代文献中勾取现代山东方言还在使用的词语,这种考订方言词的来源和层次的有效方法很值得提倡。例如《醒世姻缘传》出现的词语至今还在使用的就有几十条:白话(闲聊)、不忿(发怒)、不济(不好)、割(结交)、撩(扔)、无常(死)、人事(礼物)、证见(见证者)、听不得风就是雨(捕风捉影)、僧不僧俗不俗(不伦不类);又如:富了贫,还穿三年绫。此类研究把历史文献和现实方言结合起来,只要文献的语言定位明确,就两头都实打实。百年来教会罗马字所记录的方言材料也是研究方言词汇史的好材料,近些年来也引起学者们的注意了。

八、研究官话方言词汇特征的意义

词汇是语言的意义单位,也是体现语音结构的单位,在汉语中,

虚词还是表现语法意义的主要手段。因此,研究词汇也就是在研究
语音和语法,研究语音和语法,不研究词汇是不行的。

半个多世纪以来,汉语方言的词汇记录和词典编写已经有很多
成果,但是进行方言之间、方言与普通话之间的比较研究,认识各种
方言的词汇特征,我们还做得很不够。研究方言,罗列事实当然是最
重要的第一步,但不能就此止步,而应该进一步说明事实,提取特征
便是对语言事实的最重要的说明。研究方言词汇的特征,可以更加
充分地展示方言语义系统的整体系统性及其与语音系统、语法系统
之间的关联;只有在认识诸多方言的词汇特征,并且和现代通语的词
汇进行了缜密的比较,我们才能真正理解现代汉语的词汇特征。方
言词汇特征研究的理论价值是毋庸置疑的。

从应用方面说,明确了方言词汇和普通话词汇的不同特征,首先
可以为母语教育服务。常用的方言词在口语中使用惯了,方言地区
的青少年在学习普通话的过程中,难免会分不清哪些是和普通话共
有的,哪些是方言特有的。东北的"赶趟、唠嗑儿",西南的"耍下子、
要得"就是经常可以听到的,说惯了"牸牛、草驴、牙狗、儿马、女猫",
要换成普通话的说法,未必就能说得很准确。20 世纪 60 年代方言普
查之后,各地曾经编过学习普通话手册,罗列了常用而容易说错的词
语,供语文老师作为教学参考,不知何故,这种有效的做法后来就不
提倡了。21 世纪初的国情调查说明,普通话的普及率还只有 53%,
方言词的规范训练并非就不必要了。此外,对于对外汉语教学也是
有意义的。如今全国各地已经到处接受来华留学生,外国人到了官
话区的大街小巷,听不懂官话方言词汇,老师们能不管吗?

参考文献:

[1]赵元任.汉语口语语法.商务印书馆,1979.

[2]曹炜.现代汉语词汇研究.北京大学出版社,2003.

[3]李如龙.汉语方言特征词研究.厦门大学出版社,2001.

[4]陈淑静.平谷方言研究.河北大学出版社,1998.

[5]钱曾怡.山东方言研究.齐鲁书社,2001.

[6]邢向东等.秦晋两省沿河方言比较研究.商务印书馆,2012.

[7]苏晓青.东海方言研究.新疆大学出版社,1997.

[8]张成材.商州方言词汇研究.青海人民出版社,2009.

[9]聂志平.黑龙江方言词汇研究.吉林人民出版社,2005.

[10]张文轩、莫超.兰州方言词典.中国社会科学出版社,2009.

[11]许宝华、宫田一郎.汉语方言大词典.中华书局,1999.

[12]陈章太、李行健.普通话基础方言基本词汇集.语文出版社,1996.

[13]李行健.河北方言词汇集.商务印书馆,2012.

[14]曹志耘.汉语方言地图集.商务印书馆,2008.

"书""口"之异及其教学应用

一、"书""口"之异是汉语的重要特征

本文所说的"书""口"之异指的就是书面语和口头语的差异。以往也有人称之为文白之异,不过文与白通常说的是文言与白话,文言文是古代的书面语,白话文是现代的书面语,但是,古代也有口头语,可称为"古白话";现代也有口头语,只好称为"新白话"了。文白之异在方言学和音韵学中是用来称说字音的文读和白读之别的,普通话和许多方言的一些字有两种或多种读音,一般说来,作为书面语词呼读的音是文读音,口语词说的音是白读音。在方言里,文读音比较接近古今通语的音,白读音则是方言口语中经过变异的土音。不同时期形成的方言词有不同的文白读,常常又反映了方言发展过程中不同时期语音和词汇的历史层次。可见,这两种文与白和本文所说的"书""口"之异是有些关系,但是又有许多不同。

在语文教育中,书面语和口头语有时也简称为"语—文"之别。语文课的"语"和"文",本来就是指的口头语和书面语,语文课就是进行口头听说和书面读写训练的课。在国外,"汉语"一般指口语,"中文"则指书面语,和这种说法相近。但是,书面语、口语都是"语",语文课的"文"又牵连到"文章、文学、文化",因而书面语和口头语之别一般不说成"语—文"之异。

有文字的语言就有书面语,书面语的交际功能、交际场景和交际手段和口头语都不一样。书面语多半是背靠背的,借助于文本作超

越时空的传播;口头语则是面对面的,借助于声响而实现的现场的口耳传递。为了适应交际场景、表达功能和沟通手段的不同需要,各种语言的书面语和口头语在遣词造句和语音表现以及语用处理上都会有所不同。在语音方面,书面语主要是讲究节奏和韵律,口头语还要有音量的调节和语调的变化;在词句的组织上,书面语力求精练、讲究含蓄,口头语则侧重于让人能很快听明白;在语用表达上,书面语讲究内容典雅、语言规范,口头语则务求听得愉悦、反馈迅速。正因为如此,学习任何语言都得分别进行书面语和口头语的训练,掌握听说读写四种本领。

然而,书面语和口头语在一些语言中差异大,在另一些语言中则差异较小。汉语就是属于差别大的。请看:

夜半歌声——半夜里听到的歌

写于深夜里——下半夜写下的

勿忘国耻——别忘了国家的耻辱

海内存知己,天涯若比邻——天底下有知心的人在,虽然远在天边,也会像是就在身旁

从这几个例子可以看到,汉语的书面语讲究简练,好用文言成分,少用虚词,用词和句式都和口语有明显差别。

汉语的书面语和口头语差异大,最重要的原因,在于汉语采用了表意的汉字。书面语和口头语分道扬镳已经有两千年的历史,经过了长期的加工提炼,形成了各自的词汇、语法和表达系统。

汉语从三千年前就采用方块汉字作为书面记录形式。最初出现的汉字多是象形和表意(指事、会意)的,后来的"假借"字因为造成同音,没有得到发展,再后来出现的形声字,表义的形旁分类不够细致,又过于繁多,声旁的表音也很不精准。而且,造字之后,语音多变、字形稳定,造成了字形和字音的更大分离。所以汉代定型的"隶变",成了表意为主的文字系统。《说文解字》收字八千多,汉字的规模大体上就定局了,虽然形声字占到80%以上,表音度还是很低。由于受到音节数的

限制,先秦单音词占优势的局面不利于大规模扩展词汇。汉代兴起了利用表意汉字合成双音词的构词法,果然为词汇的扩展开辟了一条宽广的道路,汉字的表意性质便为汉语词汇的发展做出了重大贡献。这是汉语和汉字相结合千年之后达成的新的和谐。最常用的单音词和双音合成词构成了汉语词汇系统的雄厚基础,为汉语的书面语表达提供了广阔的空间。汉唐之后的一千多年间,两万多个汉字及其不断滋生的多音合成词,用来构筑种种书面语,包括诗词歌赋各种韵文和议论记叙的散文,可谓畅通无阻。经过世世代代的文人学士的艺术创造,所构筑的"经史子集"成了一道中华民族精神文化的万里长城。但是,由于汉字的不利表音和形体结构的繁难,在古代社会,能够识文断字的只是少数上层人物,书面语也就成了统治者发布文告、施行教化,文人学士们舞文弄墨的专利品。平民百姓的口语则沿着自己固有的轨道世代相承,不断发展,根据社会生活的需要,不断创造新的表达方式。经过各种地方戏曲、说唱、故事、传说等民间文学的锤炼,也形成了一套丰富多彩的表达体系。虽然书面语有时也会进入口语,口语也会被一些文人引进书面语,但是二者确实是一直沿着不同的发展道路向前推进,从而创造了"雅"与"俗"两种民族文化。不论是拿唐诗宋词、唐宋八大家的散文和敦煌变文做比较,还是拿明清政论、散文和通俗小说做比较,都可以看到,这数百年间的书面语和口头语就像是长江和黄河一样各自形成了系列。"五四"兴起的新文化运动,数十年间,展开了文言和白话的反复抗争,就是这两个系统抢占擂台的过程。

可见,至少到五四运动时期,书面语和口头语的分道扬镳是汉语和汉字发展史所决定的汉语的重要特征。

二、"书""口"之异的特征尚待深入研究

然而,汉语"书""口"之异的这个特征在"五四"以前一直没有引起关注并开展相关的研究。就像长江黄河各行其道,清者自清,浊者自浊。传统"小学"作为经学的附庸,只研究经典文献,不论是字音还

是字义,只是为了诠释古代传下来、读起来已经不太明白的书面语。口语的发展演变向来是自生自灭,学者们总是把它们看成低俗的,不登大雅之堂的,因而不屑一顾。关于口头语和书面语有什么不同,在古代语文学的时代是不可能有像样的研究的。"五四"新文化运动为白话文鸣锣开道,借助着宋元白话的艺术成就和普通话的群众基础,经过 20 年的反复拉锯,白话终于取代文言,站住了脚跟。在宋元白话文的基础上,经过"国语运动",一批新的语文学家提倡"我手写我口",并编写新语文课本在少年儿童中传习;普通话在社会生活中不断发展,吸收了大量劳动群众的生动口语词汇和语句;新一代文人再加进少量欧化句式和文言成分,在一大批现代文学巨匠的共同努力之下,到了 20 世纪 30 年代,现代白话文很快就建成了独具特色的书面语系统。应该说,20 世纪形成的现代汉语书面语在很大程度上改善了先前的书面语和口头语的分离状态。

为了彻底摆脱文言的羁绊,解决言文分歧,使书面语口语化,借着维新运动的东风,激进的改革派从清末开始发起了"切音字"运动,20 世纪 30 年代又有"北拉—罗马字"运动。几十年间,古老的汉字经受了一场严酷的考验。直到 50 年代,简化了一批汉字,创制了"汉语拼音方案"作为拼注汉字和学习普通话的新工具,汉字的繁难得到了一定程度的缓解,虽然不能完全解决问题,但真要改成拼音也困难重重,阻力不小。经过近百年的摸索,人们发现,汉字不但是汉语的记录符号,还是汉语的结构因子——语素,罗马字拼音只能用来为汉字注音,帮助识字和其他一些场合的应用,用拼音字母来代替汉字是难以实现的。只要还使用汉字,保持着字义合成的构词法,维持着"目治"的习惯,书面语和口头语就不可能实现完全的趋同。在这种情况下,我们必须承认,现代汉语的书面语和口头语的差异,还将长期地存在下去,许多问题还需要进行认真的研究。

首先,现代汉语的书面语和口头语究竟有哪些差异,我们还没有做过全面深入的考察,至今还是在雾里观花。这个差异和历史上的文言与白话的不同并非一件事。文言是从上古到中古的书面语积存和凝固下来的,白话先是宋元之后定型的口头通语,明清之后,随着城市文明和小说的兴起,白话形成了自己的书面形式——白话文。经过四五百年的调整和创造,由"早期白话"发展为"现代白话",才成了现代汉语书面语的基础。而就在白话文定型的过程中,口语又发生了很大的变化,想想当年水浒好汉们的对话和当代农民的口语的差别,就不难体会到这种变化。当代的书面语固然大体以当代的口语为基础,但也加入了一些文言成分、方言成分和欧化成分。从"五四"新文化运动登上历史舞台到现在,也将近 100 年了,已经积累了大量的文献,尽管语料库语言学已经发展起来,但我们还没有把现代书面语和口头语的语料进行认真的对比研究,说清楚它们之间的差别。

看来,现代书面语和口头语的差别主要表现在词汇语法上。我最近利用北京语言学院编的《现代汉语频率词典》(1986)略作一点抽样调查,发现这个课题还是大有可为的,问题在于没有引起重视。在该书的高频词中,我取了前 100 个词,就"报刊政论"和"生活口语"两种语体的词频做比较,相同的高频词只有三分之一(34 个),另外三分之二则是各不相同的,可见书面语和口头语最常用的词是异大于同(2:1)。相异的部分分别是哪些词,还有些明显的道道:"报刊政论"的高频词中,政治概念就占了近半,例如:政治、经济、文化、工作、社会、领导、历史、建设、国家、民族、民主、同志、阶级、生产、解放等等;而"生活口语"则有过半是基本动词、指代词和叹词,例如:去、看、走、叫、到、买、想、给、吃、做,那、谁、这么、怎么、什么、这个,吧、呢、呀、啦、吗、啊。不论是共有的还是有别的高频词,三类中都有十几个虚词(含副词),例如:的、了、不、就、也、着、都、又、很(共有),没、再、把、可、别、跟、得(口语),而、为、以、所、于、使、最(报刊)。如果再拿"分布最广的 100 高频词"和这两类高频词做比较,34 个"共有"的它都有,此外含"口语"中的 28 个,"报刊"中的 15 个,另有与"科普"与"文学"相同的 24 个。从这个抽查中可以发现,最高频的(包括虚词)是各类语体共有的词,也是分布最广的词。这些高频词很有可能就是现代汉语的基本词汇,就"书""口"之别说,口语中的基本词汇显然比书面语更多。

如果说,关于书面语和口头语的词汇差异,已经有了几本现代汉语的口语词典,算是有人关注了,那么语法方面的"书""口"比较就还是一片荒凉。赵元任的名著冠以《北京口语语法》的书名,只能表明他提倡发掘口语中的语法现象、不主张局限于研究书面语的语法,事实上也还没有进行书面语和口头语的不同语法特点的比较。

其次,判别书面语和口头语应该采取什么标准? 制作语料库不难,辨别书面语和口头语却不容易,对此,似乎学界还没有做过周密的研究。在单音词和双音词里,大多数是书口共用的,我从国家语委汉字处所编的《现代汉语常用字表》(1988)的"常用字词例"中发现:来自文言的常用字构成的单双音词多为书面语,例如:之、之前,与、赠与,于、对于,无、无穷,乃、乃是,卜、占卜,乙、乙醇,仁、仁慈,义、义举,以、以免,未、未曾,击、击打;而未见于古代韵书的后起的口语新造词字及其所构成的多音词则是口头语词,例如:您、别、甩、甭、找、揣、揣摩、拽、瞧、咱、娃、娃娃、楞、妞、小妞儿、垮、垮台。至于四字格,却是比较容易判别是书面语还是口头语:来自文言的成语总是书面语,口语造出来的四字格有许多是叠音的、附加音缀的;加用数词组成的则文白两类都有。前者如:以一当十、五光十色、合二而一、人仰马翻、门庭若市、义不容辞、雷霆万钧、良药苦口、名存实亡、仁至义尽;后者如:三心二意、七零八落、接二连三、嘻嘻哈哈、点点滴滴、地地道道、三言两语、三三两两、五花八门、小恩小惠、妻儿老小、十万火急。看来,判别书口的原则也应该从调查研究的结果中归纳出来,而不能从理论上推知。有的学者曾用过社会语言学的方法做问卷调查,实际上是语感的鉴定,这也不是不能考虑的方法,因为大多数使用汉语的人,对书面语和口头语的差异都有明显的语感。

关于书面语和口头语的鉴别,更大的难点在于书面语和文言词的交叉以及口头语和方言词的交叉。

由于汉语采用表意的汉字作为书面符号,"隶变"后的两千年来,汉字的字形没有多少变化,基本字义也是一脉相承的,所以,上古、中古的词汇经常会被现代汉语所沿用,成语、谚语、典故、引用语也是古语沿用于今语的通道。"阁下、光临、拜见"还要经常用于外交场合,"有朋自远方来,不亦乐乎""海内存知己,天涯若比邻"也经常被引用,"登顶、下潜、镌刻、解读、遗存、境况、景观、滞纳"都是从文言来的,一旦需要表达,就可以随时端出来用。维权可以设"驿站",航班可以有"经停",网络可以加以"遮蔽",种种"沿袭启用、改装翻新、重新创造",随时都会使现代书面语和文言词的界限模糊起来。值得注意的是,现代口语是在官话方言的基础上形成的,官话方言区包括了八九个分区,拥有十亿以上的人口,内部又有许多词汇和语法上的分歧。例如四川人说的"耍下子、要得、没得、晓不得、龟儿子",恐怕还不能说已经进入了普通话;山西人说的"阳婆(太阳)、月明(月亮)、年时(去年)、出水(出汗)",只能说还是晋语;山东人说"扎古",表示"打扮、治疗或修理","埝、埝儿、埝子"表示"地方",管冰说"冻冻",也只是小范围的官话方言,别的官话区的人连字面意思都难以理解。近年来搭乘着小品的快车,东北话的"忽悠"是忽悠了几亿人了,"赶趟"恐怕还没赶上趟。诚然,普通话、北京话和官话方言之间都是没有断然界线的,但是,区分通语与方言总还是一个值得研究的课题,好像至今还没有人注意到。

再次,书面语和口头语不但自身的结构特征(语音、词汇、语法)有异,也有语体风格上的不同。书面语继承前代语言多,比较稳重守旧,口头语则适时的创新多,比较生动活泼;书面语主要是目治,注重用字规范典雅,不避生僻字;口头语讲究音响效果,多用常用字造词,不计较"有音无字";书面语力求简洁精练,好用典,避冗余,口头语为求刺激常用铺张、描写,不避重复;书面语讲究规范,常常经过修改之后才定稿,口头语追求快速和易懂,常常从俗就野,旋说旋改;书面语靠咀嚼琢磨,常含言外之意,口头语则可借助声响的加工处理和身势的辅助作用,表达意思更加直接;书面语交际对象不在现场,容易脱离情景,无的放矢,口头语身临其境,有针对性,但有时难以应对自如。这些方面,在中国固有的修辞学、辞章学,曾有过许多成功的研究,如今又有语用学、话语语言学、社会语言学的探讨。除了语言学者的努力,还有许多传媒工作者和表演艺术家的共同努力,今后若能多方联手开展研究,必定会有很好的发展前景。

最后,关于现代汉语书面语和口头语的规范问题,这几年来讨论得少了,这说明在规范的问题上,现在是采取了比较宽松稳妥的做法,避免硬性地划界,这是正确的;但也说明,在大变动的现代社会里,语言生活也在经历着强烈的激荡,现实中的问题既多又难,人们有点应接不暇了。在书面语中有古语和今语的竞争,在口头语中有通语和方言的矛盾,在网络上还有汉语和外国语的较量,靠一本5万条的中型词典显然不能负担裁决词汇规范的任务。就外国的经验说,有的词典是有词必录,提供给读者选择;也有的从语料库提取常用、多用的词条编入词典,来引导读者。近些年来,语言生活的监控做了不少事,也提出了一些有关规范的问题,例如,新词新义问题,广告语言的问题,网络语言问题,字母词问题,义务教育、辞书建设如何服务语言规范,提高中文水平的问题,有的学者甚至提出了中文(现代汉语书面语)的发展已经出现了种种"危机"的论断。看来,调查做得不少,问题也发现了很多,关于规范问题的研究,"硬件"方面、微量方面关注得多些,如字音的审定、字形的整理、字数的权衡一直在进行;"软件"方面、宏观方面的研究,尤其是词汇、语法的规范还没有引起足够的重视,研究工作显然还不能适应现实的需求。按理说,改革开放以来,各类辞书的编纂空前繁荣,方言调查在点上面上都有重大进展,语料库语言学也正在迅速发展,词汇语法的规范研究已经有了很好的条件,只是因为规模庞大,问题繁多,有关理论也相当复杂,不是少数人、投放一点时间精力就可以得到效果的。即使有了大团队,做起来也不容易,见效就更难了。

现代汉语通常是指的现代的通语——普通话,关于普通话的规范,1955年现代汉语规范化会议曾经有过经典的说法:以北京语音为标准音,以北方方言为基础方言,以现代典范的白话文著作为语法规范。这个结论提出了60多年了,有些地方说得不细,显得含糊,面对半个多世纪的实践,应该有更加具体化的解释。例如,标准音应该排除哪些北京话的土音?"北方方言"和现在认定的"官话方言""晋方言"是什么关系?官话方言和晋方言的词汇不少只在局部地区使用,普通话词汇应该认定哪些官话方言词汇已经进入通语,南方方言也有少量进入通语了,是否还可以考虑让有些官话方言和南方方言词汇收进普通话的备用词库?如何着手在语料库的基础上建造这个词库?普通话的词汇规范,一般都以《现代汉语词典》为依据,在这部中型词典之外,如何来判定更大范围的用词的规范?现有词典所收的带〈方〉记号的词是被确认为进入普通话的方言来源词还是尚未取得规范的方言词?还有,普通话之中有些明显是专用于口语的词,在日常生活中十分常用,但是却没有收为词目,整本《现代汉语词典》收了5万条词语,口语词只有800多条,《汉语水平词汇与汉字等级大纲》收词8 822个,口语词也只有160条,都占不到2%,许多口语中的常用词在词典里查不到,南方人和外国人岂不是告求无门了?这对于母语教学和对外汉语教学都是十分不利的。此外,以往说的用"典范的白话文著作"作为语法规范,应该只是说书面语,那么普通话的口语语法又应该拿什么作为规范的依据?普通话口语的词汇、语法的规范看来比起书面语的规范更难确认,但又是不得不认真地研究的,因为对内对外的汉语教育都必须有章可循。

三、"书""口"之异与汉语教学

"书""口"之异既然是汉语的重要特征,汉语的教学要不要针对书面语和口头语的差别采取必要的对策?这是另一个很值得思考的问题。

在母语教育中,历来都强调"读写训练",忽略听和说的口语教学。接受母语义务教育的少年儿童,在语言习得中已经大体学会了普通话,建立了一定的语感,入学后有老师的示范、校园语言的熏陶,在普通话普及的地方,还有家庭和社会上通行的普通话的交际环境,他们的听说能力一般都可以达到基本的要求。但是,对此我们也不能盲目乐观,应该看到依然存在的一些问题。

第一,根据世纪之初教育部和国家语委所做的"中国语言文字使用情况调查",全国能使用普通话的人口比例还只有 53.6%(农村更低,只有 45%)。在那些普通话尚未普及的地方,中小学生课堂外的普通话环境就有局限,尤其是在东南方言地区和民族地区,家庭和社会上局部通行的也只是不标准的"地方普通话",即使是官话地区,农村里的普通话也带有浓重的方言色彩。可见,完全依赖家庭和社会让孩子学好普通话口语是不现实的。前些年,有些南方方言区的学生考到北方去,因为普通话不过关,一开口就引人发笑,为了面子只好采取"少说为佳"的策略,以致落落不群,学习、生活都受到影响,现在情况已经有些好转,但问题总还是存在的。

第二,口语训练不但要求教好标准的普通话,还包括言语交际能力的训练:使人能自如地应对各种交际对象和场合、适应交际内容和表达意图的要求。此外,还应该包括思维能力的训练:因为口语交际必须现听、现想、现说。这种快速的应对就是一种最佳的思维训练。没有口语课程的专门训练,交际能力和思维能力的训练就不能落实。不少青年上了大学,发现自己的口语能力不理想,于是就订阅《演讲与口才》、参加演讲比赛和辩论会,大学将要毕业,为了升学、求职找工作,怕面试过不了关,又临时抱佛脚,进有关的培训班。这就是中学阶段口语训练未能达标所造成的后果。

第三,任何时代的书面语都必须根植于口语的土壤之中,才能获得强大的生命力。由于普通话的不断普及和文白两面的磨合和发展,现代汉语的书面语是越来越接近口语了,20 世纪 30 年代的一些美文,因为带着半文不白的文风,和当代的书面语显得不合拍,从语文课文中抽去了,代之以更加符合当代口语的文章,这是合理的做法。今后的读写训练显然还应该强调尽量做到口语化。"读"要善于欣赏书面的美文,也要能理解怎样为口语进行艺术加工;"写"要能把平实的口语写得通顺,也要具备提炼口语的能力。

可见,母语教育的口语训练不但不能放弃,还应该加强。中师撤销后,承担口语训练的只有高等师范,如今这些高校都和综合大学一样在拼科研、争项目,往学术路上挤,口语教材(包括课外读物)的编写和改进,联系本地方言的正音、正词练习,教学方法的试验研究,好像很少人有兴趣了。事实上,文与白,书与口都是相互依赖的,通则双美,塞则两败,这是常理;所谓口才好,文笔差,或者文笔好,口才差,都只是个别的现象。

在对外汉语教学中,情况又有很大不同。作为第二语言,学习者完全没有习得的基础,所以历来的对外汉语教学总是集中力量教学口语,先解决听和说的问题,这无疑是正确的。如果是来华的学习者,有了初步的听说能力,就能从广泛的社会交际中学到最鲜活的语言,这正是学习第二语言最宽广的大道,因为资源广,品种多;也是最近的小路,因为机会多,成本也低。如果是短期班的教学,只是为了应付在华旅游或简单业务的一般交流,只学点口语、不教读写也是可以的。但是由于学习者也完全没有语感,不知道汉语的书面语和口头语还有许多不同,因此,至少对于处于两端的书面语专用词或口语专用词,也应该给予适当的提示,哪怕只在生词表上标上〈书〉或〈口〉,就能使他们轻易地避免许多常见的差误。"我看看罢了(而已),不想买""我随便说说,您别(不要)生气(愤怒)""明天咱庆祝他的诞辰(生日)""他的身体很棒(强壮)",不论是书语口用还是口语书用,效果都是不好的。打开中介语语料库,这类病句随处可见。因为我们的课本里很少有书口之异的提示。

来华学习的留学生,离开课堂后只要走进中国人之中,就能学到许多比课堂上学的更加生动活泼的汉语(当然也有劣质的),老师如果善于引导,让他们总结课外交际中的经验和教训,找问题,提问题,一定能使课堂教学得到有益的延伸。结合这类课余的指导,也可以提示如何在交际中体验文白之异。

在国外教学汉语,除了课堂,没有语境可言。这是一个最严重的困难。一个星期学几节课,课后不再接触所学的语言,学到手的能有多少,可想而知。补足这个根本缺陷的办法只有一个,就是组织课内的练习和课外的阅读。

就课内练习说,眼下最流行的是针对一个个"语法点"的句型、句式的练习,偏偏汉语又是句法灵活、同义句型繁多的语言,这种乏味的练习究竟有多少效果,值得怀疑。为了克服没有语境的缺陷,要尽量把课堂变成生动语境的现场。有问有答,有讨论有争议,有欣赏有评判。练习的题目和项目最好都是句子连成的篇章,例如成语故事、谚语解释、猜谜语、古诗词、笑话、小相声、短小品、绕口令,形式上可以老师领着练习,也可以放录像、看动漫、听录音、看电视片段。这种课堂活动,短小精悍,生动有趣,所学内容朗朗上口。就像赵元任所说的,在整个儿的句子中学习词的意义和用法,既记住了词又掌握了句,还有各种文化的内容。这种语境化的练习还可以通过布置课后的作业,从课内延伸到课外,做到一体化。课后,不论在家里、在公园、在车上都可以自己掌控。适合不同国情、地情的好的读本或声像作品,若能让人爱不释手、欲罢不能,随时随地学、在玩儿中学,有了这种自造的语境,何愁学不好汉语!练习、阅读、听录音、看录像,正是调动自觉性、养成自学习惯的好办法,也是制造语境、培养语感的好办法。为此,应该提倡大量地编制多样化的书面阅读的文本、练习册,口语朗读的音像作品及辅助性的说解,以及不同程度的艺术表演节目。与其守住不合用的课本照本宣科,进行乏味的课堂讲解和练习,不如和学生一起、也鼓励他们自己走进广阔的阅读天地,走进语境,直接接触各种书面语和口头语,从而建立语感。为了适应不同国家和地区、不同人群的需要,所提供的读物一定要分别各种不同内容、不同文体、不同场景、不同程度、不同篇幅的品种。为了以口语表达为主,最好是声情并茂、图文兼有、逸趣横生的。

经过多年的思考和琢磨,我悟出了要搞好对外汉语教学,一定要努力建设以下两套理想的教材。

一套是体现汉语的结构特征的"字词句直通"的基本教材。在介绍语音构造、训练发音之后,教学常用字,以字带词,通过解释词义来扩大和加深对字义的理解;通过解释用字组词的方式去说明词法和句法的一致性;通过构语和造句来巩固和加深对语法的认识;通过不同遣词造句来体会口语和书面语的不同;通过不同题材、不同体裁的言语作品的学习去了解中华文化的丰富多彩和博大精深。在选择字词句的素材时,应该常用先学,循序渐进,求精不求全。编写课文和练习则务求多样化、趣味化,避免模板式的拷贝。这套教材的特点重在语言分析、抓住核心、打好基础,重要的是必须充分体现汉语的结构特征。

另一套是与基本教材配套的开放式的补充教材。这是一套比句子大的言语作品,不强调精当而强调广泛多样,不求严密而注重趣味。内容可以涉及古今中外,有传统的、也有时新的;篇幅应该有长有短、以短为佳,有弹性、可伸可缩;文体、载体都应该形式多样,散文韵文、音响图像兼有,文本、网络齐全;言语表达形式不论是文言白话、书面语口语、美文应用文都应兼备;就制作方式说,可采集、可编写,可更换、可新添。这套教材的特色是从言语的综合应用出发,通过句段和字词的关联和组织,去理解生成言语作品的法度;通过篇章内容的理解去认识中华文化的底蕴;通过不同语言素材的选择和组织去体会言语表达的艺术;通过不同时代篇目比较,还可以考察语言和言语的历时演变;通过目的语和母语的言语作品的比较,则还可以体会不同民族的语言文化差异。

为了编好以上两套教材,必须建立一个大型的多用的现代汉语语料库。字、词有不同频度等级的字库和词库,有异体字、多音字、多义字库,各种词类及兼类词库,联绵词、叠音词及各类合成词库,同义词、反义词库,已经进入普通话的方言词、外来词及现代还常用的文言词库,各类封闭性词类和虚词的词库,较为常用的成语、谚语、歇后语、典故、引用语也应该建库,语法方面则应有各种句型、句式的例句库,修辞方面有变式句、中介语和地方普通话有不规范例句,也可以建库。以上所述是"语言库",此外还要有"言语库",包括古代和现代的优秀散文韵文,可以按不同时代、不同作家、不同题材、不同体裁归类建库,有些字句已经不再使用或者难以理解的,可以适当加以改动。有了这样的大型语料库,配套的补充教材就可以由在外的汉语教师或外国教师根据实际需要自己编印、散发。如果所编的核心基本教材不合国情、民情,也可以由执教的老师做必要的修改或补充。就这个意义上说,大型的现代汉语语料库是更加重要的基础建设。

参考文献:

[1]北京语言学院语言教学研究所.现代汉语频率词典.北京语言学院出版社,1986.

[2]国家语委汉字处.现代汉语常用字表.语文出版社,1988.

[3]江蓝生.古代白话说略.语文出版社,2000.

[4]李如龙.汉语应用研究.中国传媒大学出版社,2004.

[5]李如龙.汉语词汇学论集.厦门大学出版社,2011.

[6]吕叔湘.吕叔湘语文论集.商务印书馆,1983.

[7]潘文国.危机下的中文.辽宁人民出版社,2008.

[8]徐时仪.汉语白话发展史.北京大学出版社,2007.

[9]张中行.文言与白话.黑龙江人民出版社,1988.

[10]赵元任.语言问题.商务印书馆,1980.

[11]中国语言文字使用情况调查领导小组办公室.中国语言文字使用情况调查资料.语文出版社,2006.

语法特征

略论汉语的字辞构造特征[*]

一、汉语的"字"和"辞"

汉语的构造特征是什么？让我们回到古时候汉语使用者的感性话语中看看中国人是怎样称说自己的语言的。

古人说的"言、语"既指言语行为（慎言、巧言、子不语、语无伦次），也指话语（雅言、片言只语、不言语、一语惊人）。因为汉语是用汉字书写的，古来"字"既指字形（写字、字体），也指字音（字正腔圆）、词汇（字斟句酌），乃至书面的语篇（字里行间、文从字顺）。表达出来的言语则通常称为"辞"：卜辞、言辞、文辞、语辞、致辞、辞句、辞令、辞章、辞藻。

看来，这些说法中最重要的是"字"和"辞"。用现代语言学的说法，"字"是汉语的最小语言单位，"辞"是汉语表达的言语成品。但是，因为汉语是用汉字书写的，一个字可以只是一个书写单位，也可以是一个词、一句话，"字"和"辞"之间有时便划不清界限。

1959 年，赵元任在台北以《语言问题》为题的演讲中谈到"语言跟文字"时，明确指出："用一个文字单位写一个词素，中国文字是一个典型的最重要的例子。我曾经用过'言'这个名词当词素讲，那么用

　*　原载《国际汉语学报》第 5 卷第 2 辑，学林出版社，2014 年。本文是国家社会科学基金项目（13BYY051）、教育部人文社会科学基金项目（BYJAZH021）的前期成果。

这个名词也可以说中国文字是一字一言的文字。他跟世界多数其他文字不同……世界上其他国家所用的多数的字——所谓叫拼音文字,他不是一字一言,是一字一音。"(赵元任,1980:144)

在《汉语词的概念及其结构和节奏》一文中,他还说:"在说英语的人谈到 word 的大多数场合,说汉语的人说到的是'字'。……在中国人的观念中,'字'是中心主题,'词'则在许多不同意义上都是辅助性的副题。"(赵元任,1985:241—248)

这个中国特有的字,不像拼音文字那样,"一字一音",字母组成音节,音节组成词的线性组合,而是一个"形音义"三结合的立体结构。在口头,它是表示一定意义的音节,在书面,除了少数的联绵字、译音字、嵌音字,一般的汉字都是字音、字义的结合体;又因为表音不准,字音也多变,所以多数学者把汉字称为"表意文字"。汉字就是这样的"字形、字音、字义"相结合的三位一体。在上古时期,大多数汉字都是当成单音词来用的。不论散文韵文,都是如此。如《论语》的"三人行,必有我师焉""学而时习之,不亦乐乎",《诗经》的"风雨如晦,鸡鸣不已,既见君子,云胡不喜"就都是一个字用作一个词。后来兴起了双音词,有些字不能单说,只是构词的语素,成了吕叔湘所说的"汉字、音节、语素形成三位一体的'字'"(吕叔湘,1980:41)。赵元任"一字一言"指的"词素"和吕叔湘所说的"语素"内涵相同,并没有性质上的区别。

不论是用作单音词还是语素,"字"都是汉语的最小语言单位。因此有时也称为"言"(四言诗、五言绝句、万言书)。

然而中国人所理解的"字"和"言"都可小可大。它可以是一个语素,平常说的"一言不发",也可以说"一个字儿也不说",就是这个意思。说"字句通顺""虚字""片言只字",指的是"词";在话语中用作名词的"言",还可以指交际言语中的或长或短的片段和篇章:只言片语、三言两语、你一言我一语、箴言、格言、序言、谎言、常言、忠言;甚至作为整个语言的简称:雅言、方言、文言。

和"言"关系更为密切的是"辞"。古时说的"辞"就是指说出来的话,如今的语言学术语叫做"言语"。"其旨远,其辞文,其言曲而中"(《周易·系辞》)、"情欲信,辞欲巧"(《礼记·表记》)、"辞之辑也,民之洽矣"(《诗经·大雅》),这其中说的"辞"都是"言语",文天祥说:"辞之义有二,发于言则为言辞,发于文则为文辞。"(《文文山全集》卷11)这个说法非常中肯。不论是言辞还是文辞,中国的古人都十分注意言语的表达。《周易》早就提出"修辞立其诚,所以居业也",把言语运用得好不好提到了事业成败的高度。

总之,"字"是汉语的基本语言单位,"辞"是言语的运用单位,中国古人对此的理解既体现了汉语的特征,也符合现代语言学的原理,实在是我国古典语言学的瑰宝,我们不应该把它抛弃。

二、"字"的语言性质和语言功能

从甲骨文算起,汉语用汉字来书写已经有三四千年的历史了,现在使用的汉字是在商周到秦的 1 500 年间定型的。春秋战国的 500 多年间,《诗经》《楚辞》在民间传唱,诸子散文形成了百家争鸣,经历过甲金文、大小篆、石鼓文的变迁,到了"秦隶",应该有很多工匠会写汉字,虽然识字的人不多,平民百姓也不知道自己说的话要写什么字,但知道有人会用"字"来写话。在民间,早已把"字"和"言"等同起来了。说古时候识字的人很少,"字"和他们说的话并没有关系,这是皮相之言。

语言是什么?是语音和语义的结合体,其最小的单位是词。汉字既然是形音义的结合体,经常作为词来用,也就具备了语言的性质,只不过有时是"片言只字",有时是长长短短的话(题字、字条、字据)罢了。说文字只是语言的书写符号,汉字和汉语是两回事,这是但知其一,不知其二。汉字既是表达音义的成系统的形体,也是记录语素组成言语系统的单位。

汉字的语言性质不但表现在一个个的字作为汉语的词或语素去组成句子——这只是它的静止的表义功能,还表现在它具有动态的滋生词语的功能。

对于汉字的这种"表义功能"和"滋生功能",如果用《道德经》的"一生二,二生三,三生万物"来解释是再妥当不过了。汉字的一个形体包含着两样东西:字音和字义,这不就是"一生二"吗?音义结合之后成了完整的词或词素(语素),这就是"二生三";一个个的单音词或语素构成了词汇,词语不断衍生,便是"三生万物"了。这就是三位一体的"字"的两种语言功能。

字义、词义、语素义是人们认知世界的过程和成果,人对世界万物的认知是无穷的,语义在汉字的统一体中是最活跃的因素,随着社会生活的不断发展,人类认识世界也不断地深化,已有的字音和字形(尤其是字音)就成了语义发展的束缚。为了适应新认知的语义的需要,早期的汉字就经常发生字音的变读,这就是"异读",用异读音来表示新的意义,上古汉语常见的这种"音变构词",就是汉字所具备的更加重要的动态滋生词语的功能。

字音的结构包括声母、韵母和声调,古汉语的音变构词也就分别有声、韵、调的音变。

传统的音韵学对于上古汉语的音变构词已经有很多深入的研究。早在 1946 年,周祖谟在《四声别义释例》中就纠正了前人"六朝经师,强行分别"的说法,明确指出:"古人一字每有数音,或声韵有别,或音调有殊,莫不与意义有关。"(周祖谟,1966:81)"古人一字兼备数用,尔后增益偏旁,分别之字乃多。或变其声韵,或变其字调……实即由一意义相关之语词而来。……执此义以推寻文字语词日益繁衍之轨辙,自当得其鳃理……以声别义之事,乃汉语之特色,与文法训诂音韵,皆息息相关。"(周祖谟,1966:119)像"间、冠、难、劳、为、量、任、藏、离、将"等一平一去的读音,自古至今,在通语里比比皆是。有些音变构词现今通语已经不存在,但方言还保存着。例如,泉州话:"乞",去讫切,求也,"乞 khit⁷ 囝"(求人给子);去既切,与之,"乞 khi⁵ 人骗去"(被人骗了)。又,过,古禾切,过所也,单说 kua¹,表示"瓜果蔬菜老了";古卧切,逾也,"kə⁵ 头"(过了头)。

王力晚年用四年时间研究上古汉语的"同源字",发掘了大量"音义皆近,音近义同,或义近音同"的字,说明"以某一概念为中心,而以语音的细微差别(或同音),表示相近或相关的几个概念"的词汇滋生现象。(王力,1982:3)对于这类"同源词",他从字音方面分析出了许多类别,例如:

> 双声:柔—弱 雕—琢 饥—馑 境—界 我—吾 强—健
> 叠韵:空—孔 安—晏 甘—柑 少—小 买—卖 中—仲
> 对转:迎—逆 伦—类 宽—阔 盈—溢 背—负 非—弗
> 旁转:强—劲 影—景 命—令 跳—跃 顺—驯 大—太

从字义方面分析同源字,也理出了许多头绪:

> 同义:存—在 奢—侈 非—匪 顶—颠 偏—颇 灭—亡
> 近义:言—语 头—首 诵—读 凉—冷 依—倚 勿—毋
> 相关:左—右 鱼—渔 田—佃 张—帐 反—返 知—智
> 虚实:逆—忤 工—功 疼—痛 软—懦 解—懈 没—殁
> 使动:买—卖 受—授 至—致 纳—入 辨—别 罹—罶

由此可见,在单音词占优势的上古时期,汉语词汇的滋生正是靠着字内音义的矛盾、互动、共变而实现的。字之内音义的统一结合就形成了一个个单音词,字之内的音义的矛盾互动则引起了词汇的孳乳扩展。

三、字的叠加和辞的发展

如上所述,"字"对于汉语词汇的生成是至关重要的,但是它还是不能包打天下。因为单音词在表达主客观世界时有很大的局限性。人类的发音器官大约只能发出 1 000 多个有明显区别的音节,一个音节可以表示多个不同意义的词,但同音词太多了就不便于交际。《现代汉语词典》"yi"读去声就有 92 个字,加上其他三个调多达 177 个字头。一个字也可以读成许多不同的音,而多音字太多也难以识别。

"着"今有四读：zhāo、zháo、zhuó、zhe，"和"有六读：hé、hè、hú、huó、huò、huo，就是中国人也很难学得全、说得准。4 000 年前的甲骨文字，已经发现了超过 4 000 个，可释读的只有 1 600 个；2 000 年前的《说文》就编进了 8 000 多字。然而，其中常用的只有两三千字，战国初期成书的 18 万字的《左传》全书也只用了 2 990 个字种。《毛选》五卷用字量不过三千挂零，现在能认得 3 000 字的就是大学的高才生了。这说明只是用"音变构词"扩展词汇，产生大量的同音字、多音字，就会造成学习和运用汉字的极大困难，也说明只用单音词是绝对不能满足交际要求的，因为语言中的词汇一般都需要数以万计。

《荀子·正名篇》说："单足以喻则单，单不足以喻则兼。"这是非常了不起的发现和概括。到了春秋战国，百家争鸣把古代语言和文化推向高峰，单音词不够用了，同音词、多义词也太多了，于是，从战国后期开始，就逐渐出现了双音词，到汉唐之后发展更快。从单音词占优势发展到双音词为主体，这就是上古汉语演变为中古汉语的最重要的标志。

《左传》扣除专名之外的双音词是 1 300 多个，占总词数的 28%；到汉代的《论衡》，总字数少了，双音词却增加到 2 300 个；唐代的《变文》篇幅也不大，双音词达 4 347 个。而到了现代，据《现代汉语频率词典》，三音节以上的不算，单双音节词的比例是 11.6%（3 571 个）与 74.3%（845 366 个）。

关于双音词，有一点是必须指出的，上古汉语也有一些双音词，大多是叠音词和双声叠韵的联绵字（如《诗经》的关关、采采、窈窕、参差）；后来兴起的则是语义合成的双音词，例如《左传》就有联合式（甲兵、民人、奔走）、偏正式（大人、宗伯、二毛），并开始向述宾式（食言、戮力、即位）、表述式（车裂、血食、自用）扩展。这两类双音词属于不同的性质，前者是语音造词，后者是语法造词。据向熹和程湘清的统计，先秦的《诗经》《论语》《孟子》的双音词中，语音造词都占了 25% 以上，而到了汉代，《论衡》只有 4.4%，《世说新语》只占 6.7%。

语法合成的双音词为汉语词汇的发展开辟了广阔的道路。一个

"深"就衍生出几十个双音词,单是用作形容词的就有:深刻、深广、深厚、深透、深湛、深重、深沉、深长、深奥、深邃、深微、深挚、深切,高深、艰深、精深、幽深、资深、进深、渊深、湛深、情深。其表义的深广度就大大拓展了。在不同的现代汉语词典中,"人"字所造的双音词都在200条之上,四字格也在200条以上。一个"报"字用作名词的有并列式的报刊、书报,动宾式的登报、发报、见报,偏正式的报纸、报馆、报章、日报、周报、早报、晚报、月报、小报、公报、党报、板报、墙报、壁报、画报、快报、电报、谍报、警报、捷报、喜报、简报;用作动词的有偏正式的浮报、虚报、禀报、呈报、测报、酬报,并列式的答报、报答、举报,动宾式的报警等等。有了双音合成的构词法,以单音词为核心扩展词汇,真是四通八达,无往而不利。正因为如此,汉代以后,双音词的生成就向着语法合成的方向大规模地迅速发展,叠音词和联绵词明显衰歇下来了。

有了单音词和双音词,只要语用需要,语义就可以结合,也就有了三音节的惯用语和四字格成语。以《左传》为例,前者如"二三子、未亡人、大司马、执牛耳",后者如"唇亡齿寒、华而不实、困兽犹斗、从善如流、大义灭亲"。以此类推,更长的谚语、引用语也接踵而至。还以《左传》为例:"皮之不存,毛将焉附。""虽鞭之长,不及马腹。""善不可失,恶不可长。""言以足志,文以足言。""民生在勤,勤则不匮。"不论是双音词还是三音、四音以上的"语",古人都把它称为"辞"。从上古汉语到中古汉语,词汇的发展主要就是从"字"叠加为"辞"。上古时期,汉语词汇的发展主要是字内的音义互动,当时萌芽的字的叠加,到了中古时期才得到大发展。这个演变,就为汉语词汇的整体构造奠定了基础。

四、融句法于辞——复合法与实词虚化

言语是为了表达和交际,辞必须组成句,才能表达完整的意思,不论什么语言,最早的言语行为就应该有组词成句的规则,哪怕初始

的句法很简单。从这个意义上说,说"汉语没有语法"是错误的。之所以有这种错误的理解是因为汉语没有和西方语言一样的形态变化,而且从古到今,汉语的辞都经常有"兼类"现象,而且词类和句子成分不挂钩。用印欧语的眼光看语法,才会得出上述的错误推论。其实,汉语有自己灵活的语义语法,从上古汉语到中古汉语,完成了一个"融句法于辞"的过程,这是汉语发展史上另一个重要的演变事实。

战国之后,双音的"辞",从联合、偏正的基础上又生成了动宾、主谓等结合方式,这是哪里来的?只能是从交际中的句法来。这时,融句法于"辞"和双音复合词的发展是同步进行的。早期的汉语词汇多是单音词,用单音词组成各种句子,在连说的过程中,两个单音词组合的成分就浓缩为双音的辞。"国家"就是一个很早就融成的双音复合词。《论语·季氏》"丘也闻有国有家者,不患寡而患不均",这时,国与家还分开说;在《商君书·更法》,就有连说的"治世不一道,便国家不必法古",这里的"国家"已经是只指国、不含家的"偏义复词"了;到了《左传》,这种用法更多:"政治亡则国家从之。""富贵"与"贫贱"在孔子的《论语》中是分开说的:"富与贵是人之所欲也,不以其道得之,不处也;贫与贱是人之所恶也,不以其道得之,不去也","不义而富且贵,于我若浮云"。到了他的学生孟子,就说成"富贵不能淫,贫贱不能移",明显已经词化。又如"寒"和"暑",本来也是分说的单音词,后来也合成了双音词。这个复合词融合得很早。《周易·系辞下》就有分说和合说共现的情况:"寒往则暑来,暑往则寒来,寒暑相推而岁成焉。"后来的"历几寒暑"便成了复合词。又如"恭"和"敬",《论语·颜渊》:"君子敬而无失,与人恭而有礼,四海之内,皆兄弟也。"到了《左传·宣公十二年》,就说成"不忘恭敬,民之主也"。但也有些当年的复合词后来没有传承下来,例如《左传·襄公二十八年》:"使执寝戈而先后之。"("先后"为保护义)

早期的联合式复合词较多,同义、反义都有,名词、动词皆可,例如"民人、社稷、辛苦、跋涉、朝夕、干戈、魂魄、沉溺、恐惧"等等。除了联合式之外,《左传》里也有不少偏正式的复合词:童心、童谣、东海、边疆、冬日、黄泉、贾人、三代、百官、老夫、食指,还有少量的述宾式(司马、将军、继室、即位、观兵、演习、告老、甘心、稽首)和表述式(日食、天命、自杀、自刭、自用)。据毛远明研究,《左传》的"四种构词方法中,以联合式、偏正式为主,述宾式次之,表述式又次之"(毛远明,1999:147)。

融句法于辞的另一个途径是实词的虚化。汉语的词汇,早期都是先出现名动形这些实词,后来在成句的过程中,有些实词因为常常出现在同样的组合位置,产生了适应结构需要的虚义,便成了虚词。这里只举几个上古时期就形成的介词和连词的例子。

"以"原是动词,表示使用、以为。《楚辞·涉江》"忠不必用兮,贤不必以","以"和"用"互文,后来"以"带上宾语充当状语多了,就虚化为介词:"君子不以言举人,不以人废言"(《论语·卫灵公》);"以天下与人易,为天下得人难"(《孟子·滕文公上》);"若之何其以病败君之大事业"(《左传·成公二年》);"敌以东方来,迎之东坛"(《墨子·迎敌祠》)。

"与"也是动词,表示"给予、参与",如"与其进也,不与其退也"(《论语·述而》),"吾不与祭,如不祭"(《论语·八佾》);后来用作介词,"后若有事,吾与子图之"(《国语·吴语》),"赐也,始可与言诗已矣"(《论语·学而》);还用作连词,"子罕言利与命与仁"(《论语·子罕》),"与人刃我,宁自刃"(《史记·鲁仲连邹阳列传》)。

"为"原为动词表"治理",如"为国以礼,其言不让,是故哂之"(《论语·先进》);后来作为介词有多种用法:"士非为贫也,而有时乎为贫"(《孟子·万章上》),"吾日三省吾身,为人谋而不忠乎"(《论语·学而》),"战而不克,为诸侯笑"(《左传·襄公十年》)。

"而"本是表示胡须的名词,很早就借代用作连词,用法很多:"子温而厉,威而不猛,恭而安"(《论语·述而》),"入竟而问禁,入国而问俗,入门而问讳"(《礼记·曲礼上》),"吾尝终日而思矣,不如须臾之所学"(《荀子·劝学篇》),"人而无仪,不死何为"(《诗经·相鼠》),

"人不知而不愠,不亦君子乎"(《论语·学而》)。

正因为汉语的复合词是从句子的短语浓缩而成的,把句法融入词法,所以形成了汉语语法的一个重要特征,用朱德熙的话说,就是"汉语句子的构造原则跟词组的构造原则基本上是一致的"(朱德熙,1985:4)。在汉语中,词组就是放大了的词,句子是词和词组在交际中的运用。由于汉语没有标志语法特点的形态,所以,词、词组和句子就没有明确的分界线。"头疼"可以是词(让你头疼了吧?),可以是词组(头疼医头,脚疼医脚),也可以是句子(什么不舒服? 头疼),各种说法在中国人的心目中,其实都只是由字组成的"辞"。

由于发明了实词虚化,造出了一批,但并不太多的虚词,虚实之间的种种组合,就能造出多种多样的句式,表达最复杂的意思。实词和虚词在中国人的心目中同样是辞,有许多虚词,直到现代的口语,还在和实词共用,说者和听者只是靠着上下文就能准确地表达和理解。例如:门上有把手—第一把手—把手举起来;别拿它—别拿他的东西—别拿他出气,几个"把"和"拿",对于中国人来说,谁都不会说错,也不会听错。

就凭着这两条——构词法和造句法相关,表示语法意义的虚词和实词相关,就足以说明汉语的词汇和语法确实是关系紧密的。而且,由于句法早已融入词汇,加上语法关系不运用形态变化,词汇却可以灵活应用。例如词性的兼类使用,词类和句子成分不挂钩,等等,所有的这些,都说明:在语言的组织和表达上,汉语是重词汇而轻语法的。这应该是汉语的整体结构上的一个重要特征。

五、在辞句层面上的音义互动和共变

唐宋以后的汉语,形成了单音词为核心、双音词为基础的词汇系统,在这个基础上,还扩展了四音节的成语和三音节的惯用语,书面语和口头语分道扬镳又相互吸收,文言词多有继承,白话词汇大量涌现,从而构筑了一个更加庞大而多彩的词汇大系统。"辞"的运用得到了持续的繁荣和发展。

在多音词语不断发展的同时,中古以后又出现了许多虚词。例如名词的后缀,魏晋之后用开了"子",唐代以后又虚化了"儿";为了表示动词的体貌,宋代之后形成了"了、着";在偏正结构中,又产生了"的、底、的"等助词。在句法方面,中古汉语也有了较大的变化。如南北朝之后"被字句"的产生,兼语句的发展,中唐以后"联动式""把字句"的普遍使用,直至"五四"以来某些欧化语法现象的产生,凡此种种,王力的《汉语史稿》等20世纪60年代的著作已经做过全面的总结。近20年间近代汉语的深入研究,尤其是"语法化"过程的细微考察,把文献的语料和方言调查的成果结合起来进行比较研究,更是取得了丰富的成果,把汉语语法史的研究推向了新的高潮。由于虚词的增多和不断完善,句式也更加多样化了。句法的发展促进了书面语的规范,对于"辞"的运用也发生很大的影响。

语言演变最主要的动因在于内部的语音和语义的矛盾。上古时期音变构词就是突出的表现。经历了中古之后的双音词和多音词的大发展,以及"语法化"带来的"因字而生句,积句而成章"这个层面的变化后,近代以来的汉语语音又发生了新的一轮适应性的变化。

变化之一是双音词内部的连音变读。双音词大量发展之后,两个语素组合而成的词,有些词义并不是语素义的简单相加,甚至字义和词义毫无关系,如果按照原来语素的读音去读,就会造成词义的含混。例如,东方、东风、东山、东海、东洋、东街、东城、东北、东南,其中的单字和复合词的音义都没有变化;东家(雇主)、房东、股东的"东"用的是"东为主位"的引申义;而东西(物件)就看不出语素的原义了,在多数官话方言里,为避免与原义的含混,就把含有引申义的双音词读成轻声。这就是为了区别词汇意义而发生的音变。

变化之二是虚字的弱化音变。宋元以来的虚成分"的、得、地、了、着、过"等,由于意义的虚化,语音上往往也发生了弱化,在现代通语和多数官话方言中都读为轻声。动词后的一些补语和代词宾语等也读为轻声,这是适应语法意义的需要而发生的音变。除了轻声,官话区大多还有儿化,这是另一种属于语法方面的音变。儿尾的形成已经有近千年的历史,从词汇意义到语法意义不断虚化,最后走上合音的道路,在官话区是"儿化";在晋语区是"子变韵"(把"子"尾的语法意义转化成前音节的韵母变读);在一些吴语区是"鼻音尾化"(把"儿"的 ŋ 声母转化成前音节的韵尾)。为了避免轻声词和儿化词造成意义的混淆,普通话的语音规范确定一些词必读轻声(老子、大意、地道、工夫)或必读儿化(头儿、盖儿、没门儿),这是顺应语音演变的大势,无可厚非。

变化之三是在现代通语和方言中普遍发生的连读变调。多数的连读变调是多音词语之内的变化,有的方言(如闽语)还发生在词语之间,受句法关系的制约。根据地方韵书、方言史料和几百年来西方传教士所编的方言读物,大体可以确认,连读变调是近 200 年间发生和发展起来的。因为时间不长,各地的表现很不平衡,演变类型繁多,变调范围也大小不同、规则各异。粤语只有少数常用词有"语义变调"、没有连读变调,官话和湘赣客等方言,变调也比较简单,往往只是语音上的同化和异化。吴语和闽语就相当复杂,是否变调和是否成词有关,甚至不同的句法关系有不同的变调规则。除了连读变调,有些方言还有变声、变韵的现象。多音连读后声韵调是否发生音变,不仅是语音的连读变化,和语义的区别、词汇的色彩、词类归属、词或词组都有或深或浅的关系。下面举声韵调都会发生连音变读的福州话为例,就可以看到这类音变的复杂性:

"有味"作为两个单字白读本音:[ou²⁴² ei²⁴²],读为[u⁵³ ɦei²⁴²]是单词,意为"味道好",前字变调、变韵,后字变声;读为[u⁵³ ʔei²⁴²]是动宾词组,意为"有了异味",前字变调、变韵,后字读本音;读为[u⁵³ mei²⁴²]又是单词,意为"有趣"。

"野""大""头"单字白读本音:[ia³²、tuai²⁴²、thau⁵²]。说"大头"读为[tuai⁴⁴ thau⁵²],是名词,指"大脑袋的人",前字变调;读为[tuai⁴⁴ lau⁵²],是形容词,意为"个子大的",前字变调,后字变声;说"野大头"是形容词组,读[ia²¹ tuai⁴⁴ lau⁵²],指动物个头大,前两字都变调;说

"头野大",也是形容词组,读[thau⁵²ia⁴⁴tuai²⁴²],只有中字变调,意为形容"脑袋很大",如果后字声母也类化,把声母读为l,意思变成比喻"很麻烦、事情不好办"。

由此可见,连读音变是为了适应多音词语的语义凝结和不同的语法组合而发生的语音上的变化。这是"辞"(词、语乃至句子)的层面上的适应语义需要的语音变化。这个层面上的音义互动变化,充分地体现了语音、语义、语法、语用的各个子系统在组成语言的大系统时的密切关联和相互制约。早在1958年,孙常叙就在他的《汉语词汇》中刻意设立了"第三部分",专门论证了音变构词,并罗列了种种词间的连读音变,应该说,这在汉语词汇研究中是独具慧眼的。

六、关于汉语的类型特征的思考

根据以上的分析,结合历来对汉语汉字的基本认识,我们可以看到,"字"和"辞"是如何反映汉语的特征的。

1.汉语的"字"是三位一体的立体结构,字形在隶变以后是长期稳定的,它虽然表音不准,但已经形成和字义的稳定结合,字形一直跟着本义—引申义—语用义走;不仅如此,稳定少变的字形还形成了包容多种读音的习性,不论是方音异读、文白异读、别义异读还是新旧异读,改写字形的"古今字"只是少数,如然—燃、莫—暮、土—吐、云—雲、茶—荼;许多多音字也没有改写字形,如看见—看守、和平—和诗、和面、假话—放假。字音是汉语特有的系统,它是大体按照中古音的音类在通语和方言中整类分合的,虽然各地方音有别,大多音类之间还是存在着或多或少的对应。汉字的字形和字义的稳定,使它能够传承古今,流通南北,甚至传播到异域(如日语的音读和训读),历数千年而不衰。徐通锵说:"字是形音义三位一体的结构单位,义是核心,音与形是表现这一核心的物质形式。"(徐通锵,1997:266)他所说的这个"结构单位"不是别的,正是词和语素,这就使汉字成了汉语构造的重要特征。

汉语特征研究

诚然,汉字之中也有少数"异类",少数字只表音、不表义(作为音缀的字、译音字),古代联绵词所用的字连语素也算不上。任何规律都有例外,这些现象作为另类处理就是了。

2.汉语的"辞"是语言表达和交际的概念,它是运用"字"的组合使言语交际得以"达意"的创造。适应交际需要的"辞"的基本单位是"句",短的可以只是一个字或几个字词串起来的"语",长的可以是一席话(言辞)、一篇文章(文辞)。"辞"由"字"组合叠加而成,正是经过交际中的"辞"的运用实践,提炼了"字"的组合和叠加规则并运用于构词,"融句法于词语",这是语法和词汇的互动。就"字"和"辞"的关系说,"字"是静态的"内",是形音义的整合和内在的互动,"辞"是动态的"外",是语音、语义、语法、语用的综合运用。"字"和"辞"之间的这种动静结合、内外互动的构造特征,形成了汉语的语言结构和言语表达的基本特征。也可以说这就是汉语的语法特征。

这个特征包含着四个方面的内容:(1)它以语义为基础,字义、词义、句义的相互关联提供了认知和表达的稳定的可能性;(2)它以语用为导向,言语的应用决定了词汇的衍生和语法规则的形成,也体现了表达的现实性;(3)它以语音为工具,用来区别字义、孳乳词汇和连缀辞义、句义;(4)它以语法为手段,构词法、造句法、虚词和语序提供了言语组织的多样性。

语言特征的考察必须包括语言结构系统和言语表达系统的考察;包括语音、语义、语法和语用的相互关系的考察;包括共时静态系统和历时动态演变的考察;包括口头语和书面语的综合考察。总之,只有全面考察才能够切实地、准确地认识特定的语言特征。

然而,历来关于语言类型特征的归纳往往只就某一个方面去进行考察,例如从词汇的特征提出"单音节语言",从语法结构区分了"孤立语、黏着语、屈折语",从有无声调归纳了"声调语言、重音语言"等等。由于类型归纳的片面性,也由于许多外国学者对汉语的种种特征缺乏深入的了解,对于汉语的类型特征的分析就很难论述得准确。例如,把汉语归入"单音节语",就是在上古时期也不准确,两千年来汉语的词汇系统早就是"单音词为核心、双音词为基础"的系统；说汉语是"孤立语"，汉语的虚词自古以来就是"黏着"的，中古以来又产生了许多使用频度很高的表示语法意义的语缀和不表意的"音缀"；说汉语是"分析语"，就无法解释汉语的"音变别义"（包括用变调、变声、变韵来区别词义和词性等）的现象。然而有些中国学者为了带上"屈折语"的时尚高帽，总喜欢说，四声别义、人称代词的"复数式"、动词的时体等也是"形态"，这些说法既不能反映汉语的特征，也不符合屈折语的"章程"，真有点"里外不是人"。

就整体而言，不论古今南北、不论口头或书面、不论是静态的结构还是动态的应用，汉语都是"字"和"辞"构成的，单音节的"字"是形音义的结合体，作为单音词，始终是词汇系统的核心，字的音义之间互动而共变，衍生了大量语义明确的单音词或语素；"辞"是言语应用的单位，可短可长，长短相间，有虚有实，虚实结合，按照多音连读的音变规则，衍生为词组，按照句调的要求组成语句和篇章。不论是字的变异还是辞的组合，都以字、辞的意义为基础：字义复合成词，词义组合为语，虚实的词语按语义语法和相应的语序结合成句，语句也以语用意义关系构成篇章。这就是汉语独有的字辞构造特征，也就是汉语的语法结构特征。

索绪尔的《普通语言学教程》一书在谈到"绝对任意性和相对任意性"时说道："只有一部分符号是绝对任意的……整个语言系统都是以符号任意性的不合理原则为基础的。……一切都是不能论证的语言是不存在的；一切都可以论证的语言，在定义上也是不能设想的。在最少的组织性和最少的任意性这两个极端之间，我们可以找到一切可能的差异……这是我们进行语言分类时可能考虑的一个很重要的特点。"接着他又说："不可能论证达到最高点的语言是比较着重于词汇的，降到最低点的语言是比较着重于语法的……超等词汇的典型是汉语，而印欧语和梵语确是超等语法的标本。"（索绪尔，1996：184—185）

确实，汉语的由字到辞的语义叠加，由实和虚的语义组合都是使用词汇手段,具有很高的可论证性。徐通锵曾经据此提出:"汉语的突出特点是语义,而印欧系语言的突出特点是它的语法结构,因此我们可以把印欧语言叫做语法型语言,把汉语叫做语义型语言。语法型语言重点研究'主语—谓语'的结构和与此相联系的名词、动词、形容词的划分,而语义型语言的研究重点是有理据性的字,突出语义、语音及其相互关系的研究。"(徐通锵,1997:52)这是徐先生睿智的分析得出的结论,很可惜,20 年过去了,这个雄厚壮实的反映汉语特征的理论还没有引起汉语学界应有的重视。

看来,我们如果沿着从字到辞的演变道路,沿着从实词到虚词的发展方向,着重考察语义如何贯穿在这个演变发展的过程之中,我们就一定能摆脱"印欧语的影响",走出一条崭新而宽广的、正本清源的汉语语法研究之路。

参考文献:

[1]李如龙.汉语词汇学论集.厦门大学出版社,2011.

[2]李如龙.汉语方言学(第 2 版).高等教育出版社,2007.

[3]毛远明.《左传》词汇研究.西南师范大学出版社,1999.

[4]孙常叙.汉语词汇.商务印书馆,2006.

[5]孙玉文.汉语变调构词研究(增订本).商务印书馆,2007.

[6]索绪尔.普通语言学教程.商务印书馆,1996.

[7]王力.汉语史稿.中华书局,1980.

[8]王力.同源字典.商务印书馆,1982.

[9]向熹.简明汉语史.高等教育出版社,1993.

[10]徐通锵.语言论.东北师范大学出版社,1997.

[11]赵元任.语言问题.商务印书馆,1980.

[12]赵元任.赵元任语言学论文选.叶蜚声译,伍铁平校.中国社会科学出版社,1985.

[13]吕叔湘.语文常谈.生活·读书·新知三联书店,1980.

[14]朱德熙.语法答问.商务印书馆,1985.

[15]周祖谟.问学集.中华书局,1966.

关于汉语的宾语前置及其语源[*]

一、上古汉语的宾语前置

上古汉语有宾语前置的用例,这是许多学者早已指出的。可以归纳为三种用法:

1.叙述句的否定式,有些代词宾语前置,但非代词的宾语则不前置。例如:

> 不患人之不己知,患不知人也。(《论语·学而》)
>
> 我无尔诈,尔无我虞。(《左传·宣公十五年》)
>
> 故作事不以礼,弗之敬矣;出言不以礼,弗之信矣。(《礼记·礼器》)
>
> 虽使五尺之童适市,莫之或欺。(《孟子·滕文公上》)

但也有些否定句的代词宾语不前置。例如:

> 其未得之也,患得之;既得之,患失之。(论语·阳货》)

据周光午考察,先秦的重唇音否定词"莫、未、不"之后将代词宾语前置的占压倒优势,轻唇音否定词"弗、勿、无"之后则代词宾语多为后置。"到了汉代,否定句中代词宾语前置的情况越来越少,后置的形势已基本形成。"(周光午,1959:128)

---

* 本文在华中师范大学主办的汉语方言语法研讨会上宣读,后发表于《汉语学报》2013 年第 3 期(总第 43 期)。

魏晋以后,口语作品少见宾语前置,但文人作品仍有仿古之作。(杨伯峻、何乐士,1992:785)

2.疑问句中疑问代词用作宾语时以前置为常,例如:

吾谁欺?欺天乎!(《论语·子罕》)

室如县罄,野无青草,何恃而不恐?(《左传·僖公二十六年》)

王者孰谓?谓文王也。(《公羊传·隐公元年》)

吾欲为难,安始而可?(《国语·晋语一》)

卫君待子而为政,子将奚先?(《论语·子路》)

天下之父归之,其子焉往?(《孟子·离娄上》)

但在某些句式,疑问代词也有不前置的,汉代之后则后置者越来越多。例如:

既见君子,云胡不喜?(《诗经·郑风·风雨》)

所谓伊人,於焉消遥。(《诗经·小雅·白驹》)

冠深矣,若之何?(《左传·僖公十五年》)

寡人将去斯而之何?(《列子·力命》)

馆当以何为名?(《世说新语·言语》)

3.在肯定句中,某些代词(是、斯、尔)用作宾语时也可前置。例如:

岂不尔思,室是远而。(《论语·子罕》)

敏而好学,不耻下问,是以谓之文也。(《论语·公冶长》)

子使漆雕开仕,对曰:"吾斯之未能信。"(《论语·公冶长》)

赫赫师尹,民具尔瞻。(《诗经·小雅·节南山》)

以上事实说明,上古汉语的宾语前置不是普遍的规律,而是两方面受限的。从词类说,限于代词(人称代词、疑问代词、指示代词);从句式说,主要是见于否定句和疑问句,或见于与能愿动词(敢)或副词(将)连用的句子里。而在汉代之后,受限的前置现象逐渐减少。可见上古时期的宾语前置应该是残存的现象。

二、近代汉语的宾语前置

中古以后产生的宾语前置的句式主要是带介词"把"的处置式。王力先生说:"处置式的产生大约在第 7 世纪到第 8 世纪之间。到了中晚唐以后,把字用于处置式的情况更加普遍起来。"(王力,1980:411)例如:

> 莫把杭州刺史欺。(白居易诗)
>
> 不把庭前竹马骑。(变文)
>
> 如将月窟写,似把天河扑。(皮日休诗)

近代以后的处置式发展成更加复杂的句式,动词之后有更多其他成分。例如:

> 把一天好事都惊散。(董西厢)
>
> 把从前的话做个交代。(《儿女英雄传》21 回)
>
> 把我那要强的心,一分也没有了。(《红楼梦》11 回)
>
> 你把零钱带在身上。(《现代汉语八百词》)
>
> 我已经把这本书看了三遍了。(《现代汉语八百词》)
>
> 老王把炉子生上了火。(《现代汉语八百词》)

无论从语义上或结构上说,"把字句"是用虚化的动词(介词)使本来后置的宾语提到动词之前,这是一种新产生的句式,和古代汉语的宾语前置是不同性质的语言现象。事实上,把字句的出现正是古代汉语转变为近代汉语(现代汉语的前身)的重要标志之一。

三、现代汉语的宾语前置

1.一些非典型的宾语前置

现代汉语的通语除了很发达的"把字句"之外,典型的宾语前置并不多。有些句式是不是宾语前置至今还有争议。例如:

> 我哪儿也不去。
>
> 他什么都不说。
>
> 你一点酒都不喝？
>
> 我谁也不认识。

这类句子也许当作主谓谓语句更合适。因为从句式说，都带着特定的副词；从语义说，如果删去副词，把宾语挪到动词之后，说成"我不去哪儿""他不说什么""你不喝一点酒""我不认识谁"，意思就走样了，主谓谓语句的那种"概遍性"的语义没有了。

还有一些句子好像是宾语前置，其实也有问题：

> 他谁认识？
>
> 上海我去过了。
>
> 他一口水没喝就走了。
>
> 我饭也吃，面也吃。

这些句子虽然可以不增字减字，回归动宾结构，说成："谁认识他？""我去过上海了。""他没喝一口水就走了。""我也吃饭，也吃面。"但是，由于改变了话题，语义重点变了，语用效果也有了明显的不同。所以，是语用的需要改变话题，处理成主谓谓语句更合适些。

2.方言里无介词的处置句是宾语前置的主要句式

相对而言，东南部的一些方言比官话方言前置现象要多，具体的句式也很多样。以下分项说明。

有些通语的把字句，在闽语中，虽有提宾介词"将"，但不用"将"就可直接提宾，并以此为常。应该说，这种不用介词的提宾才是真正的宾语前置。例如（以下闽语例句凡未指明具体地名的，便是福州、厦门都说的）：

> 桌拭一下（"一下"合音，福州 la^6，厦门 tse^6）！ ——把桌子擦擦！
>
> 我桌拭一下就来。 ——我抹抹桌子就来。
>
> 为着医病，伊厝卖去了。 ——为了治病，他把房子卖了。
>
> 薰囥起，唔通乞伊食。 ——把烟藏起来，别给他抽。

　　吴方言也有把宾语提到动词前或者句首的。例如(以下例句均为苏州话)：

　　　　我封信寄脱哉。/封信我寄脱哉。(我把那封信寄走了。)

　　重叠的动结式和否定式更常提宾。例如：

　　　　我门关关好睏觉哉。(我把门关了睡觉了。/我关上门睡觉了。)

　　　　耐搭我衣裳汰汰清爽。(你给我把衣服洗干净。)

　　　　我老张长远勿曾碰着哉。(我很久没碰见老张了。)

　　　　屋里向茶叶唔拨哉。(家里没茶叶了。)

　　有些把字句在闽语宾语前置之后用"共伊"(给他,把它)表示处置(福州合音为 køi²¹ ,厦门音 kaŋ⁶ i¹ 或合音为 kaŋ¹)。例如：

　　　　风透,门共伊关起！(风大,把门关上。)

　　　　批唔通共侬拆看。(别把人家的信开了看。)

　　　　镜框共伊挂壁咧。(把镜框挂在墙上。)

　　　　牛共伊缚树咧。(把牛拴在树上。)

　　末了这一句造成歧义,有时闽人照字面"翻译",说成"牛把它绑在树上",本地人听来习以为常,外地人听了就觉得稀奇,究竟是人绑牛,还是牛绑人,成了笑话。

　　客家话和湘语也有类似的不用介词"把"的提宾处置句,例如连城话：

　　　　门去关转来！/去门关转来！(去把门关上。)(闽西连城话)

　　　　这碗饭食撇佢。(把这碗饭吃了。)(闽西连城话)

　　　　碗先洗净来。(先把碗洗干净。)(闽西连城话)

　　　　格碗现饭子吃咖它。(把这碗剩饭吃了。)(湘语益阳话)

　　　　多的钱去存咖咋。(把多余的钱去存了再说。)(湘语益阳话)

　　　　格封信也搭咖寄咖它。(把这封信顺便寄了。)(湘语益阳话)

269

3.另外一些受事宾语在东南方言中也常有前置的

在吴语和闽语中,以下的受事宾语前置都是很常见的句式:

尔午饭吃未?（你吃午饭了吗?）（吴语金华话）

我票买来罢。（我买好票了。）（吴语金华话）

我枱子揩好哉。（我抹好桌子了。）（吴语上海话）

我比赛参加个。（我会参加比赛。）（吴语上海话）

汝饭食未?（你吃饭了吗?）（福州、厦门）

我票买着了。（我买到票了。）（福州、厦门）

在吴语的温州话中,动补结构后的宾语和动宾结构充当的宾语,也常把宾语提到动词前或句首。例如:

我饭吃爻罢/饭我吃爻罢。（我吃过饭了。）

球我喜欢打/我球喜欢打。（我喜欢打球。）

在闽西连城话中,还有以下的宾语前置句:

技术学到来了再说。（学到了技术再说。）

饭食一碗添。（再吃一碗饭。）

羊毛衣着稳定来睡。（穿着毛衣睡。）

4.带数量词修饰语的宾语在闽方言里常常前置

我一句话共汝讲。（我跟你说一句话。）

伊三万钱借我起厝。（他借我三万块钱盖房子。）

昨日做一睏侬客来四五个。（昨天一下子来了四五个客人。）
（厦门话）

窗无关,蠓囝飞几落只入来。（没关窗,飞了好几只蚊子进来。）
（厦门话）

鸡加饲两只就有卵通食。（多养两只鸡就会有蛋吃。）（厦门话）

骹手加倩几个来 。（多雇几个人手来。）（厦门话）

羊毛衫刺一领着一个月。（织一件羊毛衣得一个月。）（厦门话）

早起头去街,头剃一只。（早晨上街,理了个发。）（福州话）

薰团掏一条来！（来一支烟！）（福州话）

赶紧快去鱼买一头来。（赶紧去买条鱼来。）（福州话）

伊书送我野侪本。（他送我好几本书。）（福州话）

厂嚟摩托车发乞伊一架。（厂里发给他一辆摩托车。）（福州话）

我册提一本送伊，畅呷。（我送他一本书，可高兴了。）（厦门话）

5.与补语同现的宾语也常有前置的

例如,宾语和补语都是单音的:

敲伊碎。（敲碎它。）晒伊干。（晒干它。）（上海话）

扣伊幼。（把它敲的碎碎的。）曝伊燋。（晒干它。）（厦门话）

宾语和补语都是双音的,有的方言用变式句加宾语提前。例如梅州客家话:

同 ngai 碗公洗净来。（给我把大碗洗干净。）

树 ngai 倒擞知。（我砍掉树。）

同 ngai 工作证带到来（给我带上工作证。）

否定式的宾补同现句,许多方言也常有把宾语提到补语前的,例如:

食饭唔落/食唔饭落。（吃不下饭。）

寻我无倒/寻唔我倒。（找不到我。）（客家连城话）

我打渠弗过。（我打不过他。）（吴语金华话）

些鸡赶渠弗走。（这些鸡赶不走它。）（吴语金华话）

我搬伊勿动。（我搬不动它。）（上海话）

伊寻侬勿着。（他找不到你。）（上海话）

吃饭不进（吃不下饭）/派人不出（派不出人）/做作业不圆（做不完作业）。（湘语益阳话）

拍伊会赢。（打得过他。）（闽语汕头话）

拍伊唔赢（打不过他。）（闽语汕头话）

抱我会得起。（抱得起我。）（闽语汕头话）

抱我唔得起。（抱不动我。）（闽语汕头话）

爱拍伊死无易。（要打死他不容易。）（闽语汕头话）

寻渠不倒／寻不渠倒。（找不到他。）（赣语安义话）

我话渠不赢／我话不渠赢。（我说不过他。）（赣语安义话）

我信佢唔过。（我信不过他。）（粤语香港话）

搵你唔到。（找不到你。）（粤语香港话）

6.连谓句的前一个宾语在闽方言中也常常有前置的说法

我饭吃了就去。（我吃了饭就去。）（福州话）

会一开完就着转来。（会一开完就得回来。）（福州话）

面捞一碗食咧介去。（下一碗面条吃了再走。）（福州话）

伊菜菜掼一只去买配了。（他提着一个菜篮子买菜去了。）
（福州话）

先生书掏一本送乞我。（老师拿一本书送给我。）（福州话）

依妹衣裳洗野澈。（妹妹洗衣服洗得很干净。）（福州话）

伊细家舞跳很好。（他小叔叔跳舞跳得很好。）（福州话）

7.有些宾语前置是为了把词组凝固成表示单一概念的固定词组的音步需要所决定的

这种格式可能是在通语先形成,而后在各方言中普及开来。例如:

修理汽车的工厂——汽车修理厂

保卫首长的人员——首长保卫人员

继承财产的法律——财产继承法

鉴定文物的专家——文物鉴定专家

饲养军马的方法——军马饲养方法

保护环境的组织——环境保护组织

四、几点讨论

根据以上所归纳的汉语关于宾语前置的纵横两向的不同表现,

以下讨论几个问题：

1.关于语序、句式和语义、语用的关系

语序是句子成分排列组合的顺序，句式是句子的具体结构方式，不同的句式都有各自的句子成分的组合顺序。可见，语序是句式决定的。一种语言有哪些句式，又是语言的语法结构类型所决定的。说话时选用哪种句式，有时是语用决定的。研究汉语的语序既要根据不同的句式去考察句子成分的语序规则，也要密切注意宏观的"语义语法"这个类型特征以及语用对句式的作用。

徐通锵在《基础语言学教程》中指出："印欧语的研究传统重视线性的语法结构……长于语法分析，短于语义研究……汉语研究传统长于语义研究，短于对结构之间的关系进行线性的形式分析。"（徐通锵，2001：229）又说："印欧语系语言的'话题—说明'结构一般与'主语—谓语'结构一致……前者属于深层语义结构层，后者属于表层语法结构层，其关系相当于语义范畴和语法范畴。"（徐通锵，2001：232）还说："汉语特点的研究本身不是终极目的，而是借此进行语言理论建设，因此不能满足于就事论事的分析，而要提供不同语言的差异的比较，发现隐含于特点背后的普遍结构原理。"（徐通锵，2001：236）

研究汉语的语序，不但要结合各种句式进行具体的考察，而且应该提到汉语的语义语法的特征的高度进行分析。汉语的语法最根本的特征是越来越多的学者所承认的"语义语法"，即语义重于形式的语法——"意合法"。只要基本意义没有变化，不同的句式、不同的语序都是可以换用的。吕叔湘说："句子可以不改变其基本意义而改变其内部次序……例如'我没有看第一本''第一本我没有看''我第一本没有看'，三句一个意思。"（吕叔湘，1984：531）再松动一些，"我丢了钥匙了""我钥匙丢了""我把钥匙丢了""钥匙被我丢了""钥匙我丢了"，表达的也是同样的事实。

在吴语的汤溪话中，"打不过他"可以说"打弗过渠""打弗渠过""打渠弗过"，句式各异，语义无别。

当然也有不同的语序属于不同的句式,表达的意义也不相同的。例如常听到人们说的"辣不怕""不怕辣""怕不辣",三个单音词组成的三句话,词义不变,基本意义就没有大变;结构不同,组合的句义也就显出差异("怕"的程度不一样)。再如:"不好说。""不说好。""说不好。""好说不?"虽然三个字是一样的,构成词的单位和词性、词义却不完全相同,结构差异更大,组成不同的句式之后,不但语序不同,结构、语调也不同,所表达的意义就相差很大了。"做好人。""好做人。""人好做。""做人好。"也是因为"做、好"在不同组合中意义不同,因而所表达的意思也有明显的差异。

语义语法很自然地就和话题、语用结下不解之缘。因为话题就是为了适应语用的需要,突出所要表达的意义。汉语中的许多同义句式就是为了凸显话题而采取不同的句式和语序的。"他谁都认识,谁他都认识,谁都认识他",就是很典型的例句。主语就是语用需要突出的话题,而后是体现语用需要的意义决定句式,再由句式决定语序。

汉语的语法是受制于修辞的,修辞就是语用。关于汉语的意义和形式的关系、语义和语用的关系已经讨论很久了,看来,还有许多具体问题需要深入探讨,不是几句话就能说清楚的。这里所说的只是一种可供参考的思路。

2.汉语的宾语前置大多有结构上的条件的原因

如前文所述,上古汉语的宾语前置都是有条件限制的。从词类说,宾语前置句只限于带指代词(人称代词、指示代词和疑问代词)的句子;从句式说,限于否定句和疑问句。在通语里,中古之后宾语前置句大多带有提宾的介词"把"。到了现代汉语阶段,不论是通语还是方言,宾语前置句也有种种限制,例如或出现在否定句中,或动词之后带有数量词,或在句末带有语气词,或与动词的补语共现,而最后出现的宾语前置句,可能就是按照音步的要求把短语压缩为固定词组这一种。

对这种种限制的最佳说明应该是:宾语的前置在汉语中并非与

生俱来的,早期可能是残余的现象,后来则发展为介宾句式。与这些SOV的句式相比,汉语更多、更重要的还是SVO的句式。有完整记录以来的汉语,宾语前置似乎还从未成为主流。

还有一种解释是语义组合的需要。罗杰瑞指出:"量词和数词、指示词的连用"是汉语和东南亚语言的"共同特征"。(罗杰瑞,1995:10)"这两本书""那一次见面"确是汉语特有的组合,这种组合在句中可用作"主谓宾补定状"等各种成分,这说明指代和数量确实关系密切,用途广泛,很具特色。正因为有这个特点,数量名和指代词可分可连,语序也可前可后,比较灵活。因此,不但"一尺长、长三丈、两天工夫、说过三遍"语义组合十分自然,连方言中的"蚊子飞了好几个进来""你家客人来了十几个"也并不难理解。至于表否定的副词(不、没之类)也是意义单纯、组合广泛的,带否定词的句式里宾语位置灵活也就顺理成章了。

3.对汉语宾语前置的来源和演变的解读

从已经展示的古今汉语和南北方言的宾语前置现象大体可以看出,就古今汉语说,上古汉语本来就不多,只是在种种限制中才有少量的表现,应该是一种残存的现象;中古以后连这种曾经有过的残迹也没有了,由动词虚化的介词出现之后,作为一种新的句式,"动—宾"变为"介—宾—动"的语序得到迅速的发展。就南北方言说,宾语前置在南方方言,尤其是闽、吴方言中,有更多的表现。表达句式多,使用频度也高。

如果以上描述是符合语言实际的,对于种种宾语前置的现象就有一个如何解释的问题。SVO和SOV是世界语言的两种不同的重要类型。不论是古今汉语还是南北方言,基本的类型应该说都还是属于SVO型的,那么,上古汉语和东南方言的那些宾语前置的现象是自身演变的结果,还是在语言接触中受到其他语言影响的结果?

关于这一点,罗杰瑞曾经有这样的说法:"主、谓、宾的次序问题对任何语言都是一个基本特征。东亚的语言只有两种,一是宾语在动词前,一是宾语在动词后。阿尔泰语系和多数藏缅语系语言是

汉语特征研究

SOV 的次序,汉语、泰语、苗瑶语、越猛语、孟高棉语都是 SVO 次序,从地理上看,中国北部、西部、西南部的语言是 SOV 次序,中国南部、东南部的语言是 SVO 次序。这很自然地使人想到,很可能,从遗传的角度看,汉语属于藏缅语系的 SOV 语言,早在史前时期,受 SVO 语言的影响,而成了现在这个样子。"(罗杰瑞,1995:10)数十年来藏缅语族诸语言有不少新的发现,同汉语的比较研究也有许多重要的突破,例如许多发生学上的同源词已经被确认,藏缅语和汉语的亲缘关系得到了有力的论证。据《中国的语言》一书的报告,藏缅语族诸语言,不论是藏语支的藏语、门巴语,彝语支的彝语、哈尼语、纳西语,还是景颇语、羌语,属于缅语支的阿昌语,都是"宾语在动词前"的类型。从历史上说,西南的藏缅语族群不少远古时代就是居住在北方的。就地缘关系说,从上古到中古,北方汉语一直和那里的阿尔泰语言有密切的交往,而藏缅语和阿尔泰语言也正是 SOV 语言。这些都很能支持罗杰瑞所说的汉语早先应是和藏缅语一样的 SOV 语言的推论。

早在 1923 年,高本汉就在牛津大学出版了《中国语与中国文》(张世禄 1931 年译),1926 年又在奥斯陆出版了《中国语言学研究》(贺昌群 1934 年译)。在《中国语言学研究》中,高本汉就指出,"原始中国语也是富有双音缀或多音缀的",是有复合辅音、有形态变化的,"中国文字的刚瘠性、保守性,不容有形式上的变化"。(高本汉,1934:15)"单音制,无形式变化,缺少仆音群,语尾运用仆音很有限制"(高本汉,1934:32)又使方块字能够无障碍地通行。正是在语言和文字的相互作用之下,前上古的汉语应该是发生过一场类型的变化:从和藏缅语相近的有形态、有复合辅音、多音词多和无声调变为无形态、无复辅音、单音节和有声调,现在看来还可以再加上从 SOV 型变为 SVO 型这一条。这样来推论汉字从出现到定型的千年间(殷商西周时期)汉语的演变,就把上古汉语声调的产生,复辅音、双声叠韵词的萎缩和消失,单音词的占优势,形态变化的丢失以及 SOV 向 SVO 的转变,都做了合理的解释。

276

在中原地区发展出强大国家的汉族,自从采用了汉字作为自己的书面符号之后,语言发生了以上所述的种种类型上的转变,而迁徙到大西南的藏缅语者和一直定居在北方的阿尔泰诸语言族群,没有采用汉字,语言也没有发生类型的转变,所以至今还是使用 SOV 型语言。

剩下的问题是,东南方言较多的宾语前置是怎么来的?如果像罗杰瑞所说,是"早在史前时期,受 SVO 语言的影响",那么,究竟是受到什么语言的影响呢?中国东南部原是"百越、荆蛮"杂居之地,他们的后裔是现在说壮侗语和苗瑶语的民族,壮侗和苗瑶的诸语言都是 SVO 型的,而按照史料上的一般说法,华夏族过江开发南方是在秦汉之后,更多的是魏晋之后,汉人定居东南部之后,苗瑶、壮侗各族明显是向西迁移了,在南中国长期与汉族融合之后倒是更多地受到汉语的影响,例如产生了声调,出现了大量的单音词等等。说南方方言的 SOV 是受壮侗、苗瑶的影响显然不合理。据《中国的语言》所说,"南岛语是 VOS 语言,现台湾省南岛语仍保存着 VOS 语序,而南岛语大多数其他语言已演变成 SVO 语言。""台湾少数民族语言保存了许多早期南岛语的特征。"(孙宏开、胡增益、黄行,2007:2112)如果说,中国东南部早先也居住过南岛语的居民,东南方言留有南岛语的SOV 底层,这就顺理成章了。

4.关于南亚语、南岛语和汉藏语同源的假说

20 世纪 80 年代,考古工作者在漳州市郊的莲花池山发掘了 100 多处旧石器时代的遗址群,后来又在漳州市属各县陆续有所发现。这些 8 000 至 10 000 年前的文化群被定性为从旧石器时代到新石器时代过渡阶段的"漳州文化"。在漳州的东山岛和台湾之间一直有一道浅滩,一般深度不到 40 米,每当海平面下降,就成了大陆到台湾的通道。至今那一带还有"东山路桥"的传说,闽台之间的这条"路桥"最后被淹没的时间,大约在 8 500 年前。经张光直等考古学家的分析,"南岛语族极有可能是中国东南沿海一带经由台湾海峡向大洋岛屿传播扩散的"。美国人类学家贝瑞·罗莱特则指出:"太平洋岛屿上

的原住民从人种、语言发音到使用的石器,都与闽南相似,很可能是当时生活在沿海的福建原住民的后裔。"(施伟青、徐弘,2007:16)浙江省的河姆渡文化也是 5 000 年前的原始文化,这样看来,在百越人之前,闽浙一带的东南沿海,还真是可能曾经居住过说南岛语的民族。

罗杰瑞在同一本书中提到,闽语的"囝"(儿子),"唐朝诗人顾况第一个指出这是闽语词。这个词可能来自南亚语:越南 con,孟语 kon,巴那尔 kon"。这倒是一个有力的证据。据辛世彪相告,最早提出南亚语和南岛语相关的学者是德国神父施密特(Schmidt S. Vd,1868—1954),1992 年,Ilia Peiros 进一步提出"大南方语系",包括"澳台 Austro-Thai"和"苗—南亚语 Miao-Austroasiatic"两个语支,苗瑶语包含在内,后来,法国学者沙加尔和中国学者郑张尚芳、潘悟云都认为还应该包括整个汉藏语。现代遗传学用大量 DNA 测定的数据支持东亚语言同源的假说。

如上所述,东南方言保留较多的宾语前置的现象,可能是史前时期南岛语的底层现象。考古学的发现和南亚语、南岛语的相关说以及南岛语从中国东南部迁往台湾,又从台湾迁往南太平洋的遗传学验证都可以和这个假设相互印证。

参考文献:

[1]伯纳德·科姆里.语言共性和语言类型.沈家煊译.华夏出版社,1989.

[2]陈泽平.福州方言研究.福建人民出版社,1998.

[3]高本汉.中国语与中国文.张世禄译.商务印书馆,1931.

[4]高本汉.中国语言学研究.贺昌群译.商务印书馆,1934.

[5]胡明扬.汉语方言体貌论文集.江苏教育出版社,1996.

[6]李如龙、张双庆.动词谓语句.暨南大学出版社,1997.

[7]李如龙.闽南方言语法研究.福建人民出版社,2007.

[8]林立芳.梅县方言语法论稿.中华工商联合出版社,1997.

[9]罗杰瑞.汉语概说.张惠英译.语文出版社,1995.

〔10〕吕叔湘.汉语语法论文集.商务印书馆,1984.

〔11〕吕叔湘.现代汉语八百词.商务印书馆,1999.

〔12〕钱乃荣.上海话语法.上海人民出版社,1997.

〔13〕施伟青、徐泓.闽南区域发展史.福建人民出版社,2007.

〔14〕孙宏开、胡增益、黄行.中国的语言.商务印书馆,2007.

〔15〕王力.汉语史稿.中华书局,1980.

〔16〕徐慧.益阳方言语法.湖南教育出版社,2001.

〔17〕徐烈炯、邵敬敏.上海方言语法研究.华东师范大学出版社,1998.

〔18〕徐通锵.基础语言学教程.北京大学出版社,2001.

〔19〕杨伯峻、何乐士.古汉语语法及其发展.语文出版社,1992.

〔20〕周光午.语法论集·先秦否定句代词宾语位置问题.中华书局,1959.

关于汉语方言动词时体的研究*

一、汉语方言语法研究的兴起

1.20 年前汉语方言语法研究的兴起

汉语方言语法的研究长期处于滞后状态,究其原因应有如下几项:(1)由于汉语方言的语音差异大,人们想用方言事实来论证音韵史的问题,就首先着重于语音的研究;(2)由于方言研究是从字音开始的,词汇和长篇语料记录得不多,人们就误以为汉语方言语法差异不大;(3)共同语的语法研究和方言语法研究长期分而治之,汉语语法的理论框架又一直处于动荡之中,方言工作者对通语研究不深,缺乏解释方言语法的胆量。

汉语语法研究的深入使学者们逐渐关注方言语法。早在 20 世纪的 70 年代,吕叔湘先生就提倡"通过对比研究语法",包括"普通话和方言对比"(吕叔湘等,2000:23)。朱德熙先生晚年也身体力行,联系方言研究语法,他关于"了"和"的"的分析以及反复问句的精当比较和确切的结论,就是拿通语和方言做比较得来的,这是大家所熟悉的事实。可以说,是语法研究的大家们开创了普通话和方言语法比较研究的大道。在他们的启发和带动之下,方言学界也在音韵、词汇

---

* 本文在 2013 年中央民族大学举行的"汉语方言时体系统国际学术研讨会"上宣读,后收入该研讨会论文集《汉语方言时体问题新探索》,中央民族大学出版社,2014年。

研究的基础上,逐渐关注了方言语法的研究。

2.三个区域性的方言语法研究都从"时体"问题切入

在 1991 年的全国汉语方言学会上,几位与会者开始策划东南方言的语法比较研究,后来,日本京都大学的平田昌司教授争取到了一些举行研讨会和出版论文集的经费,1992 年 8 月,十几位中年学者在上海开会,决定翌年暑假举行第一次关于"动词的体"的方言语法专题研讨会。会后拟定了 100 个关于动词的体貌的调查例句,让参加研究的学者就自己所熟悉的方言做调查,写成论文。1993年暑假,经过热烈的讨论之后,又各自把论文做了修改,稿子集中后商请胡裕树教授校阅并作序,然后由香港中文大学的张双庆教授编成《动词的体》,于 1996 年 4 月由香港中文大学中国文化研究所吴多泰中国语文研究中心出版。该书收入了 15 篇论文,报告了七大方言区 15 种方言的材料。1994 年之后,又有一些中年学者陆续参加了这个"小游击队",先后开过十几次研讨会,陆续出版了其他专集 6 种。

1994 年 10 月,在胡明扬教授和郑定欧博士策划和主持下,也是十几位中年学者在北京语言学院举行了"汉语方言语法比较研究研讨会",也是从动词的体貌问题切入,经过讨论修改后,由胡名扬先生作序、主编了《汉语方言体貌论文集》,1996 年 12 月在江苏教育出版社出版,该书也收入了涉及七大方言区的 15 篇论文。

澳大利亚研究中心和墨尔本大学语言学校在伍云姬教授的主持下,1995 年启动了"湖南方言语法系列"的科研项目,经过组织研究,由伍云姬主编的《湖南方言的动态助词》于 1996 年 12 月在湖南师范大学出版社出版,该书收入的 20 篇论文报告了 18 种湖南方言的动态助词的语料。

十分有趣的是,这三个方言语法研究团队所定的题目不约而同地都是研究动词的体态标记的。论文集的出版也都在 1996 年。

吕叔湘先生说过:"动词为什么重要……动词是句子的中心、核心、重心,别的成分都跟他挂钩,被他吸引住"。(吕叔湘等,2000:

413)时体、态貌的各种标记就是被动词吸引住的。所以动词的时体可以作为方言语法研究的切入点。

二、关于语法研究的几点体会

1.关于方言语法研究的组织方式

研究方言语法,最好从某个专题出发,举行小型会议,大家都从自己的母语入手,就同一个问题进行详尽描写,经过讨论,进行比较分析,这是深入探讨方言语法问题的好方式。可惜上述的三个小团队后来都没能坚持下去,东南方言的语法比较连续做了十年,后来专集的出版也没能跟上出齐,只出了六集。2002年之后,全国性的方言语法研讨会两年一届已经开了6次,会议规模越来越大,虽然展示的方言事实更加广泛了,研究队伍也大大扩展了,但是,因为没有集中研究的专题,没有共同的语法调查提纲,不同方言之间的相互比较也不太多,效果就未能充分表现出来。

2.方言语法的差异不是不大

看来,以往所流行过的"汉语方言之间语法差异不大"的说法是不合事实的。试看以下两种方言例子:

苏州话动词后的"脱":(例见《动词的体》)

俚掼(脱)一隻破箱子。(唯补词,他扔了一口破箱子)

有一门题目做错(脱)哉。(结果补语,有一道题目做错了)

俚打碎(脱)一隻碗。(体助词,他打破了一个碗)

我电影看(脱)一半就出来哉。(完成体助词)

泉州话:

伊献(嗦)一奇破箱。(唯补词,他扔了一口破箱子)

有一题做诞(去)。(结果补语,有一道题目做错了)

伊拍破(去)一帝碗。(体助词,他打破了一个碗)

我电影看一半就出来咯。(不用助词)

可见,同样的意思,不论在一种方言还是不同的方言中,用什么样的句式都可以是不同的;同样的句式,也不论是一种方言还是不同的方言,用不用体态助词可以不同,所用的助词也可以不同,所用的助词和其他句子成分的关系也各不相同。汉语的虚词大多是从实词虚化而来的,虚化是个缓慢的过程,不同发展阶段所表现出来的意义和结构就有许多差异。

以上还只是虚词及其用法的差异。在语序方面,"我说不过他、我说他不过、我说不他过","上哪儿去、去哪儿、哪儿去",各种不同的说法都是大家所熟悉的。此外,许多词类都有的各种重叠式,在不同的方言中也是五花八门的。

究竟汉语方言之间差异有多大,迄今为止恐怕还很难用几句话就说明白。

3.为什么方言语法差异很大

汉语方言大多有千年以上的历史,汉语历史上共同的书面语形成很早,在社会上影响很大,方言在发展过程中都很难摆脱历代通语的影响,当然,方言也会有自己的变异和创新,还会有不同方言之间的相互影响,因而方言语法结构和层次比现代通语更为复杂;通语有书面语加工和规范的形式,大多数方言只有口语的形式,很少有书面的记录,在民间书写的方言文字中,往往词无定音、字无定写。这就造成了方言语法结构杂、层次多、差异大的状态。就方言的语音、词汇、语法三者做比较,语音系统性最强、语用变体最少,词汇有新老说法、同义词选用,现代社会由于普通话的普及,语法则更容易套用通语的说法,方言口语的语用变异也大,所以同义句式很多,这也是造成方言语法复杂的重要原因。

4.方言语法研究难在何处

方言语法研究的滞后也由于这项研究的难度较大。其具体表现至少有如下几点:

首先,如上所述,方言处在自身变异和周边影响之中,有许多方言的语法结构规律其实尚未定型,就又处于萎缩之中。常见的状况是:语法标记和虚词的语义虚实并存,新旧说法往往并行并用、更替未定,语义虚化带来的语音弱化也没有稳定下来,同义句型句式繁多;字形的异写则一如既往地普遍存在。

其次,体现方言语法的语料难觅。由于方言总是被认为是不登大雅之堂的俗言俚语,历来就没有多少书面的记录,存世的地方戏曲脚本往往是民间艺人手写传抄的,因而质地粗劣,反映的多是前代方言的说法;教会罗马字拼写的方言资料近年来引起学界的关注,搜集得不少,逐渐被开发出来了,但是,也是良莠不齐的。如果要从头搜集方言口语,录音、转写、制作语料库也很不容易。从研究队伍说,熟悉方言母语者对此未必有兴趣,也难有足够的能力;非母语者缺乏方言语感,全靠田野调查就难以下手,有时还难免隔靴搔痒,抓不到要害。

从更大的方面说,汉语的实词与虚词本来就界限不明,不同的词类兼类甚多,词汇意义和语法意义常有纠缠;语法、语义和语用相互制约。再加上关于汉语语法还没有一套公认的、科学的理论框架。有心研究方言语法的学者要有所创获也不容易。

方言语法研究必定牵连到普通话语法、古汉语语法,要做好纵横两向的比较,说清楚其演变发展的原委,其难度较之研究通语的语法显然更大。

5.解决问题的办法

研究方言语法,首先应该搜集足够的长篇方言语料。方言研究必须从字音、词汇入手,只有长篇语料才能全面地展示种种语音、词汇现象,也才能得到真实的语法例句。方言的谚语、俗话往往是千锤百炼、家喻户晓的,是极好的语法例句,但是缺乏句子之间的关联和语境、语用的背景。会话、故事、掌故、地方戏文本、曲艺、山歌则是好材料。百年前教会用罗马字编的各种词典、课本和其他读物也是很难得的语料,值得鉴别应用。

在搜集了大量语料的基础上,要切实进行系统的比较研究。就比较的对象说,应该包括区内多点的比较,和邻区方言的比较;也应

该包括方言和古今通语的比较。就比较的内容说,语言结构的比较
是主要的,也应该有和外部的历史文化相关的比较。

应该说,经过多年的努力,我们已经积累了不少方言语法的素
材,发掘了许多有趣的语法事实。方言的事实是无穷无尽的,我们不
能等到事实都发掘完了才去思考理论问题。应该提倡借助古今通语
语法的研究经验,在准确地描写方言事实的基础上,多做理论上的思
考,努力对各种语法现象做出理论的阐释。

三、讨论几个问题

1.通语和方言相比较才能认识汉语语法的本质

朱德熙先生经常跟他的学生们说:"要扎扎实实搞点儿汉语方言
语法的调查和研究,从中可以发现不少现代汉语语法的问题……现
代汉语不跟方言研究结合起来,就是一条腿走路。一条腿是走不远、
登不高的。""汉语诸多的方言是搞研究最大的宝库。……汉语语法
的研究不能光搞普通话,只有结合方言语法的研究才能抓住汉语语
法的本质。"(吕叔湘等,2000:58—59)

举例说,普通话的"了$_1$、了$_2$",吴语是"子、哉"(吃子饭哉);闽语是
"去、了"(碗破去了);湘语是"嘎、哒"(肉坏嘎哒);粤语是"咗、喇"(佢
报咗名喇)。有了各种方言的比较,不但可以论证这两种语法标记的
不同意义和性质,准确地概括出汉语的语法范畴,而且可以看到不同
方言所用的标记有没有不同的来源,在语法规则形成的过程中走过
了哪些不同的道路,经历过哪些过程?

2.语法比较要全面兼顾形式和意义

语法的组合关系一定有形式上的差异,语法标记是附加于动词
前还是动词后,和什么成分组合? 这是必须首先关注的。例如厦门
话:"咧"在谓词前表"进行"(里面咧开会),在谓词后表"持续"(徛
咧),这是一词多义;丰城话"得"音[te],用作结构助词(放得下吗)也
用作介词(放得桌子上),都读成轻声,这是同音异义,组合关系也不

同。陈小荷认为后者是"着"的弱化音。丰城话里另有读轻声的[tao]，如"立[tao]，戴[tao]帽子唦"，他认为是"着"的白读音，用作体助词，表持续。

语法成分的研究离不开意义的考察。词汇意义(实义)和语法意义(虚义)，本义和附加义，同义或多义，都是考察意义差别的重要内容。如上文所引丰城话，"着"读[tso](一着棋、着火哩)和[tsʰoʔ](睏着哩)，用作量词、动词，这是实义，读为[te]、[tao]，用作体助词，这是虚义。又如安仁湘语，"嘎"和"哒"都是动态助词，"嘎"侧重于动作的结束，"哒"侧重于动作的实现，相当于"了₁"和"了₂"。"讲嘎话"不说"讲话嘎"，"老师来哒"也可说"老师来嘎哒"，但不说"老师来嘎"。(陈满华:《安仁方言的结构助词和动态助词》，载胡明扬，1996)

有时，形式和意义、词汇意义和语法意义又是纠缠在一起的。例如厦门话的"的"，表领有其音[e²]，做结构助词(的)读轻声的[e](大粒[e])。又如，相当于普通话的"得"，在单音动词和补语之间说"得"，音[lit](讲得好)；动补如有附加成分就说"遘"(讲遘真好)。"遘"本是动词"到达"的意思，语音弱化为[ka]；也可以根本就不用助词，直接说"讲真好"。相当于普通话的"地"，闽南话一般都不用助词，逢重叠式的动词可用"囝"，相当于吴方言的"子"，如说"慢慢囝行""轻轻囝放落去"。

3.方言内部比较可看到虚化的过程

只要把方言的语法成分的形式和意义都弄明白了，有时，就在同一种方言中也可以看到实词虚化的不同过程。例如，刘丹青通过例子指出:苏州话"着"可以做谓语动词、结果补语、唯补词及完成体助词:"煤炉着哉|煤炉生着哉|我买着三张票|我头上向戳着一个洞|俚上楼梯跌着一跤。"

又如汪国胜通过例子指出:大冶话的"倒"[to⁵³]，可用作动词、补语及多种意义的动态助词:"碎石厂倒了|书我找倒了|外地起倒风，要落雨了|冰箱装得倒|灯笼在里挂倒|房门敞开倒|王老师猗倒

上课。"

这种方言的虚成分是多功能的,不同用法可能是先后用开的,可以从中考察虚化的过程。

4.考察方言虚词、虚成分要同时关照语音和词汇

方言的语音、词汇和语法是统在一起的大系统,研究方言的语法成分不能不管语音。语义的虚化往往带来语音的弱化,或者用变音来区别不同的虚实二义。例如,泉州话的"得"有四种读音:[tiak⁷],做语素(心得、得失);[tit⁷],做动词、形容词[得着横财、病卡得了(病情好转了)];[lit⁷],做助词[贮会得去(装得下)、一顿食得三碗(一餐能吃三碗)];[lit⁰],呣做得[lit⁷]出去得[lit⁰]:不能出去)。

也有些方言,可能语音上并无变化,只靠不同的形式来表示不同的意义。例如:绍兴话的"得"作为体标记,读音相同,语义和句式却有不同。比如,"吃得饭再去"(了);"我拨伊得三本书"(了);"伊走出得有三年哉"(了);"车里坐得一个人"(着);"伊坐得门口头"(在);"驮得外头去"(到)。(陶寰,1996。以上例句均见张双庆主编的《动词的体》)。

5.考求本字才能分清层次

胡明扬先生说:"同源的某个助词由于语音变异很可能在不同方言中也可能在同一方言中,写成不同的汉字,因而失去了应有的联系,误认为是不同的动态范畴;相反,来源不同的几个助词很可能……写成同一个汉字,因而有可能把不同的几个动态范畴不恰当地归并为一个动态范畴。"(胡明扬,1996:2)可见,研究体助词和其他语法成分都必须力求字形、字音和意义的统一,这就是考本字。考本字不是为了找个字来写,而是为了追寻词源,考察方言的虚成分在古代汉语有没有相应的字,是否因字音和字义发生了变异而造成字形的异写。认定"本字"就可以区分不同方言的各种相同或不同的说法是否同源。

例如,湘语萍乡的"嘎",在长沙写成"咖",在衡阳、浏阳写"咯",双峰写成"解",本字可能都是同源的"过",这是由于方言语音的变异

而造成的异写。(可参阅伍云姬,1996)又如闽语的结果补语、趋向补语"去",在闽南话中还说本音的轻声[khiº],在福州话中语音弱化为[ŋo]、[o],有人就写为"咯",字形上就和"去"失去了联系。

考释方言虚成分的本字和为方言词考源一样,都需要寻求音韵的对应和字义的演变过程。不过,由于意义的虚化和语音的弱化,方言虚词的本字考比起实词的本字考一定是更加困难的,因而必须更加谨慎。

6.加强比较,构建方言语法理论

以往的汉语语法研究,许多术语都是比照英语语法来确定的,但是汉语自身却有许多特点,和英语的原意对不上号,学者们颇费心思另造术语,造成了不少分歧。例如,大多数学者都认定,汉语没有"时"的范畴(tense),却又造了"时态、时体"的术语。英语的 aspect 其实和汉语的种种动词的附加成分也有许多地方是并不贴合的,于是又造出了"体、态、貌、体态、体貌、动态助词"等术语。对"体态"的分类,则有进行(持续、继续、接续)、完成(已然)、经历(经验)、尝试(短时)、可能、开始(起始)、反复、随意、遭受、简捷、使然、复变、固定、触及、即时等等,不一而足。各种表示语法意义的成分究竟是词(助词),还是附加成分(前附加、后附加)、语缀(前缀、后缀),或者先将其称为"标记""虚成分",不同的学者也常常有不同的看法和做法。

术语的分歧说明了我们还没有建立汉语方言语法的理论体系。已有的汉语语法研究也没有为方言语法的研究提供理论系统和术语系统。汉语语法研究已经有 100 多年的历史了,现在是建造汉语语法研究的理论体系的时候了。

术语是跟着语法范畴的定性和分类走的,关键在于要按照汉语的特点去认识汉语的语法范畴。

对此,吕叔湘先生有过一段名言:"由于汉语缺少发达的形态,许多语法现象就是渐变而不是顿变,在语法分析上就容易遇到各种'中间状态'。词和非词的界限,词类的界限,各种句子成分的界限,划分起来都难以处处'一刀切'。这是客观事实,无法排除,也不必掩盖,但是这并不等于说,一切都是浑然一体,前后左右全然分不清……积累多少个'大同小异',就会形成一个'大不一样'。这是讨论语法分析问题时候须要记住的一件事。"(吕叔湘,1984:487)

可见,打造方言语法理论的出发点应该是加深对汉语语法特征的认识,而认识特征就应该从比较异同、做好分类开始。建立一套语法理论及其术语也不是容易的事,我们只能总结已有的成果和经验,先求同存异,对于历来多有争议的问题,不妨先放后收,经过比较逐渐求得一致。

7.关于认定体标记的四条标准

1993 年"东南方言动词的体的研讨会"经过三天的讨论并吸收了前人的经验,提出作为体标记的四条标准:a.意义虚化,b.结构黏着,c.功能专用,d.语音弱化。(李如龙:《动词的体》前言,载张双庆,1996:6)后来有不少研究相关问题的学者引用过这段话。现在看来,还值得进一步研究。四条标准中,a 是语义的,b、c 是语法的,d 是语音的,理论上较为周延。就重要性来说,是否 a、b 两条更重要?因为多义兼用是经常出现的,而有些方言则不发生语流音变。如上文所说,虚化有一个过程,是否黏着又会碰到词和语素划界的困难?可见这些标准还是不能像印欧语那样一刀两断,但这不正是体现了汉语语法的重要特征吗?

汉语方言简直是一片大海,我们所知道的事实还是太少,但是如果能做了一个点就总结出几条,或证实,或补充,或修正,就能推动理论建设。例如北京话:"走过王府井就快到天安门了"和"没去过上海",两个"过"一虚一实,一个重读一个轻声,重读和轻声可以是区别词义和词性的标准。又如厦门话的"咧"[le],同样是语义虚化、结构黏着,不同的组合和读音造成了五种句式:a."伊咧(变调)食",表进行;b."坐咧(轻声)、坐咧(变调)食",表持续;c."坐咧几落侬、食咧五斤"(变调),表可能;d."食咧则去"(轻声),表完成;e."坐咧则去"(轻声),表短时。这就是一字多义、不同的组合决定不同语法功能的例子。从本源看,a、b 是"着"的弱音,c 是"得"的弱音,d 是"了"的弱音,

e 是"一下"的合音。这说明语序可以区别语法意义(如 a、b),语音弱化可以造成不同词源的合流(如 c、d、e)。

可见,发掘方言事实是为理论研究开源,多视角的比较是为语言事实导流,形成理论便是建造了一个崭新的湖泊。汉语方言种类多样、历史悠久,开发这个宝贵的资源,用更多的方言事实来检验以往的研究成果,不断地提升理论,努力建造一个高峡上的平湖,一定可以使中国的语言学获得一片绮丽的风光。

参考文献:

[1]胡明扬.汉语方言体貌论文集.江苏教育出版社,1996.

[2]李如龙.汉语方言学(第 2 版).高等教育出版社,2007.

[3]吕叔湘.汉语语法论文集.商务印书馆,1984.

[4]吕叔湘等.语法研究入门.商务印书馆,2000.

[5]伍云姬.湖南方言的动态助词.湖南师范大学出版社,1996.

[6]邢福义.汉语方言语法研究.华中师范大学出版社,1996.

[7]张双庆.动词的体.香港中文大学中国文化研究所吴多泰中国语文研究中心,1996.

方言特征

濒危方言漫议[*]

本文探讨三个问题:其一,"方言的濒危"指的是什么? 有些现象与方言的濒危相关或相似,却并非"濒危"。其二,濒危方言的主要特征是什么? 造成方言濒危的原因有哪些? 其三,面对濒危的方言,哪些工作应该做,哪些工作不宜提倡? 以下分成五个题目来讨论。

一、方言的变异

方言和任何语言一样,始终贯穿着变异。蒙昧时代的语言变异,我们很难了解了,进入文明时代后,有了文字记载之后,方言的产生就是始于变异。《荀子》曾言:"居楚而楚,居越而越,居夏而夏,非天性也,积靡使然也。"(《儒效篇》)"越人安越,楚人安楚,君子安雅。"(《荣辱篇》)这就说明方言是因地域不同、积习互异而形成的;有的方言因势力大并且借助书面语的作用成为通语(雅言)。有了通语之后,由于人口的增殖和迁徙,接受通语的影响程度不同,也会有方言的分化,早期的方言变异以分化趋势为主。后来,一种方言上升为通语,通语普及和社会政治、经济、文化发展整合之后,不同地域的方言逐渐走向整化,接受通语的影响,不断增加共同性,放弃独特性。除

---

* 本文在中山大学主办的首次濒危方言研讨会上宣读,发表于《南方语言学》第 1 辑,暨南大学出版社,2009 年。后收入庄初升、邹晓玲主编:《濒危汉语方言研究》,中山大学出版社,2016。

了"自变"之外,方言在历史上还有各种语言接触,和外族语言、周边方言相互影响(同化),造成了"他变"。他变有时是强化的变异,甚至产生方言的"质变",比如,从甲方言变为乙方言,或因融合而形成混合语。这是方言发展过程中的几种不同类型的变异。

各种变异都会造成语言系统的变化和发展,其中有语音系统(包括音值、音类、联合音变等)的调整,也有词汇系统的变动(核心词的替换、造词法的增删等)、语法系统(词缀、虚词、句型等)的变化。当然,在不同的时期分化和整化的作用力不同,不同的方言之间变化的幅度就有大有小,在语音、词汇、语法各方面演变的规模也是不平衡的。变化的大小和深浅往往和社会生活的状况紧密相关。一般说来,和平稳定时期方言的变异小,动乱分裂时期方言的变异大,社会转型时期方言的变异和更替也会更为频繁和深刻。

从类型上说,方言的变异有自变和他变两大类。自变是自身的变化,为整合不同的源流会造成变异,为适应自然环境也会发生变异。形成了系统还会有调整,特点和成分有扬弃,有更替,有生成,有创新。他变是在语言接触中受到通语、其他方言或语言的影响而产生的,这种影响往往从量变开始,量变积累多了有时也发生质变:从甲方言变成乙方言,或者成了混合语。

从性质上说,不论是自变或他变,变化大小、深浅,融合成混合语或转化为另一类方言,其系统依然存在,社会交际和思维活动的功能也并未消亡。有的学者说,赣语和"新湘语"因为受到现代通语的强大影响,已经丢失了许多方言特点,和普通话相差无几了,其实它们的湘、赣方言的性质依然存在。许多南方方言在北方的方言岛(如陕西东南部的客家方言岛)和官话在南方的方言岛(如各省的"军话"),虽然也发生了重大的变化,也总是还没有完全被同化,当地人依然称之为"客伙话""军话"便是明证。

可见,变异是方言自身的性能,是方言系统的新陈代谢。正是这种恒常存在的新陈代谢体现了方言的生命力,维持了方言在各个时期的社会作用。总之,方言的变异是方言存活的常态。

方言的变异既然是新陈代谢,必然有些方言特征会发生萎缩,甚至消亡,被新的特征所替代,这种变异中局部特征的萎缩和消亡不能认为是方言的"濒危"。说"方言特征的濒危"也是不合适的,是用局部代替整体的偷换概念。

二、方言的萎缩

考察任何语言现象都可以从系统和功能两个方面入手。系统是语言本体的结构,功能是语言的社会效用。语言的功能主要是两个方面:在社会生活中的交际功能和个人精神活动中的思维功能。

方言的变异也有系统的变异和功能的变异。如果说,语言的变异指的是系统的变化和发展的话,语言的萎缩则有两种:系统的萎缩和功能的萎缩。

方言的系统总是由民族语言的共性和特定方言的个性这两方面的特质组成的。方言系统的萎缩通常表现为方言独特成分的逐渐放弃,并往往为通语的成分所代替。

进入近代社会以来,城市的形成和发展,商品的流通和交通的发展,增进了不同方言人群的沟通和交往。古代社会的通语主要是文士们所写的书面语,运行于政府文告、社会文书、教材辞书、史料记载和文学创作等方面。近代社会的通语则是在平民大众的交往中形成的,在市井妇孺中广为通行。进入近代社会以来,通语的定型、发展和普及与方言系统的萎缩是世界各国普遍发生的现象,只是进度不同而已。在现代社会中这种发展的趋势只会加速而不可能减退。

系统的萎缩会造成方言的量变,量变不断积累还可能造成方言的质变,从甲方言变为掺杂许多通语的成分或变为另一种方言。例如赣方言向西扩展到湘东长廊后,和本土的赣语有了不少差异,闽南话传入雷州、琼州也别具一格,成为另一种闽语,这是不同程度的量变;闽西北的方言数百年间,邵武话由闽语蜕变为赣语,浦城县北则由闽北方言蜕变为吴语,这是方言的质变。不论是量变还是质变,方言的萎缩并不会造成方言的濒危和消亡,因为这样的方言,其结构系统并没有崩溃,其社会功能也尚未消减。

方言的功能在语言整化的进程中也会发生萎缩。这种萎缩表现为方言使用领域的缩减。从交际领域来说,在方言和通语并行并用的情况下,方言从社会交际退缩到族群或家庭交际的领域,通语则普及于社会交际并逐渐进入家族内部的交际。从语用领域来说,由于书面通语的普及,方言先是退出书面的阅读,在通语向口语交际普及之后又逐渐退出口语的使用。现今一些东南方言区的不少青少年已经不大会用方言阅读古今书面语了,在口头使用方言交际时也不时插入通语的说法(包括语音、词汇和句型)。从语言使用者的领域来说,方言的交际总是从全社会的交际逐渐退出少年儿童的交际生活,而后退出中青年的日常言谈。接触面不广、生活内容单调的老年人的交际生活逐渐成了方言存活的最后领域。

语言的功能是语言的生命力之所在。许多古代语言不再使用了,系统依然存在,便成了历史语言现象。现代方言的交际功能的不断萎缩则会造成方言的濒危。汉语方言中一些边远山区的小方言,只有少数老年人能说,大多数人只留下依稀的、不完整的记忆,不论是交际语言还是思维语言,都被通语或强势方言所替换。这种方言便是濒危方言。

可见,系统的萎缩也就是系统的变异,这和方言功能的萎缩也不应该混为一谈,只有功能的严重萎缩才会造成方言的濒危。

三、方言的濒危

如上所述,方言系统的萎缩,就是方言特征的磨损、方言纯正度的衰减。磨损和衰减有轻有重,其终极结果是方言的质变或融合。方言使用度的萎缩,其表现是使用的人口减少、使用的场合缩小和使用的频度降低。后一种情况发展到严重程度便会造成方言的濒危,濒危方言再向前走就可能会衰亡。

近代社会以来,方言的萎缩是大势,是不可避免的、普遍存在的。系统的萎缩和功能的萎缩是一个量变的过程,也许可以把萎缩的过程分为三等:轻度的、中度的和深度的。不应该把一切功能的萎缩都视为濒危,只有深度的、严重的萎缩才称为濒危比较合适。严重的萎缩常常表现为:只有少数老年人在不大范围里使用。

使用人口减少,有时是因为方言区人口的外流,到区外谋生、定居,方言区本土人口大幅度减少,这是一些分布地域不广的方言岛经常出现的现象。更常见的则是青少年中的方言流失。由于通语的普及和文化教育的发展,也由于社会生活的现代化,读书识字的少年儿童,一代比一代更熟悉通语,于是把方言淡忘了。

不少方言即使在原乡本土的使用也逐渐老龄化。当大多数青壮年都惯用通语来交际和思考问题时,他们和少年儿童一样也不愿多说方言,这些青壮年由于生活内容和语言生活的更新,和祖辈老年人的方言交际也越来越少。到了中青年不说,少年儿童不懂,方言只在老年人之间通行,也就是濒危的开始了。

方言适用场合的缩小常见的过程是:由于多数方言缺乏书面语形式,方言首先退出的是书面语的阅读。现代的书面语都是使用通语,启蒙教育只能使用通语,在东南方言区尤其是文白异读多的方言区,许多中小学生因为都是从普通话的正音认字的,都不能用方言读书了。和现代书面语相联系的政治、经济、文化、科技领域的语言交际,由于行业繁多、变化迅速,新词新语层出不穷,所用的通语在方言中有不少是难以称说的。如果说,20世纪五六十年代的"土改、抗美援朝、扫盲、夜校"以及"三反、五反、大跃进、公社化、八字宪法、文攻武斗"等说法"一声雷天下响",在各方言中都能普遍通行;现代的"套汇、控股、物流、法盲、按揭、炒楼花、太空人、洗钱、给力",乃至"草根、山寨、WTO、GDP"等就令人目不暇接,便是在官话区也很难迅速普及,用东南方言去"对译"就更难了。人们即使在使用方言交际时常常也用普通话夹用其中。于是方言即使还没有停用,也只能退缩到日常生活的交际和地方习俗、乡土旧事的叙述和指称中了。如果连方言谚语、数数、背乘法表、传统医药术语和种种方言称谓也逐渐被淡忘或被更替了，方言使用领域就只有残存的一角。

方言使用频度的降低也有两个基本原因。一是书面语对口语的挤压，一是通语对方言的排斥。方言是与口语共生共存的，书面语挤压了口语的空间，必然会加速方言的萎缩。语言的使用也是用进废退的。对每个人来说，习惯于通语，淡忘了方言，从能说会听到能听不会说，进一步便是偶尔还按旧时的记忆说说。从少数人淡忘、不说到多数人都不使用了，方言也便走向了濒危。

根据世纪交替时的语言国情调查，全国普通话普及率当时还只有53％，即使是说普通话的人当中，必定也有不少是兼通汉语方言的。可见方言还存活在半数以上的人口之中。

一定要分清方言的萎缩和濒危，在从萎缩到濒危的漫长过程中，应该进行普遍、深入的社会调查。方言使用度怕是很难用具体数量比例来划定的，多少人还会说、还在说、还能听、说几成，也难以统计。重要的是了解从萎缩到濒危究竟有哪些具体表现。盲目乐观，认为方言都还活跃在社会生活之中，或者惊慌失措，以为许多方言行将消亡，都是不符合事实的。

方言的濒危，在目前和相当长的时期内，只是发生在个别的地点方言中，至于各大方言区，由于都有长久的历史传统和广泛的分布地域，虽然都在发生变异和萎缩，并不容易发生普遍的濒危。许多方言岛和边界方言可能已经处于濒危状况，但在方言的中心区，还保存得比较完好。"长三角"的吴语、"珠三角"的粤语目前还是坚挺的。闽语在江浙、粤桂的方言岛已经出现了濒危状态，但在闽语本土，尤其是乡间依然有几分坚挺。因此，考察濒危方言，必须把小方言点和大方言区区别开来。

四、方言的前景

我国的改革开放已经经历了30个年头。汇入世界潮流之后，社会生活全面地发生急剧的变化。农村人口陆续流入城市,交通事业高速发展,商品流通不可遏制;教育大普及,文化时尚化。随着普通话的普及和外语教育的发展,多语现象越来越普遍。在社会发展节奏加快、社会转型加剧的过程中,通语、强势方言和外语形成对中小方言的挤压已成定局,并且只会不断加强。语言是社会最重要的交际工具,也是社会文化动态发展的载体,社会生活一体化的潮流进一步加强了语言的集中,这种新时代主流,是社会进步的标志,也是推进国家健康发展的动力。旧时代形成的方言对于这种现状显然是难以适应的。除了社会生活需要共同语之外,方言缺乏书面形式,无法与通语的书面语抗衡,也难以接纳与时俱增的各行各业的新词语;由于汉语方言与通语不但语音差别大,基本词汇和一些句型也有许多不同,方言(特别是非官话的南方方言)和通语远非一音之转可以并行并用的。如今连古今汉语所锻造出来的高雅文学艺术都在受到时尚文化的严重挑战,各地方言所表现的戏曲、曲艺、山歌等文艺形式就更难逃脱式微的颓势了。

然而,事物的发展总是螺旋式的,时代的变迁有主流有支流,有时也有回流。世界一体化的主流之外,正在兴起多样化的呼声。在方言普遍发生萎缩的同时,曾经活跃一时,而且展示过无限风采的方言至今还在一些人当中留下美妙的回忆,于是保护方言、振兴方言乃至保卫方言的种种舆论也应运而生。正像吃腻了大鱼大肉后又想回头尝尝野菜,饱受了摇滚乐和摇摆舞的轰击之后,又想从古典的幽雅和山野的原生态艺术中寻求休憩。丰富多彩的方音和方言词语不时唤醒了人们的乐趣。近些年来,在世界一体化、现代化的热潮之外,关于多元文化的呼唤可谓此起彼伏,联合国的有关组织也已经颁发了有关文件,为之推波助澜。应该说,凡是人类文明史上创造出来的精神文明,哪怕有的因为时过境迁已经显得不合时宜了,也都还具备各自的历史和现实的价值,有的还具备特殊的魅力。语言不但是社会的交际工具、市场交易的凭借,也是认知新旧世界的向导,还有艺术欣赏乃至休闲消遣的价值。方言不但可以在家人和同乡之间沟通乡情亲情,可以传授农时节气的知识,还保存着许多有益的历史记忆和道德训诫,可以提供特殊的艺术欣赏。

如果说,方言的萎缩是"无可奈何花落去",要是也有"似曾相识燕归来"的补充,这样的语言世界岂不是更加完美吗?

五、合理的对策

面对着方言的萎缩和濒危的现状及其演变的前景,我认为,我们应该采取以下几个方面的对策。

首先,要认真及时地进行现实方言流变的深入调查,尤其要对各种方言萎缩、衰减和流失的现象进行社会调查,考察不同方言在应用中(社会、家庭中的交际,个人思维、书面阅读,能说多少、能听多少等)的不同情况,从不同差等的统计中划分界限,看哪些方言已经进入濒危状态,并分析萎缩的种种表现和濒危的不同类型。那些使用人口少的小方言和方言岛及边界方言,可以作为调查研究的重点。没有具体的数据,只是凭想象强调"濒危",难免缺乏说服力。有了若干典型的调查才能对方言萎缩的类型、进程以及濒危的界线和标志进行科学的分析和定性。

关于方言使用的现状以及对这种现状的态度和评价,应该进行另一种社会调查:语言(包括通语、外语、方言)使用的社会效果和社会心理的调查。不同年龄层、不同职业、不同文化程度的人对普通话的普及和方言的萎缩必定有不同的看法。对于不同的意见都要进行定性、定量的分析。这方面的社会调查对于制定语言政策是十分重要的。

其次,对于能熟练地听说的人口已经很少的方言,应该组织人力、投放经费,及时进行实地调查,记音,整理音系,建立音档,制作成书面文本和数据库,尽量完整地把能记录到的词汇和语料留存下来。这种调查的重点在于词汇和各种长短语料。对于重要的方言点只用已有的常用词表和语法例句去调查是远远不够的。词汇的调查可以按义类逐类地问。语料的调查除了成句的谚语、俗语之外,可以按话题、语境记录各种歌谣、传说、故事、情景对话等,对各种民俗活动,最好有专项的记录。调查方法可以学习人类学的调查访问,先录下音档,再转换成文本。只有少数老年人知道的方言词,有时是可遇而不可求的。例如用过旧式织布机的老妇才知道其中各种零件的名称和操作过程的术语;还在组织婚丧、祭祀、佛事活动的老者就能说出各种用具和仪式的名称。这些都需要专题采访。不善于寻找合适的调查对象(有时必须是三教九流),没有谦和的态度、足够的耐心和充裕的时间,调查都可能劳而无功,所得甚少,不能达到抢救、存史的目的。

方言是语言历史演变的产物,是地域文化的载体,无论萎缩程度如何,把它现存的材料记录下来,都会有重要的价值。应该通过这种抢救性调查,改变以往方言调查的定式和粗疏,发掘更多的材料,为语言史和文化史研究做出新贡献。

再次,探索和制定合理的保护方言的措施和政策。这些年来,关于保持语言多样性、给出方言存活的空间的思想,已被多数群众和学者所认同,但是究竟应该采取哪些措施,如何掌握适当的度,不同的论者还存在一些分歧。理论方向上如何理解,有必要开展讨论,政策措施如何掌握,也需要一番调查、试验和总结。应该着重研究的问题至少有如下几项。

关于普通话和方言的关系,要有切实而全面的理解,对 20 世纪五六十年代强调推广和普及普通话要有正确的评价。在当时方言分歧严重、语言规范不足的情况下,强调推普是适应社会需求的。虽然没有提出"消灭方言"的口号,但是视方言为异类,认为其只会妨碍推普,只能是规范对象的观点,确实是存在过的,有些做法也显得过激和偏颇,以致客观上加速了方言的萎缩。例如广播电视都由普通话一统天下,在普通话教学、测试上,掌握的标准失之过严。改革开放以来,有些做法已经有所改进,例如地方广播电视已经容纳了方言,不过关于尊重历史、保留方言的具体措施在各种传媒的活动空间,还需要用政策加以认定。例如公务语言、校园语言、服务语言除了普通话之外还应该允许，甚至适当鼓励使用当地方言；书面语言中夹用某些方言词语也无须大惊小怪、横加指责；电影中老一辈革命家的对话带有方音，不但能体现人物个性，也已经是多数观众熟悉和认可的，无须强令禁止。然而语言的整化、通语的普及是历史的潮流，是社会的第一需要，是当代语言生活的主流，这也是毋庸置疑的。我们不能在强调语言的多样性的同时，又去抹杀推广和规范通语的努力。不用说平头百姓，即使是干部、教师说说"地方普通话"也是无可厚非的，但是作为社会的通语，从语音到语法，不能没有明确的规范。

其实，我们曾经有过那样的语言生活：普通话与方言并存共用，互相补充。家人乡亲之间使用方言更加亲切随意，与外人交流或面向公众使用普通话才能便于沟通并体现互相尊重；日常问候、生活用语使用方言显得自然，谈论政治经济文化科技则普通话更加准确达意。这不就是一种既实用又雅致的健康的语言生活吗？

在文化艺术领域，我们已有的"百花齐放，推陈出新"的方针已经得到广大群众欢迎，应该继续贯彻。各地方言艺术大多经过千百年的冶炼，体现了多样的艺术魅力，但是由于内容和形式不太适应现代生活的节奏，普遍都有式微、退化的趋向。如能加入反映现代生活的内容，在语言和表演方面进行必要的加工，保持其艺术素质，大多是可以存活延续下去的。各地文化部门在培训新一代地方文艺接班人方面的努力已经见到成效。近些年来，作为历史文化遗产保护的重要内容，各地戏曲、说唱等方言艺术的整理、研究和传承，受到了地方政府的高度重视。中国的诗词歌舞数千年传统已经根植于民间，只要有关部门有意识地加以培育，一定可以同那些肤浅浮躁的时尚文化做一番较量，获得生存的空间。地方戏曲、山歌、说唱、曲艺的存活对于方言的生存有直接而巨大的作用，只要这些艺术宝库没有泯灭，支撑它们的方言也就必然没有消亡之虞了。

关于保护方言的措施，有一点是值得深究、谨慎处理的，这就是方言要不要进入小学课堂。

时下有一种提法:方言作为历史文化遗产,为了使它得到传承,必须把它列为小学必修课,给出课时开展正规化的方言教学。经过认真考虑,我认为这是一种似是而非的意见。

回顾启蒙教育的百年历史,辛亥革命后,学校启蒙教育就采用现代通语,从国文课到国语课、语文课莫不如此。正是这一点,新式学堂的教育才和旧式私塾里用方言诵读《三字经》《千字文》和四书五经的旧式教育区别开来。百年经验证明,这种语文教育对于确立现代民族共同语的主导地位和规范体系,对于吸收和传授现代化文化科学知识,对于建设现代书面语和文学宝库,都是立下了汗马功劳的。就现实生活的需要说,青少年离开普通话和白话文将如何在社会上谋生和立足?可见,通语教学作为语文启蒙教育的方向是不可动摇的。百余年来,代代新人掌握方言都是从牙牙学语开始,在少年儿童阶段从家庭和故乡亲人那里学会的,何以如今就非在正规的小学课堂里完成不可?如果把方言列为普及教育的必修课,立刻就会引出一系列无法解决的新问题:外来移民的孩子要不要上方言课?教的是本省或本市、本县、本乡的何种方言?以何者为标准音?历来没有统一书写法的方言词用什么字来记录?没有标准音、通用字,没有定型的词典和课本,方言课如何教?作为正规课程,还要调整课时计划,确定教学要求,制定测试标准,这将带来巨大的工作量,能够胜任有关工作的人员也并不太多。台湾的"乡土语言教学"已经强行推行二三十年,许多问题至今并未解决,实际效果却是会的照样会、不会的照样不会。其得失功过,历史将会做出公平的评判。

看来,在幼儿园和小学教学中,从乡土教材来说,编印一些简易的读物作为补充教本,在课余活动中唱唱儿歌、读读谚语、听听故事、看看地方戏或曲艺节目,这些做法是比较适宜的。方言的歌谣、谚语、故事、戏文历来是不成文的口传教科书,有些地方也有过比较成功的操作。经过整理加工,应该可以成为可取可行的措施。其实,更加有效的做法是在识字正音教学中同时教常用字的方言读音,在词语教学中,既教通语词义也用方言解释相对应的词义。这种做法在一些闽粤方言地区早已存在,直到 20 世纪 50 年代还在实行。例如闽南话地区,教到生字"高",除了让学生学会 gāo 的正音,同时教方言音[ko](姓氏、高级),并解释字义相当于方言的"悬"[kuãi²]。"大小"dàxiǎo 就是方言说的"大细"[tua⁶sue⁵]。这样教识字,可以用已知的方言词来理解字义,同时教会生字的方言读音。把通语教育和方言传承结合起来还可以通过普通话和方言的比较,利用对应规律把普通话学得更好。到了小学毕业,字的国音和方音、规范义和方言义都掌握了,对字义的理解也更加全面。既学会了普通话,也同时掌握了方言的字音字义。这种识字教学可以称为"通语带头,方言紧跟",既不妨害通语的启蒙,也可以防止方言的萎缩,实在是值得总结、适当推广的教学方法。据说,在其他方言区,中小学的普及教育中也是存在标准语与方言同时教学的情况的,许多官话区的学生都是到了上大学才改说普通话的。

如何妥善处理推广普通话和保存方言,现实生活中还有不少具体问题需要发动社会各界的干部、学者和大众共同关注,充分讨论,探讨相关的政策和措施。例如广播电视采用方言的节目该有多少、文艺表演中方言对话可有多少比例,等等,与其不同人群从不同角度各自发表一通感想式的意见,甚至引起种种争论,不如到实际的社会生活中开展不同的实验,然后总结经验、听取群众意见,再来做出合理的决策。

参考文献:

[1]陈章太.论语言资源.语言文字应用,2008(1).

[2]郭龙生.中国现代化进程中的语言生活、语言规划和语言保护.中国人民大学学报,2008(4).

[3]李宇明.语言保护刍议.中国民族语言学会通讯,1998(1).

[4]曹志耘.关于濒危汉语方言问题.汉语教学与研究,2001(1).

[5]曹志耘.论语言保存.汉语教学与研究,2009(1).

[6]联合国教科文组织.保护非物质文化遗产国际公约,2003.

论混合型方言

——兼谈湘粤桂土语群的性质

一、方言的叠置与渗透、竞争与整合

我国的历史长，领土广，民族多，在长期的封建社会里，经济落后，灾害频仍、战乱不断，由此造成了多次北人南迁、东人西扩的移民运动。历来的移民规模有大小，路途有远近，结局也有不同。这就是造成汉语方言分化与变迁的最主要的原因。

语言的演变必有纵向的传承，也有横向的接触，传承之中有变异，接触之后有渗透。现存的方言大多是多次移民带来的，也是多种来源掺和的。多次移民可能造成不同时代通语和方言的语言现象的叠置，不同来源的接触包括来自不同地区的方言和民族语的相互渗透。汉语方言所以纷繁复杂，这是两个重要的驱动因素。凡是历史长、来源多的，方言内部的歧异就更多。

不论是先后传入的还是周边共存的，不同的语言成分和语言结构模式都不可避免地存在竞争。强弱悬殊可能以弱就强而渐趋一致；实力相当的可能差异并存。西南官话主要是明末江淮地区和清代之后湖广地区移民带去的，在地广人稀的崇山峻岭之中，竟然内部大同小异，而珠江三角洲人口密集的粤语区由于移民历次叠加，加上

＊　本文曾在湘粤桂土话韶关研讨会上宣读，后刊载于《云南师范大学学报》2012年第5期。

民族融合,却呈现出较大的方言差异,这都是极端的典型。

与竞争并存的是整合。语言是不可须臾停止使用的交际工具,在上海外滩上漫步和黄山上穿行的人群可以各说各话,既不竞争也无从整合;生活在一个村镇的人就不能如此,近代以来城乡沟通多了,商品经济是促进方言整合的重要力量,许多方言区都是围绕着大大小小的城市分布和划界的,这就是明证。竞争的结果可以是划界而治,相安无事,也可以达成妥协,合伙经营,整合是在竞争之后进行的。同样是珠江三角洲,多数地方粤客两种方言的界线是清晰的,但是惠州话是粤是客,至今还有争议,新会的荷塘话虽是粤语,却很特别。可见,不论是分界明朗的或是掺和、融合的,各有各的整合方式。

竞争是宏观的较量,整合是微观的调整。竞争是方言的基本框架的选择,整合则是具体的音类、词汇和句型的取舍。决定竞争的因素主要是方言的强弱势和使用人口的多少,整合力度的大小则与社会经济、政治和文化的多方面因素有关。商品经济是否发达,行政管理是否稳定,文化教育是否繁荣,包括地方戏曲和曲艺、方言辞书和读物等等,也对方言的整合力有影响。竞争早已结束,整合力强的方言大多是向心型方言,在大区小片都有不同程度的权威方言,这样的方言就会有比较明确的区、片疆界。这是方言分化和整化的常态。汉语方言中划分出来的大区和小片,凡是学者们分歧意见不多、民间语感能够认同的,都属于这种情况。

二、混合型是方言演变中的另类

如果说,纵向传承中的叠置和横向接触中的渗透是方言演变发展中的共性本质的话,在竞争和整合上则常常表现出个性的特征。叠置和渗透是普遍存在的,而竞争和整合的强弱作用与结果则有各种不同的状态。

就一般的常态说,成区成片的方言都有鲜明的语言特征,有比较规整的结构系统,有大体上的规范标准(多数本地人的共识:该这么说,不能那么说),区内、片内比较容易通话,民间也大体有"属于什么话"的称述。在国内,早有官话、下江官话、四川官话、江浙话、湖南话、客家话、广东话等称呼;在东南亚华人中则早有福建话(闽南)、广府话、潮州话、福州话、兴化话、海南话等说法,都是这类区、片方言的习惯称谓。

另一类型的方言在民间往往只能称为土话、平话、白话、乡谈、乡话、村话、土拐话,或者直接按所在地名冠名,称为××话。这样的方言就有些属于混合型方言。

这里说的混合型方言大体相当于西方说的 Mixed Langeuege,和仅仅模仿某些外国语的词汇和句型的"皮钦语、洋泾浜"截然不同。有人把后者也译成混合语是不妥的。

混合型方言在纵向发展的叠置上往往是多层次、多来源杂糅,未经明确规整的,在横向共处中往往是深度接触,多种语言或方言兼收并蓄,在竞争中势力难分高下,在整合中也还没有形成明显的章法。其音类与古今通语语音对应都很繁复和驳杂,例外很多;其词汇往往多义衍生或同义并用,一字多音或一音多义经常可见。在语言使用上通常是采用双语制或多语制,在某些地方还与地区通用语或周边强势方言并用;往往只有口语形式,而未形成书面语朗读形式,并且缺乏艺术加工的形式(如曲艺、地方戏);有的甚至是土语音和借用其他方言的读音各成系统,文白并存(如海南岛的儋州话)。

就已经知道的事实说,混合型方言通常是一些通行面积不广的小方言。就其生成的情况说,有的是在大小方言区交界处因语言接触融合而成的,这是共时作用的结果;有的是因历代不同来源移民长期杂处混合而成的,这是历时作用的结果。我在 20 世纪 80 年代先后调查了十几种此类小方言,关于"混合型方言"的概念就是那时形成并提出来的。这些小方言中较有典型意义的有以下几种:

黄坑话:闽北建阳西乡。声母 20 个,有[f v]对立,[ts tʃ]两套塞擦音,不少清唇音读重唇,舌上读舌头,匣母字部分读为[k],一些来母字读[s],有五个声调,平、上、入之外,去声分阴阳,浊平字分读两调,送气音区分声调,清从母读[tʰ],透定母读[h],非敷奉及晓匣合口读[f],微母与影云匣母读[v],阳声韵有[-n -ŋ]两种韵尾。词汇上有闽语共有的"厝、鼎、骹、箸、卵、清、饕";也有闽北的"墿(路)、豨(猪)、囝子(小孩)、阿娘(女人)、目睭(睡)、厚(高)、增(稀)、拍(打)、嬉(玩)";还有客赣语邵武话的"今朝、虮嬷、爷(父)、伶俐(干净)、娘(母)、膏(猪油)、老子(丈夫)、冷水(冰)、畏(怕)、精(美)、供(餵)"。"由于这一带和邵武、光泽经济往来多,又有客方言岛在本地共处,黄坑话受到客赣方言不少影响,成了闽北区边界上的另一个混杂型方言。"(陈章太、李如龙,1991:185)还有一个"是原属闽北方言的夏道话深受官话方言岛和闽东方言的影响,成为闽北方言区边界上的一个混杂型方言"(陈章太、李如龙,1991:182)。

地处闽东、闽南、闽北交界处的"尤溪县内的方言是属于沿海片闽方言的一个小方言群。由于和闽中、闽北方言区相邻,也反映了一些它们的特点。七个方言点中,街面和洋中可以归入闽南和闽东方言区,其余各点都是方言交界处的混合型方言"(陈章太、李如龙,1991:339)。去年已有《尤溪县方志》出版,可参考。

和尤溪相邻的大田县有一种"后路话"(中心在广平镇)。这种广平话"兼容了大田(前路话)、永安话和尤溪话的一些特点、也有一些自己独有的成分(闽语的小称变调仅此一见),不论是大田话、尤溪话、永安话都和它不能相通,应该说,它是闽南方言和闽中方言过渡地带的一种混合型方言"(李如龙,1996,267—287)。

以上是方言交界处共时接触所形成的混合型方言。

在海南岛的南端,三亚市崖城区的几个乡,有一种万余人说的迈话。按明代《正德琼台志》所载,迈人"乃唐宋以来仕宦商寓之裔……其言谓之迈话,声音略与广州相似"。我们1984年调查发现,该方言帮端母读[ʔb ʔd],知母和心、审母读[t],无撮口韵,侵韵读[ɔm],部分阳声、入声韵读为阴声韵,清从穿读[s]等等,与海南闽语相同;透定母读[h],精庄章洪音读[t],全浊塞音塞擦音读送气清音,非、云、匣读[v],日母读[ŋ]等项与客赣语相似;溪母读[h],入声分读三调,梗摄主元音为[ɛ]，则与粤语（台山话）相近。经过 30 项语音特征的比较，我们把它认定为"混合了海南闽语、粤语和客赣方言的一些特点而形成的混合型方言"。（李如龙，1996:367）

无独有偶，在海南岛的西端还有一种儋州村话，分布在儋县大部分地区和昌江、白沙北部的一些村落，以及东方、乐东、三亚的个别村。1974 年丁邦新做过调查，当时有 20 万人口使用。据丁先生调查，儋州村话有文读音和白读音两大系统，二者同音字不多。他的结论是，文言音"和粤语类似"，"是早期从粤语区传到儋州和白话音混合的"，"白话音代表的是早期客赣语的一种类型"（丁邦新，1986）。据我们对迈话和儋州村话所做的比较，它们的文白读对应却是和海南闽语相同的最多，然后是粤语和客赣语。其来源和性质和迈话都极相似，它们都是历史上多种移民带来的不同方言和当地主体方言的混合。

关于混合型方言，20 世纪 90 年代之后又陆续有学者介绍过。例如平田昌司罗列了徽州方言的 17 条共同特征，又按罗杰瑞区分南、中、北方言的十条标准做了检验后说："应该认为属于中部类型——在南部类型底层的基础上受到北方类型的侵蚀而产生的方言……"又说："徽州方言是相对接近长江中游流域方言的一种混合型方言。"（平田昌司，1998:26）鲍厚星则指出，永州土话中"清音不送气型混合的程度较高，一般具有湘、客、赣、官等程度不同的音韵成分，从多数点看，又结合地理人文环境的因素，既可以定性为湘语成分较重的混合型方言，也可以作为特殊的湘语片处理"。郴州土话中则"清音送气型可以用较宽的尺寸划入客家话或赣语，它既与粤北土话中的东北片相联系，又与赣南的'老客'相呼应。而清音不送气（並定）+送气（群从澄崇）型也属于一种混合型方言"（鲍厚星等，2004:386）。又如，庄初升《粤北土话音韵研究》比较了粤北三片 24 个方言点的材料后指出："粤北韶州片和连州片土话是以两宋以来江西中、北部的方言为主要来源，逐渐融入了明清以来粤北的客家话、粤方言和西南官话的一些成分和特点而形成的一类混合型方言。"（庄初升，2004:

327)还有,伍云姬、沈瑞清的《湘西古丈瓦乡话调查报告》则提出:"瓦乡话应该是一种混合型的语言。它既保留了中古乃至上古汉语的很多特点,又有湘方言和西南官话的某些特色,在它的底层里还有吴方言和赣方言的影子。"(伍云姬、沈瑞清,2010:97)

随着汉语方言调查研究的深入,尤其是向穷乡僻壤下伸之后,这类叠置了许多不同历史层次、吸收了语言接触中的渗透成分的方言,学者们发现了不少。对于这些很难归入已有的几个大方言区的另类方言,建立"混合型方言"的概念,看来是十分必要的了。

三、混合型方言的类型特征和梯度等差

关于混合型方言的类型特征可以从以下几个方面来考察。

就地理分布的特征说,混合型方言往往出现在方言区的边界,大区的边界上有(如江淮官话和吴语、赣语交界处的徽语,客、赣、粤之间的粤北土话),小区的边界上也有(如几个闽语区之间的尤溪话)。就其分布面积说,大的有片状的(湘南、粤北、桂北的土话都是成片的)、条状的(如闽南话和闽西客话交界处从龙岩到诏安有 250 公里双方言带)和点状的(如上述黄坑话、夏道话,闽浙交界处的许多客方言岛,方言岛与包围方言之间也是一种方言的交界)。

就众多小方言点之间的关系说,混合型方言总是一群离心的土语,没有中心方言、权威方言,本地人也没有方言区域的归属感,离开本乡本土或对外来人口的交际都采用双语制,除了说本地话,或兼用相邻方言,或兼用地区通语、强势方言,或兼用共同语(如尤溪各土语群兼用城关话,粤北土话间兼用粤语)。连已被列为独立方言区的徽州方言也一样"分为绩溪话、歙县话、休宁话、黟县话、祁门话、婺源话六种……互相不能通话,而且一直没有出现过通行全部徽州地区的'强势方言'"。(平田昌司,1998:18)

就方言本体的结构系统说,混合型方言大多是驳杂型的,即音类与古音、与现代通语的对应都不整齐,词汇则多同义词、多义词,虚词

也一词多用或多词同用。例如古丈瓦乡话全浊声母 116 例字中,读浊音的 49 字,读不送气清音的 40 字,读为送气清音的 27 字;古阳声韵字今读阴声韵的包括深、臻、咸、山、梗、通各摄;声调分化中不论平上去入,清声母与次浊声母同行。(伍云姬、沈瑞清,2010)又如:江永土话的"子"尾有 5 种读音:耙子[tie³⁵～twə³⁵]、房子[tsɯe³⁵]、驼子[tsɯe⁵](罗锅儿)、桃崽(子)[tsɯ³⁵];上江圩乡第一人称单数的"我"有 8 种说法:[ŋ³⁵]、[ie⁴⁴]、[yu⁴⁴]、[ən⁴⁴]、[oŋ²¹]、[tsɿ⁵]、[tsie²¹]、[tɕiŋ³⁵];"起"不但做补语(挑得起、讲起话来),还可用做助词:着(骑起车)、在(住起学堂)、到(听起有人讲话)。(黄雪贞,1993)

就方言的应用说,混合型方言都是俚俗型的,只用于日常口语,缺乏书面形式,难以用来读书、写作,也无法用文字作记录。往往并无艺术加工形式(戏曲、快板、说书等)。不像许多典雅型的大方言,可以清唱,有曲艺形式、戏曲脚本,甚至可以写作小说、诗歌等。多数混合型方言如今已经不能用来认读书报,有的已经退居于家庭生活应用领域了。

就方言的演变说,混合型方言往往处于急剧变异之中。老中青三代人的说法有许多差异,属于变异型(与之对应的大方言是稳固型),并且处于萎缩之中。福建宁德碗窑村闽南方言岛 200 多年间因受包围的闽东方言的影响,中青年把老年人的阳声韵和入声韵从 29 个韵合并为 11 个韵。我们所调查的 300 多条常用词中和现代闽南话已有不同的竟达 180 多条。(李如龙等,1995:134—154)

在混合型方言之中,不同语言和方言掺杂的程度是有很大的等差的,不同的等差表现出了多种不同的存在形态。

经过语言接触只发生轻度渗透,彼此还面目清晰,性质上没有变化。这是"微变型"。例如闽南话和客家话的过渡地带,因为采取双语制,双方又都距本区方言中心区不远,所以只有表层接触后的轻度变化。有些方言岛虽是受包围,也因为采用双语制,还是保持原有的方言性质,如赣东北上饶地区的闽南方言岛就属于此类。(请参阅胡松柏等,2009)

　　在一些不同方言的过渡区,两种方言的接触中发生中度渗透,采取缓慢过渡的方式,过一个乡变一点口音,越靠方言中心区越与之相近。这种状态可以称为"渐变型"。这类方言可以成为中介方言或过渡方言。例如闽西北闽语和客赣语交界处的七个县市,我们经过43个语音条目和250条方言词的比较,发现前者客赣语与闽语的比例是15:9,后者是62:31,我们的结论是"邵武、光泽、建宁、泰宁四县市应划归客赣方言,其中建宁话的赣方言性质最明确,其次是光泽话和邵武话,距闽语较近的泰宁话就保留闽方言的特点更多些。顺昌、将乐和明溪可以作为闽方言和客赣方言之间的中介方言"(陈章太、李如龙,1991:263—264)。1987年《中国语言地图集》所划的徽语包括徽州片和严州片。据曹志耘的比较研究,"淳安话和遂安话具有很大的独特性,既跟吴语差别很大,又跟安徽省南部的徽州方言很不一样。……但建德话和寿昌话跟吴语比较接近,尤其是它们的文读系统可以说完全是吴语型的"(曹志耘,1996:8)。据此,平田昌司认为:"徽州方言是相对接近长江中游流域方言的一种混合型方言,而严州方言是在吴语的基础上形成的过渡性方言。"(平田昌司,1998:26)郑张尚芳也说:"建德、寿昌是南朝后期至唐才脱离吴郡与淳安发生隶属关系的,目前在方言上表现出徽语与吴语过渡方言的特色。"(侯精一,2002:88)这样,我们就可以分清这一带的下江官话(洪棠片)—徽州方言(混合型)—严州方言(过渡性)—吴方言(处衢婺州片)。

　　有些带有混合性质的方言片,吸收了两种或多种语言或方言之后,经过整合又形成了新的片区。这种情况可以成为"合变型"。合变型方言的形成所依靠的最重要的是整合力。其区域有大有小。例如海南闽语是整合闽南话、临高壮语合变而成的;莆仙话是整合闽南、闽东方言而成的,厦门话(包括整个台湾岛上的闽南话)则是整合了泉州腔和漳州腔而合变的,在台湾称为"漳泉滥"。徽州历史上也出过不少文人雅士,徽州方言是明代之前就形成了的,内部也有一些共同特征,随着徽商的崛起,徽州话在江南也有影响,其实它就是一个融合了吴语和江淮官话以及赣方言而成的合变型方言。即使把它独立成区,也不能改变这样的性质。

最后,还有一种由混合带来的蜕变型方言。就是甲乙两种方言在较量中一胜一负,从甲方言蜕变为乙方言。福建西北部的邵武、光泽、建宁和正北部浦城县的中北部就是这种方言的典型。这两个方言片原来都是闽北方言,元明之后前者蜕变为赣语,后者蜕变为吴语。详细材料和有关论述可参阅《闽语研究》,这种认定也已经被学界普遍认可了,这里不再细说。

不论是微变、渐变、合变还是蜕变,都不是固定界线、互不关联的,而是随着社会生活的变化而相互转换的。福建省的连城县是处于闽中、闽西和闽南交界地带,俗称三江(闽江、九龙江、汀江)之源的山区,县内西侧的方言是客语化了的,东部则有不少早期闽语的特征。严修鸿在做过数十点调查之后提出:"连城方言早期曾是闽语、而非客家话",建县后隶属于汀州府,宋元后接受不少客赣移民,于是"连城方言不断地向客话靠拢,早期的闽语特征就逐渐失去",城关、四堡、新泉、庙前等地"质变为客家话",有的点如文亨、朋口、曲溪、宣和"则演变为闽客混合方言(客家话的基本特征未全备,且还有许多闽语特征)。只有离客家话区较远的东部北部(上余、北团、姑田、赖源)还较顽固地保留了闽语的基本特征(一种深受客家话影响的闽语)"。(严修鸿,2002:211)其中既有蜕变,也有渐变和微变。可见,对方言交界地带的方言做调查比较,对方言混合的历史过程和规模、渗透演变的程度和结果,一定要经过周密的调查分析才能得出正确的结论。

鉴于以上所述的复杂情形,我们也许可以把混合型方言作广义和狭义的两种理解。狭义的指两种或多种相差较大的方言经过深度接触而整合成系统稳定、边缘清楚的方言;广义的则泛指带有混合性质的方言,包括渐变型的"过渡方言"和蜕变型的方言,也包括浅度接触的合变型方言和微变型方言。在为方言分区时,混合型方言和过渡型方言可以作为不归入大区的"另类"方言,被当作划不尽的"余地"。世界万物的对立和差异都有"中介"现象,划分方言区域时为什么不能留有余地呢?

四、湘粤桂土语群的语音特征

十几年来,湘粤桂的学者们对边界上归属未明的方言开展了大规模的调查研究,举办了 5 次学术研讨会。有关研究为学术界提供了大量新鲜的语言事实和观点,可谓引人入胜。在拜读了诸多论著之后,不揣冒昧,我想就这一带的土语群谈点认识,求正于方家。

先就湘南、桂北和粤北关于土话的报告中各选出三种,拿 12 条语音特征列成比较表,从中可以看出它们之间的异同。

表 1　湘粤桂土语群语音特征比较表

方言 ＼ 条目	(1)古全浊声母今读	(2)古非组、知组字及端母字今读	(3)古精庄知章组今读	(4)见晓组是否颚化,溪母和晓匣合口字今读
韶关 (6点)	清化,多数点全读送气,个别点并定上声送气,其余不送气	非组少数常用字读重唇(明母多,其余少),端读[t]	多合为[ts]组,个别点知三章读[tʃ]	见组不颚化,晓组部分颚化,溪母部分读[h f],晓匣合口读[f]
乐昌 (5点)	清化,多数点不分平仄读不送气,少数浊上送气、其余不送气	少数非组字读[p ph m],知组字读[t th]	多数合为[tʃ],少数点精组读[ts]	同上
连州 (5点)	清化,并定母字读不送气,其余读送气	少数非组字读[p ph m],知三读[t th]	精组都读[ts],多数点知庄章都读[tʃ]	见晓组不颚化,少数溪母字读为[h f],晓匣合口字读[f v]
钟山	清化,一律不送气	少数非组常用字读[p ph m],多数端母及少数定母字读[l]	精清多读[t th],心邪从多读[θ],知庄章读[tʃ tʃh ʃ]	少数溪母字读[h f],晓匣合口字读[f v],见晓组逢细音颚化
兴安	全浊塞/塞擦音多读浊声母,部分仄声字清化,浊擦音多清化	少数非组字读[p ph m],知、澄母字读[t th]	精知庄章按洪细读为[ts tʃ]两套声母	见晓逢细音颚化,部分溪母字读[h f],晓匣合口亦有读[f]的

续表

条目＼方言	(1)古全浊声母今读	(2)古非组、知组字及端母字今读	(3)古精庄知章组今读	(4)见晓组是否颚化，溪母和晓匣合口字今读
资源（延东）	全浊声母齐全[b d g dz dʑ z ʑ ɣ]	少数非组字读为[p ph m]，个别知组字读[t d]	精庄按今音洪细分读[ts tɕ]，知章有读翘舌音的	见晓组逢细音颚化，溪母有读[x]的，晓匣合口不读[f]
江永	全部清化，塞音、塞擦音不送气，古浊字只读阳调	端母和个别知组字读[l]（乡间或读[n]），非母有读[p ph]的，也有[f ɕ]的读法	精组细音有[ts][tɕ]之别，庄组只读[ts]，知章按洪细分读[ts][tɕ]	见晓组颚化，个别溪母字读[h]，晓匣合口字读[f]
宁远	清化，大多平声读送气，仄声不送气，少数仄声送气	少数非组字读[p ph m]，个别知组字读[t]	精知章合流，逢今洪音读[ts]，细音读[tɕ]	见晓组颚化，溪母有读[x ɕ]的，晓匣合口有读[f v]的
东安	保留全套全浊声母	少数非组字读为[ph b m]，知组字读为[t d]	精知章按今音分洪细读[ts][tɕ]，庄组读[ts]	见晓组颚化，晓匣合口少数字读[f v]

条目＼方言	(5)古疑、影母字今读	(6)四呼、ɿ韵和韵母数	(7)蟹效咸山一二等韵分合	(8)开口四等韵今读	(9)有无文白异读
韶关	疑母今读[ŋ]，影母今读零声母	多点无撮口，个别点无[ɿ]，韵母25～36个	效合流，其余有别	齐韵多读洪音，其余未有	有文白异读的字不少，小称变音亦属白读
乐昌	同上	四呼全，多有[ɿ]韵，韵母26～38个	多数点蟹、咸有别，效、山较少	多数点少数字读洪音	少数字有文白异读，声韵调皆有异
连州	疑母今读[ŋ ɲ]，影母今读[ø v]	多有四呼，个别点无撮口，多有[ɿ]韵，韵母35～51个	蟹咸山一二等字大多有别，效摄仅见于个别点	效四之外其余四等韵多有读洪音的	同上
钟山	疑母字多读[ŋ ɲ]，影母多[ø]，少[ŋ]	撮口仅有[y]，无[ɿ]，韵母27个	各摄一二等韵无别	梗、效四等韵少数字读洪音	普遍有文白异读，声韵调都有对立

续表

条目 / 方言	(5)古疑、影母字今读	(6)四呼、ꞁ韵和韵母数	(7)蟹效咸山一二等韵分合	(8)开口四等韵今读	(9)有无文白异读
兴安	疑母今读[ŋ ɲ],部分影母亦读[ŋ]	四呼全,有[ꞁ]韵,韵母39个	同上	部分齐韵字读洪音,其余各韵极少	文白异读普遍,声韵调都有异,文读模仿本地官话音
资源（延东）	疑影都有混为[ŋ ∅ n ɲ]的	四呼全,有[ꞁ]韵,韵母44个	一二等字部分有别,部分合流	开口四等韵均不读洪音	普遍有文白异读,在声韵调上都有对立
江永	疑母有[ŋ n ɲ ∅]等,影母多[∅]少[ŋ]	四呼齐全,无[ꞁ]韵,韵母37个	蟹效咸山一二等无别	咸山四等少数字读洪音	有文白异读的字多,声韵调均有异,口语也有文读
宁远	疑母多读[ŋ ɲ],影母读[∅],合口为[v]	四呼齐全,有[ꞁ]韵,韵母28个	少数字有别	齐宵先少数字读洪音	有文白异读的字较多,声韵调都有对立
东安	影疑母开口字混为[ŋ],疑母细音部分读[n]	四呼全,有[ꞁ]韵,韵母39个	一二等合流	齐韵白读有读洪音的	同上

条目 / 方言	(10)古阳声韵今读	(11)入声韵有无塞尾,古四声分派,声调数	(12)有无连读变调与小称音变
韶关	有[-n -ŋ]两种韵尾,咸山部分字鼻尾脱落,个别点少数字读鼻化韵	无塞尾,多为浊上归去,分阴阳入,个别点去声或入声合一或无入声,声调7个	多数点有中塞调,无连读变调,有小称变音
乐昌	仅有[-ŋ]韵尾,深与臻、咸与山合流后读鼻化韵或阴声韵	无塞尾,浊上归去,入声合一,个别点无入声,声调5个	无连读变调,个别点有不明显小称变调
连州	咸深山臻有[-n -ŋ]和鼻化韵,其余只有[-ŋ],各摄尚有脱落鼻尾归入阴声韵的	多无塞音韵尾,平去各分阴阳,入声多归阴平,浊上归上或归阴平或自立阳上,声调5～6个	无连读变调与小称变音

续表

条目 方言	(10)古阳声韵今读	(11)入声韵有无塞尾， 古四声分派，声调数	(12)有无连读变调与 小称音变
钟山	城厢咸深山臻及少数曾梗字读鼻化韵，其余读[-ŋ]，乡间有[-n -ŋ]尾或全读鼻化韵的	多无塞尾，城厢入声字派入阴平与阳去，乡间有1～3类入声调，有入声字归入阳上或阳去，城厢6调，乡间7、9调	城厢连读前字多变调，无小称变音
兴安	有[-n -ŋ]两种韵尾，无鼻化韵，咸山摄部分鼻尾脱落，未脱落者收[-n]，其余收[-ŋ]	无塞尾，平上各分阴阳，部分浊上归阴去，浊入归去，清入独立，声调7个	双音词后字调值高的变低，与后缀的轻声相近，有些阴平字在后变轻短上扬
资源	有[-n -ŋ]韵尾，咸深山收[-n]或鼻尾脱落，通收[-ŋ]，其余兼有[-n -ŋ]	无塞尾，平去各分阴阳，次浊、全浊上分立，次浊上混入清上清入字，入声合一，声调8个	有不稳定的连读变调发生在双音词后字，有21、44两种调值
江永	多收[-ŋ]韵尾（臻个别读[-n]），深曾全部、臻大部、咸山梗通不少读阴声韵，宕江读[-ŋ]	无塞尾，平、上、去按清浊各分阴阳，入声清浊合流，少数上、去字归入声，浊去字归阳上，浊入字归阳去，声调7个，乡间有5、6调的	无连读变调与小称音变
宁远	只有[-ŋ]韵尾，无鼻化韵，江通之外不少字鼻韵尾脱落	无塞尾，平去分阴阳，浊上归去，浊平浊上部分归阴去，阴阳去清浊交混，入声字多归阴阳去和阳平，声调5个	后缀与少数双音词后字读轻声。阴平在各调后均变高降调，叠音词各调作后字亦变
东安	有[-n -ŋ]韵尾，深为[-n]，通为[-ŋ]，咸山臻文读[-n]，白读脱落，江梗文读[-ŋ]，白读脱落，宕曾文[-ŋ]，白读化，咸山细音文读也读鼻化韵	无塞尾，平去分阴阳，上入清浊合并，部分全浊上归阳去，次浊去归阴去，部分入声混入平声，声调5个	有少许变调：偏正式双音词后字为阳平与阴去的调值变低，后缀和助词读轻声

从表中的12条语音特征，我们不难看出这一带土语群的三个特点：系统驳杂、层次繁复、接触多源。以下分别做些说明。

汉语特征研究

　　方言的语音都是有系统的,但有的系统简明,有的驳杂。就区分汉语方言最重要的标准"古全浊声母今读"而言,湘粤桂土语群的类型之多、对应之复杂,都是各大区方言所少见的。就类型差异说,9处方言中,有3处保留浊声母,其中又有读为全套浊音(资源、东安)和多读浊音(兴安)之别;其余6处语音清化后又分三小类:读送气清音的(韶关),读不送气清音的(江永、钟山),部分读送气清音部分读不送气清音的。部分送气部分不送气的又有4种不同情况:按平仄分(宁远平送仄不送),按声组分(连州并定不送,其余送),按声调分(乐昌浊上送,其余不送),按声组及声调分(韶关乡间并定上声送,其余不送)。这8种不同类型中有好几种是先前的调查未曾发现的。粤北南雄的百顺方言还有全浊平声不送气、仄声送气的类型,更为少见。关于古四声的分派,钟山县内今调类分为6、7、8、9的都有,古入声字有派入三声的,也有分为三种入声调的;资源延东土话还有把浊上分为两个阳上调的。

　　层次繁复是从纵向演变所做的比较分析。共时的语音差异往往是历时演变的表现。就全浊声母今读的分歧说,有的比较容易看出历史层次,如清化总在保存浊音之后;就发音方法说,清化的先后则是按塞音—塞擦音—擦音的顺序进行的。就发音部位说,清化的顺序是群—定—并。有时要说明其历史层次还得结合音韵史和方言史另作探究。例如清化后送不送气孰先孰后或是古时各有所本?按平仄分别送不送气,是平声先送还是仄声先送?按声组分别送不送气,并定不送气是塞音清化滞后还是受帮端读紧喉音[ʔb ʔd]的牵制?庄初升(2004)对此进行了深入的讨论,做出许多有说服力的解释,这是方言比较与音韵研究相互发明的例证(限于篇幅,不再引用)。除此之外,少数常用字的非组字读重唇、知组字读为舌头音是唐前古音的残存;阳声韵的合并和鼻尾的迁移(转为韵腹鼻化)和脱落,入声韵塞音韵尾的脱落,一二等韵的合流,见晓组的颚化则是宋元之后的变化。这些特征都说明,湘粤桂土话普遍包含着许多不同语音历史层次的叠置。

　　所谓接触多源是从横向的接触关系所作的比较。湘粤桂边界古时是"南楚"之地,南楚方言既是古老的旧层,也是最早和少数民族语言接触的汉语方言。后来的古湘语和古粤语以及东来的赣客语、西边的西南官话则是后来的本族语方言的接触源。就所列的语音特征说,精、庄、知、章的分混就很耐人寻味。精、清读为[t th]应来自赣语,精组与知庄章分流(连州、钟山)可能是早期粤语的特征,而精庄知庄合流(韶关)则应该是客赣的新变化;湘桂的许多点按今音洪细分为[ʦ]、[ʨ]则是四类合流后又沿着尖团不分的方向进一步演变的结果,显然和西南官话类似。此外,溪母字读为[x h],可能与粤语、客家话有关,晓匣合口读为[f],则是客赣语的共同特征,影、疑在[ŋ]的读法上的交混显然是与湘赣语相关的,入声韵脱落了塞音韵尾则是湘语演变的主流,无撮口呼或少撮口韵可能与客方言的接触有关。在湘赣客诸方言中,连读变调还处于生成阶段,文白异读有不同程度的反映,边界土语群的表现凡是与此同步的,则与粤语无关。

五、湘粤桂土语群的词汇特征

为了了解这个土语群在词汇方面的异同,以下仍就湘粤桂三省交界处的九个方言点,选 60 条常用的方言词列表比较。这 60 条常用词先从罗昕如的《湖南土话词汇研究》选出 40 条,包括该书就 19 种湘南土话和 5 种粤北乐昌土话以及客家话、赣语、湘语做过比较而认定的"湘南土话特色词"和书中做过比较的方言词。也吸收了罗杰瑞提出的区分汉语方言的 10 条标准中的两条词汇(母鸡、不),其余 18 条是本人在翻阅这些土话调查材料之后发现差异较多的词条,也参考了先前在其他南方方言的比较中差异较多的词汇,包括:

名词:脑袋　鼻子　厨房　窗户　儿媳妇　妻子　稻穗
　　　凉水　旱地
时间、方位词:上午　下午　上面　下面
动词:藏　给　欠(钱)　知道　选择

表2　湘粤桂土语群常用词比较表

方言 词条	韶关	乐昌	连州	钟山	兴安	资源	宁远	江永	东安
脑袋	头	脑盖	头、脑	头	头	头	脑古	脑钻	脑壳
脸	面	面	面	面板	面鼓	面咕扎	面	面[t͡ɕʰhø⁴⁴]	面古
鼻子	鼻头	鼻头	鼻头	鼻	鼻空	鼻头	鼻头公	鼻头	鼻头
厨房	灶前	灶前	厨房	厨房	火里	火炉	火炉	都头、厨房	火炉
蘑菇	菌	菌	菌	菌	菌、菌崽	菌呃	菌子		菌
虾	虾公	虾公	虾公仔	虾	虾公	虾公	虾公	虾公	虾公
今天	今日、今晡日	今日	今日	今日	今日	今晡、今晡日	即工	今日	今晡日
明天	明日、明晡日	明日	明日	明日	天斗	沙底、沙底日	添工	天光[ni⁴⁴]	明晡日
上午	上昼	上昼	上朝	朝头	上日	上半日	上头	吃了朝	上晡
下午	下昼	下昼	晏昼、正晏	晏头	下日	下半日	晚下	吃了晡	下晡
我	我	我	我	我	我	全呃	我	我	我
你	你	你	你	你	你	仁呃	你	你	你
他	渠	渠	渠	佢	伊	其呃	之	他	他
大家	大齐家	大家、齐家	大侪家	侪侪	大[ʃi⁵⁵]	大侪家	大侪	大[tɕiu]	大侪家
给	俵	[kən³¹]	俵	分	哈、[扔]	哈、[扔]	与	分	[du¹³]
筷子	筷子	筷子	筷子	箸	箸哩	筷奢	箸	筷子	筷子
上面	面高	面高	上高	在上、头上	上[kai²²]、高头	上头	高头	上面、高头	高上
下面	底下	下低	下被	在低、头低	下[kai²²]、脚底	底头	底下	下面、底下	底下
什么	物箇	什么	[At²⁴ pi⁵⁵]	是么	[hin⁵⁵ tou²²]	嘛个	哪个	[nɛn]、[ŋ]	么个

续表

方言 词条	韶关	乐昌	连州	钟山	兴安	资源	宁远	江永	东安
谁	[sin⁴⁴]人	[min⁵⁵ ŋāi⁵¹]	谁人	吾头	乜人	加个	那个(人)	[sɿ]、[ȵie]	遮个
多少	几	几	几多	几多	好[ʃie²²]	好多	好多	多少	好多
知道	知得	晓得	晓知	晓知	晓得	晓呃	知得	知得	晓得
不(去)	唔、不	唔	唔	冇	莫	唔	勿	不	不
儿媳	新妇	新妇	媳妇	新妇	兄婢	新妇	新妇	[sɤu]妇	媳妇娘
回去	归屋、去归	去归	转屋头、去转	去归	归去	归去	归去	入屋、归屋	回屋
欠(钱)	欠	欠	欠	争	欠、差	欠	该	欠	该
妻子	夫娘	妇娘	宾娘	头婆	房家	嬚家	老客	女客	老母
客人	客	人客	人客	客	客人	客	客人	客	客
快跑	走、跑	跑	跑	逃	跑、走	走	猋	猋	跑
坟墓	坟头	坟头	坟头	祖	祖山	祖山	祖	祖	祖山
扁担		担竿		扁挑	担竿	担杆	扁子	担每	扁担
蛋	春	春	春	蛋	卵	卵	卡卡	圆	蛋
母鸡	鸡婆、鸡嫲	鸡婆	鸡婆	鸡母、鸡䆚	鸡母	鸡婆	鸡婆	鸡母	鸡婆
斗笠	笠帽	笠头	笠头		竹壳帽	笠头	笠头	笠头	笠头
铁锅	镬头	镬头	铛	铛	铛	锅	铛	铛	锅
桌子	桌头	桌	枱桌	枱	桌哩	桌呃	枱子	枱(子)	桌子
窗户	[thA4 ʔA45]门嘀	窗[khaŋ³¹]	光窗	门儿(口)	格哩、窗哩	格呃	格子	格眼窗	亮窗
裤子	裤	裤	裤	裤	裤子	裤	裈	裤	裤
醋	醋	醋	醋	醋	醋	醋	小酒	小酒、醋	小酒
稻穗	谷串	禾线	禾线	禾枝、谷枝	禾爪、爪谷	禾线呃	禾线	谷扇	禾线

续表

方言＼词条	韶关	乐昌	连州	钟山	兴安	资源	宁远	江永	东安
凉水	冻水	冷水	冷水	凉水	冷水	冷水	冷水	冷水	清水
旱地	旱地	地	旱地	地	地	涸地	地	旱地	干土
东西	东西	东西	功夫、骄夫	东西	东[haŋ55]	喽啦	物事	物事	东西
选择	择、拣	选	选	拣、挑	择、拣	选	选		
曾祖父	白公	白公	太公	白梗	白公	白白	白公	白公	太公
曾祖母	白白	白婆	白白	白	白白	[嫲]拱白白	祖婆	白奶	太婆
外祖父	姥公	姥公	姥公	未梗	外公	外公	姥公	德公	外公
外祖母	姥姥	姥婆	姥婆	吾婆	外婆	婆婆	姥婆	德婆	外婆
儿子	崽嘀	仔	仔	崽	崽	崽	儿子	崽	崽
看	瞄、睇	睇	望	睇	觑	觑	盯	lie55	觑
怕	惊	恐	恐	怕	怯	怕	恐	恐	怕
想	谂	想	想	谂	想	想	默	想	想
睡	眠	眠	眠	眠	睡	纳觉	眠	眠觉	闭
做梦	发梦	发梦	发梦	睡梦、发梦	做梦、发梦出	演梦	得梦	做梦	梦梦
穿（衣）	穿	着	着	着	着	着	着	着	着
站	徛	徛	徛	徛	徛	徛倒	徛	徛	徛
闻	闻	闻	嗅	嗅	闻	嗅	闻	闻	嗅
藏	偋	偋	偋	收	藏	[pio35]	藏	藏	偋
这个	[lie22]个	个个	[ti33]静	箇个、箇粒	个只	箇只	伊、彼	这个	[e33]个、[e]隻
那个	個只	[pei]个	吉静	阿个、阿粒	[mo22]只	兀只	那	那个	[mai42]个

注：表中方言词用字大多沿用所引用各书原文。

从上表的 60 条常用词比较可以看出，在九个点的土话中，确实能说得上各点都一致的说法并不多（不到五分之一）。其中"着（穿衣)、徛(站立)、面(脸)、裤(裤子)"是包括吴、湘、赣、客、粤等南方方言都一致的说法，"鼻头(鼻子)"的说法吴、湘都有，"大侪(大家)"则是湘语和一些客家话所共有。据罗昕如(2004)考证，"白公、白婆"(曾祖父母)"可能源于古蛮族语言"(苗瑶的祖先)，"属底层现象"；"姶公、姶婆"(外祖父母，有的写成"德公、德婆")的"姶"是"汉藏语同源词"，壮侗、苗瑶语都有[ta¹]的类似音义，"有可能是湘南土话与湘语共同的古方言词"。不少客家话称祖父为"公爹"，也是音[ta¹]，《广韵》："爹，陟邪切，羌人呼父也。""姶"可能与这个"爹"是同源词。此外，还有少数条目是九点之间差异不多的，例如"闻、嗅"都是通语的说法，"想"说"默"同于西南官话和赣语，说"谂"是同于粤语，"筷子"之外还说"箸"，和吴、闽、客方言相同；"藏"说"收"是湘语，说"偋"是客话；"醋"说"小酒"和赣语相同；令人注意的"坟"说"祖、祖山"，遍及湘、桂各点而未见于各大方言，应是这一带共有的创新方言词。从这16条多点都有的常用词来看，这一带土语和古南楚及荆蛮有关系，和现代的吴、湘、赣、客、粤诸南方方言也有关系，这是符合历史状况，也符合当代人的语感的。

然而60条常用词中，更多的是三片九点方言之间歧异很多的词条。扣除以上所述的16条差异较少的，42条常用词中，有3种说法的只有4条，4种说法的7条，5种说法的11条，6～9种说法的有20条，达1/2。足见这些常用词在土语群中歧异之大。没有调查过多种方言的人一看，难免大吃一惊。此外，从用字看，人称代词似乎差异不大，其实，把各地五花八门的读音罗列出来就很使人怀疑，由于未经严格地考求本字，有许多说法恐怕都是训读字。例如：

表3　湘粤桂土语群人称代词比较表

	资源延东	资源梅溪	资源瓜里	连州星子	连州西岸	江永城关	江永冷水铺	江永桃川
我	daŋ²³ ŋɛ⁴⁴	aŋ²³	do²³	haŋ²¹	hɐ²²	ie¹³	ŋ¹³	ŋ⁴⁴
你	ɣən²¹ ŋɛ⁴⁴ / ȵiɛ²⁴	niən²³	ni²³	hɛi²¹	həi²²	aŋ¹³	i¹³	nai⁴⁴
他	dʑi²³ ŋɛ⁴⁴	dʑi²³	i²³	ha⁵⁵ lou⁵⁵	ke²²	təu³³	lou³⁵	lou³⁵

上文提过的江永上江圩乡,单是"我"竟有 8 种不同说法,更是匪夷所思的了。

罗昕如就 735 个基本常用词对湘南土话的 19 个方言点和粤北乐昌土话的 5 个点进行了比较,并统计出其词汇相关数的综合数据。她所得出的结论是:"湘南土话词汇内部各点的差异大于一致性。"(罗昕如,2004:308)"周边方言中,粤北乐昌土话(按:应是指的县北各点)与湘南土话关系最密切,综合百分比达 52.42%(皈塘),与湖南中心区土话部分点的综合百分比相当。……湘南与粤北西北片土话可以看成同一种土话。"(罗昕如,2004:312)"如果宁远平话可以确定为桂北平话……我们主张将宁远平话与湘南土话看成同一种土话,这样,桂北平话(北片)与湘南土话就应该是关系很密切的方言了。"(罗昕如,2004:314)这个分析意见和本文所做比较的结论是一致的。

六、湘粤桂土语群的社会文化特征及其性质

湘粤桂交界处在南岭中心地带,横跨东西的北有阳明山,南有九嶷山,纵贯南北的有骑田岭、萌诸岭和海洋山,都是 1 500～2 000 米的中低山丘陵。这样的地形历来山陡水急,交通不便,未曾形成中心城市,一直是经济不发达的地区。历史上江永、江华和资源、兴安都曾在湘桂两省的行政区上划来划去。汉唐以来江北避乱流民几度南下,宋元之后客赣移民陆续东来。本地苗瑶族居民或就地融合或划区而居。自然,早在湘中定型的湘语也会向南边山区拓展。三省土话就这样,叠置着汉唐古语、苗瑶族的语言,并在共有的湘语的基础上吸收了一些客赣方言成分,明清之后西南官话社会地位上升,又对这片方言施加了影响,于是,这一带方言就成了"四不像"、哪区也归不进的殊异方言。正是这样的历史背景,形成了湘粤桂土语群的文化特征:一群离心型的小土语之间,分歧大、通话难,没有权威方言,只好采取兼用周边方言的双语制,由于在不同方言相处之中属于弱势状态,便要受强势方言影响:西部有西南官话,北部有湘语,东面是

有一些客赣方言,南面是粤语。各土语在兼收并蓄之中,与周边方言何者关系更多,又各自显示了一些区别:近湘则湘:如湘南三点反映湘语的特点更多,尤其是偏北的东安;粤北三点处于客方言包围之中,近50年间又有强势的粤语的影响;桂北的平话区早已用桂柳官话作为区域共通语,接受西南官话的影响自不会少。从语言现状和发展前景说,这些土语都正在缩小流通范围,青少年一代逐渐陌生了,随着共同语的普及和教育程度的提高,这类小方言必定是逐渐萎缩,这是难以阻挡的历史潮流。凡此种种,正是混合型、过渡型方言的典型文化特征。

自从1987年《中国语言地图集》画出"平话"分布范围后,湘粤桂土语群的性质(归属)就引起许多学者的关注了。王福堂早在十几年前就写了《平话、湘南土话和粤北土话的归属》一文,该文主要从语音特征做比较分析,提出:"桂北平话和湘南土话中韵母系统简单,层次多,调类分派复杂,也和周边方言和语言的多重影响有关","看来,湘南土话、粤北土话和桂北平话也应该属于同一种方言"。(王福堂,2010:71)关于它的归属则说:"似乎可以考虑既不让它在汉语各大方言的系列中取得平列或独立的地位,也不归并到其他方言中,而是作为各大方言以外的一种土话暂时搁置,同时注意它的发展,以后再作处理。"本文十分同意这种意见,甚至认为不必搁置,直接另立为一个特区。任何生物的分类都有余类,光谱的过渡处也有杂色,圆周率也是永远除不尽的,在几种方言之间为什么不能有"羡余"呢?只要按照客观事实,立下"混合型方言""过渡型方言"的小类,既可以为方言事实做出合理的解释,也可以使方言的分区得到恰当的处理。当然,确立为混合型方言、过渡型方言是要经过周密的调查和纵横的比较,从而考察方言的内外特征的,不能一见到与外区特征有相同之处,就列为混合型方言。在理论依据上,也必须在对此类方言进行更多研究之后,在量变和质变之间找到区分的界线,才好做出恰当的界定。

汉语特征研究

参考文献：

[1]鲍厚星.东安土话研究.湖南教育出版社,1998.

[2]鲍厚星.湘南东安型土话的系属.方言,2000(3).

[3]鲍厚星等.湖南土话论丛.湖南师范大学出版社,2004.

[4]曹志耘.严州方言研究.[日本]好文出版株式会社,1996.

[5]陈章太、李如龙.闽语研究.语文出版社,1991.

[6]邓玉荣.钟山方言研究.广西民族出版社,2005.

[7]丁邦新.儋州村话.史语所集刊,1986(84).

[8]胡松柏等.赣东北方言调查研究.江苏人民出版社,2009.

[9]侯精一.现代汉语方言概论.上海教育出版社,2002.

[10]黄雪贞.江永方言研究.社会科学文献出版社,1993.

[11]李冬香、庄初升.韶关土话调查研究.暨南大学出版社,2009.

[12]李如龙.汉语方言学(第2版).高等教育出版社,2007.

[13]李如龙.方言与音韵论集.香港中文大学中国文化研究所吴多泰中国语文研究中心,1996.

[14]李如龙等.福建双方言研究.(香港)汉学出版社,1995.

[15]林亦.兴安高尚软土话研究.广西民族出版社,2003.

[16]罗昕如.湖南土话词汇研究.中国社会科学出版社,2004.

[17]平田昌司.徽州方言研究.[日本]好文出版株式会社,1998.

[18]王福堂.汉语方言论集.商务印书馆,2010.

[19]伍云姬、沈瑞清.湘西古丈瓦乡话调查报告.上海教育出版社,2010.

[20]严修鸿.连城方言韵母与闽语相同的层次特征.载丁邦新、张双庆.闽语研究及其与周边方言的关系.香港中文大学出版社,2002.

[21]张桂权.资源延东直话研究.广西民族出版社,2005.

[22]张双庆.乐昌土话研究.厦门大学出版社,2000.

[23]张双庆.连州土话研究.厦门大学出版社,2004.

[24]张晓勤.宁远平话研究.湖南教育出版社,1999.

[25]庄初升.粤北土话音韵研究.中国社会科学出版社,2004.

论方言特征词的特征[*]

——以闽方言为例的探讨

　　方言特征词是方言区片的比较研究中提取出来的、对内一致、对外排他的有特征意义的词,其特征意义主要是表现方言区片之间的异同的相对特征。这些词在方言的词汇系统中是些什么样的词,它们又有什么样的本体特征呢? 这是值得研究的问题。我们不可能逐点地去做详尽的调查,而后从海量的语料中去做详尽的比较和筛选;即使已经有了多点的词汇材料也很难完全对齐,而如果先做个别点的抽样调查,也必须在大量的词汇材料中预选可能成为特征词的条目,再去做面上的调查和比较。这其中的筛选和预选靠的就是对词汇的本体特征的理解。特征词理论已经提出十几年了,由于材料不足、工程太大,也由于对特征词的本体特征理解不够,有关的研究成果还不太多。本文试以比较成熟的闽方言特征词为例,对特征词的本体特征做一番初步的分析。

一、特征词必须是方言词,而不是通用词

　　好,闽语都说好,是通用词,坏,闽语有"呆、否、佞、唔好"等说法,分别是闽东、闽南、闽北、潮汕区的特征词。

　　骹,指脚,又是脚和腿的合称,是闽语的重要特征词;脚,在闽南

　　* 本文为国家社科基金项目(13BYY051)的研究成果之一。原载《方言》2014 年第 2 期,后曾由人大复印报刊资料《语言文字学》于 2014 年第 9 期转载。

话也单说,指"脚夫"或"脚色",也是方言词。方言词是提取特征词的基础,"脚"因为不太常用,构词能力和组合能力也不强,虽是方言词,却不宜选为闽南话的特征词。

闽方言的"捯"通行于闽台沿海和闽北,福州、厦门音 ti?[8],闽北音 te[3],相当于普通话"要"的义项"希望得到",是方言与普通话的"不对应词",很常用,组合力也较强,是闽台闽语的特征词。《集韵》直质切,"《尔雅》:获也",可能是本字。这种"不对应词"成为特征词,不论是本字是否已经明确,都是很重要的。闽南话的"有影、无影"表示对事态的有无的确认,相当于普通话的"有这回事儿""没这回事儿",福州话说到"毛影"指"服用的药物无效",也都是这类不对应词。

方言中往往还有些"有音无字"的单音词,如果是常用的,又是"内同外异"的,不论是古语的保存而未经考定的早期方言的创新,或是古代民族语言的"底层",都是重要的特征词。例如闽东的"乇" no?[8],闽东、闽南的"戆"ŋoŋ[6],"找"闽北说捞、闽南说 tshe[6],"交合"福州说 sa[5]、莆田说 ɬao[3]、雷州说 pue[6],都是此类特征词。

方言中的合音词把双音词压缩为单音词,常用,组合力强,也可以成为特征词。例如闽方言的"崁、嬡"。其他方言中也有这类特征词,例如"甭、别、孬、咋、嬡"。

有些字在方言里读为白读音,虽然地方上另造了俗字,并非方言词,不能遴选为特征词。例如福州话"树"读为 tshiu[5],写为"榠"。客家话的"我"读为 ŋai,写为"偓",也是白读音,有人认把读音特殊的常用词也视为特征词,并不妥。借用同义字用作训读,从语言的角度说,不能算作方言词,因而也不宜录用为特征词。例如海南闽语,"书"也和闽南话一样说"册",但"字"读作"书"的音 tu[1],可当训读音,不作训读词。

现代方言多有从普通话转借的通用词,虽然读的是方言音,也很常用,因为没有词汇差异,并非方言词,也不能列为特征词。

例如"巴结",闽南漳浦话原指"小儿可爱",台湾闽南话可指"小儿坚强不示弱",都是方言词,后来在通语中"巴结"引申为表示"奉迎拍马",应该说还是通用词。

二、特征词应是常用基本词,而不是一般词、生僻词或语素

确认特征词时,先取常用的基本词。基本词属于重要概念词,不但常用,语义稳定,义域也较广;一般方言词义域较窄,常用度不高,作为特征词就分量不足。例如闽东方言,人瘦说"瘴",肉瘦说"瘄",前者义域广,是基本词,后者义域窄,是一般词;闽南话人和动物瘦、田地贫瘠都说"瘄","瘄"可以看作特征词。闽南方言"悬"义广,泛指一切高,是特征词;"躼"单指人高,只是一般方言词。

闽语翅膀说"翼"、鸟说"爪"、蛋说"卵"、味淡说"饔",闽东的狗说"犬"、路说"墿",闽南的香说"芳"、粥说"糜",都是词义单纯、义域广的基本词;而像"蟳"(梭子蟹)、"鲑"(腌制的鱼)、"健"(鸡健:未下蛋的小母鸡)等等,虽然都有古时韵书的反切和义注可作本字论证,对说明闽语留存古语词是极好的材料,但毕竟不是基本词,并不常用,义域也较窄,有的还是生僻词,就不宜认定为特征词。下列各字,都是闽南话里说的,也合于《广韵》《集韵》的反切和义注:茹(杂乱,昏乱),lu²,"草根相牵引貌";巡(漫步),un²,俞伦切,"行也";捐(题捐:募捐),ian²,余专切,"《说文》弃也";汰(汰沙:米中淘沙),tua²,"析也";"椵"(木枷),ke²,"囚械也";盪(洗涤,涮),tŋ⁶,"涤器也";覕(躲藏),bi?⁷,莫结切,"不相见貌";断(接生时断脐),tŋ³,都管切,"断绝";竭(资源匮乏),kiat⁸,渠列切,"尽也",都是这类例子。

有些不能单用的语素虽然在区片中普遍通行,也常用,并可找到古汉语的根据,是反映方言史的重要事实,但因历史上几经变迁,在现代口语中已经不单说,作为特征词,有点"不够资格"。

例如"夥",《广韵》胡火切,"楚人云多也"。今福州话问"几多"说"若夥",音 nuo⁸uai⁶。闽南话"为数不多"说"无夥",音 bo²ua⁶,"夥"都有"多"义。《史记》曾记录过,陈胜的老乡去拜访他时说:"夥颐,涉之

327

为王沉沉者!"就是见到陈胜的盛大繁多的排场而发出的赞叹。其中的"沉沉"在闽南话也用为语素:"大沉"tua⁶tiam²,义为"有劲",相当于广州话的"够威够力","沉实"tiam²tsat⁸,义为"内容丰厚、打造坚实"。秦末楚人的口语竟然能找到今日闽语的例证,实在有几分稀奇,类似这样的存古语素,在闽语中还有不少。把它作为方言中的古语残存,是极好的材料,但是把它提拔成特征词还是不合适。

例如:"菅",古颜切,《集韵》《说文》:茅也",今福州、厦门都称芦苇为"菅蓁"或"菅芒";"贿"《广韵》呼罪切,"财也",今福州、漳州都称家产家财为"家贿";"普"《广韵》滂古切,"博也,大业,遍也",今福州、厦门重叠后说"普普",都表示"大概、大略"的意思,显然是"普"的引申。这些都是研究方言词汇史的好材料,但也不宜认定为特征词。

三、单音的核心词是特征词的首选,派生词、词组一般不录

汉语的词汇系统是以单音词为核心、以双音词为基础的,核心词(有人称为根词)就是有构词能力、能生成多音词语的基本词。这些核心词因为是基本词,因而构词能力强;又因为生成词语多而提高了常用度,所以是抽取特征词的首选。

已为学者认同的闽语特征词许多都是单音的核心词。例如:

骸,本义指脚和腿,通行于各地闽语,构成了大量多音方言词。例如骸骨(腿、腿骨)、骸皮、骸趾、骸步、骸布(裹脚布)、骸爪、骸川(屁股)、骸手(手脚、人手)、骸目(踝骨)、骸底、骸肚(小腿肚)、骸腿、骸球(足球),骸弯、骸腹头(膝盖),还用作方位词,说"山骸、桌骸、骸兜(地上)、顶骸(上面)、下骸(下面)"等等。《汉语方言大词典》骸字头收了167条,加上异体字"跤"字头64个,共有231条,还不包括用作后字的"缠骸、缚骸(缠小脚)、瘸骸、敨骸(文明脚)"等等。许多人体部位的名称,如"喙、目、面、鼻、腹"等也都是很有构词能力的单音核心词,也是闽语的特征词。

又如,称人为侬、称儿为囝、房屋说厝、铁锅说鼎、泥土说塗、稻谷

说粟、叶子说箬、筷子说箸、烟说薰、灰说烌、米汤说饮、蒸说炊、晒说曝、捆绑说缚、正确说着、错误说赚、边缘说墘、水满说滇、枯干说燋等等,都是通行于多数闽语区片的特征词。

如上所述,"骹、侬、厝、鼎、塗、粟"等作为特征词,"骹骨(腿脚)、骹皮(脚皮),大侬(成年人)、侬囝(小人儿),厝盖(屋顶)、厝主(房东),大鼎(大锅)、鼎盖(锅盖),塗墙(土墙)、粟种(谷种)"等等合成词乃至更长的词组就不必再列为特征词了。

可见,抽取特征词应该多选单音的基本词,多音词如果是非常重要的概念,又是很常用的,可以个别地收些。例如福州话的"八传"(知晓),闽南话的"查某"(女人),莆仙话的"物乇"(东西,闽南和闽东的"合璧词")、汝辈(你们),闽北话的"囝子"(孩子,闽语和客家话的"合璧词")、"阿娘"(女人)。

四、特征词的语义特征

从语义的角度看,方言词之所以提高使用频度,成为常用词、基本词,和这些词的语义泛化、语义分化、语义延伸以及不同历史层次词义的叠加都有很深的联系。以下分别举例说明。

所谓语义泛化就是方言词扩大了义域,所指称的事物、所表达的概念多样了,在语法结构上往往表现为词性的兼类。例如,"鼻",闽台两地的闽语普遍泛化表示名词"鼻子、鼻涕"和动词"闻、嗅"(在闽南,三者同音 phi^6;在闽东,用作名词读 $phei^6$,用作动词读 pei^6)。又如"箬",《说文》:"楚谓竹皮曰箬。"《广韵》而灼切,"竹箬",可见在古汉语指的是竹叶,到了闽方言,无论是闽、台、粤、琼,各地闽语都用来泛指一切植物的叶子。如说"竹箬、粽箬、菜箬、茶箬、芋箬、树箬",福州话说"箬箬"表示"叶子",闽北把竹叶做的小斗笠叫"箬笠",从读音说都合于药韵、日母(闽东、闽北读 n-,闽中为 ŋ-,闽南为 l-)。"箬"是闽语从古楚语继承和创新的特征词是可以确认的。

有时,同一个方言区片,古时候一个常用词在不同地方可以分化为不同的方言词。如"晡",《广韵》博孤切,"申时",原指"傍晚",各地闽语大多可以用作量词,但所指的时间段不同,闽东可指"午后"(半晡),也可指"夜晚"(冥晡)。闽南话的"暗晡"在泉州指下午,在厦门指傍晚,在漳州兼指下午和傍晚。在海口,"昨晡"指的是"昨天"。这类方言词如果很常用,又有较强的构词能力,可以作为方言特征词。

有时,特征词在同区之内可能有语义引申的不同用法。例如莆田地区善于编制蒸笼,成为本地的特产行业,"炊"除了做"蒸"用作动词,还用作名词"蒸笼",这是词性兼类的延伸。各地闽语的"趁"都兼指"挣钱"和"赚钱",《广韵》丑刃切,"趁逐"。"趁钱、趁食"是各地闽语的常用词,闽南话还延伸为"驱赶"(如说"趁鸡")或"赶赴"(如说"趁墟"),闽北话则延伸为"私通"(趁人:偷汉子),这是语义的多向引申。这类区内有不同用法的方言词,也只能作为片区的特征词。

汉语的方言大多经历过千年的演变,从古代汉语继承下来的基本词,往往积累了不同历史时代的词义,成为多义词。例如"着",福州话 tuo$?^8$,用作动词"对、燃烧、中的"(讲着了、火着了、拍着了),也用作动词兼介词的"在"(着厝咧、着外兜食饭),这是同音异义的多义词;泉州话的"下",音 e^4 是方位词(下面),音 he^4 是动词(下愿——许愿,下毒手),音 khe^4 或 khe^6 是动词"放置"(下桌顶),音 e^6 是量词(拍一下),这是异读别义的多义词。这类多音多义的单音词,显然都是重要的特征词。

五、特征词的语法特征

方言特征词由于是核心词、基本词,还常是多义词,因而构成词语的能力就比较强。例如,打和拍,"打"是通语的核心词、特征词,《现代汉语词典》列了 24 个义项,构成词语 214 条;"拍"则只有 7 个义项,构成词语 17 条;而在厦门话,"打"除了用作量词表示"12 个"之外,只有"承包、委托办理"的义项。"拍"带头的词语,《闽南方言大辞典》收了 103 条,如"拍侬(打人)、拍铁、拍死、拍破、拍空(打洞)、拍唔见(丢了)、拍风(打气)、拍损(浪费)、拍环(打圈)、拍战(打仗)、拍摒(打拼)、拍喙鼓(聊天)",《现代汉语方言大辞典》收了 400 多条,《汉语方言大辞典》收有 370 条,大多是各地闽方言的说法。

汉语的各类封闭性词类大多兼有不同的词性,其中的虚词,则多兼用为实词,这些词中如有方言特征词,也就是兼类和多义的常用词,组成短语和句子的频度也很高。例如闽语的指代词"只(这)、许(那)底(哪)",方位词"悬顶(上面)、下底(下面)中央(当中)",用作动词"给"和介词"被"的"乞、对、搦、着"等,用作连词"和"、介词"把"的"佮、共",等等。常用的特征词中名动形之间互相兼类的也很多。例如,"数"动词兼用为名词"账目","批"动词兼用做名词"信";"鼻"兼用为名词(鼻子、鼻涕)和动词(嗅),"过"(古禾切,"过所也")兼用为动词"经过停脚"和形容词"瓜果过时";"囝"不但是表示"儿子、孩子"的常用词,还广泛地用作名词、形容词、数量词的后缀(俗写作"仔",如椅仔、山仔、慢慢仔、一下仔),不论作为实词还是虚词,都是各地闽语的最重要的特征词,成了一道独特的风景线。

即使不兼类,有些特征词也因为多义项,构成了大量的常用词,例如福州话"平",可表示"路平",也表示"东西便宜、朋友间和谐相处",又,"平直"指"直爽、和善","平正"表示"质量差","舱平"表示"不和","平平大"则是"一样大小"。又如,厦门话的"着"读为to?[8],义为"燃烧",音 tio?[8],表示"正确、中的",说"着去"义为"应该去",读为轻声的"拍 tio?"是"打到了",读为文读音 tiok[8],"有着"是有趣,"无着"是"没意思"。这类特征词组成常用词,在句中的组合就更加多样了。

六、方言特征词的用字特征

从已经找出来的方言特征词看,各方言普遍通行的常用字倒是不太多,因为古今南北都很常用的字多已被通语所用,例如一二三、大中小、来去多少、红白青蓝、厚薄轻重、天地山水、风云雨露、花草树木、牛羊鸡鸭、皮毛肉血。相对而言,方言特征词,尤其是其中的单音词,用了不少生僻字,包括从古代汉语直接传承下来的古字,方言音义发生变异或创新的僻字,借用原住民语言的底层词或外来语而造的俗字。以下分别举例说明。

众所周知,闽语形成较早,中古以后分布于东南沿海,人们向海洋进发,少与中原故地往来,因而保留了不少古词语。例如"鼎、骹、喙、曆、箸、枋、粟、秋、曝、沃、裋、园、搵、拄、晡、埔、箸、晏、卵、饮、腹、倩、炒、汝、伊"。各地方言特征词都有古语词,只是数量不同。只要考订正确,能够说明方言与古代通语或古方言的关系,都是很重要的特征词,许多学者提取方言特征词从"考本字"开始,是有道理的。

俗字之中,像"囝"是唐宋时期就造出来的方言字,"冇"是后起的,湘粤语用来表示"没有",闽语用来表示"空虚";在闽语中,"墘"用来标记"边沿","刣"用来表示"宰杀","硘"用来表示"瓷器",在闽南话里,"焉"用来表示"带引","杙"用来表示"木桩"(本字是"橛"),"啉"用来表示"喝",在潮州话中,"呾"用来表示"说","眮"在许多方言中用来表示"睡"。

俗字在民间通行已久,如经得起论证,都是重要的方言特征词。

此外,闽语和其他方言都还有不少"有音无字"的特征词,或者写成同音字,或者用"□"来代替。为了帮助读者理解、考核方言特征词,对于所确认的特征词的用字,最好做到分类明确并加以必要的说明。

以上所讨论的各点,强调方言特征词必须是方言词,这是特征词在词汇系统中的基本特征;强调特征词必须是常用的核心词、基本词,这是特征词的频度特征;指出方言特征词往往是多义项的单音词,并且可以组成许多多音词,这是特征词的结构特征;特征词在词义上的泛化、分化或引申、转移,这是特征词的语义特征;特征词的组合能力、构句能力强,则是它的语法特征;特征词的古字、俗字和有音无字,是它常见的用字特征。从闽方言所认定的特征词中归纳出来的这些特征,可以作为考察方言特征词的词汇本体特征的参考,也可以作为选择、选取方言特征词的提示。在闽语分布的地方,还有一些区片需要进一步深入比较研究,提取特征词,例如闽北、闽中、台湾闽南话,粤东、雷琼以及各省的闽方言岛,海外闽南话。希望同行朋友们共同努力。

闽语特征词的研究已经有良好的基础,进一步的研究必将为汉语方言特征词研究做出更大的贡献。

参考文献:

[1]李如.汉语方言特征词研究.厦门大学出版社,2001.

[2]李如龙.福建县市方言志12种.福建教育出版社,2001.

[3]黄典诚、李如龙.福建省志·方言志.方志出版社,1998.

[4]李荣.现代汉语方言大词典.江苏教育出版社,2002.

[5]许宝华、宫田一郎.汉语方言大词典.中华书局,1999.

[6]陈正统.闽南话漳腔辞典.中华书局,2007.

[7]董忠司.台湾闽南语辞典.五南图书出版公司,2001.

[8]曹炜.现代汉语词汇研究.北京大学出版社,2003.

关于汉语方言特征的研究[*]

一、关于语言的共性、类型和特征的研究

语言的共性、语言的类型和语言的个性是相互区别而又相互联系的永恒的课题,也是通过比较把语言研究引向深入的必由之路。类型是从变异的个性中归纳出来的,共性是从各种类型中找出的共同点。个性是鲜活的语言在变异中表现的个体特征,总是属于一定类型的,是共性的不完整的,但又更具体、更丰富的体现。"语言共性研究关注的是找出所有人类语言共有的那些特性……研究的目的是确定人类语言变异的限度,而类型研究更直接地关注各种变异的可能。"(科姆里,1989:38)既然语言的个性特征是语言变异的直接现实,它就应该是语言共性研究和类型研究的基础和出发点。

研究汉语及其方言,不可没有国际的视觉,不能不考虑汉语言所属的类型以及和世界语言的共性,不能不研究汉语变异的"限度"和"可能",但是,更重要的恐怕还应该从探讨汉语自身的特征开始,做一些深入的考察和思考。

由于语言是多种系统的结合体,各个系统又有各种不同的层次和表征,语言的特征只能是多种特点的集合。各种特点(例如语音的、词汇的、语法的)可能分别属于不同的类型,因而考察语言的特

---

*　本文是国家社会科学基金项目 13BYY051 的研究成果之一。刊登于《学术研究》2017 年第 1 期。

征,一开始就应该同时关注各种个性特点所属的类型。

不同的语言都有各自的特征,同一种语言的不同方言也有各自的特征。但是,不同的语言和方言之间可能有类型上的相似,因此,语言或方言的特征就可能有交叉,而并不都是独一无二的。当然,考察语言或方言的特征,重点在于确认那些与众不同的项目,也应该适当注意和别的语言或方言相似的特征。不同的方言,有的独有的特征多,有的和别的方言雷同多,究竟要确认多少条特征,是不能统一规定的,还得看比较规模的大小。拿多种语言或方言做比较,特征就会少一些;比较项目多了,应该区别主次,才能突出特征,减少交叉;条目太少则不容易说明问题。

通过比较说明语言或方言的特征,显然应该对整个语言系统做全面考察。分步骤考察语音、词汇、语法上的特征是可以的,但是不能以偏概全,用一个子系统(如语音)的特征作为整体的特征。为了更加深刻地理解语言(方言)的特征,还应该考察语言的外部特性。威廉·冯·洪堡特曾说:"语言的特性是由思想和语音的结合方式决定的。……是民族精神特性对语言不断施予影响的自然结果。"(洪堡特,1999:201)他还说:"由于民族精神特性的影响,各个语系才有不同的语言,同一个语系才会有若干种不同的语言,一种语言内才会形成种种方言……方言因时代或作家风格的不同,也才会发生变异。语言的特性与风格的特性交混在一起,但语言仍旧始终保持着自身的特性。正是由于这个原因,每一种语言才会很容易、很自然地获得一定类型的风格。"(洪堡特,1999:216)

看来,洪堡特的理论对于汉语及汉语方言的研究尤其有重要的参考价值,因为汉民族和中华文化有自己独特的精神和风格,和西方的民族文化差别很大,这才使汉语在世界语言中显得"特立独行"。不研究文化特征就很难理解汉语的特征。例如关于汉语语法的研究,我们沿着西方的形态结构的思路走了好长的路,以为"线性"真是"共性"的路子,后来才发现,应该按照"非线性结构"的思路去发掘潜在的"语义语法"的特征。汉语语法的"意合法"和汉字的"表意"特征,不就是和中国画的"写意"为主的文化特征相通的吗？有人曾说，"如果过分强调汉语的特点和中国语言学的特点，就会使中国语言学的发展脱离国际发展的轨道，与西方语言学的差距会越来越大"，徐通锵在批评这种说法后提出："只有对不同语言的差异进行深入的比较，弄清楚隐含于个性之中的普遍结构原理，人们才有可能弄清楚语言的共性。"（徐通锵，2004：401）他在引用了吕叔湘先生关于"外国理论要结合汉语实际"的名言之后，又说："《马氏文通》以后中国语言学在结合道路上的经验教训说明，除音韵和方言的研究以外，我们还没有找到结合的共性基础。"（徐通锵，2004：411）汉语音韵学和方言学之所以结合了汉语的实际而取得成功，就因为我们沿用了传统的声韵调组成的音节分析法、归纳汉字字音的音类分析法，用这种"立体"分析法去记录方言、分析汉语语音系统，而不是套用西方的元音、辅音的线性分析法。

近百年来的汉语方言研究，因为是沿着鲜活的方言实际走进去的，确实方向不错，从语音到词汇、语法，逐步深入，积累了大量的材料，在单点描写的基础上，还编出了不少大型的对照典籍，已经引起了许多国外学者的注意。改革开放以来，兴起了纵横两向的比较研究，对某些方言的特征做了一些考察。但是总的说，比较研究尚未深入，特征追寻的意识还不强。人们对多数方言区片的特征还缺乏明确的认识，汉语方言的特征研究还是必须强调的。

二、方言特征研究的重要意义

单点方言的调查是研究方言的起始，即使对某个方言点做深入的研究，也只能作为该方言的典型案例，用它来说明区域方言的特征不可能是全面的，哪怕像广州话这种权威方言，也不能概括粤语的全部特征。只有拿一种方言的许多点进行比较，提取其最小公约数，才能认识该区方言的特征，既能说明本区方言的共性，也能说明该方言与别区方言的不同个性。本文所述的方言特征就是指方言区、片的特征，即通常所理解的官话方言以及吴、闽、客、粤、湘、赣等方言以及它们下一层的方言区片(如中原官话、闽南方言等)的特征。

方言特征研究的意义主要有以下几点:

1.为汉语方言的分区提供依据。为方言分区只能是根据方言区片之内共有而与其他方言有明显区别的特征,这些特征应该是语音、词汇、语法全面综合,而不能只是某个方面(例如语音)特征的片面突出。不同级别的特征决定不同范围的方言区的划分。从这一点说,认识各个汉语方言的区别特征是手段,也是目的。

2.为汉语方言作历史的定位。特征的研究首先是共时的比较,然而共时的差异是历时演变的结果,有了历时的分析,才能深刻认识共时的特征。研究现实的方言特征的历史层次,可以了解方言的形成和演变的过程及其演变的速度,可以了解方言与不同时期汉语通语的关系,从而为方言的形成和发展做出历史的表述。

3.为汉语方言作共时的定位。明确了方言的特征,便可以厘清方言与现代通语及周边方言的异同,并从而了解方言与通语、方言与方言之间的亲疏远近的关系。如果方言特征中还有不同民族语言的接触和影响(如底层词、外来词),则还可以用来为方言与外族语言的关系做正确的定位。

4.为汉语史的研究提供依据材料。共时的差异是历时演变的投影,然而单一方言的特征只能是一种单向的投影,就许多方言的特征做比较分析,往往可以论证汉语语音史、词汇史、语法史的演变过程。其价值有时比文献材料更大,因为文献难免有缺漏、有真伪,而方言语料是口口相传的,总是真实的。

5.为汉语语言学的理论建设服务。如果能够对各种方言的特征都做全面比较分析,抽出其共性,再与现代通语做比较,便能对汉语的结构特点和演变规律做出科学的分析。汉语丰富多样的方言,蕴藏着比共同语复杂得多的事实,仅就通语去概括现代汉语的结构特点和古今汉语的演变规律,只能是片面的。

6.为语言教学提供重要参考。20 世纪五六十年代的汉语方言普查曾经从方言与普通话的差异中找出对应规律,用来辅助语文教育,其方向是正确的,方法上虽有失误,也不能因噎废食,应该继续努力,走出新路。眼下青少年的普通话是学得更好了,但多数人还是摆脱不了方言母语的影响,此项工作依然有开发的价值。

三、提取方言特征的原则

1.系统综合的原则

语言是语音、词汇、语法综合而成的结构系统,方言的各方面的特征也是构成系统的。除此之外,还应该特别注意语音、词汇、语法的特征之间的关联。例如语音上的轻声、儿化、变韵、变声就往往受词汇、语法制约。语音的联合变化依附于词语,有的还与语法结构相关;语法意义主要由虚词来表现,也与词汇意义相关,一些语法成分还有伴随的语音变化。以往表述方言特征主要集中于语音方面,关于词汇和语法方面的特征往往重视不足、用力不够,应该说,这种做法是有局限性的。

2.内外比较的原则

方言特征应该是内部大体一致、对外有显著差异的,所提取的特征必须经过方言区片的内外比较和检验。内外对比研究是特征研究的基础工作,比较的点越多,准确度就越高。不同方言之间常有交叉、过渡现象,内外比较对此不必回避。在不同区片的比较中,常常会发现某些重合的条目,这是正常现象,应据此进一步研究两区方言之间的关系,不要因此否认区片特征的存在。

3.区别主次的原则

一种方言的诸多特征,有的是重要的,也有次要的。例如音类的特征,有的管字多、有的管字少,不能同等对待;核心词、基本词和一般词、行业词也要区别对待;语法特征也有可普遍类推的或受限的。在区片之内普遍存在的特征和局部地区存在的特征、中心区和边远地区的不同特征也要区别对待。方言之间有历史渊源的纠缠和分化之后的接触,概括方言特征要求做到区片之内完全覆盖、区片之

外绝无存在,这往往是不切实际的,但是不分主次地平均罗列,也是
不妥的。

四、方言特征研究的内容

全面地考察汉语方言的特征,有广泛的内容。汉语方言的类型
繁多,不同方言的特征表现必有差异,这里只能谈谈目前所发现的若
干常见项目,作为研究内容的举要。

1.语音特征

在音素层面,方言区片特有的音值应该首先引起注意。例如,汉
语方言中,有些辅音是比较少见的,如[pf ʔb tɬ θ ɬ],元音中的[ø œ
ɯ]也不多见。有些浊辅音(如[l v m])在少数方言中还可以充当韵
母。在音节的层面,特殊的声韵调结构也是常见的特征,例如,粤语
的元音音位分长短,徽语有高元音充当韵腹的[iːɐ uːɐ]等韵母,闽语
永安话的[ɯ]可以充当韵头和韵尾,赣语宜丰话的韵母只有开合二
呼,吴语桐庐话完全没有元音韵尾。在字音的层面,引人注目的首先
是各个大音类的特殊对应,例如湘、赣语的古全浊声母逐步清化后的
种种演变,闽语的轻唇读为重唇、舌上读为舌头,许多南方方言(如梅
州话、福州话)精庄章合流,多数官话方言尖团不分等等。字音是汉
语方言特有的范畴,也是最具特殊性的领域。除了音类的差异之外,
字音的异读在各方言也多有不同。例如晋语和闽语存在大面积的文
白异读,文白之间还有各自的对应规律;海南闽语有数以百计常用字
的读音不合对应,是"同义训读";各种方言都有的常用双音词的合音
等,也都是很值得考察的语音特征。在音组层面,多音词语乃至短
语、词组之中的连音变化,包括变声、变韵、变调,轻声、儿化与种种小
称音变,在不同的方言中差异很大:儿化和轻声在官话很普遍,而且
常常是声韵调都发生相应的变读;吴语多变调,且与语法结构相关;
晋语的"子变韵"和闽语福州话的"声母类化"以规律繁复而严整著
称;广州话如果把"语义变调"视为字音异读,就都没有连读音变了。

汉语特征研究

这些也都是方言语音的重要区别特征。以往陈述方言的语音特征时,往往只是列举音类分合的若干特点,这种片面的概括是远远不能反映方言语音特征的全貌的。

2.词汇特征

我在 1997 年接受了教育部的方言特征词研究的专项计划,1999年在中国语言学会上发表了《论汉语方言特征词》一文,2001 年约请了一些学者研究了各区方言的特征词,出版了《汉语方言特征词研究》一书,后来又有一些相关的专著和论文发表,但成果还不算太多。每一个方言区片都可以提取一批内部大体一致、区外未见或少见的核心词和基本词。这些词因为常用、构词能力强、组句频度也高,在词汇系统中有重要地位;又因为是内同外异的,因而具有区片方言的特征意义,称为特征词是准确的。一区一片的方言应该提取多少特征词,从哪些词汇里挑选,只有进行了比较全面的考察研究,才能形成完整的理论。就初步考察过的情况说,宋元以前未见、普遍通行于官话方言、又少见于非官话方言的不少常用的单音词,例如:"娃、妞、咱、脖、找、瞅、瞄、丢、碰、甩"等,应该就是官话的特征词。闽语特有的"团(儿)、骸(足)、鼎(锅)、喙(口)、粟(稻谷)、箬(叶子)、必(裂开)、解(胡买切,会)、悬(高)、笨(刷)"已被普遍认可为特征词,吴语的一些重要基本词,如勿(不)、汰(洗)、解(锯)、囡(女儿)、侬(你)、浜(河沟)、物事(东西)、白相(玩儿),粤语的嘢(东西)、樽(瓶子)、脷(舌头)、餸(下饭菜)、波(球)、搵(找)以及拍拖(谈恋爱)、孤寒(吝啬)、火水(煤油)、边度(哪里)等,也都是知名度很高的特征词。不同方言都有各自的万能动词(搞、做、弄、舞、整)、万能程度副词(很、雅、好、邪气)、万能量词(个、隻、其、介),也可以作为特征词的重点考察对象。此外,方言和通语或其他方言的"不对应词"(一方是词,一方是词组),如"回家"分说"转来、转去","告诉"说成"跟……说","闭嘴"只能说"不要说"或"闭上你的嘴",也常常具有特征意义。

方言特征词是不同区片方言间有标杆意义的词汇个体特征的集合。就词汇的整体看,还有词汇构成系统的特征。所谓系统的特征,

340

从共时系统说,各方言都有单音词、双音词、四字格,也有或多或少的有意义的语缀和无意义的音缀,但是各个部分的数量比例大有不同。例如,闽粤客等远江方言单音词较多,晋语则重叠双音词(袋袋、匙匙、床床)和"圪"字头比较多,北方官话"稀巴烂、稀里糊涂、老实巴交"之类音缀词显然比南方方言多,近代汉语冒头、现代汉语大发展的"惯用语"("走后门、放包袱、混过关"之类的专取比喻义的三字格)也是官话比非官话多。从历时系统说,各方言也都有不同时代的古语的传承词、变异词和后起的各自独有的创新词,但是具体表现也相当悬殊。就一般的理解来说,官话继承近代汉语的词汇最多,远江方言则保存了不少汉唐古语词,单是常用动词就有"食、行、走、徛、舐、睏、畀、着、褪、曝、拭、使、囥、入"等。这些系统性的特征,不论是共时的还是历时的,已有的表述都停留于个别项目的感想式的举例说明,很少进行认真的批量调查和计量研究。现在方言词典已经编了很多,方言词汇语料库也建起来了,进行大规模的方言词汇比较研究,提取各方言的词汇系统特征已非难事,这方面的进一步研究是很值得提倡的。

3.语法特征

方言语法的研究起步较晚,近几年深入研究的方言点逐渐多起来了,考察的课题不少,但是就某个方言区片进行全面比较还不太多。以下试谈谈大家接触比较多的一些语法特征。

不同语言之间的语法差异,构词法比造句法差异多。就汉语语法说,引起注意的首先是重叠式和语缀。从总体上看,官话和晋语能重叠的词类多,如平遥话,不但名、动、形可以重叠,量词、副词、拟声词也重叠,名词重叠后可表小(桌桌:小桌子)、可转义(票票:钞票、衣裳裳:衣字旁。见侯精一,1999:364-370)。重叠式造成的语义变化在不同方言有所不同,"看看"在官话是表示动作的短暂或随意,在闽南话是动作的仔细、反复进行,"红红"在官话是程度加深,在闽南话是程度减弱。晋语的"圪"字头是大家所熟悉的,可构成名词(圪台:台阶)、量词(圪溜:群)、动词(圪落:少量洒落)和形容词四字格(坚皮圪韧:油炸食物韧而不脆)。表小的后缀则按不同方言说成"儿、子、头、

341

团",也表现了重要的方言特征。

多数的封闭性词类,不论是实词还是虚词,也许是因为数量少又很常用,各地方言也表现了许多不同的特征。人称代词和指代词已经发掘了复杂多样的材料,不论是语源方面还是语音的变异、语义的区别,或者是语词的构式方面,都有许多不同。人称代词许多还只能记音,词源难以辨认,读音(包括声韵调)则多有"三身雷同"的现象,多数式的标志也五花八门;指示代词有近指远指二分的、也有三分甚至四分的(闽南话近指远指加上轻声表示泛指和特指)。方位词只有少数几个,各地变异也多,不但后缀多样(面、头、兜、儿),词根也有混同的(前后与内外不分),或用动词、形容词充当的(高头:上面;出便:外面),闽语的双音方位词可以用重叠式表示极端的位置(下底下底:最下端)。量词大多有最通用的(个、隻、其),还有泛指和定指之别(广州、潮州"个人"可指"这个人")。各地闽南话的否定词,多的有十几个:"唔、无、未、免、太、𣍐、嬡、唔通、唔八、唔免、唔通、无通、未曾、未八、唔挃、未八里曾未",少的如海南屯昌话主要是一个"无",还有合音的"𣍐""嬡"。

各类虚词都是封闭性词类,是表示语法意义的主要手段,也是考察方言语法特征的重点。有些虚词的比较容易对齐,如"了$_1$"和"了$_2$":"吃了饭了;喫子饭哉;报咗名喇;碗破去了;肉坏嘎哒",等等,官吴湘闽粤等方言的特征很快就显示出来了。有些语法意义在不同方言可以不用虚词而用不同的句式来表达,例如把字句、存在句,一些南方方言就有自己的说法。"把门关上",福州话说"门共伊关去/门关去";"门口站着一个人",厦门话说"门口有一个依徛咧/门口徛一个依咧"。这类同义句式在现代方言中是普遍存在的。"你去吗",福州话可以说"汝去唔去/汝有去无去/汝有去无/汝卜去唔去/汝卜去无";"我说不过他",福州话可以说"我讲𣍐过伊/我讲伊𣍐过/我𣍐讲伊过"。可见,考察方言的语法特征还不能就普通话例句做勉强的"对译",而应该抓住方言固有的说法,分清新旧说法,做如实的反映。

4.文化特征

欧洲的学者中,洪堡特之后,英国的帕默尔也很重视研究语言和文化的关系,他说:"语言忠实反映了一个民族的全部历史文化,忠实地反映了它的各种游戏和娱乐,各种信仰和偏见"(帕默尔,1983:139)。区片方言在当地大多已有千年历史,从地理环境、迁徙经历、文化习俗到人物事件,都会在方言中留下记录。方言是地域文化最直接的载体,方言的特征不能不反映地域文化的特点。

从微观方面说,提取方言特征词必须包括反映特有的地理通名:沟壑坑峪、凼浜泾渎;标志水文特点的语词:雪条、冰流子、潭、洋、凼;风物食品器具:拉面、鱼饺、米线、弓鞋、炕桌、纤头;反映价值取向的称谓:好囝、软蛋、侉子、鬼佬。福州人至今还爱吃"光饼、征东饼"是对戚继光在那里抗倭的怀念,泰山脚下说"子曰"表示在理,古越地金华把只会说空话的人称为"伯嚭"。这些都是环境、社会和历史在方言中留下的印记。方言中的成语谚语曾是世代相承的口头教科书,蕴含着当地特有的民风、习俗和思想观念。客家话的俗谚:"命长唔怕路远""宁卖祖宗田,不卖祖宗言""街上买不如田里扒""养子不读书,不如养头猪""欠字压人头,债字受人责",几乎无人不知,几句话就勾画出客家人不怕播迁、坚守方言、重农轻商的耕读文化传统。闽台两地爱唱的"三分天注定,七分靠拍拼,爱拼则会赢"则是千年来在海洋文化中养成的奋斗精神的体现。

就宏观方面说,区片方言内通行普通话的状况如何,是否形成中心的标准语,小方言间是向心的还是离心的,近代以来方言结构系统是稳定的还是变动不居的,与外方言相处中谁是强势谁是弱势,除了口语的应用,有无书面语的表达和书写,方言艺术(民歌、曲艺、戏曲)的状况如何,等等,则和方言的历史背景和文化传统直接相关。一般说来,向心型方言比较稳固,与其他方言相处时往往是强势的,不但用于口头交际,还有说唱、戏曲的艺术加工,因而不容易萎缩,也不容易接受外来影响。这也是考察方言特征时的重要思路。

五、提取区片方言特征的步骤

为区片方言提取特征大体有以下三个步骤。

1.调查比较

掌握和分析所要研究的区片方言的情况，搜集有关文献资料(古代和现代)，对所收资料都要进行鉴别。了解已有的关于方言区的特征的种种提法。如有分歧意见则必须加以分析。在这个调查研究基础上，可以确定进行区片方言比较的地点，包括中心方言和有代表性的方言点。查阅这些点的已有材料，获得本区方言异同的初步印象。对中心点的材料应作审核和补充，选取重点，再拿它和普通话及邻近方言做比较，提出本区方言的特征条目，包括单字、词汇、短语和句子。首次提出的条目可以放宽些，以此到各点调查之后，再做一次增删、提纯，把内部比较一致、外部未见或少见的条目确定下来。

2.制作数据

各点材料登入对照表，做成数据库，经过区内的对比就会发现新问题，针对问题再做核对补充并根据新的材料调整特征条目。这其中有技术上的操作，也是一个研究的过程，是特征研究成败的关键。入选的特征字、词、句要根据该条目在整个语言系统中的重要性、在区内的一致性和区外的独特性来确认取舍并加以适当的权重。例如特征字中全浊声母有留浊的，有清化为送气或不送气的，各取多少字就有讲究。取字应该都是口语中的常用字，主要看是否反映了重要的语音特征，也参考管的字多不多。有的特征管字不多，却很有特征意义，如闽南话的日母字有读[h]声母的，以母字有读[ts tsh s]声母的，多数客家话精庄章合流，字虽多不必多取，而非母读为[p]的字虽不多却不能少收。特征词中内部覆盖面大、对外排他的一级字可以多收些，内部覆盖面小、外部多交叉的则应少收些，特别重要的条目可以加权，例如闽语的“囝、鼎、骹、厝、箬、墘”，粤语的“嘢、樽、餸、脷、啱、咁、睇”就应该加分。为了便于大面积比较能对齐，异读字、多义词，乃至动词带什么宾语、虚词用在什么场合,都应该有明确的限定。例如"盖房子、盖被子、盖盖子"的"盖"有的方言可能就用了三个不同动词。

特征条目确定并经过权重处理,便可以统计比较的参数,特征字音、特征词语、特征句式和音变特征各有多少分。根据各点调查所得分值,权衡判定为同区方言的恰当百分比。

3.分析检验

一切的定量研究都必须和定性研究相结合。在确定特征参数时,对各类各条特征都要经过定性分析的论证,说明各类条目反映的是什么特征,该特征在现代汉语(包括通语和方言)和古今汉语演变中的意义。若是定量分析和定性分析能够相互印证,特征研究就是成功的,就有说服力;如果互有抵牾,就应该就某一方做出适当的修改。定量分析对定性研究是一种检验,拿参数比较的数据库对同区或异类方言的材料进行比较,这是另一种检验。同类方言可包括区片之内处于边缘地区的点或散播于远地的方言岛;异类方言的比较则可包括邻近、有接触关系的方言和毫无关系的方言。根据各项特征的量化数据对具体方言点作运算和综合分析,最后就能识别其归属。特征体现充分的是中心方言,特征体现得不充分的是外围方言,特征不明显的可能是过渡方言或混合方言。区片方言的特征和现代通语及其他方言(尤其是邻近方言)的特征必然有交叉。经过区片内外的特征比较,各种不同特征就会显示出不同的重要性,从而把各项特征区分为基本特征、一般特征和参考特征等次类。区片方言的特征项和特征条目经过反复的调查、比较,应该进行多次的修订。如果同区方言的点都能反映特征数的 70%,外区方言所反映的特征数都不及40%,就可证明特征研究的准确性,说明用它来识别方言是可靠的。

六、余论

对各区各片方言进行多次特征比较和检验之后,不但可以为方言分区作历史的定位,描述该方言与通语及其他方言的不同关系,和

汉语特征研究

古代民族语言及历来与外族语言的关系;还可以对各区方言的特征进行综合比较,提取各区共有的特征和个别区独有的特征。各区共有的特征是现代通语的特征的基础,但是也并非等同,因为现代通语还有从书面语渠道来的其他特征。

各区方言的特征都明确了,任何一个未经调查的方言点便都可以经过检验初步判别其归属。经过多点比较运算之后,如果方言点的归属和原有分区不符,那要么是特征的认定和量化有误,要么是原有的分区不合事实,这就应该再做进一步的调查研究。不论是调整特征、确认标准还是改变分区意见,都是方言研究学术上的进步。

现代汉语是由共同语和方言组成的。各区方言的共有特征明确了,才能概括出现代汉语的特征。不顾汉语方言的事实而概括的现代汉语特征,常常是片面的。以前所说的现代汉语语音的特点是"高元音[i u y]可以充当韵头,只有[i u]可以充当韵尾",这就错了,含着方言一起说,应该是"所有高元音[i u y ɯ]都可以充当韵头或韵尾"。

把近代汉语书面共同语和可能了解的当时的方言综合起来,就可以提取近代汉语的特征。以此类推还可以提取中古、上古汉语的特征。从理论上说,只有这些特征都明确了,才能提炼、概括出整个汉语的特征。

对汉语特征的认识是汉藏系语言比较研究的重要基点,而汉藏系语言的特征研究对于普通语言学的理论建设的重要意义是无可否认的。

可见,关于汉语方言的特征研究还有漫长的路要走,这项研究是任重道远、意义重大的。汉语的特征研究很值得提倡。

参考文献:

[1]威廉·冯·洪堡特.论人类语言结构的差异及其对人类精神发展的影响.姚小平译.商务印书馆,1999.

[2]侯精一.现代晋语的研究.商务印书馆,1999.

[3]伯纳德·科姆里.语言共性和语言类型.沈家煊译.华夏出版社,1989.

[4]李如龙.汉语方言的比较研究.商务印书馆,2001.

[5]李如龙.汉语方言学(第2版).高等教育出版社,2007.

[6]李如龙.汉语方言研究文集.商务印书馆,2009.

[7]李如龙.汉语方言特征词研究.厦门大学出版社,2001.

[8]帕默尔.语言学概论.李荣等译.商务印书馆,1983.

[9]徐通锵.汉语研究方法论初探.商务印书馆,2004.

方言特征研究与语言地理学[*]

一、引言:方言特征研究需要语言地理学的检验

　　方言调查研究的中心任务无非在于了解方言差异,提取方言特征,以便能够说明不同方言之间的异同,解释这些差异的来龙去脉。汉语方言历来以方言分歧而著称,由于历史长、品种多,分布地域广、使用人口多,对于汉语方言之间的变异的调查研究是很难穷尽的。不同方言的差异,民间的感性知识通常是举出一个字音的不同读法或一个词的不同说法,方言学者进行调查研究则应该摸清方言的结构系统,提取出该方言内部比较一致而又和其他方言明显不同的特征,并对各种特征做出合理的解释。民间的感性说法都是常见的鲜明的个别特征,如福州人用"长乐[ŋui³]"指称郊县的长乐人,这是取笑长乐话"我"的发音和福州不同,近于"鬼"(福州[ŋuai³],长乐[ŋui³])。赣南人称当地的客家话为"么介话",是因为客家人把赣语的"什么、什里"说成[makai]。学者表述的特征主要是系统上的特征,如说广州话有[-m -n -ŋ -p -t -k]六种辅音韵尾,大多数客家话的三个人称代词都读为同调。

　　方言的特征是多方面、多层次的。语音特征、词汇特征、语法特征和文化特征是四个主要方面;每个方面的特征又是分层次的。语音方面有音值、音类、语音的共时结构和规律(包括音节结构和连音

---

　　* 本文是提交"东亚语言地理学研讨会"(2015 年 11 月,日本金泽大学)的论文。

变化规律)、历时演变的特征;词汇方面有核心词、特征词、一般词、行业词、文化词、外来词、俗语等特征;语法方面有构词法、常用虚词、造句法的特征;文化方面的特征则表现在方言所反映的地理环境、历史迁徙、民族关系、语言生态环境(与通语、方言、民族语的关系)。在不同方面、不同层次提取的特征都是分体的特征,在分体特征的基础上还可以归纳出整体的特征。例如粤方言,可以列述其音类和"《广韵》音系"比较接近,多音词语缺少连音变化,有一批核心词、特征词,如"嘢(东西)、餸(下饭菜)、褛(大衣)、脷(舌头)、乜(什么)、揾(找)、晏昼(下午)、冲凉(洗澡)、边个(谁)",还有一批和壮侗语相关的"底层词",有"食多啲"(多吃点)等古老句法,总的来看可以称它是一种经历过民族融合的,守旧型、向心型的强势方言。

地域方言也是分层次的,大区方言之下可以按照实际情况再分为方言区、方言片(或再分小片)和方言点。不同层次的方言也都有自己的特征。研究方言,为方言分区、分片,就是根据方言内外的比较所提取出来的特征的集合,内外特征的比较研究则是对已有方言分区、分片的检验。不论是特征的提取还是方言的分区,都应该进行纵横两向和内外双向的比较。纵横两向就是从历时演变和共时接触两个方面去考察方言的变异;内外双向则是就内部的结构系统和外部的历史文化两个方向,对变异的原因进行分析。

方言的特征大体可以分为系统的特征和个体的特征两类。前者是大类语言事实的系统概括,例如,在语音方面有:古代全浊声母今读的走向,古入声字今读调类的分化,阳声韵今读韵尾有几类、有无鼻化和鼻音脱落的现象;在词汇方面有:一定数量的方言特征词、风物词、文化词;在语法方面有:某些封闭性词类的用法、构词法的特征、某些特殊的句式。这些系统性特征往往带有整体性,可以展示大片的方言事实,并说明方言的结构类型和演变的历史层次,从而为方言进行定位、定型和定性。因此,在以往的方言特征的比较研究中,系统的特征是首先受到关注的。

然而个体的特征也并不是不重要的。论它的重要性,至少有两大表现。第一,总体特征都是根据许多个体特征归纳出来的,前者寓存于后者,离开个体特征就无从了解总体特征。例如,说客家话有"浊上读入阴平"的特征,有"轻唇读为重唇"的特征,离开了"坐社裏有我满"和"肥妇痱饭放份"那些例证,就无法立论了。又如说闽语保留着许多上古汉语的语词,没有确认的"侬、鼎、喙、粟、悬、腹、缚"等一批他区少见的核心词,也难以成立。第二,个体特征,不论是一个字还是一条词,往往承载着更加丰富的信息,因为它必定经历过更加复杂的途径,接受过更多方面的影响。正如一个人和一群人走的总是不同的路,所以才有"每一个词都有自己的历史"的说法。如果要追寻语言演变的曲折过程和影响语言发展的复杂因素,占有越多的个体特征就越能接近客观规律。谈到"系统性和规律性的变化"和"个别的不合规律的现象"的关系时,岩田礼先生说得很精彩:"若论发生变化的频率和数量,占绝大多数的反而是个别的不规则的变化。这好比人类基因中占绝大多数的是不含任何遗传信息的 DNA","很多语音变化看似是任意发生的,并不符合变化规则。这归根结底是由于语音在具体的词汇中才存在,而词汇的变化则受到各种因素的制约……也包括语言外的因素……我们的任务是从似无规律性的现象中发现某种规律性"(岩田礼,2009:"前言")。

岩田礼先生的真知灼见是从他长期组织编制《汉语方言解释地图》的实践中得来的。编制地图,展示所搜集到的语言事实并加以解释,这是研究方言特征的最佳方式。因为你可以广泛地搜罗各方面的调查材料,突破一个人或几个人所做的有限调查。当然,在搜罗语料的过程中是应该进行甄别核对的,以免受到误导。整理语料时可以对语料反复进行分析和归类,提取特征比较的关键内容;根据所得语料登录地图后,可以发现许多分布上的意想之中和意料之外的复杂现象;要对这些复杂现象做出解释,就更是需要运用各种相关知识了。

本文主要依据岩田礼先生所编的两本地图,也参考曹志耘所主编的《汉语方言地图集》(2008),抽出若干有典型意义的条目,谈谈高质量的方言地图给汉语方言特征研究提供了哪些重要的启发。

二、有些典型的个体特征很能体现整体特征,并能检验方言的分区,这类条目往往是常用的核心词、基本词,应该是地理语言学研究的重点

1.今天。见岩田礼(2009:第 26 图),曹志耘(2008:词汇卷第 8 图)。

这是一幅方言差异较多的图。从共时分布说,北方官话多说"今儿、今儿个",南方官话多说"今天"(西南多、江淮少);不儿化的"今日"应该是古代汉语的典型说法,通行于粤语、平话、湘语大部和南片赣语;"今朝"的说法通行于北片吴语、徽语、北片赣语和西片闽语;客家话多说"今晡、今晡日";沿海闽语多说"今旦、今旦日";少数浙南吴语和北部赣语点还说"今晚、今冥"。从历时演变说,"今日"最早,但儿化和加上轻声的"个"是晚近的事;"今朝"在中古时期就流行了;"今天"是最晚的说法,《汉语大字典》所引书证是民国年间的《海上花》。"今日、今天"是"整说","今朝、今旦、今晚、今冥、今晡"是"分说"。"今旦、今晡、今晚、今冥"显然是方言早期的创新,才能有区域性的分布。这条个体特征所展示的事实,和一般理解的方言分区是相符的,南方方言较为古老,不同方言的说法大概都分属于不同的历史层次。

2.走。见岩田礼(2009:第 45 图),曹志耘(2008:词汇卷第 138 图)。

这是一幅方言差异较少的图。粤语、平话、闽语和大部分客家话都和中古以前一样说"行";北片吴语的上海附近和与其连片的少数江淮官话(东台、如皋等)少数点说"跑",还有少数吴语的点说"趵"(《广韵》徒聊切,"雀行也"),其余只有少数老湘赣语也保留了"行"的说法,其他地方的方言都说"走"。这是官话方言用现代汉语替换古代汉语最彻底,近江方言向官话靠拢最明显的常用词。常用的核心词有的变得慢,如"大、来、山、手",有的则变得快,"行"变为走,"走"变为跑都是变得快的。什么样的词变得快,什么样的词变得慢,就很值得进一步研究。

3.东西。见曹志耘(2008:词汇卷第 119 图)。

绝大多数的官话和客赣方言都说"东西",南北朝时始见(如《文献通考》),原指"四方物产或产物",唐宋后用来指称"物件"。"物事"通行于苏南和浙南吴语和徽语,沿山的闽北、闽中的闽语也说。作为核心词,古汉语的说法是单音的"物"。《诗经》"天下烝民,有物有则",指的就是"万物"。双音化之后又派生出"物外、物理、物候、物象、物怪、物力、物价、物华天宝、物是人非,人物、事物、财物、货物、产物、生物、尤物、信物、言之无物、暴殄天物"。"物事"始见于唐代(如《隋书·张衡传》),原指"事情",元代之后用来指称"物品",闽南普遍的说法和部分湘桂土话说的"物件"是"名加量"的构词法(如物品、布匹、人口),应是更后产生的说法。其实,龙岩和雷琼闽语还常单说的"物",在泉漳厦也能单说,"上街买物、无物食"都是单说。湘语北片还有"家伙、家事、家子"的一些说法,显然是局部方言的创新(还有少数点的零星说法,如"行头、工夫、搞子、前后",请参看原图)。此外,还有比较特殊的两种说法:闽东方言的[no?[7]]和粤语的"嘢",至今本字未明,究竟是方言的创新还是"底层"尚无定论。总的看来,这个个案的各种变异的分布以及在汉语词汇史上的层次关系和一般的理解是一致的,所以可以作为反映整体特征的典型的共同特征。从词义的衍生看也很典型:如粤语的"嘢",就可以说"无嘢食、无嘢讲、无嘢做、呢本书无嘢",指的是"食物、言语、事情和内容"。

三、有些重要的条目经过大面积的比较,可以显示出语音、语义、语法、语用的多种分化的状态和演变的途径,为词汇学提供重要的启发

1.下雨。见岩田礼(2012:第 41 图),曹志耘(2008:词汇卷第 5

图)。

　　罗列词汇时只是一对一地对译,即使是词汇对照表的比较,如果地域不广、地点不多,也不容易看出深度的词汇差异。只有大面积的密集比较,才能很快看出"词里乾坤"。

　　下雨是自古以来就有的自然现象,必能问出确切的说法。从图上反映的事实说,汉语方言的差异可以分为语素之异和结构之异两方面。就语素说,若是动宾结构,动词有"下、落、遏"之分,名词有"雨、水"之别。就动词看,广大官话地区,除云贵川渝一个连片的小圈和江苏长江口北岸的泰兴、东台如皋一带之外,都说"下"、不说"落"。说"遏"的只分布在浙南吴语和闽东闽语的不大的范围。南"落"北"下"正是南旧北新的又一个证明。至于"做、作、降、撒"等动词,只是个别方言的创新而已。就宾语的名词看,"雨"是最早的象形字,作为最普遍的说法是没有异议的。雨是天上落下的水,客家话和粤语大多说成"落水"也有坚强的理据。客、粤两种方言的词汇有不少交叉,"落水"究竟是谁影响谁? 闽西赣南不少客家话只说"落雨",而粤西的西江两岸的粤语也不说"落水",看来这条公案还是断不了。还有少数中原官话不说"落雨、落水",而说"掉点儿、滴点儿",看来也是个别的创新。从结构方面看,有些官话省略宾语,只说"下了",或者说成主谓结构"雨来了"。这里提醒大家,闽南话其实也有同义词说"雨来",并且可以不加"了",但是这个最传统的说法如今使用频度不高了,所以往往调查不出来。

　　2.知道。见岩田礼(2012:第 42 图),曹志耘(2008:词汇卷第 154图)。

　　这一条核心词最值得注意的是双音化的进程。现代方言保留着单音词的说法的有"知、晓、识、八",作为不单说的语素的还有"认"。"知"是最早的单音的通语词,大家都熟悉,孔子早有"知之为知之"的说法。如今大面积的保留单音词说法的只有"知"。分布地域是粤语和闽语。一般说来南方方言中这两种方言保留古代单音词最多,这又是一个有力的证据。不过以往闽南话的调查材料都只是记录了

"知影",其实,各地闽南话都还有单音"知"的说法,如果说"伊知我唔知",一般都不会说成"知影"的。以"知"为词根衍生出来的双音词,"知道"分布最广、历史也很长,中晚唐诗人如杨汝士、吴融的诗里都有用例。知得、知到、知影、得知则是后来衍生出来的。"晓"单说的最早可能是汉代(《论衡》有"晓然"之说),"晓"现代方言单用的不多,见于粤语区的封开、南海,吴语区的温岭、天台,都是些老地方。衍生出来的"晓得"则分布广泛,遍及南部官话(江淮官话和西南官话)和北方的晋语,以及吴、湘、赣等近江方言,分布之广仅次于"知道"。以"晓"为中心语,还有"知晓、晓知、晓识、晓到、晓着"等衍生的双音词,但只是偶见。"识"应该也是很早的说法,现代单用的见于广西的粤语和平话(博白、钦州、北流、蒙山、平果、隆安)。一些浙南吴语(如温州、永嘉、江山、开化)和徽语(如屯溪、黄山)则说"识得"。其余的"认得、学得、省得"也只是少数点的创新。

最令人生奇的是闽东方言说的"八",读音和作为数词的八相同,是个极常用的多义词。知道(这件事)、认识(那个人)、懂得(这道理)都可以说"八"。还组成了许多双音词:八症(识相)、八字(识字)、八传(闻知)、八背(倒霉)。这些词义和《说文》的几个注解正好相合:"别也,分也,犹背也。"能够分别不就是知道、认识了吗?我曾有专文讨论过闽语的这个"八"。如此看来,这也是闽语继承古汉语的一个很特别、很有力的例证。

3.桌子。见曹志耘(2008:词汇卷第113图)。

把"桌子"称为"盘、床、柏(台)、桌"则是一条历史上的社会生活的生动有趣的纪实。"盘"(或说盘子)的说法目前的记录只有赣语东部的几个县:万年、弋阳、横峰、邵武、光泽、泰宁等(我调查过的海南岛的"迈话"也如是说)。上古时代,先民席地而坐,铺在地上的"盘子"就是无腿的桌子了。"槃",《说文》注"承槃也",并无不妥。后来叫"床"的就是秦汉时期所用的可卧可坐的短腿的"床几",《说文》注为"安身之坐者",后来颜师古为《急就篇》的"奴婢私隶枕床杠"的"床"作注:"所以坐卧也。"可见,分布在闽语的莆仙区、潮汕区和雷琼区的管桌子叫"床"(饭桌、书桌也一样称床),是两千多年前传下来的。我调查过,潮州、雷州和琼州说闽语的人都说自己的祖先是从福建的莆田一带来的,"床"的分布正好印证了这个口传历史。除了说"床"的以外,其余闽语都说单音的"桌",徽语和吴语的南片同此。所有的官话都加了"子"尾说"桌子"了。北片吴语说"台子",大多数粤语和平话、粤北土话、赣南和湘南的一些客家话则说单音的"台"。闽西和赣中、四川、台湾的客家话说"桌"不说"台",可见一些客家话说"台"是受粤语的影响。关于"桌"和"台",明清以前的文献很少记载,显然是后起的更新。然而目前的大多数汉语方言都说"桌、桌子、台、台子"了,这也是现代汉语彻底替换古代汉语基本词汇的一个生动的例子。

这幅方言地图还为我们提供了一份语言接触的好材料。在福建的尤溪,桌子说"桌床",因为那里曾经有莆仙方言区的人移居,但是浙江的富阳、诸暨、上虞、衢江、龙游几个县的吴语也有"桌床"的说法,可能不是浙江中部和福建莆田有移民往来,而是因为早期的吴语也有"床"的说法。此外,湘南的江永、江华,桂北的富川、钟山的土话,桂东容县、藤县、苍梧、岑溪的粤语以及江西的上饶、广丰都有"台盘"的说法,也证明了那一带曾经有过"盘"的说法。"桌床、台盘"是两个单音词合成双音词,不论是新旧说法连说还是周边方言的借用,都可以称为"合用"。与此不同的是两种说法的"兼用"。例如苏皖之间因为一边说台或台子,一边说桌或桌子,有些点就兼说"台、桌"或"台子、桌子"。看来,"合用"的往往是两个单音词,是深度接触后的融合;"兼用"则是浅度的接触,若是两个双音词,便不便合成了。

四、有些条目典型地反映了语言的演化和接触中的各种复杂情况,这类条目的比较对汉语史的研究有重要意义

1.晚上。见岩田礼(2009:第5图)。

时间词是人类社会早期就必须区分的概念。汉语方言关于夜晚的概念沿袭了上古时代就有的用词,包括"夜、晚、冥、夕、暗、晡"。除了"晡",都见于《说文》,应该是上古时期就用开了的。"夜、晚、夕"《说文》都用"莫也"作注,到了《广韵》《玉篇》改用后起字"暮",可见"莫(暮)"是上古的通语,"夜晚"的本义。其他的几个字,《说文》的注解是,"冥":"幽也,十六日而月始亏幽也。""暗":"日无光也。"都是形容"幽暗不明"的。然而后来的口语有"夜间、夜来、夜头、晚头、晚夕、晚来"等说法,而没有称夜晚为"暮、夕"的,直到现代方言都没有称夜晚为"暮",也很少用"夕"构成双音词的。这就很值得注意。"莫、夕"是最早的象形字,《说文》的注解,"莫"是"日在草中","夕"是"月半见"。后来反倒不用或少用,这也许是最早的说法最先退出历史舞台吧,也可能跟"暮、墓"同音,后来又有"日暮途穷、暮气沉沉、穷途末路"等令人不快的说法有关。"夕"《说文》注还有"自日入至于星出谓之夕"的说法,可能因为是"傍晚"的意思("夕阳"就是傍晚的太阳),不宜用来表示整个晚上。

现代方言自从汉唐之后走上双音化的道路,大体上拿"夜、晚、冥、暗、晡"等根词构成,"黑"是作为"暗"的同义词用作根词的,作为后附成分的则有"来、里、头、上、下"等,从造词法说,有新旧连用和根词加语缀两大类。地图里所列的新旧连用的有"夜晚、夜晡、暗冥",还有图上未列的福州话的"冥晡";根词加语缀的有"夜来、夜里、夜间、夜头、晚上、后晌、黑下、黑上、黑些、黑家、黑价、黑了、黑里、黑来"。

在汉语构词法发展的历史上,单音词发展为多音词先是语义合成,后来又有根词加缀。语义合成主要是"并列、偏正、动宾、主谓、动补"。并列结构中,有同义并列(美好、巨大)、反义并列(好歹、大小),还有一种是不同时代说法"新旧合成"的。例如"行走、燃烧、光亮、狭窄、腹肚、惊怕、寻找、知晓、稀疏、寒冷、乌黑、道路"是前旧后新,"宽阔、穿着、站立、低下、牙齿、脖颈、眼目、灰尘、儿子、树木、根本、给予"则是前新后旧。上述的新旧合成又为此提供了不少生动材料。

从图上我们还可以看到,粤语说的"夜、夜晚",客家话说的"夜晡",闽语说的"暗冥、冥晡",客赣语说的"夜晡",吴语说的"晚、晚夕、晚辰"都是不带后缀的合成词,北方话当中,只有晋语说的"黑夜"是不带后缀的,官话区里只有西南官话还有不少说"晚、晚夕"的,其余大多数官话都带上各种后缀。显然,不带后缀的合成词多是中古形成的,带后缀的多是近代以后生成的。这一批语料又一次证明:在构词法的演变上北方变得快,南方变得慢。

不论是反映基本词的新旧合成还是附加语缀的有无,都是展示古今汉语的语法演化过程的重要内容。

2.筷子。见曹志耘(2008:词汇卷第 112 图)。

"箸"的使用,商代就有了,江南的南部吴语、闽语,多数平话和少数客家话、湘语、粤语现在还管筷子说"箸"。明代苏州人陆容在他的《菽园杂记》中记录了吴人讳箸、住同音,改称"箸"为"快"。500 年间全国绝大多数地区已经普及了"筷子"的说法,但北部吴语还只说"快"、不加子尾,这是新词替换旧词快的例子。北方只有石家庄附近还说"箸子"。但是在"箸"和"筷子"分布的交界处,有些点是"筷箸"合说的,这既是新旧合说,也是由于语言接触而造成的南北合说。珠江三角洲就有龙门、花都、高要、新会,粤西有高州、电白、茂名,广西有灵川、阳朔、桂平、兴业、崇左、平果、百色,湖南有衡山、衡南、泸溪。还有的是"筷箸"和"筷子"兼用,如广东的阳江和东莞。前几年发生过地震的四川北川附近几个县则是兼用"筷子、箸子"。上文提到的"桌床""台盘"合用或兼用也就是与此同类的现象。从这些生动的例子可以看到,合用和兼用是语言接触的生动记录,方言地图则是展示语言接触的最佳方式。

3.膝盖。见岩田礼(2009:第 40 图)。

膝盖是关于人体的并非最重要的名称,但各地方言分歧很大,岩田礼先生用了 4 幅图来说明它。就这个图,我想谈几点看法。

关于心母字"膝"读为 xi,岩田礼先生提出了两种可能,看来都不能成立。如果本来就有异读,为什么在字书上都没有记录?如果是回避同音只能在尖团不分之后,时间太短,似乎不可能。心母字读为塞擦音在南方方言中就有不少例字,如闽语的"碎、髓、鬓、笑、醒、鳃、星(闽南)、虽(闽东)"。官话里也有这种变读,例如"鞘、赐、燥",北京就读塞擦音,"碎"武汉、成都也读 cui,"骚"西安读 zao,"纤"北京、成都、合肥、武汉、扬州都读 qian。也许就像谐声中的相关联吧,"醉粹碎萃晬"就都是精组字相谐的。也可以理解为和[p-l-k]、[k-l-p]、[k-l-k](菠萝盖)一类的"词内音变"。

词内音变是确实存在的。原因有好多方面。保留古读,如北京的地名"杨各庄"就是"杨家庄"的古音,北京郊区平谷话"仿佛"读为[paŋ³⁵ pur⁵⁵],也是古音的保存。闽语莆田话称闽南人"南兄",说[namia],就是几百年前"南"曾经读为[nam]的证据。合音和同化也会造成词内音变,如北京的"甭、别",上海话的"勿要",潮州话的"爰";梅州话的"心旧"、广州话的"心抱",其实都是"新妇"的音变。上文所述的"今天",官话里的儿尾、儿化(今儿、今儿个)是大家都熟悉的,闽南话"今旦日"说成[kiã-lit]也是合音,广州说成[kam-mat],也是词内音变。岩田礼先生所论证的"膝的混淆形式"如"磕膝坡子、客膝包儿、磕膝波罗、膝头波罗、色头包浔"等等也应该都是这类词内音变。

岩田礼先生关于"膝盖"的构词法分析是很精彩的,有词根的差异,也有前缀后缀的不同,花样不少却条理分明。这里再补充一点材料。福州话"膝盖"慢说是"骹腹头",说快了成了双音的[khau thau],也属于词内音变。有的闽南话说成"灯火碗",表示它就像旧时点菜油灯的小陶盏,则是一种描写性的民间俗词源。

"膝盖"这种条目也属于变异大、层次多、结构复杂的词条。

五、方言词汇有深广的文化蕴含,考察比较方言词汇都应该有多方面的文化视角

1.红薯。见岩田礼(2009:第 24 图),曹志耘(2008:词汇卷第 15 图)。

红薯由于耐旱而高产,成为全国各地的主粮之一。清人周亮工曾在《闽小纪》里详细地记录了闽南人在明万历中从菲律宾引进红薯

的历史:吕宋国"有朱薯,被野连山皆是……不与中国人。中国人截取其蔓尺许,挟小盖中,于是入闽十余年矣。……初入闽时,值闽饥,得是而民足一岁。"后来的《广信府志》《岳州府志》也记录了"广福客民"传入"番薯"的事。如今闽粤全省,浙、赣大部和广西东部都说"番薯",证明这个记录是真实的。闽南人到菲律宾去就叫"过番",番薯就是番地传来的薯(李如龙,1997)。然而全国各地的红薯不可能都是明末才从东南沿海传去的。薯类的品种很多,闽南就有一种黑色、长须、生于湿地的,叫做"薯"。江西中部和湘赣粤连接处所说的"薯、薯薯",应该就是自己培育出来的,因为生长于这一带的红壤,色红,因此就称为"红薯",从"红薯"的分布可看到,是从湘赣过江传往湖北、河南又望西北去的。苏、皖两省多称山芋、芋头、红芋、白芋,这是另一个区域自育的品种,因为形体近于芋头而称"芋"。"地瓜"是胶辽官话创造的词,半岛上缺水,多种地瓜是常理,而后传到冀南,兼用"红薯",而直接"下关东"到东北去的还照样只说"地瓜"。还有一种说法是"苕、红苕",这种说法应该是发源于湖南湖北之间的"楚地",而后跟着江淮官话传往长江上游的川黔或向北到达陕南一带。云贵高原可能因为盛产山药而加以类比,仍说成"山药"。"苕"早在《尔雅》中就有记载,原是一种草属的花(凌霄花、紫云英类),和红薯是两回事,称红薯为"苕",本源是什么,还有待考证。

联系自然地理和人文地理去考察方言词的分布,一定是引人入胜的,"红薯"的种种说法便是一例。

2.蛇。见岩田礼(2012:第 24 图),曹志耘(2008:词汇卷第 35 图)。

蛇也是全国各地都有的、从甲骨文就有记载的动物。为什么蛇不用早期"蛇"字的读音来称呼,确实很值得注意。岩田礼先生根据"蛇不称蛇"的分布和古入声消失的地区大体相符,提出可能是避"折"(折本,常列切)之讳的假设。这是很有创意的设想,值得进一步查考文献和调查民间俗说来落实。从语言学的角度说,有入声的方言不必避讳(包括江淮官话和晋语),入声消失的方言又大多不说"折本",南方方言则还有"贴、了、空、输"的说法。可见这个假设是可以成立的。不说"蛇"而说"长虫"应该是中原故地早有的说法,传到东北、西北没问题,在云贵川,因为也有东南移民参入,所以就受阻了。贵州多说"老蛇",也说"麻蛇、老麻蛇",成都一带则说"梭老二",有的写成"老索、索老二",因为读的是阴平调,看来是"梭"。四川话"溜走"正是说的阴平调的[so⁵⁵],其本字可能是"趖",《广韵》苏和切,音莎,走疾。音义皆合。在成都的市区和郊县就有"梭老二、梭梭儿、老梭、梭二爷、长客、长虫"等说法,还有"梭老二下楼——蛇身触地(设身处地)"和"梭老二打店——常客(长客)"的歇后语可以为证。

就构词而论,双音化之后不少地方加上前后缀。贵州和闽东的"老蛇、麻蛇",粤东客家的"蛇哥、蛇哥哩"(客家话还有许多带缀的动物词:猴哥、虾公、虱嫲、蚁公、鹞婆),老湘语涟源、新邵、新化的"蛇公子、蛇婆、蛇婆子",都是这样的前后缀。浙南和桂中的"大蛇"未必都指大的蛇,"大"也是前缀("大哥"也未必是"老大")。黑龙江北部说"溜子"可能是喻蛇如匪,在山上跑得快,又很凶悍。东北方言的"溜子"指的就是土匪。

最值得注意的是湘西沅陵、辰溪、泸溪的乡话管蛇叫"虺"。虺,《广韵》许伟切,"蛇虺"。那里的晓母合口读为[f](如"火"),音义皆合。《楚辞》就有"虺"的用例,王逸、朱熹都注为"蛇"。屈原投江的地方称蛇为虺,是符合历史的逻辑的。湘西的乡话保留了一批上古汉语的词汇,是其他方言很少说的,例如:炙(火烤)、履(鞋)、啼(哭)、犬(狗)、怯(怕)、裈(裤子)、竖(站立)、澡(洗涤)、穄(高粱)、返(返回)、唤(称为)、泅(游泳)。(杨蔚,1999)我前年去做过辰溪乡话的调查,对此也有很深奇的体会。

可见,就一个常用词进行大面积的比较,只要能全面地关注语言后面的文化,就必定会有一些意外的发现。

3.月亮。见岩田礼(2009:第2图),曹志耘(2008:词汇卷第3图)。

两个图里标出单音词"月"的都很少,这可能是调查材料的问题。

其实,闽粤客吴的许多方言都能单说"月",只是最常说的肯定是双音的"月亮、月光"。总的来说,南方单音词用得多,官话的长串子多,这是调查时必须认真追问的。例如成都(城乡)就有"月亮婆婆、月亮光光、月亮光、月亮神、月儿光、月亮菩萨"等说法。

就全国范围的大区方言说,坚守单音词阵地最强的是闽语,没有被官话的"月亮"同化的最大片的是客赣粤和老湘语的"月光"和闽语的"月娘、月奶",还有北片吴语的"亮月",晋语和山东的"月明"。中原地区加上亲属称谓的"月姥姥、月奶奶、月亮奶奶、月明奶奶"大有喧宾夺主之势。就"拟人称呼"说,日是太阳,月是太阴,称"月娘、月奶"是合乎情理的,问题是晋语的"月爷、月明爷",一些赣语、徽语和西南官话的"月爷、月公"不知在当地有没有特殊的理据?这就需要做进一步的民俗访问了。各地的儿歌常常拿"月光光"做文章,多收集这类歌谣也许可以得到一些启发。可惜的是,研究方言学的学者历来对于方言的歌谣与传说并未注重考察。岩田礼先生的地图集在这方面已经做了很成功的尝试。我们还希望他今后能够为此做更多的贡献。

参考文献:

[1]曹志耘.汉语方言地图集.商务印书馆,2008.

[2]黄尚军.成都方言词汇.巴蜀书社,2006.

[3]李荣.汉语方言大词典.江苏教育出版社,2002.

[4]李如龙.汉语特征研究论纲.语言科学,2013(3).

[5]李如龙.福建方言.福建人民出版社,1997.

[6]李如龙.汉语方言特征词研究.厦门大学出版社,2001.

[7]岩田礼.汉语方言解释地图.[日本]白帝社,2009.

[8]岩田礼.汉语方言解释地图(续集).[日本]好文出版株式会社,2012.

[9]杨蔚.沅陵乡话研究.湖南教育出版社,1999.

[10]宗福邦等.故训汇纂.商务印书馆,2003.

东南方言与东南文化论纲[*]

一、东南方言和东南文化

东南方言包括长江以南、京汉线以东的吴、闽、粤、赣、客、湘等与官话方言有明显差别的方言。这些方言的共同特点是：

1.都是以早期南下的中原汉人带来的汉语为基础形成的,汉族南迁,从汉魏到宋元,断断续续、或多或少,大多已经有了千年以上的历史了。

2.由于离开了中原故地之后进入了丘陵地,加上长期处于分散的自然经济社会生活之中,不时又有战争和割据,彼此之间经常处于隔离状态,因而和北方话拉开距离,相互间也差异很大。

3.汉人南下之前,东南地区已经有被称为"百越"人的原住民,他们的语言应该属于壮侗语和苗瑶语。由于长期的民族融合,这些语言必定在上述方言中留下数量不同的"底层"现象。

4.这些方言都没有成为汉语发展的主流,没有成为全民族、全国的通行语言。其原因是这些方言区被分割成一个个小块,没有形成很大的政治文化中心,各方言区的人口都没能形成大批量的优势。

一般说来,地域文化是由该地区的历史源流、地理环境、民族关系和方言状况四个主要因素酝酿而成的。所谓历史源流,主要包括

---

　　* 本文是 2003 年在福建省社科联组织的报告会上发表的特稿,后来刊登于《东南学术》(福州)2004 年增刊。

移民的过程、战争的成败进退、行政属辖的变动以及地域文化传统的形成。这些条件主要决定它与民族文化的共性和个性及其在中华文化中的地位。地理环境是决定社会经济的资源条件以及发展的方向和途径,这是影响社会生活的重要因素。民族关系指的是同哪些民族共处,人口比例如何、分居或杂处,相处关系如何,是否通婚,更多的是敌对或融合。方言是体现地域文化的载体和联系社会生活群体的纽带,许多地域文化的观念、习俗都充分体现在方言之中。东南文化也是由这些因素相互联系、相互制约而形成的。

二、东南文化的特征

和中原地区的汉民族主体文化相比,东南文化有几种内部比较一致而和全民族的主体文化又有明显差异的特征:

1.由于东南文化各个区片都是从主体文化分流出来的小块地域文化,因而在民族文化中都属于非主体文化,在历史上经常受到主体文化的限制和约束,有时,东南文化也会形成对主体文化的一定冲击,但往往作用力不强,有时还会以失败告终。这就是它的非主体性特征。

2.由于各个地域分散在不同的丘陵地(平原少而小)和不同的水系(内河流域或海域),长期以来,行政分治、经济分立、方言分区,作为分体文化,彼此之间长期处于隔离状况,主体文化对它们的一些异样表现也容易各个击破,加强制约。这就是其离散性的特点。

3.从长江口到珠江口,海岸线漫长而曲折,岛屿繁多,加之丘陵海拔不高,河口平原富饶,气候温和,既利于开发海洋,经营捕捞、养殖、造船、贸易等行业,也便于农林牧副渔的多种经营,加上温带气候的优越条件,发展经济的潜力很大。从宋元以来,这一带一直是经济繁荣地区。这就是其发展潜力大的特点。

4.在世界性海洋开发高潮之前,这里先民就从东南各港口出发,移民、经商的潮流此起彼伏、挫而复起,不但促进了经济的繁荣,也带来了与域外的文化交流,陆续把中华文化向东南亚、南亚乃至欧洲传播,也不断吸收近代西方社会的各种新的经济发展模式和文化思潮,为中华文化增添了新的活力。这就是其开放性的特点。

三、东南文化的内部差异

在东南文化区内,也表现出一些内部差异。

首先,处于东南沿海的吴、闽、粤方言区和处于东南内陆的湘、赣、客方言区有明显差异。前者出港方便,海上交通、贸易和移民都开发很早。粤人在唐代就在广州经营"十三行",奔赴五大洲经商早负盛名;闽人移居东南亚已有数百年历史,从经营种植业和小商贩开始,陆续在东南亚建立了众多的现代化企业王国;吴人从宁波和温州开始,海外营商久有传统,上海在100年间形成现代大都市之后更是一跃而成为江南江北以及沿江而上十几个省份的经济中心。东南沿海的经济发展和海上交通一直处于领先地位,海洋文化的发展相当充分。后者作为东南沿海的腹地,是由沿海三区带动起来的。赣人(包括徽州方言地区)沿江而下,与吴越人同行,在长期交往之中,语言上也有密切联系,徽语在早期就属于吴语,赣东北宣州一带至今还有一片吴语区。客家人近代以来跟随闽人、粤人进入台湾、香港和东南亚开辟了新生活;湘人则是沿江入吴和沿粤汉线入粤开辟了两条出海的路线。这是沿海片和内陆片的差异。

其次,沿海三区之间也有不同。闽人由于地狭人多,跟随郑成功复台,陆续前往东南亚垦发,都形成了大批量的移民,散居台湾及南洋各地。今日的台湾、新加坡的主要居民都是闽人后裔居多。这些移民的后裔还都和故土保持着信仰、风俗、语言、文化乃至经济上的紧密联系,定居南洋者直到数十年前还抱有"落叶归根"的观念。直到新中国不提倡双重国籍,他们才认同当地国家。粤人除了充填港澳之外,还远渡太平洋到旧金山充当苦力,出国之后早期虽然也历尽艰辛,但立足之后便"落地生根",建码头、设街市,聚居于城镇经营商业,顽强地保持和扩展自己的语言和文化。吴人外出规模没有闽粤人大,海外发展的历史也没有闽粤人长,在境外,吴文化和吴方言没有广泛的流播和保存,其发展经济的特点是立足长江口沟通内外、崛起之后就地得到快速的现代化发展。

四、东南文化与中原文化的关系及其对中华文化的贡献

1.中原文化是安土重迁的"地著"文化,在与域外文化的交往中是"输入"的多(如汉唐从西域传来的印度文化),"输出"的少(如隋唐以后向高丽和倭国的输出);东南文化的形成则是流徙、迁移的结果,先民在东南立足不久之后,又进一步走出海洋,登上台湾和海南两个大岛,并向东南亚播散,这就不但拓展了南中国的地域,而且使灿烂的中华文化向海外广为传播。西方人最初了解中国文明和中华文化就是从东南亚华人那里开始的。

2.在不同民族的相处和交往中,与北方的辽阔平原和游牧民族的生活习惯相关,中原文化长期经历金戈铁马的征战,培养了勇武好斗的豪气;东南文化从一开始便是逃荒、逃难的先民和移居地的居民和平相处、混血融合;到了向域外拓展,在东南亚各国,也是筚路蓝缕、历尽艰辛,和当地的居民友善相处,实行民族融合,华人在那里不是征服者,而是劳动者,到了后来这些地方沦为欧洲人殖民地时,他们也跟着成了被压迫、被屠杀的对象。东南亚华人史是一部血泪史。

3.中原文化是数千年的农耕文化,小农经济之下商品匮乏,只能有"日中为市"的集市贸易,宋元之后的东南地区形成了一些大、中城市,发展了近代手工业作坊和商业经营。这不但使东南地区的经济得到巨大的发展,为中央集权的大国朝廷提供了有力的财政支持,而且开始形成了发展商品经济的思想。明清资本主义萌芽和晚清"五口通商"又加速了这一进展。发展商品经济正是世界各国近代化、现代化的必由之路。明清以来的主流文化对东南地区的海上交通,对外贸易和商品经济的发展长期加以抑制,明代的禁止海上贸易和清初的"迁海",都是极端的典型事例。这种压制海洋文化和商品经济

发展的行径,显然是使中国迟迟未能走上现代化道路的重要原因。

4.中原文化是大陆文化、黄土文化,在那里形成的儒家思想体系是以"先王之道"为本,以"中庸之道"为核心的,几千年间,这一直是主导国家和民族的统治思想,许多传统观念根深蒂固,各种新的思想都难以存活。东南文化区的人走进海洋之后,扩大了眼界,见识了新事物、接受了新思想,出现了许多先进的思想家和改革家。从李贽、龚自珍、谭嗣同、严复到康有为、梁启超,从郑成功、林则徐、洪秀全到孙中山,都是这样的先行者、先知先觉者。最近100多年来,许多牵动中国大局的改良运动和革命活动,不论是倡导的领袖人物、基本群体还是发起地点、主要根据地,都与东南地区相关。可见最近的数百年间,东南文化一直是推动民族文化发展变革和社会进步的动力。

5.在文学艺术方面,北方方言历来是书面和口头的"通语"的基础,用北方话和近代通语写成的作品容易普遍通行,从宋元话本到明清小说,中原文化区的作家作品,占了绝对优势,成为民族文学的主流;在东南地区,由于经济发达,文化艺术在音乐、戏曲方面的传承和发展获得了更好的条件。吴语区的昆曲、闽语区的南曲、粤语区的粤曲都是保存了古雅乐曲传统的珍品;浙江的越剧,福建的梨园戏与高甲戏、莆仙戏,闽台的歌仔戏,广东的粤剧,江西的采茶戏以及客家山歌等等,不但品种和剧目繁多,表演质量也达到很高水平。通行于全国的"国剧"——京戏,则是400年前的"徽班"进京带去的。

五、中华文化的三大板块和东南文化在其中的地位

中华文化是由三个大板块组成的,这三大板块除了中原文化和东南文化之外,还有边疆文化。中原文化分布在官话方言的核心地区:秦晋冀鲁豫等省以及鄂皖苏的江北地区。边疆文化分布在东北、西北和西南各区,如今这些地方已经通行官话方言了,那是近几百年间从中原地区移民充填的结果。边疆文化区同时通行着大大小小数以百计的少数民族语言。可见,这三大文化板块正是和三种语言分

布的状况相符合的。

中原文化区是中华民族发源地,历史悠久、人口众多,文化底蕴深厚,尤其是在这里形成的儒家和道家思想体系,在数千年的历史中扎根很深,加上历代统治者的推崇和传扬,它一直是中华民族的主流文化。

边疆地区是陆续归入中国版图的,在历史上,东北、西北的少数民族和中原的汉族都有过多次的拉锯战,当然也有过长期的和平相处和融合,和这里的汉语吸收了一些少数民族语言的成分一样,边疆文化也融合了汉文化和许多少数民族的文化。最近的千年之内,蒙古族和满族都曾经靠着他们的战马、弓箭和军刀驰骋北中国,并且先后入主中原,甚至扩展域外,许多少数民族的文化和汉民族文化都有长期的双向的交融,为中华文化的发展做出了自己的贡献。边疆文化的数千年历史证明:汉族文化和其他民族文化,和则双赢,战则两败;同时也证明:只有尊重中原文化的主导地位,民族关系才能得以和谐,国家才能得到发展。

东南文化是中原文化的延伸,也是中原文化的补充和发展。东南地区的主体人群是南下的中原汉人,他们带来的中原文化也是东南文化的主体。然而开发南方之后,他们吸收了南方原住民族的文化,在东南沿海和丘陵地带创造了新的经济繁荣,发展了新型的海洋文化,使中华文化增添了新的活力,写下了新的篇章。东南文化对中华民族在政治上、经济上和文化上的贡献都是十分巨大的,在历史发展的过程中,它是代表着面向世界、与时俱进的方向的。但是,在发展的过程中,它走过的是一条艰难、曲折的道路,直到最近的数十年间,这种文化才进入了中华文化的主流。如果说,中原文化是一座稳固厚重的高山,东南文化便是一片活跃涌动的大海。东南文化这种奔流不息、永远向前的性格,赶上当代中国的改革开放的新局势,正在打开中国历史的新篇章,创造古老中国的现代化文明,为使中国自立于世界民族之林做出新的贡献。

在新的时代,中华文化三大板块应该重新整合,集合各方面的优点,审时度势,明确我们的发展方向,扬长避短,发展优势、克服弱点。做到这一点,中华民族的腾飞便是指日可待的了。

文字特征

汉字的历史发展和现实关照[*]

——作为一种文化现象的考察

一、汉字是世界文字中的奇迹

全世界的文字走过了表形、表意和表音的三个过程。大量的原始文字(表形、表意的形意文字)、古典文字(表意、表音的意音文字),例如西亚两河流域 5 000 年前的楔形文字,后来大都被表音的字母文字取代了。现代世界上,拉丁字母分布最广,五大洲都有,美、澳全部,欧、非大部,亚洲小部。在欧洲东部,信仰东正教的使用斯拉夫字母,北非和中亚信仰伊斯兰教的使用阿拉伯字母。此外还有小规模使用的字母,如印度字母、希腊字母、希伯来字母(以色列)、谚文字母(朝、韩)、假名字母(日本)。在林林总总的世界文字之中,现在还留存的不采用字母来标音的古典文字——"意音文字",只有汉字一种。

古老的汉字从定型的甲骨文算起,已经有 3 500 年的历史,为什么它能够长盛不衰,至今还有强盛的生命力呢?从秦汉的"隶变"(从小篆变为隶书)到现在,正如周有光先生所说,"汉字适合汉语,所以 3 000年只有书体的外形变化,没有结构的性质变化"(周有光,1992:120)。一句话——汉字适合汉语,点出了这个奇迹的奥秘。

---

* 本文是应光明日报社之约于 2014 年 11 月 10 日在厦门大学"光明论坛"上提交的报告稿,后刊登于 2014 年 12 月 8 日的《光明日报》。

瑞典的汉学家高本汉早在 90 年前就说过："这个文字是中国人精神创造力的产品,并不是从他族借来的;书体很美丽可爱,所以中国人常应用他为艺术的装饰品。而且学习起来也并不见得怎么繁难;只需熟悉了几百个的单体字,就得到了各种合体字里所包含的分子。"(高本汉,1931:20)

如果说,周有光是精通世界文字发展史之后,对自己的文字有坚定的"自知之明",那么,高本汉便是深刻理解中国文化之后的"旁观者清"了。

许多欧洲人是冲着古老神奇的汉字来学习汉语和了解中国文化的,高本汉就是其中之一。他出生于 1889 年,1909 在俄国学汉语,1911 来西安,两年间调查了 20 多种方言,1915 年写成《中国音韵学研究》的博士论文并成为教授,他是最早、最成功的西方汉学家,他的博士论文指导着中国第一代语言学家创建了中国的现代语言学。法国教育部现任的汉语总督学白乐桑也是个汉语汉字迷。他 1950 年出生,1973 年来北京留学。他说过,汉字是艺术,一见到它就被吸引住了,并且挥之不去。他认为学好汉字可以更快更好地学习汉语,编了一系列通过常用汉字学汉语的好教材,多年来成为欧洲最时行的汉语课本。

诚然,在外国人当中,也有些人鄙薄汉字,认为中国人时至今日还在使用几千年前的汉字,是落后的"抱残守缺"的蠢事,还有些人恐惧汉字,以为应该绕道走、不学汉字、直接学汉语才是聪明人。和他们相比较,高本汉和白乐桑是高明的学者,是真正的聪明人。

二、汉字是中华文化的瑰宝

自从汉字成了汉语的书面符号,一直是中华民族文化最重要的载体。从甲骨文所记录的商周编年史,毛公鼎的篆文所镌刻的嬴秦的历史,先秦诸子的论辩和散文,汉代的《史记》《说文》,直到康乾盛世所刻的 900 卷、近 5 万首诗歌《全唐诗》和近 8 万卷的包括经史子集的《四库全书》，浩瀚的典籍集聚了一代又一代文化精英的思维逻辑和艺术创造。中国作为古典文献的大国，无论是数量还是质量都无愧为上乘。汉字为缔造中华文化的圣殿立下了丰功伟绩。

汉字所以能够长盛不衰，它的生命力来自它的内部结构的优越性。汉字是形音义三位一体的结构体，在形音义之中，表意是它的主体功能。隶变之后字形稳定少变，占着大多数的形声字，表意的形旁相对准确，表音能力较差。稳定的形、义使它超越了标音能力的缺陷，尽管古今汉语和南北方言语音发生了重大变化，人们还能"由文知义"，形成了"目治"的习惯。于是，隔代的人可以共享书面阅读，异地的人可以借助文字沟通。不同的民族虽有各自的语言，用汉字书写的书面语，还能被尊为共同的文化载体。唐代之后的1 000年间，《切韵》系韵书作为标准音，通过"科举取士"普及全国，形成了文读的"字音"类别，使古今南北的字音差异保持着多多少少的对应，使操不同方音的人都认同统一的汉语。满族入关统治中国的300年，正是古代汉语向现代汉语转变的历史时期，也是中华文化达到鼎盛的时期，《四库全书》和《红楼梦》所代表的文言和白话就在这时登上了中华文化的顶峰。这就是各民族共同使用汉字、多民族共同创造统一文化的最好见证。

统一的文字不但维系着统一的书面语和统一的民族文化，也使我们这个拥有数以亿计的人口大国能够经常保持着统一的局面，中国历史上虽然也有战乱和分裂的时候，但总是分久必合、分少合多。关于这一点，高本汉还这样说过："中国人对于本国古代的文化，具有极端的敬爱和认识，大都就是由于中国文言的特异性质所致。"（高本汉，1931:46）"中国全部文化的基础，都建筑在这种文字之上，而各处散漫的人民，彼此能互相维系，以形成这样一个大国家，也未始不是这种文字的功用哩。"（高本汉，1931:15）

汉字在它的青春时期，不但勤勤恳恳地为中华民族服务，还作为中华文明古国的友好大使，传播到东亚的许多邻国，形成了太平洋西岸的汉字文化圈。日本在明治维新之前向中国学习了1 000多年，先是直接学汉字、读四书五经,公元 720 年成书的《古事记》就是用文言文写的,750 年创造了汉字笔画式的音标——假名,用汉字和假名拼音来书写日语已有千余年历史。二战期间,曾有人提出要废除汉字,因为汉字已经用"音读"和"训读"的形式进入日语的血脉,废除不成,后来采取限用汉字的办法,规定了 1 945 个汉字作为"当用汉字"(后又增加到 2 000 个)。朝韩从公元 372 年起使用汉字,1444 年也创制了汉字笔画式的谚文字母,直到 1910 年被日本吞并。1987 年规定,小学只学谚文,中学才学 1 600 个汉字。越南的中北部曾在汉代中叶之后纳入中国版图千年,一直以汉字为正式文字。直到 1945 年才改用拼音。正是因为汉字表意为主、不精确表音,所以才能够被不同语系的语言借用为文字符号。这种情况在世界上也是绝无仅有的。

几千年间,汉字的形体发生过甲、金、篆、隶、楷、草等字体的变化,在笔画的选择、结构的调整、繁简的变异上经过了不断的探索实践,不论是什么时代,也不论是什么字体,都创造了多样且高超的书法艺术。历来的文人学士大多兼通诗文书画,和诗画融为一体的书法艺术,给后代留下了无数珍贵墨宝。王羲之、颜真卿、柳公权、欧阳修、苏东坡、米芾等数不清的书法家,不但为华夏子孙耳熟能详,其作品,哪怕只是印刷品或拓片,千百年过去了,都还能受到许多外国朋友的喜爱和崇敬。汉字不但是记录语言的符号,不论在公众场合还是私家屋舍,还成为类似西方的绘画、雕塑的艺术陈列品,这在世界文字之林中也是极为罕见的。

凡此种种,都说明汉字确是中华文化不可多得的瑰宝。

三、汉字有生以来的传奇

汉字能够跨越数千年的历史空间而不衰,广泛传播于不同语系的诸多民族,并不是它具有什么神力,也不是靠着坚船利炮的压服而强加于人,而是靠着它有生以来的艰苦拼搏精神和使用不尽的睿智。

经过数十年来汉藏系诸语言的比较研究,一方面是汉语和藏缅语之间的同源词越来越多地被确认;另一方面事实又说明藏缅语和秦汉之后的汉语之间还明显存在许多重大的差别。例如,藏缅语有些还没有声调,大多有多样的复合辅音、有形态变化,还有不少多音词。对于这两个方面的悖论,很多学者提出了新的设想:在甲骨文出现和定型的千年间,汉语可能发生过一场类型的转变。《诗经》里有近 1/4 的双音词(叠音词和联绵词),上古汉语人称代词还有"格"的差异(吾、女为主格,我、你为宾格),从汉字的谐声可以看到明显存在的复合辅音([dl- kl- pl- hm-]等),可能只有"平、入"两个声调(王力、黄侃的观点,若得到确证,也可以理解为韵尾的区别)。所有的这些,都很像是前上古时期旧有的语言类型的残存。自从汉字定型并成为汉语的书面符号之后,集形音义为一体的汉字作为单音词,成了上古汉语词汇占优势的主体,放弃了使用形态标志来区别语法意义的手段,复合辅音也消减了,为了增加音节容量以扩大单音词的别义能力,形成了"四声"的声调格局(在平入二调的基础上,加上长短的区别,短平为上,长入为去)。上古汉语之所以成为"单音节的孤立语",显然是汉字的"形音义融为一体"并使"单字成词"的结果,这不就是汉字定型的千年过程所带来的类型变化吗? 这样的理解,不但能够解释从上古汉语到中古汉语的许多演变的事实,也可以解开汉语和藏缅语之间的异同相悖之谜。这个假设若能得到确证,便说明了汉字一旦和汉语"联姻",便主持了"家政",就像莽莽昆仑"横空出世",便"搅得周天寒彻",引起了汉语的一场类型变化,其结果也就是周有光所说的"汉字适合汉语"。

　　1926 年,高本汉在瑞典发表的《中国语言学研究》就提出:"原始中国语也是富有双音缀或多音缀的文字,有些学者亦承认中国最古的文字形式中,还有这类的痕迹可寻……中国文字的刚瘠性、保守性,不容有形式上的变化,遂直接使古代造字者因势利导,只用一个简单固定的形体,以代替一个完全的意义。"90 年的研究正在证实他的先见之明。

　　然而这位"家庭主妇"也实在是太辛苦、太能干了。从商周到春秋战国的近千年间,为了书写更加简便,汉字的形体发生了一次又一次的重大变化:甲骨文采取的是简单的直笔、短笔,为的是适应在兽骨和龟甲上刻字的困难;钟鼎陶器模具上所刻的大篆、小篆,因为操作方便了,就不避繁复而追求美观;到了秦隶,又做了一次灵便的简化,这就为往后用毛笔书写楷书,打下了良好的基础。

汉字的形音义一体化整合,使得绝大多数的单字获得了单音词的资格,实现了文字和语言的统合。上古汉语单音词成了词汇系统主体之后,立即又出现了新的问题:由于人类的发音器官是固定的共鸣器,发音能力和辨音能力都有一定的限度,任何语言的音节数大体上只能有1 000多个,但是,随着人的认知能力的提高,词汇不断增多,只用1 000多个单音词来表达意义显然不够用,同音词越来越多,例如"其、期、旗、棋、麒、骐、琪、丌、祺、淇、芪、綦、岐、歧、萁、祇"在上古音中就都是平声、群母、之韵的同音字。虽然增加了声调的区别,用一字多音、异读别义(骑马、坐骑,好人、好色,采取、采邑,堵塞、边塞,牛角、角色)可以缓解同音之困,但是,多音多义又带来了异体字的新问题。为了从根本上解决同音字、多音多义字的问题,后来就兴起了双音合成词,"岐山、旗山,旗子、棋子,麒麟,淇水、神祇、黄芪、歧路、綦年、期间、其间",这才为单音词的困惑解了围。

汉语的双音词是从春秋战国时期产生的,开始的时候主要是联合式和偏正式,秦汉之后又"融句法于词法",采用造句法的动宾、动补和主谓等方式来组构合成词。双音合成词的发展不但彻底解决了单音词的同音、多音的问题,而且开辟了扩展词汇更加宽广的道路。这是汉字适应汉语发展的另一次最为重大的突破性变革。

有了二字合成的新方法,汉语词汇开创的"书面语构词"成了一股洪流滚滚向前。历代的士大夫、文人,尤其是汉唐数百年间的诗人和散文家,沿着此道创造了无数优秀作品,既有按严密的逻辑积累起来的丰富词汇,也有用巧妙的艺术构思所创造的修辞手段。在语音方面还形成了二音节的"音步",创造了平仄相从相间的韵律。正是这几个结构系列,不仅建造了汉语书面语词汇的完整体系,也构筑了千古不朽的古诗词和文言文。此外,唐宋以来,识字不多的劳苦大众在社会生活中也不断创造着各种通俗而生动的用语,也在用汉字记录着这些语词和表达手段,这就是中古时期逐渐发展起来的"白话"。宋元以来的数百年间,书面的文言和口头的白话,成了并行不悖的两股洪流,共同推进着汉语的发展。这两股洪流,就像黄河和长江,都发源于青藏高原,有共同的源头,但是因为地位不同、途径不同,彼此是有差异的。相对而言,口语汹涌澎湃、起伏不定,不修边幅、散乱分歧,但奔腾不止、滚滚向前;书面语则恬静舒缓、波澜壮阔,水光荡漾、廻清倒影,常有无限风情。文言和白话在社会的不同层面分头发展,既有分歧和抗争,也有相互的渗透和融合,这就是近代汉语词汇形成的一道独特的风景线。对于当年留下来的书面语词和口头语词的差异,每一个有汉语语感的国人,都是很容易辨别,也能够随机应变地应用的。例如,"稀客、稀释、稀疏、稀缺、稀松、稀朗、稀薄、稀乱、稀有、稀世珍宝、依稀、古稀、珍稀"应该多用于书面语;而"稀罕、稀拉、稀奇、稀烂、稀巴烂、稀里糊涂、稀里咣当、稀里哗啦、稀里马虎、稀稀拉拉、稀汤寡水"则显然是口头用词。现代汉语之所以有如此丰富的词汇和表达手段,不就是中古以来两大洪流汇合而成的吗?回顾了这样的过程,我们不难体会到:造成书口之别、文白之异的是汉字,后来这两大洪流的相互吸收、不断接近,也正是有赖于汉字从中所做的斡旋和沟通。

四、平心静气为汉字论衡

当汉字走过了 3 000 年的历程,这位"老革命"在 19 世纪末期遇到了新问题,经受过 100 年的围攻。日本经过明治维新走上了现代化的道路,一跃成为东亚的强国。120 年前的一场海战,这个老学生教训起老朽的老师了。当时的一批先知先觉者愤然而起,要求腐朽的王朝改良革新。他们看到十分之九的不识字的国民被关在政治门外,安分守己而任人宰割,想到自己十年寒窗的识字之苦,认为要振兴教育以开发民智,发展科技以建设强国,就必须废除繁难的汉字,改用便捷的拼音。激进的鲁迅甚至喊出了"汉字不灭,中国必亡"的口号。第一个"切音字"运动的先驱卢戆章就是厦门人,他原在新加坡教英国人学汉语、教中国人学英语,对拼音文字的优越性深切顿悟之后,毅然放弃优越的生计,回到鼓浪屿,闭门十年,研究出一套用拉丁字母拼写汉语(包括国语和几种主要方言)的方案,名为《一目了然初阶》,于 1892 年自费印刷成册,送到北京交给清政府。之后的 20 年间,各地学者纷纷响应,提出的汉语拼音方案有 28 种之多。后来,切音字、汉字改革、国语运动成了新文化运动的重要组成部分。辛亥革命后的民国政府,于 1918 年制定了"注音字母",算是有了第一个成果。五四之后的 30 年间,汉字拼音化运动曾是国共两党的共有事业,延安称为"北方话拉丁字",上海叫"国语罗马字"。在抗日烽火之中,不论是太行山区还是上海难民营,都有一批热心人在教平民大众学习拼音字母、认读汉字、学说国语,这成了动员抗战的宣传工作的一部分。新中国成立后,1958 年国务院通过了《汉语拼音方案》,并在全国各民族的义务教育中作为教学语文的基本工具。1982 年国际标准化组织(ISO)经过充分讨论,决定采用汉语拼音方案作为汉语罗马字拼写法的国际标准。1986 年初,全国语言文字工作会议的文件正式停止了"汉字拼音化"的提法。至此,汉语拼音化运动画上了句号。

汉字不搞拼音化,不等于汉语拼音没有用。作为学习汉语、认识汉字,教学拼音肯定是一条坦途。半个多世纪以来的母语教育和对外汉语教育不断地在证实这个经验。中文信息处理中的汉字输入法,在经过"万码奔腾"之后也证明了拼音输入是最佳方案。在其他方面,还有许多汉语拼音的应用正在研究和开发。

然而汉字不要改为拼音文字,也不能说明汉字是完美无缺的。汉字字形繁杂、表音不力、字数太多,这是它三个天生的弱点。吸收历史经验,简化了一批特别繁难的字,确定 3 500 个常用字以供基础教育之用,限定 7 000 个通用字表等等,只能在一定程度上缓解它的繁难。

汉语特征研究

对于 100 年来为汉语拼音化奔走呼号的几代语文学家,我们也应该给予理解和公正的评价。瞿秋白曾是中共早期的革命家,1929年他在莫斯科制定了"中国拉丁化的字母",提倡用它拼写"普通话"作为"公用文字"。出于"左倾"思想,他认为"汉字是古代封建社会的产物,是中国统治阶级压迫劳苦群众工具之一"。但是周有光先生1985 年在纪念瞿秋白的会上还说:"他的科学实验的革命精神将长留人间。他昂然站立在历史的急流中,是新时代的先驱者。"他认为:"革命是发展社会的科学实验。实验可以失败⋯⋯要从失败中吸取教训,不墨守教条。"(周有光,1992:372)

在停止汉字拼音化口号、正确评价拼音运动家的同时,更重要的是要经过认真研究,认识为什么汉字不能拼音化。

上文说过,汉字书写过浩如烟海的古今书籍,保存了丰厚的中华文化遗产;汉字的书法艺术也是东方一绝。然而这些都不能成为必须保存汉字的理由。世界上就有许多古文字的作品如今不用了,但作为历史文物被珍藏着,可以训练少数人掌握古文字去整理古籍。以前反对汉字拼音化的人还说,汉语方言纷繁复杂,普通话尚未普及,表意汉字有利于方言间的沟通。如今这也不足为凭了,普通话正在迅速普及,方言已经在萎缩、向普通话靠拢。其实,汉字不宜拼音化,最重要的原因是以下两条:第一,汉字有双重身份,它不但是汉语音节的记录符号,也是汉语的语素,认字并非为了读音,而是为了识词。正因为汉字以表意为主,在一定程度上可以"望文生义",认得一个字,就可以识得一批词,掌握 600 个常用字的形、音、义,就可能读懂 80% 的文本。只会拼音、不认得汉字就不可能做到这一条。改学拼音,就只能拼音识词,如果读音不准,或不懂得普通话的语词,或者是完全没有语感的外国人,读出了音也理解不了意义,识不了词。第二,由于表意汉字作为沟通的桥梁,古代的文言和现代的白话之间并不存在鸿沟,现代汉语的书面语、甚至口语中,除了使用了大量的文言成语之外,还随时可以引用文言语句,除了"三人行必有我师""海内存知己,天涯若比邻""欲穷千里目,更上一层楼"一类常用典故之外，"诚如、愧对、疑虑、滞后、莫非、莫须有、无论如何、总而言之"等等常用书面语，也正是从文言来的，通过汉字去读写这类语词，比起通过拼音去掌握方便得多，这应该是一般的中国人共有的经验。

汉字真正的强大生命力，在于它和汉语已经相伴几千年，虽然曾经有矛盾、有差异，但经过好多回合的磨合，已经达成了和谐。如果汉字不是表意的语素，仅仅是标音符号，就像一件外衣，说换就换，一点也不麻烦。不论是明代的利玛窦、清代的威妥玛所创造的拼写官话的方案，传教士为各地方言所设计的罗马字拼音，还是中国人创造的各种拼音方案（笔画式的、拉丁化的或是数码式的），前前后后怕是不下百种，哪一个不是说用就用、说改就改、说废就废！这就是最有力的反证。国外使用过汉字的，只有日本因为汉字通过"训读"成为日语的语素，至今还藕断丝连，不得不保留着"当用汉字"。其他没有和当地语言深度结合的，就先后被放弃了。所有这些，都是汉字不能实现拼音化的最有力证明。

五、做汉字的莫逆之交

汉字是中国人的老朋友了，我们要善待它。

在思想方面，我们应该认识汉字的特征，分清其优点和缺陷；准确地评价它的价值，了解其贡献和局限，从而采取正确的态度。

汉字的基本特征是它的双重身份——这个形音义结成的立体化的统一体，既是标注音节的符号，也是汉语的最小结构单位——语素（或单音词）。作为语素的字有两个特点。一个特点是字可以组合成词，词语可以连接成句，通过字词句的组织就能实现表达和交际，而且组字成词和组词成句的规律是一致的、主要决定于字义和词义。因此，认字就可以同时识词、学话。中国儿童语文启蒙时学拼音、学写字、组词造句的训练，就是按照这个基本特征所组织的"形—音—义，字—词—句"的教程。世代中国人经过这个教程的训练，掌握母语的效率并不比外国人差。所以高本汉说："学习起来也并不见得怎么繁难。"另一个特点是字数虽多,但字频差异大,加上汉语词汇以单音词为核心、双音词为基础,少数字形比较简单的高频字、高频词可以组成大量词语,生成各种句子。利用频度之差可以大大提高学习效率。法国的汉语督学、教学专家白乐桑就是用"字本位"的理论,教常用字,从字形字义入手,联词学话,以少驭多,才获得成功的。双重身份是汉字的功能特征,相对而言,作为语素优点多,作为音节符号则是缺点多。

再看看汉字的内部结构是如何优劣并存的。字的形音义三个方面中,字音虽然不能准确地标注一时一地之音,初学时确实不如拼音文字方便,但是字音归属于"音类"(按声韵调分成声类、韵类、调类),而每个音类在古今汉语、南北方言之间都存在着一定的对应,中国人学习字音可以利用自己熟悉的母语的音类进行类推,化难为易(例如:南方的[ka kha ha]就是北方的[tɕia tɕhia ɕia];北京的阴平字在各地方言也大多读为阴平调);字形方面是比较繁复,但是基本笔画并不多,除少数独体字外,都有声旁和形旁(部首),多数部首可以有效帮助理解字义;字义方面,在中心义(主要义)、引申义、比喻义、边沿义之间总有一定的逻辑联系。可见,各种特征也是优点和缺点并存的,因为汉字着重于表意,形音义结构特征中,音、形方面的缺点多些。

至于汉字的功过,我们也应该有一分为二的观点。历史上汉字传扬中国文化做出了巨大贡献,但是在现代化、信息化、智能化的今天,字音难明、字形难记、字义难辨的问题并没有根本解决,汉字在电脑上的实现,还有许多问题要研究解决。周有光先生说:"汉字既是古代文明的'宝贝';又是现代文明的'包袱'。一旦认出了汉字既是'宝贝'又是'包袱',再要肯定汉字只是'宝贝'而不是'包袱'也就非常困难了。""历史永远是在矛盾中前进的。'有古无今'、'厚古薄今'是不成的。'有今无古'、'厚今薄古'也是不成的。唯一的前进道路是'厚今而不薄古'。这就是认清汉字的两面性,使'技术性'和'艺术性'两个方面各得其所,在两难之间,取'中庸之道'而前进。"(周有光,2010:165—167)

有了透彻的认识，自然就会有正确的态度。实事求是、不偏不倚，不一味颂扬，也不无端贬责。对于当前应用，我们应该发扬其长处，改善其不足，努力保持其旺盛的生命力。

在行动方面，我们应该学好、用好汉字，爱护它的规范，让它在社会生活中发挥更大的作用，为传承中华文化，把中华文化推向世界做出新的贡献。

文字处理依赖计算机之后，汉字写不好、提笔忘字的现象多了，接着还会影响阅读。在现阶段，我们还是应该学好汉字，尤其是义务教育阶段的学生。许多负责任的老师正在想办法让孩子们写好汉字，这是很值得鼓励的。最近的"汉字听写大会"上那些年少的"汉字英雄"，是很令人鼓舞的，当然他们的老师也很令人敬佩。

网络文化兴起之后，亿万人上网交际，为了快速，本来汉字就没有学好，或者是为了标新立异，就随心所欲地写"别字"，把"版主"写为"斑竹、班主、斑猪、办猪、板猪"，故意将"俊男美女"丑化为"菌男霉女"。也有按照读错的音写的："这样子"写为"酱紫"，"尴尬"写作"监介"，"美国"写成"米国"（仿造日语的写法），"我们"写成"偶们"；还有用字母或数字谐音的：GG（哥哥）、MM（妹妹）、886（拜拜了）、1414（意思意思），甚至把"正在吃饭"写成"吃饭 ing"。这类做法就有些离谱了，和网络上创造新词语是不同性质的。网络新词如果造得好，经过一段时间流行，被多数人认可之后，是会进入词典，成为规范的，例如"博客、粉丝、给力、土豪、山寨、拍砖、吐槽"。乱写别字则只会造成混乱，不利于语言文字的通行和应用。

20 世纪五六十年代使用语言文字比较重视规范，但是当时的认识有些片面性，对于语言文字在实践中变异和发展认识不足，贯彻各种规范时也比较生硬，缺乏灵活性。拨乱反正之后又有些过头，年轻学生图方便、爱随意，老师和编辑也懒得严格要求，所以灵便有余而规范不足。就像钟摆的原理一样，矫枉之后难免过正，情有可原。然而改革开放30 多年了，好好总结经验教训，制定合理的政策，采取有效的措施，使新时期的语言文字应用走上良性循环之路还是很有必要的。

汉语特征研究

汉字目前还是海峡两岸、东南亚乃至全球华人正在使用的文字，由于历史上的分隔，各地在用字上存在一些差异。除了繁体简体的差异之外，还有一些异体字、古字、方言字的不同。在地球村的时代，随着中国经济的快速发展，海内外华人的联系日益频繁，若能谋求当代汉字的"书同文"，对于华夏子孙的交往、对于文化的传承和经济的发展都会有很大的好处。如果从"繁简字的计算机转换"做起，可以考虑淘汰少量不合理的简化字，提倡并促进"识繁写简"和"识简写繁"，经过充分协商，淘汰异体字、统一译音字，限定不同级别的用字量，商定若干比较通行的方言字，经过学者讨论、媒体试行、征求群众意见，最后还是有可能把改革方案确定下来，公布施行的。

中国经济实力的发展向全世界开辟了最广泛的市场，促进了世界经济和旅游业的繁荣，许多国家正在兴起新一轮的教学汉语的热潮。要让世界了解中国和中国文化，让中国更好地走向世界，在世界大家庭里得到发展、也为世界做出更大的贡献，对外汉语教育就成了一项重要的事业。要让特异类型的汉语汉字能够便于外国朋友学习，还有大量的课题要做。为适应不同国家、不同职业、不同年龄段的人的需要，要编制多样化的教材，试验不同的教法，要培训大量外国和中国的汉语教师。本文所讨论的汉语和汉字的关系所造成的许多和其他语言不同的特征，如何将其体现到教材和教学法中去，就是一个需要深入研究、认真处理的总题目。

现代化、信息化、数字化、网络化的迅速发展，还会带给社会经济文化哪些重大的变化，现在还很难预料。语言文字的应用和社会上会的各个层面（人际的、文化的、科技的）都有紧密的联系，50年、100年后不同国家、不同民族之间的人际交往、人机对话会是什么样的情况，现在也还难以设想。随着时代变迁和社会进步，一切文化现象总要有相应的变革，根据多年来的观察和思考，我预感到我们的老朋友——汉字，又面临着一场新的改革。

新世纪一开始，96高龄的周有光先生发表了《21世纪的华语和华文》，提出了新世纪应该精简字数和夹用拼音的改革。他说："汉字难学难用,主要不在笔画繁,而在字数多。""按照'汉字效用递减率',最高频 1 000 字的覆盖率是 90%,以后每增加 1 400 字,提高覆盖率十分之一。利用常用字、淘汰罕用字,符合汉字规律。与其学多而不能用,不如学少而能用。21 世纪将出现一种'千字文'加拼音的'基础华语',作为学习华语的入门教材……在 21 世纪的后期,讲究效率的华人将把一般出版物用字限制在 3 500 常用字范围之内,实行字有定量,辅以拼音。"(周有光,2010:170)

十几年过去了,老寿星的这个真知灼见好像还没有引起学界和官方的重视。在社会上情况又如何呢?最近为"汉字听写大会"出题的先生们,深挖了许多极为生僻的古字,引起了许多观众的不满。有些年轻人起名字也专找生僻字,这说明还有人赏识它。不久前,《现代汉语词典》第 6 版发行后,因为收了几百个"字母词",遭到一些人的非议,这说明"夹用拼音"也会有很大阻力。

上文所引的周有光先生关于"中庸之道"的说法,让汉字的'技术性'和'艺术性'各得其所,很值得我们深思。汉字,历来"出生不报户口、死了户口不注销",这种情况看来是应该有所改变了,否则真会使我们的后代接受不起这份宝贵而又沉重不堪的遗产。试想想,现代化的潮流滚滚向前,时间越来越宝贵,若能减少识字和阅读的时间,让青少年更快成长和全力拼搏,对于事业的发展和人才的成长都有重大的意义。为了精简汉字,可以先分级限量,把对外汉语教学和义务教育的不同等级的用字、社会上不同行业的用字、人名用字、外国译名用字、编不同字典或词典的用字和阅读古籍的用字分别开来,供外国人用的基础课本最好先学三五百字,让一般的初学者尝到易学、有趣的甜头,留下千儿八百个继续学,该有多好!分别压缩不同领域的用字量,应该也能减少中文信息处理、人机对话、语音实验等方面的设计和操作的工作量。至于书法艺术,自然就不必限量了。各种用字定量经过试行,让大多数人体会到好处,经过调整之后再做认定,然后逐步推行,可能会减少阻力。夹用拼音也可以先做小规模的试验,例如外国的人地名,本来就是"有音无字"的,口语(包括方言)

里的"纯音缀""拟声词",硬去找个意义无关的字来写,不是更不好吗?让这些纯表音的"拼音字"先获得"户口",大家面熟了,就可以减少阻力,日本人兼用假名、汉字和罗马字母已经上千年了,不是也用得很好吗?

参考文献:

[1]高本汉.中国语与中国文.张世禄译.商务印书馆,1931.

[2]高本汉.中国语言学研究.贺昌群译.商务印书馆,1934.

[3]李如龙.汉语词汇学论集.厦门大学出版社,2011.

[4]李如龙.汉语应用研究.中国传媒大学出版社,2004.

[5]孙宏开、胡增益、黄行.中国的语言.商务印书馆,2007.

[6]徐通锵.语言论.东北师范大学出版社,1997.

[7]周有光.新语文的建设.语文出版社,1992.

[8]周有光.朝闻道集.世界图书出版公司,2010.

汉字的类型特征和历史命运*

一、汉语汉字的研究必须着重于类型特征的考察

文字是语言的符号,语言是用声音表示意义的符号。作为符号的符号,文字可以用表音的方法来记录语言,也可以用表意的方法来记录语言,还可以用表意兼表音的方式来记录语言。从世界上文字演进的历史上看,原始文字是表形的,早期的文字是以表意为主的,后来大多走向表音,这就造成了一种理论:表音的文字是先进的,表意的文字是落后的。然而,为什么现存的全世界最古老的文字竟是以表意为主的汉字? 时至今日,汉字已有四五千年的历史,日语和汉语是类型迥异的语言,借用汉字 1 000 多年的日本,几次想废弃汉字都不能成功,这就叫我们不得不重新做一番思考:表音和表意是演化进程的不同还是构造类型的差异? 汉字在林林总总的文字之中,属于什么类型,它的特征是什么,它的演变走的是什么样的道路?

无独有偶,语言学史上曾有不少人说过,语言的演化是从"初等"的"孤立型"走向"黏着型",最后才走向"高等"的"屈折型"的。以单音节词汇为核心、双音节词汇为基础的汉语,至今还有点"孤立"的味道,如果一定要走向"屈折"的话,为什么 20 世纪初的不少"欧化"现象后来都没有存活下来,连许多专家规定好的"得、的、地"要有表示不同语法意义的分工这一条,现在说普通话的人,不论是蓝领、白领,

---

* 本文是提交语文现代化学会第 11 届年会(2015 年 3 月)的论文。

也不论是南人、北人,谁都不肯接受,照样说成轻声的 de。这也使我们不得不重新思考:语法结构的不同类型是不是一定有先进、落后的演化关系? 早在 80 年前,西方第一位研究汉语的大师高本汉就说过,现代英语"综合语的语尾渐渐亡失了……是印欧语系中最高等进化的语言,而中国语已经比它更为深进了。"(高本汉,1931:27)。

由此可见,研究语言文字,重要的是从事实出发,分析类型、提取特征、考察演变、探讨规律。对于任何理论,都应该用事实去检验,看看是否符合类型的特征和演变的方向。汉语和汉字在世界上的语言中都有点"特立独行",我们的研究应该致力于分析它的类型,认识它的特征。这样做,我们还可能会有新的发现,也可能在理论上获得应有的话语权。

本文是关于汉字的类型与特征的思考,并从而对汉字的历史命运做一番简单的考察。

二、表意为主是汉字最重要的特征

汉字是怎样造出来的? 和汉语是什么样的关系? 汉代的学者提出的"六书"说,延续了近两千年。直到 20 世纪 30 年代才有唐兰和陈梦家两位大家把它归并为"三书说"。唐的提法是,六书应该归并为象形、象意、形声;陈改称象形、假借、形声。后来,裘锡圭在《文字学概要》(1988)里表述为"表意"的意符字(象形、指事、会意)、表音的音符字(假借)和半表意半表音的形声字,并另立"不能纳入三书的文字"。50 年之间,我们对汉字的认识是越来越清楚了。以往说的"象形字"(日、月、山、水),应该是"取形貌表意","指事字"(上、下、刃、末)是"取事理表意","会意字"(步、休、射、春)则是"取状态表意",这三类都是"表意"的符号;旧说的"假借字"是借用同音字来"表音"兼"表意"的;"形声字"则是半表音半表意的。从文字和语言的关系上说,这种"三书"的分类是穷尽而完整了。裘锡圭先生所列"不能纳入三书"的 5 个小类,其实也还可以归入这三类。"记号字"(七、八)、半记号字(丛、义)大部分可归入表意类(用笔画式的符号来表意),"变体表音字、合音字"则可以归入"音符字"。

如果就这"三书"的分类去看,汉字的表意和表音之间究竟何者为主呢? 先秦的古文字"甲骨文",表意的"象形、指事、会意"的字至少占着常用字的大多数,而"形声"的数量还不太多。据李孝定统计,只有 27.74%(也有一说甲骨文就有大量假借字)。看来,从表形、表意到表音,这是所有文字生成、发展的共同规律。演变到小篆时,表意兼表音就大量增加了。(李孝定,1977:41)据李国英研究,小篆的形声字就占了 87.39%。(李国英,1996:2)然而形声字占了多数并不能说明当时的汉字就是表音为主。因为非形声字中,象形、指事、会意的字只能表意,"转注"至今含义未明,暂且不论;假借字是借具体的音表抽象的义,有些被借字的意义和借用字的意义还有明显的关联,例如:畔—叛,衷—中,说—悦,取—娶。形声字的表意成分和表音成分也不是一半对一半,形旁是表意的,有些声旁也是表意的。例如:驷(四匹马,音四),牭(四岁牛,音牛),辆(车的单位,音两),枋(方形木,音方)。许多同声符的字都有共同的意义,例如"戋"有"小、少"之意:浅是水少,贱是价小,饯是食少,钱是币小,线是丝小,笺是简小,盏是器小。后起的大量形声字则是拿整字的表意字来做声符的,例如:"基、箕、期、欺、麒"的声符"其"就是表示土箕的象形字;"忍、韧、仞、轫、認"的声符"刃"是指事字;"想、湘、箱、厢、缃"的声符"相"是会意字。"形声"的最早定义"以事为名,取譬相成"说的就是表意为主,表音只是近似的"取譬"而已。据一般估计,形声字中,放宽到声韵相同的(不包括声调)也不及 1/5。唐兰因此得出这样的结论:"形声字的声符所代表的是语言,每一个语言,不论是拟声的,述意的,抒情的,在当时总是有意义的,所以每一个形声字的声符,在原则上,总有它的意义,不过有些语言,因年代久远,意义已茫昧,所以,有些形声字的声符也不好解释了。"(唐兰,1979:107)《说文》之后,刘熙所撰《释名》,"缘声求义,辄举声之字为释",现代则有王力先生所界定的"同源字",他的晚年用四年时间,整理了古代汉语"音义皆近,音近义同,或义近音同"的 3 000 字,编成了《同源字典》。不仅如此,早期形成的用来表音的双音"联绵字",为了表意,到后来也大多加上了形旁。例如:琵琶、枇杷、崆峒、鸳鸯、踌躇、琉璃、褴褛、凛冽、叱咤、佝偻。由此可见,"三书"的造字法之中,表意是占着优势的。到演变为隶书后,语音变了,字形长期不变,原本谐声的字也不谐声了(如"母、每、海、敏、繁")。汉字的"表意为主"就更加突出了。正是由于汉字的造字是表意为主而疏于表音,在长期使用过程中,人们便形成了"望文生义"的"目治"习惯。

和拼音文字相比,汉字是字形、字音(音节)、字义紧密结合的综合体,其表意是一次完成的;西方的拼音文字则是由字母组成音节,通常是用多个音节组成词,再与语言的意义发生联系,其表意是多次递进的,这就是汉字和拼音文字的根本区别。

以上所说是汉字形体的表达功能类型,表达的是语言的"音"或是"义"。如果说,图画文字、形意文字是表意不表音的,拼音字母是表音不表意的,那么,汉字则是以表意为主,一次性综合表达了音和义。

三、形声字使汉字具备语言性质并参与汉语发展

汉字演变为小篆就基本定型了,并"形成了以形声字为结构主体的基本格局"(李国英,1996:2)。形旁和声旁组成的汉字兼有表音和表意的功能,形音义构成的汉字,不再是表形、表意和表音的零碎的堆砌,而是规整的系统。正如黄侃所说:"《说文》列字九千,而形声居其八九,夫独体为文、合体为字。独体多为象形指事,而合体会意之外概为形声。盖古今有声之字十倍于无声者也。故文字者,言语之转变,而形声者文字之渊海。"(黄侃,1983:35)正因为汉字兼有表意和表音的功能,在上古单音词占优势的情况下,形音义统一的汉字便和一个个的单词结成一体,具备了语言的性质。黄侃所说的"文字者,言语之转变",其实已经点出了汉字所具备的汉语的性质。后来,即使大量出现了双音词,形音义一体化的汉字作为语素,也是构成汉

语的最小意义单位。不论是西方的拼音字母还是日本借用汉字部件造出的"假名",都只有表音的功能,只能是表音的零件,不可能标记语词,不具备语言的性质。

具备了语言性质的汉字定型之后,很快就参与了语言的演变。

汉语选择汉字作为书面符号应该是经历过长期磨合的,从殷商时期定型的甲骨文到春秋战国的钟鼎文,其间就有几百年。已经发现的甲金文绝大多数是单音词,当时有没有多音词?应该有的,最早的感叹词、拟声词、联绵字在口语之中是必不可少的,到了《诗经》时代还有大量的记录,例如:"呜呼、夥颐、呼而、关关、绵绵、夭夭、丁丁、窈窕、伊威、犹豫。"

古文字一个字一个方块形体,标记着一个读音、一个意义,和单音词是最协调的了,汉字的定型和上古汉语的单音词占优势应该有内在的联系。春秋战国之后,双声叠韵的联绵字明显减少了,尤其是在书面语中,单音词占着绝对的优势。即使是《论语》这样的语录体的书,各种句子也大多都是单音词组成的。例如"学而时习之,不亦乐乎""知之为知之,不知为不知,是知也""三人行,必有我师焉"。

随着认知的发展,为了表达更多的概念,单音词又受到音节数的局限,只好扩充字义、增加读音,以多音多义字济词汇之穷:"老吾老以及人之老""君君臣臣父父子子""知者乐水,仁者乐山""知之者不如好之者",这其中有字义的引申、词性的兼类,有的要变读字音,有的并不变读。多音多义字大量增加之后,同音词就难以避免,这就不但增加了学习的负担,也造成字义的交叉和含混。

到了春秋战国后期,为了克服单音词不够用和多音多义字字义含混的局限,两个字组成的词组渐渐浓缩成词。孔子说:"富与贵,是人之所欲也……贫与贱,是人之所贱也",几十年后,到了孟子,就说:"富贵不能淫,贫贱不能移"。富贵、贫贱都压缩成词了。此后,双音合成词大量增加,成了上古汉语发展为中古汉语的重要标志。然而,多数的双音合成词,不论是哪种格式(并列、偏正、动宾等),词义和语素义大多没有明显的区别,只要知道"字"的主要义项,就大体上可以推知双音词的词义。例如,天地、天日、天公、天光、天上、天涯,天生、天旱、晴天、春天、当天,上天、通天、变天,乃至许多成语:一步登天、天外有天、坐井观天、杞人忧天、人定胜天,其中的"天"还可以按照那几个常用的义项去理解:天空、天气、天帝、天时。可见,汉字以表意为主,正是单音词能够经过字义的合成发展为双音词的重要保证。

宋元之后,实词虚化加快发展,虚词和语缀逐渐形成,汉语发展的这个过程也得益于汉字的表意功能,字义不但可以引申,还可以虚化。近20年来,关于近代汉语(包括通语和方言)的语法化研究,不论是介词、助词、连词的形成和扩大还是各种虚成分的生成,都已经有了许多研究成果,限于篇幅,这里不再举例。

可见,上古汉语单音词当家就是单字独用,中古之后双音合成是两字连用,近代汉语实词变为虚词和语缀,靠的是字义的虚化。这些都是汉字改善自身的音义和不同组合来适应词汇发展的需要,正是汉字的变化参与了汉语的演化,为汉语的发展做出了重要贡献。

四、汉字的形体系统和语素系统的奇妙重合

周有光先生在对世界上的文字做了长期比较研究之后,于步入百岁的2005年写了《汉字性质和文字类型》这篇重要文章,他从文字类型学出发,提出考察文字体系特征的"三相"说——符号形式的"符形相"、语言段落的"语段相"和表达方法的"表达相"。从三个"相"分析汉字的性质,他的结论是:从语言段落说是"语词和音节文字",从表达方法看是"表意和表音文字",从符号形式看则是"字符文字"。(周有光,2010:149)历来关于汉字的性质问题曾经有过许多讨论,可谓众说纷纭、头绪不清,有了这个周全的理论作分析,事实的条理就明朗起来了。

所谓"三相"就是三个考察的角度。只有全面地考察才能准确地把握汉字的类型和特征。早先研究汉字的系统大多是沿着"六书"的

思路走的,在逐项分析的基础上,把六书归纳为三书,这是一大进步。但是这还是局限于"表达相",说明汉字是如何标记汉语这个音义结合体的。说汉字是表音文字、表意文字、象形文字、表意兼表音等等,都是从这个角度说的。关于语素文字、语词文字、音节文字的争论则是围绕着"语段相"说的。关于汉字自身的形体系统倒是还研究得不够深入,曾有过象形符号、方块符号、笔画结构等说法,或概括力不足、系统性不清,或陷入烦琐的基本笔形、派生笔形的分类。

文字是语言的符号,语言和文字毕竟还是两个相关而并不相同的事物。但是,汉语和汉字,却常常含混起来,"文从字顺","他一个字也没说",其中的"字"指的是言语。这绝非偶然。从语言和文字的关系看,汉字本来就具有双重的性质,汉字是文字的形体系统和语言的音义系统的特殊而巧妙的重合。前一个系统属于文字符号,后一个系统属于语言。

周先生说的"符形相"是形体的系统(也许可以称为"形体相")。关于这个系统也许可以表述为:形体包括字形和字体。通常说的"形、音、义"的"形",指的是"字形"和"字体"两方面。汉字的字形是由点状、线状的笔画按一定方式组成的多层的方块结构。汉字的笔画无非是点状和线状两种,其组成虽然复杂,也还有一定的规则;所谓多层,指的是字内的结构:上下、左右、上中下、左中右、内外(包围、半包围)和字间的结构(主要是独体字、合体字,合体字还有二合、三合等区别);每个字最后组成的大体都是个方块形的结构。至于汉字的字体,大致有古体(包括甲骨文、钟鼎文、大小篆)与近体(包括隶书、楷书、草书),繁体与简体,正体与异体,印刷体、手写体和艺术体等等。尚未进入语言的形体系统时,还有"偏旁",包括作为音符的声旁和作为形符的形旁。

周先生说的"语段相"是汉字进入语言作为语素的系统,鉴于汉字总是以单字为单位的,也可以称为"语言相"或"语素相"。语言相是就它进入语言说的,语素相则是从它作为语言的最小单位来说的,语素可以用作语词,称"语素相"比"语段相"可能更合适。进入语言,作为语素的字,依然由"形音义"三个方面构成,作为语素的字,字形方面的区别有:不同时代出现和通行的"古今字",不同地区、不同方言使用的"俗字",官方确认的"规范字"、主张淘汰的"异体字",不合规范的"错别字"。

由于汉字的双重身份——作为文字符号,又作为语言成分,汉字的"音"也便有两种性质。作为文字符号的音是"音节",和其他语言的音节并无区别,只是别的语言的音节是用字母组成的,汉字则是用方块字来表示,对音节的研究是普通语音学(包括实验语音学)的任务。作为语言成分的"字音",每一个字便进入"音韵系统",获得一定的"音韵地位",参加到整个汉语语音结构系统的动态演变中去了,对字音的研究用的是汉语音韵学的理论和方法。例如,语音学研究音节,山、删、杉(水杉)都读 shān,沙、杉(杉木)、杀都读 shā,在音韵学中,这些字的音则都属于不同的音韵地位:

山	山摄开口二等山韵生母平声	沙	假摄开口二等麻韵生母平声
删	山摄开口二等删韵生母平声	杀	山摄开口二等黠韵生母入声
杉	咸摄开口二等咸韵生母平声	杉	异读字,韵母因连读而异化

字音的音韵地位是怎么来的?是从中古音"《广韵》系统"来的。因为这个语音系统作为通语的语音规范,沿袭了 1 000 多年,在科举取士的年代,写诗作文都以它为正音标准,所以对历代通语和方言都有重大影响。字音的"音值"古今南北多有分歧,"音类"却存在大体的对应,研究古今通语和南北方言,教学母语和二语教学都得拿音类做比较。

由于汉字长于表意、弱于表音,也由于音节数有限、表意需求无穷,还由于古今语音和方言语音的变化,汉字在发展的过程中就造成了大量多音字、同音字、方言俗字,使得汉字的字数不断增多,造成汉字教学的很大困难。这是汉字进入语言之后，在字音方面才出现的问题，是成为语素后付出的代价。

至于字义，应该也有两个方面的系统。尚未进入语言的单字，"字义"对一般人来说，指的是形旁的类义（如三点水与水有关，言字旁与言说有关）以及作为语素的最常用、最基本的意义，对于了解古汉语的人来说还可能包括造字时的初义。进入语言，作为语素或单音词，字义则有本义、引申义、比喻义、语法义、语用义等复杂的内容。

周先生说的"表达相"（表达方法）指的是"创造文字的方法"，也就是以往所说的"造字法"。应该说，造字法是生成文字形体系统的出发点（依据），也是通往语素系统的桥梁。图画文字用视觉符号描绘事物；拼音文字用字母拼合音节的方法标记语音，而后透过语音理解语义；汉字则是主要用表意、辅以表音的笔画组合，综合地表现语言的音义。很明显，不同的表达方法创造出来的是不同类型的文字。古来所说的"六书"就是按照不同的造字法归纳出来的，象形字是表形的，假借字是表音的，指事、会意字是表意的，形声字则兼有表音表意两方面的作用。转注历来界定不明，至今犹有争议，暂不论。

"三相说"启发我们，研究汉字的类型和特征必须进行全方位、多视角的考察。"三相说"的分析，也使我们看到，汉字正是自身的形体系统和作为语素的系统的巧妙重合。而造字法系统则是把这两个系统关联起来、使之重合为一体两面的完整系统的凭借。这样来理解特立独行的汉字，应该是全面而准确的。

那么，历来人们对汉字的"形音义"的直感和称说是否有道理呢？古人对造字法的分析有无科学性？看来，这些感性知识和历史传承下来的研究经验，都可以纳入"三相""两系"的理性分析。事实上，以往的许多研究结论并非矛盾对立的，只是切入点不同，是可以相互补充的。以下试用一个表格来说明这些说法是可以理顺、可以相容的。

汉字形音义的"三相"分析表

汉字	形	音	义
形体系统 （符形相）	形符 笔画、部件、方块 独体、合体、记号 繁体、简体、异体 篆体、隶体、楷体	声符 声旁	义符 部首、形旁、 表意声旁
语素系统 （语段相）	字形 古今字、方言字、 俗体字、错别字	字音 音值、音类 （声类、韵类、调类）、 同音字、多音字	字义 本义、引申义、词汇义、 语法义、语用义
造字系统 （表达相）	表形 象形字	表音 假借字、译音字、 形声字的声符	表意 指事字、会意字、 形声字（意符）

五、汉字超越时空,维护着语言文化的统一

汉字虽然进入了汉语,成为语素,然而还保留着原来的表意为主、表音宽泛的性质特征。从汉隶到现在的两千年间,形音义三者之中,"形"是稳定、基本不变的,"义"是核心保持稳定、外围随时增删改易,"音"则是因时而异、因地而异,甚至可以因人而异。这种状况就使它和汉语的语素之间保持着一定的独立性,在一定程度上超越了时空,具备了贯穿古今、沟通南北的神奇力量。用汉字记录的书面语——文言,经过千百年众多文人学士的打造和锤炼,经过学校的传习,政府的整理、规范和推行,成了延续语言文化的不绝洪流。中古通语的音类使语音的千年变异保持着对应,方言的歧异也没有造成语言系统的混乱,古代诗文典籍所承载的精神文明成果得到了世代传承。"和为贵、任重道远、三思而后行、岁寒然后知松柏之后凋、工欲善其事必先利其器",这些至理名言之所以能够世代传颂、千年不衰,靠的就是汉字的这种神力。现代人不知古音,也未必能读准当代标准音,但哪怕用各自的乡音去认读,都可以得到共同的理解。"野

火烧不尽,春风吹又生""欲穷千里目,更上一层楼",这些用汉字写下的一两千年前的诗句,现代人只要掌握了字义,便能了解和欣赏其深刻而优美的含义,这应该是世界文字中绝无仅有的奇迹。

对此,唐兰说过:"中国人把文字统一了古今的殊语,也统一了东南西北无数的分歧的语言。"(唐兰,1979:3)文化史家钱穆则说:"中国文字虽在追随语言,而仍能控制语言……三千年以上的古书现在中国的普通学者大都仍能通读,中国文字实在是具备着简易和稳定的两个条件的,这一点不能不说是中国人文化史上的一种大成功,一种代表着中国特征的艺术性的成功,即以简单的驾驭繁复,以空灵的象征具体的艺术之成功。"(钱穆,1988:75)

关于汉字书写的文言及其对中国文化所起的沟通、统一的作用,高本汉说过:"中国地方有许多种各异的方言俗语,可是全部人民有了一种书本上的语言,以旧式的文体当做书写上的世界语……不但可以不顾方言上的一切分歧,彼此仍能互相交接,而且可以和以往的古人亲密地交接,这种情形在西洋人士是很难办到的。……中国人对于本国古代的文化,具有极端的敬爱和认识,大都就是由于中国文言的特质所致。"(高本汉,1931:45—46)他还说:"这个大国里,各处地方都能彼此结合,是由于中国的文言,一种书写上的世界语,做了维系的工具……历代以来,中国之所以能保存政治上的统一,大部分也不得不归功于这种文言的统一势力。"(高本汉,1931:49—50)

六、汉字的功过和发展前景值得进一步研究

事物演变的原因有内因和外因。外因是演变的条件,内因是演变的根据,外因经过内因起作用。汉字之所以能够延续几千年、至今不衰,主要是它的内在的类型特征决定的。作为语言的符号,汉字属于"意音文字"类型,表意为主,表音为辅,形体上采取的是笔画组成的、兼有表意和表音部件的、多层的方块结构。这种"形音义"的综合体和早期汉语的单音节词占优势的语言类型是十分适应的,因而汉

字又成为汉语的词,具备了语言和文字的双重性质,汉字的形体系统和语素系统重合为一,从此,汉字适应汉语的需要,不断改进自身的结构和功能,经过多音、多义、异读别义的变化,又步入复合成双音词、部分词汇语法化为虚词的过程。汉字在书面语建设上的作用更是无法估量,由于汉字具有贯穿古今、沟通南北的特点,所记录的文言不断丰富发展,为传承和发扬中华文化,为保持民族语言的稳定,乃至维护国家的统一都做出了重要的贡献。

　　然而,汉字也有弱点和缺陷:形体复杂、字数繁多、表音不力,因而难学难教。100 年前,当国家积弱、外侮不断之时,面对着文教落后、文盲充斥、科技不兴的社会状况,一批先进学人,在"打倒孔家店",反对文言文、提倡白话文的新文化运动中,提出了改革汉字、实行拼音化的要求。激进者甚至喊道:"汉字不灭、中国必亡。"几代爱国学者为此竭精殚力,探索改革方案,编教材,办刊物,组织教学试验班,即使在抗日战争的烽火之中,他们也在难民营里、在根据地的农民夜校里,用"新文字"识字扫盲、教唱抗战歌曲。其革命意志和奉献精神感人至深、令人敬佩。从晚清的"切音字"运动到民国初年制定"注音符号",从沪宁的"国语罗马字"、延安的"北方话拉丁字",再到举国上下讨论"汉语拼音方案",经过 60 年的努力,终于研制了一套为汉语注音的最佳方案。自从 1958 年在学校推行之后,实践证明,"汉语拼音方案"为汉语注音是成功的,不论在母语教育还是在对外汉语教学中,都是识字学话的好工具。1982 年,国际标准化组织已经把"汉语拼音方案"认定为拼注汉语的国际标准,取代了通行 100 多年的威妥玛拼音。

　　鉴于汉字和汉语直到目前为止还是相适应的,和汉语拼音相互配合,在现代化各方面的应用也是大体有效的,大多数人依然维持着"目治"的习惯,如果要实行汉字拼音化,又还有大量问题难以解决,在 1986 年初的语言文字工作会议上,国家语委停止了"汉语拼音化"的口号,但也坚持了一系列语文现代化、规范化的改革措施。应该说,这个政策对于维护语言文字应用的稳定起到了良好的作用。

从那时到现在，又是 30 年过去了。改革开放之后，国家的发展日新月异，我们赶上了信息化、网络化的世界潮流。结束了"万马奔腾"的时代，普及了汉语拼音的计算机输入，经济文化的腾飞实现了普通话的普及。在这种崭新的形势下，网络世界中汉语资讯的明显劣势，汉语对各种外国语的机器翻译中遇到的瓶颈，又使人想起汉字拼音化的需求，已有学者提出继续拼音化的改革意见。而为了发扬民族文化传统、振兴国学，也有学者主张加强汉字和文言文教学，对汉语拼音方案和简化字做适当的修改，甚至有人提倡恢复繁体字。除了两种极端的意见之外，也有一些学者正在研究如何扩大汉语拼音的运用，探讨试行汉字和汉语拼音双文字方案的可能性；在汉字的使用上，则有繁简并用的"和谐体"的倡议。

这些不同的认识，在当前的处于转型期的社会里，就在语文生活的许多方面都给我们提出了许多新的问题。仅是关于汉字的认识、使用和改革，就有许多课题需要我们开展认真的研究。

首先，关于汉字的类型特征和性质，就还值得深入探讨。本文提出的汉字已经进入汉语，一身二任，既是文字、又是语素，这本来是中国人都有的语感，可是经常听到这样的非议：语言是第一性的，文字是第二性的，不能混为一谈。试想想，从利玛窦的拼音开始，几百年来为汉语设计的拼音方案应该有几百种了，学起来确实也快。当年厦门不识字的老太太，几天就能掌握拼写本地话的"白话字"，给南洋的亲人写信。可是因为各种拼音方案只是拼音的符号，只是语言的外衣，说穿就穿上，说脱就脱了；而形音义一体的汉字，真正认识了就忘不了，还可以让你猜词、扩词、造词，认古词、读古诗、浮想联翩，临帖、挥毫、龙飞凤舞。试问，像《兰亭集序》《滕王阁序》这类文章千百年后还能让后人研读和欣赏，世界上还有第二种这样的语言文字吗？正是汉字的表意宽泛、表音含糊、形体怪异而优雅，又能实现单字和语素的重合，才能具备这样的魔力。试想，果若改成拼音文字，口语中尚未存活的大量书面语词、文言语词，立刻就要退出当代的文本；浩如烟海的库存古籍也只能成为古代语言文字研究者们的专利品，成为古董送进博物馆了。如果不是汉字的一身二任,哪能具备这样的魔力?

其次,对100年的汉字拼音化改革运动,应该做出科学的历史总结。发起这个运动的先知者曾经饱含着可贵的革命精神,唤起过广大民众,闪烁过智慧的光辉,掀起过满天风云,应该给足这个百年运动及其领袖人物的历史地位。对于汉字可否拼音化,当年曾经有过的争议还值得做出合理的甄别,至今未能实现拼音化,究竟是犯了历史性的错误,还是时机未到,或是方法失误? 还值得深入研究。日本语是和汉语类属不同,运用了汉字、假名和罗马字的"三合面"文字,曾经多次提出要废弃汉字,至今也没能成功,这和中国的汉字改革未果有何异同? 汉字存活数千年的历史经验是什么,它经历过哪些调整和改革,支撑它的最重要的活力是什么? 它的功过应该如何厘定? 作为人类文化的历史现象,汉字的存在和发展、优点和缺陷、功绩和局限,都需要重新加以认真研究,在此基础上应该如何给它一个正确的定性和定位?

再次,但并非不重要的,在现代化的社会里,汉字能不能在中国和世界上继续应用下去,为了利于现实的应用,是否还需要进行某些必要的改革? 汉字历来出生不报户口,死亡也不注销,能否采取果断的措施,把现实应用和退隐备查区别开来,分别不同领域,从严控制用字数量? 汉语拼音已经应用了半个多世纪,如今还处于"拐棍""丫鬟"的地位,识字之后就和它告别,就拿为初学者提供的拼音读物来说,20世纪五六十年代热火过一阵子,如今都偃旗息鼓了,既然是识字、注音的利器,为什么不让它大显身手? 眼下的汉语国际教育已经发展成波澜壮阔的规模,大多数学习汉语的外国人对于字母拼音都是十分熟悉、惯练的,如果能为他们研究出一整套快速掌握汉语拼音、广泛运用拼音阅读、尽早建立汉语语感的教学法,一定能为推动国际汉语教育做出重大的贡献。好像想到这上面去的专家还不多,这是为什么?

对于21世纪的华文,与时俱进的世纪老人周有光先生已经发表了很多真知灼见。例如,把汉字控制在3 500个常用字之内,实行"字有定量、辅以拼音"(周有光,2010:170)。这两条措施都是现成的、可行的,只要付诸实践便可成功。只要脑子里增加一根弦,让汉字的"六书"加上拼音这一书,把尚无定写的外国人地名统统用恰当的拼写法对译过来,一定是快刀斩乱麻的好办法;把字无定写的拟声词用拼音拼出来只能更加贴切;把"的得地"都打成单个字母 d,多么快便!逐步夹用拼音,应该是可以办到的。如果再进一步设想,实行汉字和汉语拼音双轨制,把汉语拼音作为文字方案设计好,在科技应用、对外交往、口语加工等方面发挥其长;在书面文本、人文学科、古籍整理、书法艺术等方面则仍然在不同领域继续应用不同范围的汉字,既实现拼音化、又保留汉字的应用,这算不算是一种两全其美的办法?有没有可行性和可操作性?这些都是值得讨论的问题。

　　以上是我对于汉字的类型特征的理解,对汉字的历史命运和现实应用的思考,虽然琢磨多时,还是没有很大的把握,提出来求正于方家和同道。

参考文献:

　　[1]高本汉.中国语与中国文.张世禄译.商务印书馆,1931.

　　[2]黄侃述,黄焯编.文字声韵训诂笔记.上海古籍出版社,1983.

　　[3]教育部语用所.汉字问题学术讨论会论文集.语文出版社,1988.

　　[4]李国英.小篆形声字研究.北京师范大学出版社,1996.

　　[5]李如龙.汉字的历史发展和现实观照.光明日报,2014-12-08.

　　[6]李孝定.汉字史话.联经出版事业公司,1977.

　　[7]钱穆.中国文化史导论.生活·读书·新知三联书店,1988.

　　[8]裘锡圭.文字学概要.商务印书馆,1988.

　　[9]苏培成.现代汉字学纲要.北京大学出版社,1994.

　　[10]唐兰.中国文字学.上海古籍出版社,1979.

　　[11]周有光.新语文的建设.语文出版社,1992.

　　[12]周有光.朝闻道集.世界图书出版公司,2010.

　　[13]周祖谟.中国大百科全书·语言文字·汉字.中国大百科出版社,1988.

汉字的发展脉络和现实走向^①

一、引言

　　语言的出现是人类从动物界分化出来的标志，至今已有百万年的历史；文字是人类告别蒙昧状态的标志，至今则只有几千年的历史，然而它对于人类文明的发展却有着重要的意义。这是因为语言文字是民族文化的载体，学习语文是继承民族文化的必由之路；语言文字与思维紧密相关，学习语文又是开发智力的根本；语言文字是人类知识的结晶，每一条语词都是不同民族的人认识社会和自然的成果，学习了一种语言便打下了该民族历代积累的世界观的基础。

　　研究语言文字是了解民族的历史文化的基本途径：语词记录了经济发展和政治变革的过程；方言反映了民族之间的种种关系以及族群移民的复杂历史；语法的演变则展示着抽象思维的发展过程。地名不但与自然环境相关，也记载了种种人文地理的信息；无数典籍是民族历史文化的载体，由于古今语言文字的变迁，许多都必须经过考释才能通读；现代化的信息时代、网络时代创造了许多前所未有的技术（信息储存、传声技术、机器翻译、人机对话）。未来，语言文字究竟走向何方，直到现在还是个未知数：是出现世界共同语还是照样保留诸多各异的民族语？或者走第三条道路，放大的"通语"和"方

---

　　① 原载《新疆师范大学学报》（哲学社会科学版）2015 年第 6 期。后转载于《新华文摘》2016 年第 3 期和《社会科学文摘》创刊号（2016 年第 1 期）。

言"——世界通用语和各民族的语言并行？拼音文字和表意文字是继续并存、矛盾、竞争，还是和平共处，"和而不同"？这些都有待未来的新生代学者来研究。

20世纪初，曾有西方学者说，汉语是最落后的"孤立语"，英语是最先进的"屈折语"；也有人说，汉字是最落后的象形文字，只有拼音文字才是先进的。前一个"冤案"已经有人给"平反"了，西方研究汉学的第一位大家高本汉指出，古远的汉语应该是有"屈折"变化的，古英语也有复杂的形态变化，现代英语已经放弃了很多，在这一点上，汉语比英语更先进。那么，第二个"冤案"呢？这就是本文想要讨论的问题。

二、汉字是世界文字中的奇迹

1.汉字是世界上现存的最古老的文字

世界上的文字最早都是象形的，然后是表意的，最后才走上用字母标音的道路。现存的文字大多是用字母拼出语音，只有汉字是表形、表意和表音三者综合的文字，不用字母，而用笔画组成"方块字"。我们的"字"以表意为主，"字"都有"义"，至少有"形旁"，例如"氵"，与水流有关，"木"字旁与树木有关。汉字的造字法，汉代以来就有"六书"的说法。六书之中有"象形"，用描绘物体的形状来表示意义，不过后来字形变迁了，就不太象形了，例如日、月、山、水、人、口；有些是"指事"，例如"刃"在"刀"上加个点，指明是刀刃，"本、末"分别在"木"的上下加一横，表示树根和树梢；还有些叫"会意"，用两个符号合起来表示一个意义，例如"休"是人在树下歇息，二人相"从"，多木成"林、森"，这几种造字法都是表意的，大体可以"望文生义"。表音的有"假借"，就是借用已有的字音来表示另一个意思，通常是借具体义的音来表示抽象义，例如，"莫"原指傍晚（指事字：太阳落到草丛里），被借用为否定词，因为否定词太常用，后来，原字就写成"暮"。又如，"而、自"原是象形字，表示胡须和鼻子，后来借用为连词和代词。还有"转注"至今还未有定论。此外就是"形声"字,由表义的形旁和表音的声旁组成,这种造词法出现之后,既表意,又表音,"形神兼备",便于认记,很受欢迎,所以发展很快。到了汉代许慎编《说文解字》时,8 000多个字之中有80%以上是表意兼表音的形声字,例如"小、少、抄、炒、吵、钞"就都是同声旁的。但是汉代之后,字形、字义稳定,字音则不断发生变化,到后来表音就不准了,例如"母、每、梅、海、敏、繁,台、胎、怠、治、怡、始",各有六个字,声旁相同,读音迥异。形声字中有的声旁也表意,如"驷"是四匹马,"牭"是四岁牛,"四"也都是声旁。"浅、贱"从"戋"得声,都有"少"义。总的来说,汉字是表意多于表音。所以周有光先生把汉字称为"意音文字"。从文字的演进说,西方文字是从表意到表音,走新旧更替的路;中国汉字走的是表意和表音新旧合璧、整合共存的路。从文字的结构说,西方的拼音文字是分析的,字母组成音节,通常是多音节组成词,然后与意义挂钩;汉字是综合的,形音义一体化,直接表示语言的意义。汉字的结构综合和新旧共存这两个特性,应该与中华文化的特征有关。我们反对分裂,喜欢统一,不就是"综合"吗?新旧整合,讲究"共存",这就是所谓的"中庸之道"。

最早的文字——西亚两河流域的表形表意的"钉头字"出现于5 000多年前,但是在1 500年前就消失了。后来许多文字都被替换成拼音文字。最早的甲骨文距今已有4 500年的历史,几经变迁,到秦汉之际定型的"隶书"才稳定下来,从那时到现在,流传2 000年没有大的变化,现代人辨认其形、音、义并不太难。2 000多年的历史证明,"落后"的汉字,寿命最长。可见,就文字和语言的关系来说,表意为主、表音不力的汉字和拼音文字是类型的不同,而不是发展阶段之异,更不是先进和落后的差异。就结构和功能来说,也是属于不同的类型。汉字是用笔画和部件组成的形音义的立体综合结构,绝大多数汉字可以直接表示一定的意义;而拼音文字是由字母组成音节再与语义联系的线性分析结构,单个字母一般不与意义挂钩。就如爬山时从不同地方登顶,可有多种途径,不同道路各有特色一样,文字未必都能分出优和劣,也不宜分为先进与落后。汉字之所以能存活数千年,必有自己的道理,有自己独特的结构类型。

2.汉字长寿之因是表意为主,并进入语言,成为"语素"

汉字自身的形体是形、音、义三位一体的结构,作为标记语言的符号,是表意为主的。这种结构和功能与上古汉语的占优势的单音词最为协调。汉字被用作记录汉语的符号绝非偶然,一个字就是一个方块整体,读出来是一个音节,表示的是一个意义,于是,汉字就不仅是文字的符号,也是语言的单位——一个单音词,后来不能单用了,也还是一个有意义的"语素"。这就是说,汉字是"一身二任"的,既是音节的标志,也是表意的语素。在拼音文字中,认识了字母、知道字母怎么拼成音节,还是没有和词的意义挂钩;而认识一个汉字就知道它的意义,大多就掌握了一个单音词。而且早期的单音词,在汉语里往往是重要的核心词。例如:一二三,你我他,大中小,牛羊、上下、来去、吃喝、好坏。从上古到现代,单音词始终是词汇系统的核心,因其基本义不变、使用频率高、构词能力强的特点,而最具生命力。由此看来,由字母组成音节的拼音文字只是语言的外衣,形音义组成的汉字则成了语言的细胞,是可以听说读写的语言最小单位,字和意义相联系,而意义正是语言的生命。

进入语言、成为语素,汉字就和汉语在不断的矛盾和适应中互动,参与了汉语的变化和发展。在单音词占优势的时代,为了适应扩充词汇的需要,汉字增加了同音字(里、理,然、燃)、多音字(女、汝,知、智,行行走、行列)、多义字(好好坏、好恶,老老人、老手,数数字、数数,暴暴露、暴晒),这是汉字在先秦时代就有的本事。汉代以后双音化的过程中,人们用两字合成新词(大人、大爱,国家、国庆,陈述、陈旧,知道、知识),词义更加确切,组成新词也更加便捷,开辟了词汇发展的康庄大道。由于双音词逐渐在词汇系统中占了优势,上古汉语变成了中古汉语。宋元以后,实词虚化,字音也跟着变(着着力-看着,了了结-结了果,得得到-得去-说得好,的目的-的确-我的)。这些都是汉字适应汉语发展而不断改善自己功能的措施。

其实,近代以来,汉语也曾经有过拼音的文字。西方传教士 19 世纪来华就为现代汉语的通语和各地方言创制罗马字拼音方案不下百种,清末"切音字运动"也提出过 28 种拼音方案,民国初年则制定了"注音符号"(ㄅㄆㄇㄈ……)。20 世纪 50 年代制定汉语拼音方案时,各地学者也提议过数十种拼音方案,因为都只是拼音的符号,没有和语言、语义挂钩,没有投放社会广泛运用,就像一件外衣,或闲置未用,或用了一段,说脱就脱,都成了过眼云烟,退出历史舞台了。最后留下的是 1958 年公布的"汉语拼音方案",这是最佳的现代汉语的拼音方案,但也只能用来为汉语注音,学过拼音,掌握汉字之后,如果不常用,就很容易生疏,阅读拼音,由音知意,阅读汉字,见形知意,拼音文字和汉字的不同是中国人所熟知的。表音的字母只是语言的"外在之物",表意的汉字成了语言的成分,因而获得了语言的活力。说表意文字落后于表音文字是只知其表,不知其里。

3.汉字和汉语相适应是经过长期磨合的

汉字和汉语并非一开始就很协调。"扒拉、嘟噜、哗啦啦、叽里咕噜"这类说法应该很早就有了,《诗经》的"联绵词"所占比例大约有四分之一,可以为证。汉字初起,刻写不易,舍音表意,所造的都是单音词,然而,由于人类共同的发音器官的局限,任何语言的音节数都是有限的,而表意的需求却因思维能力的发展而趋于无穷。用一字多音、同音假借、异读别义、多义延伸的种种办法,可以在一定程度上缓解单音词的局限,但是这又造成对汉字认记的困难,于是,有了双音合成的新的造词法。春秋战国之后,国家、人民、富贵、海内、知己、明月、天涯、比邻这类"合成词"一发而不可收,开辟了创造新词的广阔天地。从上古汉语到中古汉语,主要区别就是从单音词占优势到双音词为多数。再后来,到了宋元之后,汉字适应汉语的发展又有新招,双音连读之后,用变调、轻声表示合成的双音词的新义:"东西"的"西"读为轻声,表明其含义不是"东与西","老子"读成轻声或变调也有截然不同的意义;字义由实到虚引申(了结—结了、着急—急着、目的—木的)。可见,为了适应汉语发展的需要,汉字的形音义都在不断变化,经过长期的磨合,不断达到新的和谐。如今,用汉字可以翻译各国语言,不论是文艺、科技、政论、法律都无障碍。有了汉语拼音这个好伙伴,计算机汉字输入法的"万码奔腾"时代也已成为过去,通过汉语拼音实现人机对话已经获得成效,与外国语言的自动识别和对译(机器翻译)也正在进一步完善之中。世上万物的表与里、形与神,都会有差别,有矛盾,但是既然是共处于一个整体,也就会有让步,有相互的适应,在应用的过程中,经过不断磨合是可以达到统一的。

三、汉字是中华文化的瑰宝

1.汉字为传承中华文化和统一多民族国家做出了重大贡献

汉字的字形 2 000 年基本不变,表意也相当稳定,但是表音不力,这倒是造成了另一种意想不到的效果:它所标记的语义使得古今南北的人都能得到共同的理解。例如《论语》名句"温故而知新""三思而后行""听其言而观其行""三人行必有我师""岁寒然后知松柏之后凋""四海之内皆兄弟也""欲速则不达""工欲善其事,必先利其器""人无远虑,必有近忧",现代人只要识字,不懂古音都能理解其意义。南北方言各读其音,理解也不会有差别,所以这些古语能够流传千年、广播万众。唐诗名句和大量的文言成语在现代口语中的广泛流传,就更是不可胜数了。这就说明,表意汉字作为语言的符号,是超越时空的,并非只与某时某地的语音拴在一起。3 000 年来,汉字记录的文言典籍可谓汗牛充栋,像中国这样的古籍大国是世界少有的。《四库全书》的经史子集共有 8 万卷,《全唐诗》收了 5 万首诗歌,仅此两宗,就汇集了中华民族历代精英的多少思维成果和艺术创造。如果没有表意汉字这种"贯穿古今、沟通南北"的神力,中华民族哪能传承如此丰富的文化瑰宝?

随着人口的增长和移民的播迁,汉语分化出许多方言,赵元任先生说过,汉语东南各方言之间的差异,比欧洲的英语、法语、德语等语言差别还要大。因为有共同的书面语形成的"标准音"——以《广韵》为代表的隋唐古音，作为官定的"正音"，在文化教育界推行千年，不但制约着后来的通语，也对各地方言产生了有力的影响。通语和方言之间，"音值"有很大差别，"音类"上却有不少共同性，不同的音值之间存在明显的对应。例如"阴平"和"阳平"，各地调值差异很大（从北京到天津，由 55 变为 11），但是两个调类所包含的字类却大体一致，两地的人说上几句话就明白了。就算"平上去入"的"四声"在各地方言调类中的分化比较多样，也是存在对应的，只要有频繁的交往，学起来并不难。不同的方言口语，不少是不能通话的，但是用汉字书写的书面语，不论是文言或白话，不同方言区的人沟通交流，困难并不大。这就是众多的方言并没有分裂为不同语言的原因。不论是哪种方言，谁都没有怀疑自己说的不是汉语。统一的汉语和文言不但传承着统一的思想文化，还维护着统一的国家，中国虽然也有几次战乱和分裂，但总是"分久必合"，以统一为常态。对此，瑞典的汉学家高本汉说："中国的文言……可以通行于各个地域……中国所以能保存政治上的统一，大部分也不得不归功于这种文言的统一势力。"（高本汉，1931:27）有些事情乍一看好像很平常，仔细追究却有很深刻的意义，文字、典籍和民族文化的传承就是一例。

2.汉字流传域外，为东亚文化交流做出了重要贡献

1 500 年前，日本有大批量的"遣隋使、遣唐使"来华学习汉语汉字和中国文化，完全按照中国学生的做法，从认汉字开始，读十三经、写文言文。后来为了用它拼写日语，在学习中文 150 年之后，公元750 年，他们用汉字的部件创造了"假名"，用来为汉字注"音读"，同时用汉字为日语词"训读"，汉字和假名，音读和训读，构成了日语的文字表达系统，于是大量汉语词语进入了日语（有人估计可能占总词汇量的三分之一）。明治维新前后，他们又用汉字和文言词从先进的西方文化意译了大量新词，因为词义容易理解，很快就"出口转内销"，被现代汉语吸收，甚至加入了常用词的队伍。例如：政治、经济、和平、民主、干部、干涉、相对、人事、人格、背景、场合、固体、力学、方程

式、生理学、唯心论、资本主义等,这类词是否是外来词曾经有过争议,有人称之为"回归词",大体可以肯定的是这类词有 2 200 个左右。不仅如此,为了控制汉字的总量,1981 年日本内阁公布了当用汉字 1 945 个,经过两次补充人名用字 285 个,现在日本总共用了 2 230 个汉字。可见,汉字已经在日本安家落户、生根开花,日本学者在学习、运用汉字上还积累了许多值得我们注意的有益经验,汉字的确是中日文化交流的伟大使者。除日本外,朝鲜从公元 372 年起使用汉字千余年,1446 年也创制了汉字笔画式的"谚文",用来拼写韩语并和汉字夹用。1948 年,朝鲜人民民主主义共和国废弃汉字,大韩民国继续使用,如今是小学学谚文,中学还要学 1 600 个汉字。汉字传入越南已有 2 000 年的历史,13 世纪创制了为越南语注音的"字喃",与汉字并行并用,直到 1884 年法国占领越南,才推行了拉丁化新文字。汉字在东亚多国长期使用,形成了"汉字文化圈",为中华文化在远东的交流发挥了巨大的作用。经济实力雄厚,必能加强文化软实力,语言文字作为文化软实力,对于自身发展和国际交流都有重大意义。

四、汉字传承的经验追溯

以上说的多是汉字的优点和贡献,任何事物都是优劣并存的,汉字也有一些不足。举其要点有如下四端:第一是字形繁难。笔画繁多,不但笔画种类多、笔画组成的部件也多,部件组成的整字笔数更多,最多的有 30 多笔。笔画和部件组成的结构还有些杂乱:单体组成合体有多有少,合体之中有上下、左右、上中下、左中右、包围、半包围等组合。第二是形声不准。表意的"部首"《康熙字典》里有 200 多个,《现代汉语词典》里有 189 个,都只能分别宽泛的义类;声旁能准确表音的字只有 7.1%,声韵同、调不同的也只有三分之一。第三是字数太多。虽然常用字只有 3 000 多,要覆盖大多数的现代词语,所需的通用字就要有七八千。除此之外,历代积累下来的古字、俗字、繁简字、异体字、方言字、译音字,总数已经接近 10 万。第四是词语之间没有分界,多音词语从不连写,虚词与实词概无标记,书面语和口头语的词形也全然无别。在汉字书写的文本中,逐字分写,虚实同形,书面语口语任意穿插,全凭上下文的意义关系去理解,这就必定造成阅读和写作的困难,对于完全没有语感的外国人来说,其难度是可想而知的。

由于这些难以克服的不足,旧时代文盲充斥,教育难以普及,晚清遭受西方列强欺侮之后,接触过西方拼音文字的文化人,在探寻救国之道时,把改革汉字、扫除文盲、强化教育列入维新运动的重要内容。从 19 世纪末到 20 世纪初,探索"切音字"的学者有进士、举人,有高官,有平民,有的耗尽家财,潦倒穷困而无悔。辛亥革命、五四运动之后,拼音化又汇入了新文化运动,把反对文言、提倡白话,研究拉丁化、推行国语、改革教育和实现"科学与民主"结合起来,激进者甚至喊出"汉字不灭,中国必亡"的口号。最令人感动的是,在国难当头的抗战烽火之中,不论是上海的罗马字或延安的拉丁化,参加新文字运动的人都走到工农群众中去,在难民营和敌后乡村教拼音、识汉字,学国语、鼓志气。那几代文化人真可谓豪情激烈,壮志满怀,他们爱国爱民的精神实在是可歌可敬。新中国成立后,建设白话文、制定现代语言文字规范是政府的事业。沿着三四十年代的"国语运动"的方向,进一步推广了普通话;在整理历史上简体字的基础上,简化了几批汉字;按照"新文字运动"的轨迹,经过多方的努力,制定了优质的"汉语拼音方案",经过争取,还被联合国认定为拼写汉语的国际标准。为了给汉字定音、定形、定量,编辑出版了各类字典、词典,在中文信息处理方面也大体上适应了现代化的需求。新时代的语文生活得到健康发展,与社会发展是相适应的。关于汉语拼音要不要发展为汉语的文字,语文学界经过了反复的讨论,提出了种种难以解决的问题,鉴于汉字已经进入汉语,二者相互适应已久,眼下已是文言与白话兼通、口语和书面语并用,大家都适应了"目治"的习惯,在识字、正音、学习普通话方面,有汉语拼音作为利器,汉字辅以拼音,不论是教学上或科技应用方面都基本可行。若改用拼音文字,一系列问题难以解决。因此,在 1986 年全国语文工作会议上,国家语委正式宣布,停止"汉字拼音化"的提法,确定了为汉字定音、定形、定量和定序的方针,并加强拼音的应用研究,继续开展语文现代化的各项工作。

经过百年的冲击和动荡,汉字又站稳了脚跟。然而,从那时到现在,又过去了将近 30 年,对于百年来的文字改革的风云,我们还没有做出深刻的科学总结。目前,从学者、某些公众人物到普通百姓,在汉字改革问题上还存在着一些不同的认识。有的学者认为汉字还是要顺应世界文字的潮流,努力实现拼音化;有的则主张不但不能拼音化,连简化字也不能要,应该恢复繁体字。究竟汉语拼音化还要不要继续研究? 即使不搞拼音化,汉语拼音如何完善地拼写汉字,也还有许多问题值得研究。继续使用的汉字还有没有需要改进的地方? 已经推行了半个世纪的汉语拼音和简化字要不要再做一番检验和考察,能不能再做一些必要的微调? 有分歧就应该讨论,有问题就应该研究。周有光先生在 20 世纪末曾经提出这样的设想:"在 21 世纪的后期,讲究效率的华人将把一般出版物用字限制在 3 500 个常用字范围之内,实行字有定量,辅以拼音。"(周有光,2010:170)这段简短的话,提出了一系列问题:汉字的使用应该分成不同的场合,对于一般的出版物应该限定用字量,对于初等教育还应该用更少的字。他还主张"放弃人名译音,直接采用英文人名,夹进华文"。日本人夹用汉字和假名(又分平假名和片假名),甚至兼用罗马字拼音,已经有了千百年的历史,香港的"港式中文"在独特的历史条件下,文言与白话混用,通语和方言兼收,中文和英文也可以夹用,也为香港的各类人群服务了 100 多年。如今,社会生活正在发生急剧的变化,人的思维习惯也在变,语言文字的使用方法也应该与时俱进,这是客观的规律,也是历史的经验。在总结文字改革历史经验的基础上,面对新世纪的社会生活,我们应该认真地做一番思考:汉字和汉语拼音今后还应该做哪些改革? 语言文字是特殊的社会现象,与思想文化相关,也有自身的运作规律,它是全民使用的工具,也应有政府的调控、学者的研究。理论和应用的研究都应该谨慎从事。

五、怀着敬重之心善待汉字、改革汉字

周有光先生认为:"汉字既是古代文明的'宝贝',又是现代文明的'包袱'。"(周有光,2010:165)他还说:"历史永远是在矛盾中前进的。'有古无今''厚古薄今'是不成的。'有今无古''厚今薄古'也是不成的。唯一的前进道路是'厚今而不薄古'。这就是认清汉字的两面性,使'技术性'和'艺术性'两个方面各得其所,在'两难'之间取'中庸之道'而前进。"(周有光,2010:167)这是世纪老人对于汉字问题的智慧总结。很值得我们,尤其是一代新人仔细琢磨。古老的汉字是我们世代中国人的伟大创造,是中华几千年文化的载体,为中华民族的统一和发展做出了贡献,我们应该常怀敬重之心,以这笔光辉的遗产为荣。还应该学习好、运用好,维护它的规范,发展它的艺术,使它在新的时代继续焕发青春的力量。

有兴趣、有研究能力的人还应该关心汉字的前途,为什么汉字不能拼音化,这就是非常值得研究的重大理论问题。如果我们能从汉字的类型特征上进行论证——它能适应汉语是由于汉字的表意性使得文字系统和语言系统实现了重合,这是文字发展中的另一种性质和途径,可能还能为普通文字学、世界语言学贡献另一种新的理论。从应用方面来说,考察汉字在当前社会生活中的应用情况,我们也应该看到信息时代和网络时代带来的社会生活的巨大而急剧的变化。为了跟上现代科技的迅猛发展,汉语和世界上大多数拼音文字的对译转换,显然只能仰仗汉语拼音。要用汉语拼音有效地拼写汉语,就要制定合理的拼写法,在拼写、翻译的过程中不断完善,只有过了这一关,让它为汉语走向网络世界保驾护航,才能扭转在网络世界里汉语和其他拼音文字流通量不成比例的现状。如果能够更加充分地发挥汉语拼音的作用,让它代行部分汉语的语言功能,例如在科技信息的表述方面,大量已经在国际上通行的术语就用汉语拼音转写,或者直接夹用英语,不用汉字翻译,这不但有利于国人学习外国语,使汉

字在翻译科技语时免于陷入困境,也有利于外国人阅读中文科技文献,扩大中文信息的流通量。在汉语教学中更多地加注拼音和夹用拼音,无论是母语教育还是对外汉语教学,都将是提高效率的重要措施。自从 1958 年在义务教育中教授汉语拼音以来,普遍情况是认了汉字就把拼音这根拐棍扔了,多数人的汉语拼音回生,走回了用汉字"目治"的老路。只有扩大汉语拼音的应用,转写外国人地名、夹用现代科技语,才能使这个外籍"女婿"真正在汉语村里落户。这就是笔者对周有光先生说的"厚今而不薄古"的"中庸之道"的理解。按照这样的理解,我们要善待汉字,也要继续用革命精神来改革汉字。如果能一方面限用汉字、精简汉字,另一方面又扩大拼音的应用,真正让汉字和拼音和平共处,各得其所、各扬其长,我们的古代文明的宝贝没有丢失,现代文明的包袱也放下了。当然,做到这一点,将是一个漫长的过程,需要研究许多课题,设计许多工作方案,进行许多试验,才有可能成功。

就当前的语文生活来说,还有些具体问题需要解决,例如:媒体和网络上乱造字、写错别字、滥用方言字有点"成风",这和在网络上造新词是不同性质的。有人反对使用"字母词",认为它突破了"六书"造字法,有损汉字的健康;有人却大量夹用英语缩略语和未加翻译的外语词(这和转写外国人地名和科技语是截然不同的),认为只有这样才能与"国际接轨"。更普遍的情况是,许多青少年过度依赖电脑,不练习写字,以致提笔忘字,这对于母语的学习和掌握显然是非常不利的。在教育部门引起重视、老师要求学生认真学习汉字的同时,又出现了另一种倾向,一说要学好汉字,就搜寻大量的生僻字让中小学生去死记硬背。对于后期的"汉字大赛",已有观众指出其走上了歧途。汉字字数太多,应该及早控制,淘汰古字、死字,在普及教育中强调学好常用字才是正道。凡此种种,也应该引起大家的关注。

语言文字是智慧的钥匙、知识的源泉、艺术的宝库,也是个人生存和发展的本钱。语言文字还是国家民族的符号,文化的载体,关心它过去的历史、现在的应用和未来的发展,是每一个中华儿女应有的责任。

参考文献:

[1]周有光.新语文的建设.语文出版社,1992.

[2]周有光.朝闻道集.世界图书出版公司,2010.

[3]唐兰.中国文字学.上海古籍出版社,1979.

[4]裘锡圭.文字学概要.商务印书馆,1988.

[5]苏培成.现代汉字学纲要.北京大学出版社,1994.

[6]高本汉.中国语与中国文.张世禄译.商务印书馆,1931.

[7]李如龙.汉语词汇学论集.厦门大学出版社,2011.

汉字的特征与对外汉语教学

一、汉字教学和拼音教学在对外汉语教学中的关系

汉字在对外汉语教学中应该摆在什么样的地位？古代的中文教学是先教汉字,通过汉字教汉语,早期的日本和东亚各国也是如此。有了假名、罗马字、注音字母之后,这种教法被摒弃了,总是先教拼音,而后识字和学话并进。这是古今汉语教学的根本变革。然而汉字教学和拼音教学在对外汉语教学中应该是怎样的关系,人们的想法和做法并不相同。有的拿拼音做拐棍,认字之后就扔了,由汉字学汉语;有的是淡化汉字、甚至绕开汉字,就拼音学汉语。本文主张,充分认识汉字的特征,明确其长处和短处,深刻理解汉字和汉语的关系,恰当处理汉字教学、拼音教学在汉语教学中的关系。

面对汉语国际教育的广泛而多样的需求,汉语二语教学也应该有多种设计。如果只是为了学些日常会话、应付来华短期旅游,不教汉字,只教拼音,学会几百句常用汉语的听和说,也是可操作的,编成简明教程,供短期教学就行了。如果要把汉语作为第二语言来学习,不但要入门,还要深造,汉字就绕不开,而且要认真训练;拼音也不能只当拐棍,学会汉字就弃置,而应该充分发挥其正音学话的作用。

汉字是现今世界上"特立独行"的文字。字形复杂、字数繁多、表音不准、表意多样,学起来确实不容易,这就使汉字成了外国人学习汉语的"拦路虎"。然而汉字总量虽多,常用的却很有限,由少及多、由易而难,也能学得快;作为语素,学会了单字怎样造出多音词,也就

大体知道词语怎样造出句子，便可以搭上"字词句"的"直通车"。汉字标音不准、字词无界，在教过拼音后，为各类课文和读物适量加注拼音，使"汉字拼音相伴、形音义相连、字词句直通"，听说读写的训练就能一路畅通。这样的教学法才能充分体现汉字与汉语关系，应该作为对外汉语教学的基本模式。

二、汉字的两个基本特征

2005 年，百岁老人周有光先生发表了《汉字性质和文字类型》（后收入《朝闻道集》），他在长期研究了世界文字的类型学之后，提出文字"三相"说，从"符形、语段、表达"三个方面分析汉字的性质，他的结论是：从语言段落说是"语词和音节文字"，从表达方法看是"表意和表音文字"，从符号形式看则是"字符文字"（周有光，2010：146—150），这是迄今为止对汉字的特征和性质最全面、最准确的概括。所谓"符形"就是汉字的形体系统，包括由笔画、部件组成的独体字、合体字，经过历史的演变，形成了现代的"楷体"（又有繁简之别）。所谓"语段"，就是作为表达汉语音义的语素，"字音"即音节，"字义"即语素义。和语言挂钩的"字形"有古今字、异体字和方言俗字，"字音"则有同音字、多音字，"字义"又包括基本义、引申义、语法义、语用义。所谓"表达相"就是表意为主而稳定，兼以模糊的表音，周先生通常简称其为"意音文字"。

正是这个"三相"，实现了汉字的两个系统的重合。汉字的"形体系统"是汉字自身的系统，即由笔画和零件组成的方块形体，大多数的"形声字"还是"声符"和"义符"构成的系统。汉字的另一个系统是进入汉语作为语素的系统，正是汉字的"字音"和"字义"组成了汉语的最小结构单位——语素。通常说的汉字的"形音义"，其实包含着"形体"和"语素"这两个既相关又相异的系统，而把这两个系统叠合起来的则是汉字表达汉语的特有方式——表意为主，兼以表音。可见，"三相"说是分析汉字的构成和性质，也指明了汉字和汉语的关系。这样的分析,说明了汉字的两个基本特征:它是表意为主的文字,又是形体系统和语素系统的重合。对前一个特征,大家是早有共识了,后一个特征就未必大家都很清楚。笼统地说汉字的"形音义",没有把"形符、义符"和"字音、字义"区别开来,就很常见。一说到汉字和汉语有内在的关系,就有人搬出"文字是第二性的,是语言的符号、符号的符号"这个金科玉律来抵制,殊不知这是管不住汉字的,汉字不但是语言的符号,绝大多数汉字作为语素,已经"进入语言",成为汉语的"细胞",具有语言的性质。

其实,汉字的两重性是明摆着的。在中国,学者们说"字音",既指单字的音,也指作为单音词或多音语素的音。口语里说的"他一个字也没说",这个"字"指的是"词儿"。20世纪初,北京大学刚开设"音韵学"时还叫做"文字学音篇",那"文字学"指的正是"汉语学"。西方学者也早已"旁观者清"了,德国语言学家洪堡特就说过:"汉字用单独的符号表示每个简单的词和复合词的每个组成部分,所以这种文字完全适合于汉语的语法系统。也就是说,汉语的孤立性质表现在三个方面:概念、词、字符。"(姚小平,2011:13)这里的"语法",明显是广义的,"孤立性质"指的则是"字、词和概念",三位一体。

周祖谟在《中国大百科全书·语言文字·汉语文字学》中为"汉语文字学"所下的定义是:"研究汉字的形体和形体与语音、语义之间的关系的一门学科"。这里说的"形体与语音、语义之间的关系"便是作为语素的系统。对此,他又说:"汉字是记录汉语的符号,每一个字代表一个音节,一个字可能就是一个有完整意义的单音词,也可能是一个复音词中的一个构词的词素。"(周祖谟,1988:160)可见,中外大家们的这些说法,都早已指出了汉字作为符号和作为语素的双重性质。

三、汉字的形体特征和字形教学

汉字的形体包括字体和字形。字体在历史上发生过许多变化,秦汉"隶变"之后,字形才大体稳定下来,现在通用的汉字已经经过规

413

范处理,不论是手写、印刷还是教学,都应该以现代规范汉字为准。为了说明造字的缘由和形体的变迁,有时可以举出一些字的古体,例如象形字"日、月、山、水",指事字"上、下、本、末",会意字"休、从、尖、北"。但是由于字形的变迁,现代用字大多和造字的原型已经难以联系起来,所以逐字考源是不必要、也是不可能的。

汉字的字形虽然复杂,但是几种造字方式在字形上有不同的体现,字形简单的和复杂的有明显的层次。和世界上各种文字的发展规律一样,最早出现的汉字也是先表形,后表意,而后才走上表音。最古老的汉字是包括"象形、指事"的"独体字"和"会意"的"合体字"。这些字大多是指称名物的、常用的、构词能力强的核心字,而且笔画少,好认好记好写。例如"一了不我人来土大子去也主出下为生可以年小",这 20 个独体字产生之后,大多又成为构成新字的部件、成为表意的部首或表音的声符,造出很多新字。据苏培成(1994)统计,7 000 个常用字中,独体字虽然只有 235 个,只占 3.4%,但是除了 16 个字之外,都用作声旁。另据胡文华就《汉语水平词汇与汉字等级大纲》中最常用的 800 个甲级字所做的统计,独体字 94 个,占了24.4%。可见,越是常用,独体字就越多,独体字就是核心字,因为都能单用作单音词,大多也是核心词,还能构成大量的双音词,其中就不少是基本词,因此独体字应该是汉字教学的首要重点。

合体字是由两个以上的部件构成的,先是会意字,后来大量生成的则是形声字。现在,合体字中的义符的表义功能大多依然有效,同声旁的形声字,大多在语音上也有一定的对应关系,有的声旁还有表意的作用。因此,不论是会意字还是形声字,其中成字或不成字的偏旁部首,也应是汉字教学的重点。据《现代汉语常用字表》(1988),最常用的 20 个部首可以构成常用字 1 350 个,占 2 500 个常用字的54%;最常用的声旁 15 个,构字 485 个,平均学一个声旁可以推出 32 个字。另外据李蕊(2005)对 1 789 个形声字的考察,构字 50 个以上的 9 个形旁共构字 804 个,占形声字的近半;构字 5 个以上的形旁是57 个,共构字1 547个,占 86.5%。(孙德金,2006:186)1998 年崔永华发表《关于汉字教学的一种思路》，提出以基本字和基本部件作为汉字教学的基本单位，他提取了"基本字、基本部件"（包括独体字和各类偏旁部首）537 个，共构字 7 161 次，其中最常用的 16 个独体字和 15 个部首共构字 2 817 次。这些数据说明，汉字字形教学，不论是笔画、部件、偏旁（包括形旁和声旁、部首）都应该从常用入手，以少驭多，这是个根本的方向，不论是编写教材还是教学安排都应该严格遵守。

同时，由于汉字的主要特征是表意，因此不论是独体字还是合体字部件的教学，都应该扣紧所表示的意义。例如"禾、皿、贝、火、弓"本字的意义和作为形旁的字义都是相关的；"刂、扌、阝、礻、衤、灬、氵、亻"也都是表意的部件。教学练习时都要把其中的原理说透。

字形的教学更难的是形近字。中国人是在长期积累中学会的，对形近字的音义早有理解，所以并不觉得其形近难辨，外国学生尚未掌握其音义，在辨认字形的第一关，就被难倒了。例如：去—丢、找—我、住—往、兔—免，只有一笔之差；刀—力、儿—几、五—丑、人—入、未—末，也只有一笔之异。这些字数量并不多，可以专门编几课，集中练习，这就叫"置之死地而后生"。

汉字的形体确实有点"古怪"，看惯了拼音文字的西方人，刚接触时难免不知所措，反感、恐惧，甚至会厌恶。教学汉字的初始，怎样解除学习者的陌生感，激发他们的好奇心，让他们知道越是常用的字越好学，也越有用，先学几个简单易学的字（如上、下、山、水、大、小、人），让他们知道组合起来就能学到几十个词，造出各种句子，必定会变恐惧为兴趣，这个入门教学法是一个很值得研究的大问题。90 年前，高本汉就说过："中国文字是中国人精神创造力的产品，并不是从他族借来的；书体很美丽可爱，所以中国人常应用它为艺术装饰品，而且学习起来也不见得怎么繁难，只需熟悉了几百个单体字，就得到了各种合体字里所包含的分子。"（高本汉，1931：20）西方这位汉学大师的这段由衷的经验之谈，很值得我们深思。

四、汉字字音的特征和字音教学

汉字是形音义的综合体,在形体系统方面,有形符、音符(声符)和义符(意符)。独体字和非形声的合体字只有形符,形声字的声旁是音符,形旁是意符,合起来是它的形符。在这个层面上,意符只是表示字义的类别,所以又称为"类符",音符是造字时用来模拟声音的零件,常常只是声音的近似。所以汉字的字义实际上是直接和字形挂钩的,这就是人们常说的"望文生义"。

汉字的声旁表音不力,主要是因为字形的演变和语音的演变不同步。汉字的造字已有3 000多年的历史,其字形自汉代以来2 000年间没有大的变化,而语音则经历过上古、中古、近代和现代的变化。看看"母、每、海、悔、侮、敏、繁","台、怠、治、笞、始、怡、冶"这些形声字,就可以看到谐声字早已不谐声了。据冯丽萍统计,《汉语水平词汇与汉字等级大纲》的2 905个字中,就最常用的甲级字而言,形声字还不到一半,丁级字也不到80%。声旁和全字声韵相同、不同调的也只有37.2%。不过,声旁有80%是独立成字的,甲乙两级的常用声旁955个累积构字达4 336个。(孙德金,2006:117—126)可见,声旁对于字音教学还是有用的,但必须经过精心挑选。

汉字表音不准,所以需要用汉语拼音教学加以补救。如果说声旁可以"定类"(和声旁同音或读音类似或相关),汉语拼音则可以"定位"。"声旁"是作为"声符"的"类",用汉语拼音拼出的"音节"便是作为语素的"位"。进入语言后,作为语素的汉字的字音就不是含糊、近似的音,而是和词义、语素义相联系的特定的音了。在这个层面,一个汉字是一个"方块"的字形和一个音节、一个意义单位的综合体,这是语言层面上的形音义综合体。

汉字字音的特点首先表现在音节的结构上。和拼音文字相比,拼音文字是字母一次性组成的线性音节,汉语是元音和辅音多层结合后和声调组成的立体的声韵调综合体。音节必有的是声调和韵腹,音节中响音占优势,元音可以当韵头、韵腹和韵尾,还可以复合,辅音不连用,响辅音可以充当声母和韵尾。这就是汉语音节结构的特征。用汉语拼音方案拼写汉语,这是中国人用 60 年的努力得来的成果,是一音一符的最佳组合,比起罗马字拼音和注音符号都更加合理,也是各国人都容易接受的,已经被联合国认定为拼写汉语的国际标准,对外汉语教学中应该坚定不移地用它作为汉语语音教学和训练的工具。

多音字和同音字是汉字的"字音"特有的,也是对外汉语语音教学的难点和重点。据统计,2 500 个常用字中,shi⁴ 有 20 个同音字,不分声调的声韵相同的字则有 40 个,ji 不分声调有 42 个同声韵的字,7 000 个常用字中平均每个音节有 8 个同音字。同音字多,主要是因为古今音的演变,音类缩减而趋同。在认字学话时,读音相同、字形不同的字对于区别字义和词义倒是有用的。例如"嫁、架、价"同音,凭形旁就可以区分义类,联词后,"出嫁、出价","高架、高价"意义也不难辨别。可见,同音字有缺点,也有优点。

多音字通常是基本义衍生为不同引申义后,用异读来别义的。现代汉字大约有多音字 10% 左右,应该提取常用的多音字作重点训练,不要平均用力。把语音教学和词汇教学结合起来,有意识地把同形的多音词语列出来做比较,也许正是好办法。例如"生长、长生(不老),一行(五人)、一行(十株),(看)中医—(不)中意,背人(过河)—背书(应考)"。有些可类推的也可以集中起来教,例如用声调区别词性:"好事(一桩)、好事(之徒),真假—放假",用文白读来区别不同语体:"剥削—剥皮,薄弱—皮儿薄"。

汉字的字音还有一个重要特征,就是每个字都属于一定的"音类"。所有的字音都组织在中古音的语音系统里,每一个字都在这个系统中占有一个"音韵地位"(声韵调的组合),它在中古时期作为全国的书面通语的标准音,后代通语和方言的语音都和这个音类存在着一定的对应。也正是这个相互对应的"音类",使汉字兼容了古今南北不同的语音,汉字作为古今南北汉语的"中介",用汉字书写的文言,也使广袤地域里多样的方言没有分裂为不同的语言。汉字字音的这个"音类",对于不同方言区的人来说是心照不宣的自发意识,听到不同方言的口音,很快就能通过"折合"去理解。外国人没有汉语的语感,也就没有汉字"音类"的概念,但是可以用汉字的声旁类推来教他们,因为声旁相同的字常常也是同音类的(或同声类,或同韵类)。例如日本语只有后鼻音 ŋ,没有前鼻音 n,就可以告诉日本学生,凡是带"干单安旦半番、前戋见、宛丸、元卷员,本艮申、因今、寸屯、旬君云"这些声旁的字,都应该读为前鼻音 an、ian、uan、yan、ən、in、un、ün。不能区分平翘舌声母的学生也有可利用的偏旁,"焦小肖千仓曾青宗次此司曹"是平舌声母,"召周专申春术昌章正争长成中支止者"是翘舌声母,熟记这些字,便可以推出许多谐声字。

五、汉字的语言功能与对外汉语教学

汉字进入汉语,绝大多数都成为单音词或语素,这就和汉语的词汇、语法教学有着密切的关系。下文讨论四个问题。

首先是按照频度选取字、词教学。汉字和词汇的总量很多,但常用字和常用词并不多,大学生对 2 500 个常用字大体还能掌握,1 000 个次常用字就很难说了。词汇方面,能掌握 5 000 个常用的,也大可应付日常交际了。外国人学汉语没有语感基础,还受到语言环境和学习时间的限制,要求他们掌握大量汉字和词汇是不现实的,只能择要而教。国家语委汉字处编制了 3 500 个常用字表之后,曾经就 1987 年报刊的 200 万字文本做过检测,结果是,25 00 个常用字覆盖率达 97.7%,1 000 个次常用字覆盖率则只有 1.51%,两项合计是 99.48%。

根据 1986 年出版、北京语言学院所编的《现代汉语频率词典》用 180 万字语料所做的统计,最常用的汉字和词语在全部文本中的覆盖率如下:

现代汉语常用字、常用词覆盖率

序号	常用字覆盖率(%)	常用词覆盖率(%)
1～300	69.20	56.20
301～500	79.76	63.26
501～800	88.10	69.96
801～1 000	91.37	73.13
1001～1 500	95.95	78.66
1501～2 000	98.07	82.25
2001～3 000	99.64	86.83
3001～4 000	99.96	89.68

从这些数据来看,对外汉语教学初级阶段习得 300 多字、800 多词,中级阶段习得 500 多字、2 000 多词,高级阶段习得 1 500 字、4 000词也大体够用了。目前的汉语教学大纲、汉语教材在初、中、高三个阶段收入的字、词量都远远大于这个数目,以《汉语国际教育用音节汉字词汇等级划分》(2010)为例,其初、中、高三级收入的字、词量分别是 900/2 245,1 800/5 456,2 700/9 631。[①]这无疑会给学习者增加负担,很容易使人产生畏难情绪。

历来对外汉语教材不能严格按照字词频度来编写,一方面是"文以载道"的阴魂不散,先前是讲究课文的思想性,如今又强调有"文化内涵";另一方面是套用外国盛行的"情景、功能、任务型"那些时髦的教学法。鉴于汉语、汉字的类型独异,频度差异又大,在贯彻频率上怕是要动点大手术才好。

其次是按照字、词、语的组合关系组织教学。汉语庞大的词语系统是由一个多层的同心圆构成的,这就是核心词—基本词——一般词语—行业词的系统。最核心的部分是常用的、构词能力强的单音词,而后是其他单音词和常用的双音词组成的基本词,然后是大量的双音词、惯用语、成语和引用语的一般词汇,最后是行业语。传统的母语教学所用的组词、析词、连语、造句的方法,也就是人们常说的"字词句训练",是经过千百年的实践锻造出来的、行之有效的汉语教学法。奇怪的是,如今"字词句训练"在母语教育中被贬为"工具论",对外汉语教学也视之为"蹩脚",只是有经验的老师才在课堂加以灵活运用。

事实上,大多数的多音词语的意义和其中的"字义"的组合都有密切的关系。以字释词是教学词汇的正道。"人"可以构成多音词语441条:人心、人面、人头、人体、人皮是人的肢体,人格、人品、人性、人心、人情是人的心性,人们、人民、人群、人众、众人是人的群体,人犯、犯人是犯罪的人;工人、农人、猎人、商人、匠人、军人是人的职业分类,男人、女人、妇人、成人、老人、古人、今人是人的自然分类;好人、坏人、贤人、完人、怪人、高人是对人的评价。动物的分类可有雌雄、公母、大小、新旧,其肢体可有头、尾、腿、脚、毛、肉、皮、骨等等,按照这个系统套上猪狗、牛羊、鸡鸭、虎狼等等能造出多少意义明确而配套的双音词来!苑春法、黄昌宁曾对6 763个汉字构成多音词语的情况做出这样的描述:"基本上是一个封闭集,具有长时间的稳定性","在构词时意义绝大多数保持不变,少数变化情况也是有规律可循的"。(苑春法、黄昌宁,1998:3)难怪几百年前德国哲学家莱布尼茨就说过,汉语是最具逻辑性的语言。

再次是关于字义、词义的语法化变异的教学。字义和词义是不断发展的,由于汉语缺乏形态,在组句的过程中同样的词类常有不同的语法功能,有时也因为语用修辞的语义引申的用法,便产生了字、词的"兼类"现象。例如"拿锁把门锁上",这是名动兼类。"长"可以是名词(长五米、一技之长),也可以是形容词(路很长、长于写作),如果加上多音字"长",兼类就更多了(班长、长房、长膘)。汉语的词类和句子成分不挂钩,而且没有附加的语缀,在形态里泡大的西方人很不习惯这种用法组合。汉语里表示语法意义的主要是各类虚词,大多数虚词都是从实词虚化而来的。有时一个字可以用作多种词类,例如"连":一个连、连成一条线、连下几天雨、连我都不知道。在对外汉语教学中,对兼类词和实词虚化,都应该做适当的启发。

最后,还要提出拼音教学的问题。目前的对外汉语教学,一般都只是把拼音教学安排在开头的语音训练阶段,之后只对每篇课文的生字生词注音,和母语教学一样,认字之后就把"拐棍"丢下。在对外汉语教学中,这种做法值得商榷。在拼音文字中泡大的西方学习者,对拼音并不反感、不惧怕,而且很习惯、很有感情。把拼音教学贯穿始终,正是投其所好、扬长避短的好办法。

汉语拼音的功用一是识字,二是学话。在母语教育中,学生都有语感,识字之后就能通过阅读汉字来学话。对于初学汉字的外国学生来说,由于没有语感,汉字文本不分词连写,连断开字、词、语、句都不会,加上字形字音都陌生,阅读是举步维艰、兴趣索然,学话必定受到严重的制约。课文和读物加注分词连写的拼音,既可以弥补汉字表音的不力,也便于按词语学话,通过音响刺激,迅速建立语感,阅读和学话就会形成良性循环。可见,拼音不但是识字的拐杖,还应是学话的阶梯。拼音教学之后,直到中级阶段,给课文和读物全文加注拼音,只有好处、没有坏处。为了上街看懂牌匾、广告,为了读报、看课外书,随着语感的增强,他们自然会努力认记汉字并运用汉字阅读。为了防止对拼音的依赖,中级之后的课文和读物可以逐渐减少拼音。在初级、中级阶段,只有适当加注拼音,才能降低阅读的难度,提高阅读的兴趣,而广泛的阅读正是快速学话的正道。总之,充分发挥拼音的作用,才是汉语汉字学习的和谐统一。

加重拼音教学的另一个贡献是可以加强口语的训练,提高语音表达的修养。自从汉字记录汉语的书面语通行之后,历代文人创造"文言"总在追求简练和优美;大众的口语则是滚滚向前,形成了截然不同的"白话"。五四新文化运动把"白话"扶正,书面语对于地道的口语还是有所抵制。街上常听到的"怎么招、不咋地、靠谱儿、三天两头、稀里哗啦、那哪儿成、这不是、可不是、真是的、多得去了、你少来",这类口语专用词还是很少进入文本,更难以编进对外汉语教材。要编口语化"时文"让外国学生阅读,"接地气",也得加注拼音,才能读得准、说得流利。

六、结语

汉字和汉语相伴几千年,一路走来,有过矛盾,但彼此经过让步和调整,不断改善关系,达到和谐。3 000 年前甲骨文所记录的历史、两千年前的先秦典籍,都说明汉语和汉字就是发源于中原大地、中华民族自创的系统。正是这样,汉语和汉字才形成了独具一格的类型特征:汉字由笔画和部件组成了方块形体,和汉语的音义相结合,成了汉语的最小结构单位。和汉字相磨合的汉语,则形成了以单音词为核心、以双音词为基础的庞大词汇系统,建立了以语义为中心、以修辞为手段的字词句层层叠加的言语表达系统。汉语和汉字的这种独特的类型,使得相关的第二语言的教学,只能另辟蹊径,把语言教学和文字教学结合起来,根据二者的相互关系设计教学方案。诚然,作为第二语言教育,也应该符合教育学、心理学和社会学的要求,体现应用语言学的共性。这些共性如能适应汉语汉字的个性特征,教学工作就能顺利进行,并提高效率、取得最佳效果。

附注:

①这里所说的"初、中、高"分别对应《汉语国际教育用音节汉字词汇等级划分》中的"一、二、三"三个级别,其中"高级"不包括"高级附录"。

参考文献:

[1]周有光.朝闻道集.世界图书出版公司,2010.

[2]姚小平选编、译注.洪堡特语言哲学文集.商务印书馆,2011.

[3]周祖谟.中国大百科全书·语言文字·汉语文字学.中国大百科全书出版社,1988.

[4]苏培成.现代汉字学纲要.北京大学出版社,1994.

[5]胡文华.汉字与对外汉字教学.学林出版社,2008.

［6］国家语委汉字处.现代汉语常用字表.语文出版社,1988.

［7］孙德金.对外汉字教学研究.商务印书馆,2006.

［8］崔永华.关于汉字教学的一种思路.北京大学学报(哲学社会科学版),1998(3)

［9］高本汉.中国语与中国文.张世禄译.商务印书馆,1931.

［10］北京语言学院语言教学研究所.现代汉语频率词典.北京语言学院出版社,1986.

［11］苑春法、黄昌宁.基于语素数据库的汉语语素及构词研究.语言文字应用,1998(3).

［12］国家汉办、教育部社科司、《国际汉语教育用音节汉字词汇等级划分》课题组.国际汉语教育用音节汉字词汇等级划分(国家标准·应用解读本).北京语言大学出版社,2010.

后　记

从参加全国方言普查开始,我的语言学学术生涯已经延续了一个甲子了。我在厦门大学跟着黄典诚先生学习方言学和音韵学,参加全国方言普查,从母语开始,调查了多种福建方言。后来,在福建师大教学过程中又调查了一些其他方言;为了编写方言词典,读了一些词汇学的书;20世纪90年代初,和一些朋友发起研究东南方言的语法,又思考了一些汉语语法问题。在汉语教学、研究的过程中,经常碰到有关汉字的问题:汉字要不要改革,能不能走拼音化的道路?方言词要不要考本字?方言和古今汉语的比较研究如何联系汉字的流变去考察?母语教学和对外汉语教学怎样教好汉字?千禧交替之时,我又到了暨南大学,许多学者都在总结20世纪汉语研究的经验,探讨新世纪应有的走向。受到大家的启发,也由于自己多年教学研究工作中的困惑,我认识到,只有抓住汉语的特征才能把汉语的研究和教学做好。于是,跨入新世纪之后我就把它作为自己思考汉语的各种问题的中心。回到厦门大学服务十年后,办了退休,所带的博士生陆续毕业,也就有时间做些宏观的思考。本书大多是我近十几年来关于汉语特征的一些思考的记录。

总论10篇是我对"汉语特征"的总体思考。《汉语特征研究论纲》提出,语言的共性和个性的研究不能偏废、必须相结合、相补充,中外学者早有精辟论述,但是我们的汉语学界,要么坚守固有的"小学"阵地,要么全盘西化,借用"印欧语眼光"。文中列举了一些重要研究课题,指出特征研究的理论意义和应用价值。关于汉语和汉字的关系的4篇提出,汉语选择了汉字并在长期发展中矛盾、互动和磨合,各自都发生了适应性的变化,这就是研究汉语特征的重要课题。这四篇文章是在不同时间写的,从简到详,有分法,有合法,有专论,有讲演,有些内容难免有重复之处,请读者见谅。《演化与接触,系统与特征》以汉语方言为例,说明语言的系统体现特征,特征也是成系统的,语言自身的演化和语言间的接触,则是推动系统和特征不断调整、变化的两个基本动因。《汉语的特点与对外汉语教学》则提出,拿汉语和外语做比较,提取汉语特征,并贯彻于对外汉语教学,是做好汉语国际教育的根本。文中还简要地列举了汉语的语音、文字、词汇、语法的一些主要特征及其在汉语二语教学中的应用。《汉语国际教育国别化漫议》提出,汉语国际教育的金桥要认准汉语的特征和所在地的国情、语情这两个桥头堡。《高本汉论汉语汉字特征的启发》介绍了高本汉关于汉语是"单音节孤立语",其"语词意义繁复错综、语句组织空漠无定",书写上"缺乏辅助记号"(形态)等结论,以及关于汉字的表意而不表音的性质的论述。还有他说的,如果只求读现代书报,"记熟两三千字也就足够应付了",并指出他的这些真知灼见,至今还对我们有重要的启发。《百年中国语言学的两度转型》一文指出,中国语言学的现代化发展是中学传统和西学经验的结合,最重要的经验就在于不懈地追寻并致力于汉语特征研究。

其余20篇分论以语音、词汇、语法、方言、文字为序,讨论了各个分体上的特征及其在汉语研究和教学上的应用。

关于汉语的语音特征有4篇。《汉语语音系统的特征》是从共时的系统上讨论的,《全浊声母清化的类型与层次》和《关于文白异读的再思考》就这两个重要的汉语史事实论述了汉语语音史上的最重要的一些特征,《从语音特征出发设计语音教学》则是教学应用的探讨。

关于汉语的词汇特征也有4篇。《论常用词的比较研究》提出,常用词的比较研究是汉语词汇史研究的根本,在罗列了纵向和横向比较的课题和方法之后,还概括了常用词演变的几种模式。《辞和辞的研究》认为,"辞"是古人研究言语应用的概念,充分体现了汉语字词句的弹性结构和语法修辞相结合的特征,有重要的理论价值。后

汉语特征研究

来"辞"的研究沉寂了,在现代社会,汉语的教学必须以言语训练为根本,关于"言辞"和"文辞"以及文体的研究依然很值得提倡。《略论官话方言的词汇特征》提出,方言词汇特征研究应该包括语音、构词、语义和源流几个要项,并就已经发表的材料概括了官话方言的一些特征。《"书、口"之异及其教学应用》认定,书面语和口头语的差异也是汉字造成的重要汉语特征,但历来研究得不够,不论是在理论上还是在应用上都有待加强。

语法特征的研究只有 3 篇。《略论汉语的字辞构造特征》认为,字作为语素,具备语言的性质和功能,"字"的叠加和借用造句法的方式构成了"辞",正是字与辞的弹性组合建立了汉语语法的特殊类型。沿着这个思路去考虑汉语的语法系统可能比较切合汉语的实际。《关于汉语的宾语前置及其语源》根据上古汉语、近现代汉语,尤其是东南方言的宾语前置,讨论了这种语法结构的来源,认为可能是南亚语和南岛语影响的结果。《关于汉语方言动词时体的研究》是汉语方言语法研究兴起之后常受关注的课题,在叙述了方言语法研究之难后,文中提出了方言语法研究的几条参考意见。

关于汉语方言的特征共有 6 篇。《濒危方言漫议》认为,方言的变异自古已然,无处不在,萎缩在现代社会也普遍存在,濒危则只是少数小方言的现状。但现代化浪潮滚滚向前,方言的逐渐消亡是不可避免的,合理的对策是抓紧调查,把现存的方言事实记录在案,适当采取保护措施。《论混合型方言》认为,混合型方言和方言的叠置、渗透不同,是不同的方言在交界处长期接触整合而成的。文中列述了历来关于多种混合型方言的报道,就其复杂状况说明了混合型方言有不同的类型和梯度:有的只是渐变、微变,有的把方言特征混合整合为新区,有的则蜕变为异区,还就湘桂粤土语的语音、词汇特点说明其社会文化特征。《论方言特征词的特征》以闽语为例,说明方言特征词是常用的基本词,应以单音核心词为首选,必有共同的语义特征、语法特征和用字特征。《关于汉语方言特征的研究》在指出研究方言特征的意义之后,提出:归纳方言特征必须进行系统综合,做好内外比较,并区别主次;研究内容包括语音、词汇、语法和文化四方面;研究的步骤则应在调查比较的基础上整理数据,进行分析和检验。《方言特征研究与语言地理学》以所见汉语方言地图的一些重要条目为例,说明方言词分布的地理研究必须以常见的核心词、基本词为重点,务求能显示方言分化演变的途径,能反映语言接触造成的变异,能揭示方言分布的文化蕴含。《东南方言与东南文化论纲》简略说明了东南方言所反映的文化特征,既有共性,也有差异,在中华文化的三大板块中有着重要的地位。

专门讨论汉语的文字特征的有4篇。《汉字的历史发展和现实关照》指出,汉字生命力最强,是世界文字的奇迹、中华文化的瑰宝,应该正确认识汉字的优缺点,理解汉字为什么至今还不能改成拼音文字,从而敬畏汉字,做它的莫逆之交。《汉字的类型特征和历史命运》则指出,表意为主是汉字的基本特征,形声组合的主体地位使它具备了语言的性质并与汉语的发展互动;汉字的形体系统和汉语的语素系统奇妙地重合又使它超越时空,维护着语言文化的统一。汉字的历史功过和发展前景尚需进一步研究。《汉字的发展脉络和现实走向》指出,汉字能存活数千年在于它适应汉语并与汉语互动发展,经过磨合达到和谐,为中华文化的发展、国家的统一做出多方面贡献。新时代应总结汉字发展的经验,顺应社会需求进行适当改革。《汉字的特征与对外汉语教学》主张,从作为文字的符号和语言的语素的双重性质出发,应该研究汉字的形体特征,改进字形教学;研究汉字字音的特征,把语音教学贯穿全过程;研究汉字构词造句的语言功能,探讨"字词句直通"的教学模式。

以上内容,许多都是老一辈学者说过的,我从中得到启发,加以综合,稍加感想式的发挥,本意只是希望引起年轻学者对这个研究思路的关注。这些年来,本土学人茁壮成长,回国"海归"贡献斐然,古今汉语、南北方言和汉藏系语言的研究,汉外比较,汉语教育的工程都是一片大好风光。沿着"特征"研究的方向合力奋斗,中国语言学必能在国际上获得自己应有的话语权。

在着手编辑本书时,我征询过老友麦耘先生的意见,出于雄厚的语言学修养和超然的眼界,他立即就表示了赞赏之意,使我受到鼓舞。我还知道他多年前写过《立足汉语,面向世界》,提出研究汉语不能囿于中国眼光或印欧语眼光,而必须有世界眼光。在《方言》杂志主编的岗位上,他勤勤恳恳工作了20年,富有编稿、审稿的经验,便希望他帮我编审此书,他一口答应了我的请求,使我喜出望外。前后有两年吧,我又不断增加了篇目,他都很耐心帮我逐一看过,从内容、观点到字句、注脚都提出修改意见。最后,还答应我的请求,为本书写下富于启发意义的序文,对于其中的溢美之词,我只好用来鞭策自己了,希望读者和我一起感谢他为本书提供了这篇最好的导读。

李如龙

戊戌年初春记于鹭岛